Deutschland zu Fluss

Michael Hennemann

DEUTSCHLAND ZU FLUSS

Die 50 schönsten Kanurouten

BRUCKMANN

Inhalt

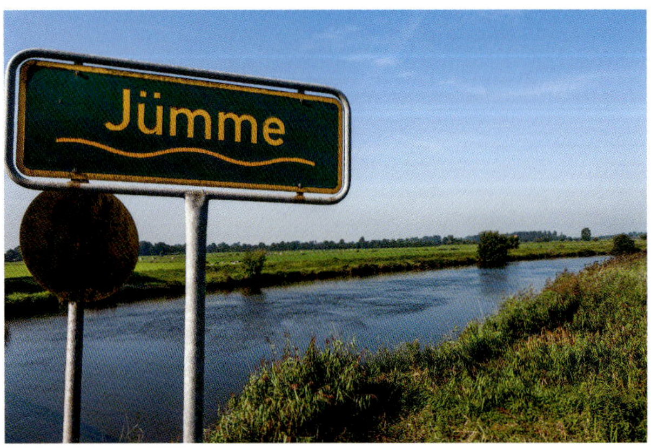

In Ostfriesland laden unzählige Wasserläufe zum Paddeln ein.

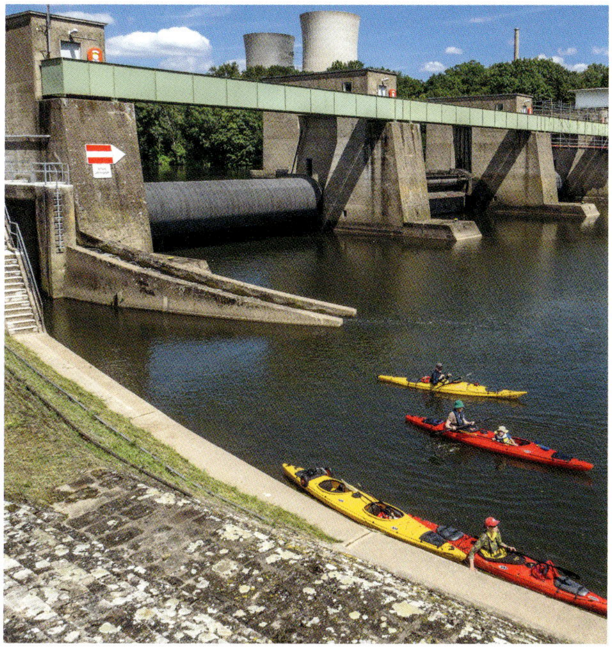

Staustufe Garstadt am Main

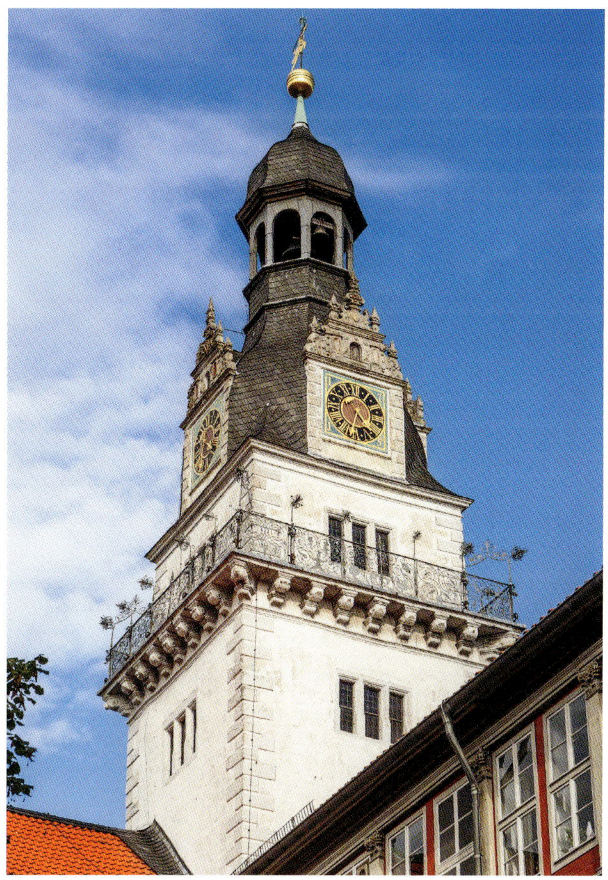

Das Schloss in Wolfenbüttel

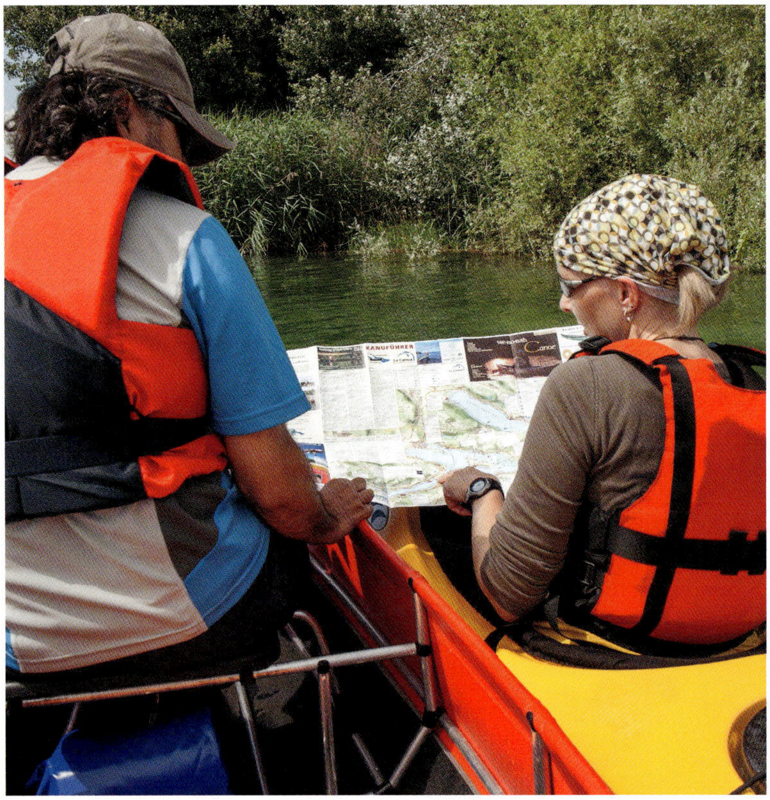

Wo geht's lang? Kartenstudium unterwegs

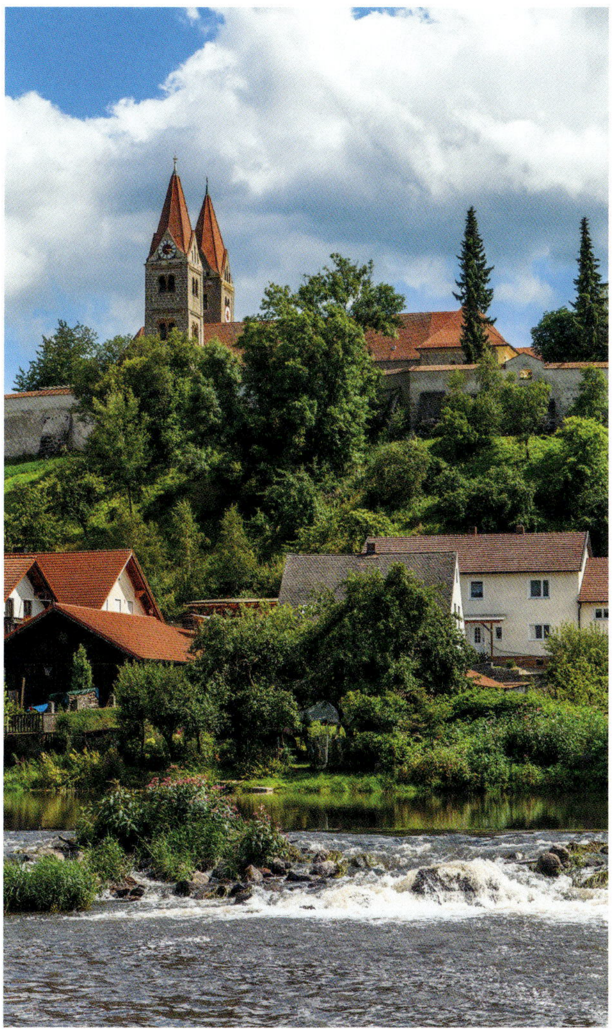

Kloster Reichenbach am Regen

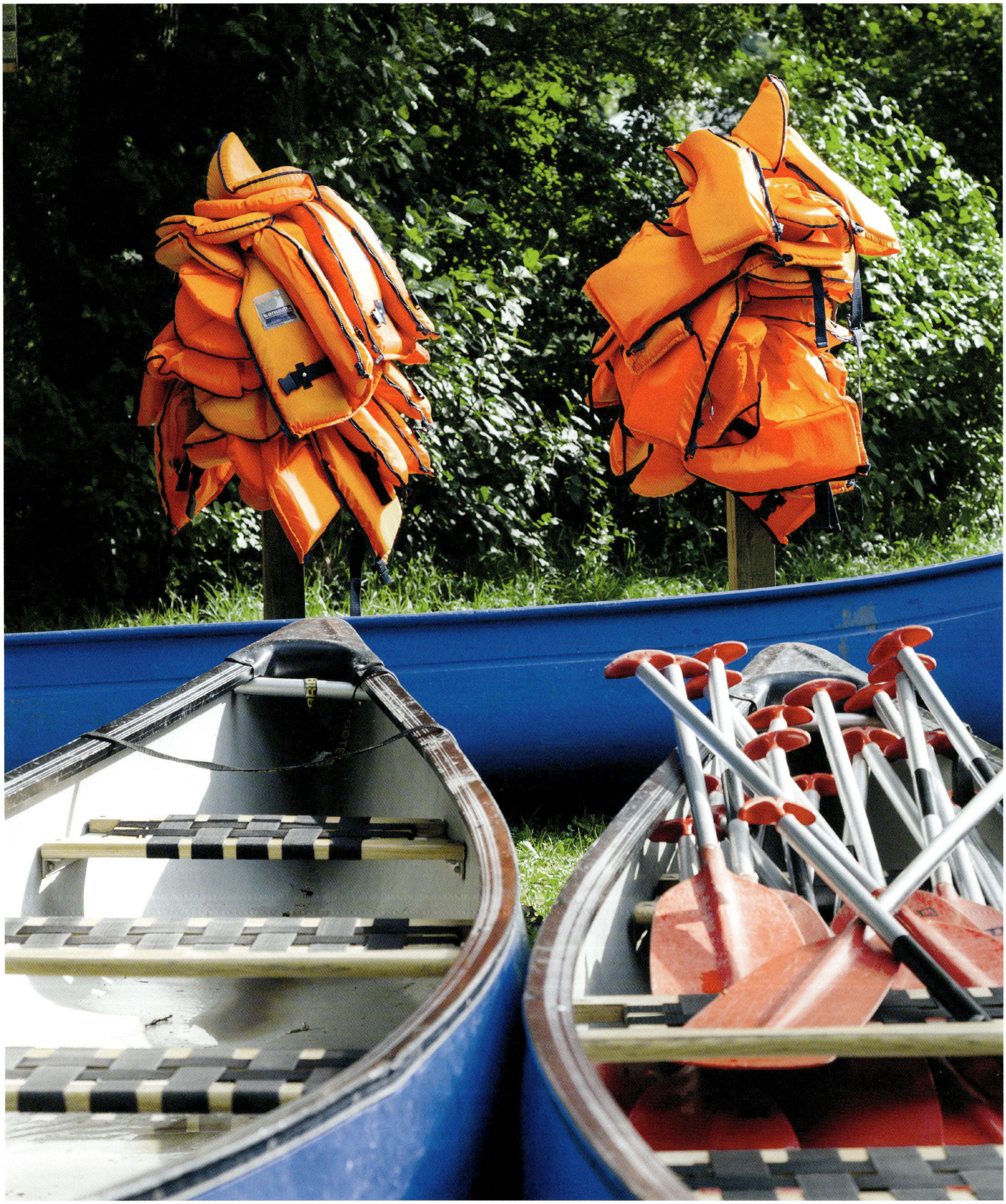

Sicherheit geht vor: Selbst sichere Schwimmer verzichten nicht auf das Tragen einer Schwimmweste.

Kanuland Deutschland

Fragt man Paddler nach den schönsten Kanutouren in Deutschland, so fallen einige Namen so sicher wie das Amen in der Kirche. Von der ruhig durch die schleswig-holsteinische Geest mäandrierenden Treene über die fast skandinavisch anmutende Mecklenburgische Seenplatte und die ursprüngliche Auenlandschaft der Spree bis hin zur spektakulären Felswelt des Donaudurchbruchs – Deutschland hat zu Wasser einiges zu bieten.

Zu entdecken gibt es reizvolle, stille Flüsse, große Ströme, historische Kanäle und weitverzweigte Seenlandschaften mit ruhigen Buchten und einsamen Inseln. Und neben der herrlichen Natur nicht zu vergessen: Überall entlang der Ufer warten Sehenswürdigkeiten und touristische Attraktionen wie Burgen, Schlösser, verträumte Dörfer und pulsierende Metropolen.

In den letzten Jahren hat sich im Kanutourismus viel getan, und so können Sie an vielen Flüssen in Deutschland mit einer guten Infrastruktur für Wasserwanderer rechnen. Befestigte Stege schützen nicht nur den sensiblen Uferbereich, sondern erleichtern Ihnen das Ein- und Aussteigen. Schöne Rastplätze und rustikale Gasthöfe laden zu einer Pause ein, und bei mehrtägigen Fahrten bieten sich verschiedene Übernachtungsmöglichkeiten an, sodass Sie frei nach Lust und Laune zwischen einer Übernachtung im Zelt, im Heuhotel, in der Jugendherberge oder im Hotel wählen können.

Ausrüstung

Wenn Sie in diesem Buch das Wort Kanu lesen, so ist stets der Oberbegriff gemeint, der die zwei unterschiedlichen Bootstypen Canadier und Kajak zusammenfasst. Canadier sind nach oben hin offen und werden mit einem Stechpaddel gefahren. Sie bieten ein riesiges Platzangebot und sind die erste Wahl für den Familienurlaub, weil große Mengen an Ausrüstungen transportiert werden und Kinder, die noch nicht selber paddeln können, gut mitgenommen werden können. Die Nachteile des Canadiers liegen in der höheren Anfälligkeit gegen Seitenwind, und bei längeren Portagen werden die Arme bei einem schweren Canadier schnell lahm. Kajaks dagegen sind geschlossen, meist schmal und werden mit einem Doppelpaddel vorwärts bewegt. Sie sind ideal für Einzelpaddler oder Familien mit älteren Kindern. Gefertigt werden die Boote aus den unterschiedlichsten Materialien. Besonders robust, unkompliziert und pflegeleicht sind Kunststoffboote aus Polyethylen (PE). Zusätzlich zum eigentlichen Boot benötigen Sie noch Paddel,

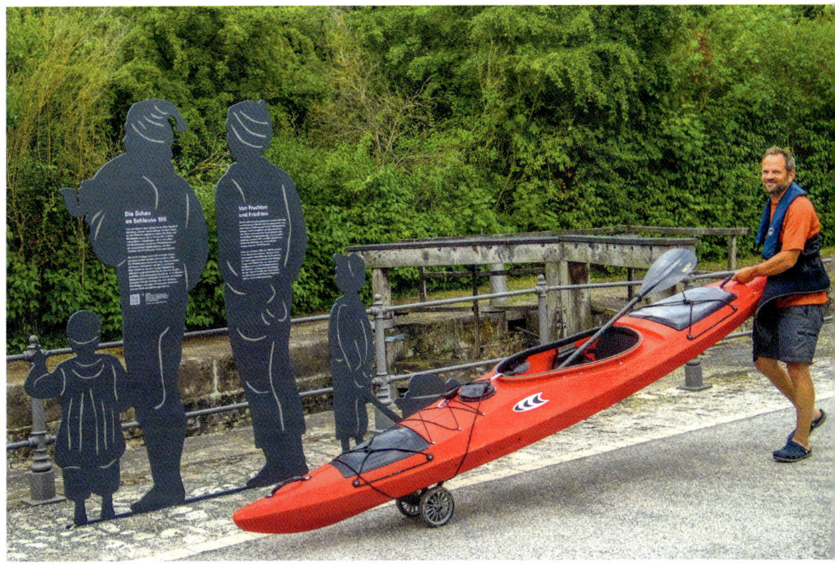

Mit einem Bootswagen sind Landtransporte kein Problem.

Spritzdecke, Schwimmweste und bei längeren Touren eventuell ein Reservepaddel. Ein Bootswagen erleichtert längere Portagen. Mit einem Seil können Sie das Boot bei einer Pause am Steg festbinden und es an flachen Stellen treideln. Besonders praktisch: Sie haben immer eine Wäscheleine dabei, um nasse Paddelklamotten trocknen zu können. Ein Schwamm oder eine Schöpfkelle helfen, das Cockpit des Bootes trockenzulegen, denn ansonsten laufen Sie Gefahr, ständig im Nassen zu sitzen, weil das Wasser auch ohne Kenterung oder starken Regen einen Weg ins Bootsinnere findet.

Ein letzter wichtiger Ausrüstungsgegenstand in diesem Zusammenhang sind wasserdichte Packsäcke für Kajakfahrer bzw. wasserfeste Tonnen für Canadierfahrer. Neben einer durchsichtigen Tasche für die Landkarte, die sicher auf dem Bootsdeck festgebunden wird, benötigen Sie mindestens zwei weitere große Packsäcke für Bekleidung und Schlafsack sowie einen weiteren kleinen für Geldbeutel, Schlüssel und Fotoapparat.

Was die Kleiderfrage angeht, so brauchen Sie sich für Ihre ersten Kanutouren keine spezielle Ausrüstung zuzulegen. Fürs Erste reicht bequeme (Sport-)Bekleidung, ergänzt um Badehose, Sonnenhut, -brille und -creme sowie eine funktionelle Regenjacke und in der kühleren Jahreszeit eine warme Mütze.

Wenn Sie Gefallen am Paddeln gefunden haben und öfter unterwegs sind, lohnt es sich, die Regenjacke durch eine spezielle Paddeljacke mit wasserdichten Bündchen zu ersetzen, damit Ihnen nicht bei jedem Paddelschlag Wasser in den Ärmel läuft. Neoprenbündchen sind zwar nicht hundertprozentig wasserdicht, aber viel angenehmer zu tragen als Latexmanschetten. Unter der Jacke können Sie je nach Witterungsverhältnissen ein dünnes Fleece oder Funktionsunterwäsche tragen, die ebenso wie moderne Trekkinghosen aus Kunstfaser-/Baumwollmischgewebe deutlich schneller trocknen als herkömmliche Bekleidung aus reiner Baumwolle. Ein entscheidender Vorteil, nicht nur in Extremsituationen, wenn es regnet oder Sie kentern, sondern auch, wenn Sie beim Paddeln ins Schwitzen kommen.

Wenn Sie auf mehrtägigen Touren nicht im Hotel übernachten wollen, brauchen Sie zusätzlich zu den bisher genannten Gegenständen eine komplette Campingausrüstung. Zur Grundausstattung gehören Zelt, Isomatte und Schlafsack sowie Kocher, Essbesteck, Töpfe und eine Pfanne. Abgerundet wird die Ausrüstungspalette durch ein Erste-Hilfe-Set, das in einem kleinen, separaten Packsack leicht zu erreichen (z.B. hinter dem Sitz) untergebracht wird. Zur Minimalausstattung gehören Heftpflaster, Dreiecktuch, Mullbinden, Kompressen und Desinfektionslösung. Zum Brötchenschmieren, Kronkorken entfernen, Seile kappen und zu vielem mehr dient ein multifunktionales Taschenmesser. Eine Taschen- oder besser Stirnlampe leistet wertvolle Dienste, wenn eine Tagesetappe länger als geplant ausgefallen ist und Sie im Dunklen das Zelt aufbauen und kochen müssen.

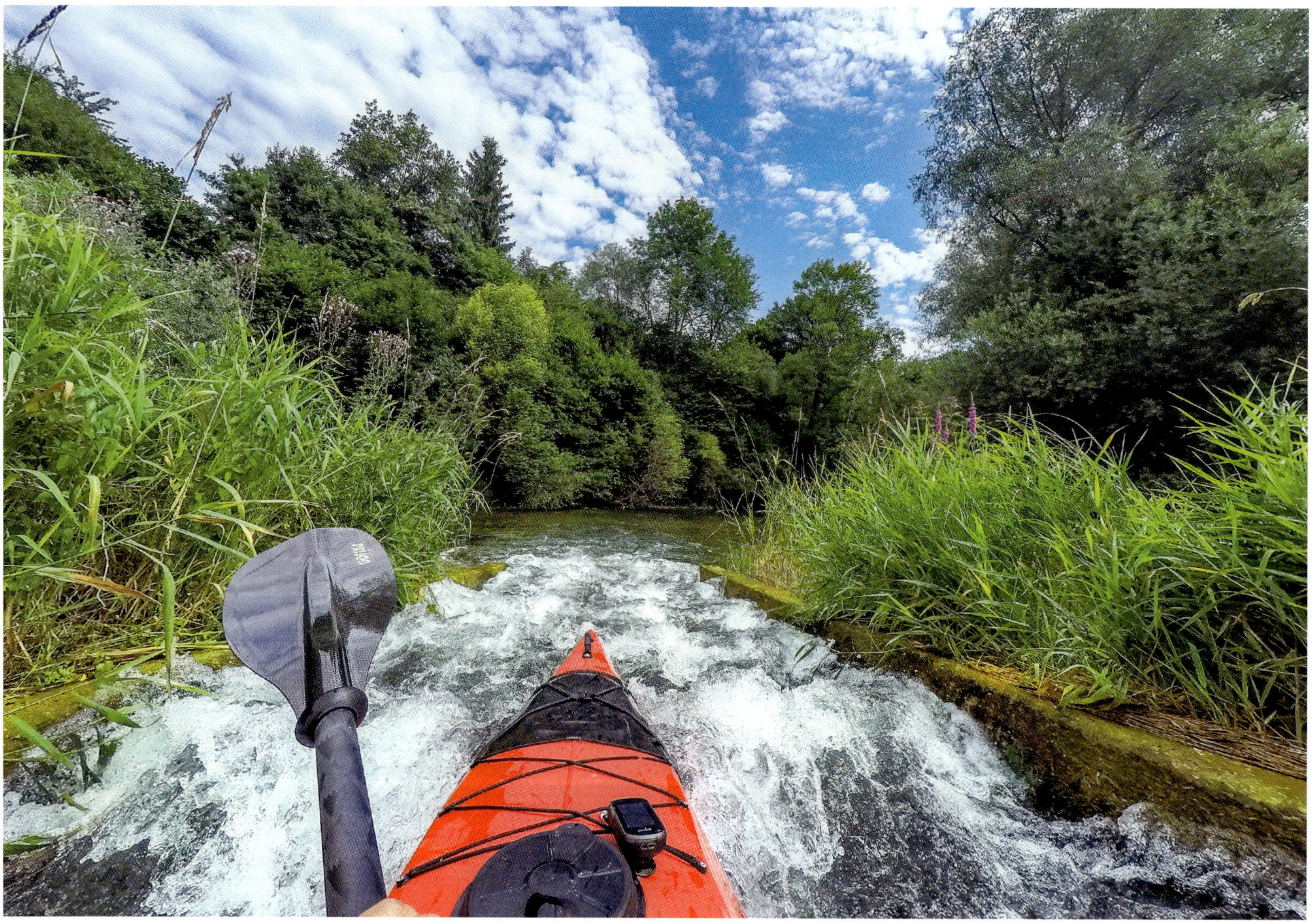

Spritziger Spaß in einer Bootsgasse auf der Alz

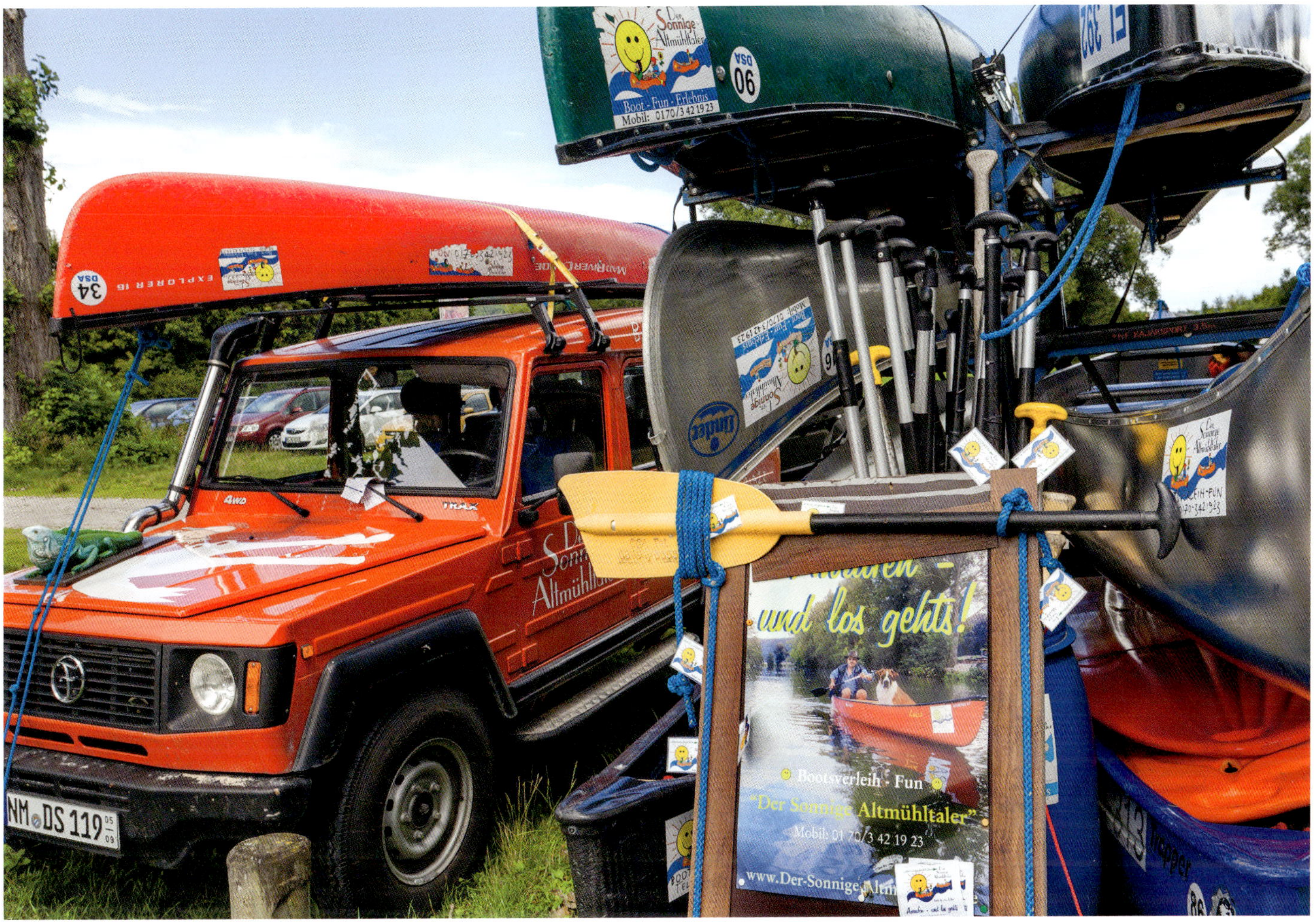

Vielerorts stehen kompetente Verleiher mit Rat und Tat zur Seite.

Kanus leihen

Um die Faszination des Kanuwanderns zu entdecken, brauchen Sie nicht gleich eine teure Ausrüstung zu kaufen. Entlang der vorgestellten Touren finden Sie mindestens einen Kanuverleiher.

Neben den Booten erhalten Sie dort die nötige Ausrüstung, die nicht jeder im Keller hat, wie z. B. wasserdichte Gepäcktonnen und Schwimmwesten sowie eine Einweisung in die richtige Paddeltechnik und wichtige Tipps zum jeweiligen Gewässer.

Viele der kommerziellen Verleiher bieten einen Abholservice vom Endpunkt der Tour an, was Sie vom – vor allem in den weniger besiedelten Regionen oft recht mühseligen – Umsetzen des Autos befreit.

Canadier sind bei fast allen Verleihern problemlos zu erhalten. Wollen Sie dagegen ein Kajak mieten, so sollten Sie auf jeden Fall im Vorfeld Rücksprache mit dem Kanuverleiher halten, denn nicht alle Anbieter haben Kajaks im Programm. Die Preise variieren je nach Gewässer. Als Richtwert können Sie mit folgenden Tagespreisen rechnen (bei Selbstabholung): Canadier für zwei Personen ab 25 €, Einer-Wanderkajak 15–25 €, bei einer längeren Mietdauer gibt es oft deutliche Rabatte.

Beste Zeit

Prinzipiell können alle in diesem Buch beschriebenen Touren das ganze Jahr über gepaddelt werden. Eventuell sind Einschränkungen aus Naturschutzgründen möglich, auf diese wird im einleitenden Tourenkasten hingewiesen.

Hauptreisezeit in Deutschland sind natürlich die Sommerferien. Dann locken die Seen mit angenehmen Wassertemperaturen, und man kann während der Tour ein erfrischendes Bad im See nehmen. Nachteil der Sommermonate ist der dann z. T. recht hohe Andrang in den beliebteren Paddelrevieren, der sich an Feiertagen wie Pfingsten und Himmelfahrt potenziert. In diesem Zeitraum ist es in jedem Fall erforderlich, die Boote im Voraus zu reservieren.

Die bessere Alternative ist es, wenn möglich, die Hauptreisezeit zu meiden. Sowohl Vor- als auch Nachsaison haben ihren besonderen Reiz. Im Mai und Juni, wenn die Natur langsam wieder grün wird oder im Oktober, wenn die Laubwälder in den verschiedensten Rot- und Gelbtönen leuchten und die Tage klar sind, ist man als Paddler oft allein und erlebt die Natur viel intensiver.

Ein Nachteil dieser »Randzeiten« sei aber nicht verschwiegen: Viele der touristischen Angebote stehen nicht mehr zur Verfügung; Restaurants, Pensionen, evtl. auch Campingplätze sind dann geschlossen.

Paddeln im Winter? Auch das ist möglich, und eine Kanutor in Eis und Schnee ist sicherlich ein ganz besonderes Erlebnis, aber nicht jedermanns Sache. Auf jeden Fall sind »Eisbärentouren« nur etwas für erfahrene Paddler, und eine spezielle Kälteschutzausrüstung ist genauso vonnöten wie ein eigenes Boot. Sie werden kaum einen Verleiher finden, der Ihnen im Winter Material zur Verfügung stellt. Die Kern-Öffnungszeiten der Verleiher dauern in der Regel von Mai bis September.

Verhalten und Sicherheit auf dem Wasser

Kanuwandern ist kein gefährlicher Extremsport. Kritischster Punkt bei einer Kanuwanderung auf deutschen Flüssen sind die verschiedenen wasserbaulichen Hindernisse, in erster Linie Wehre, die in verschiedenen Bauformen anzutreffen sind. Als natürliche Hindernisse müssen Sie, vor allem auf wenig befahrenen Kleinflüssen, mit umgestürzten Bäumen rechnen. In jedem Fall gilt: das Hindernis genau anschauen und im Zweifelsfall lieber auf dem Landweg umgehen.
Ein Teil der vorgestellten Kanutouren verläuft auf Wasserstraßen, immer deutlich an den Kilometertafeln entlang der Ufer zu erkennen, auf denen auch Motorboote, z. T. wie auf dem Neckar, sogar große Frachtschiffe verkehren. Als Grundregel gilt: immer rechts halten und vorausschauend paddeln.

Kanus sind auf Binnenschifffahrtsstraßen zwar von der Führung eines amtlichen Kennzeichens befreit, müssen aber dennoch gekennzeichnet sein. Dazu muss der Bootsname von außen deutlich lesbar sein (ca. 10 cm große Buchstaben), zu-

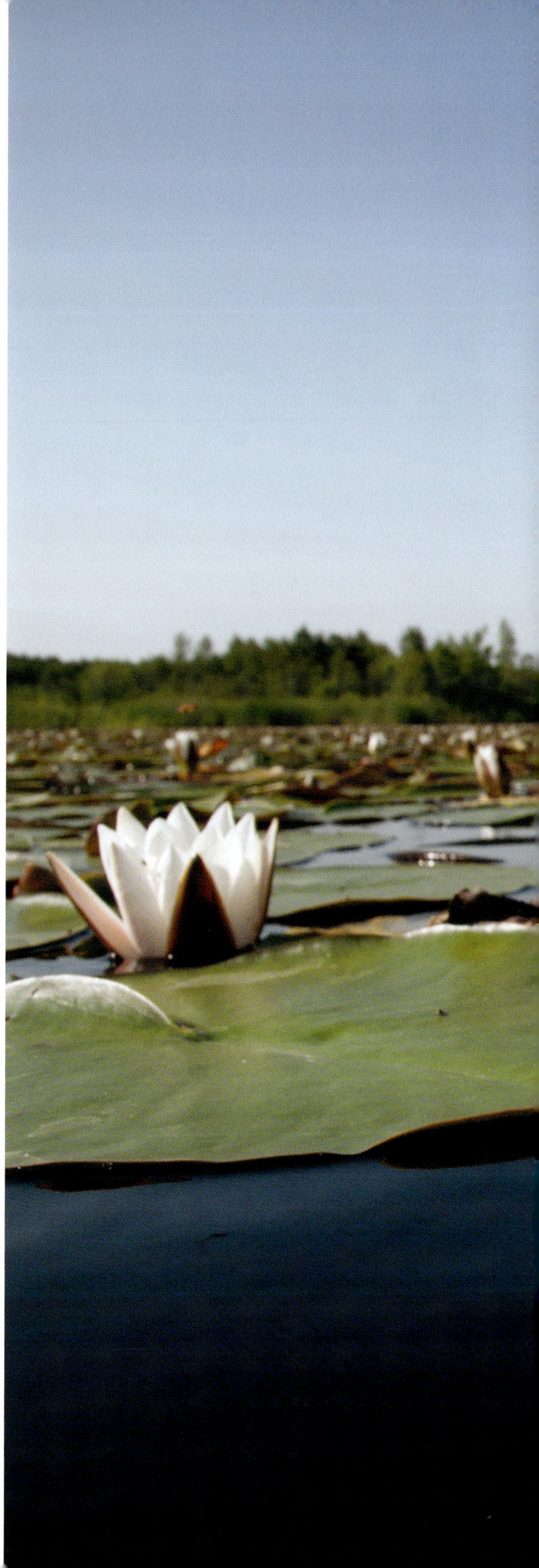

Aus dem Kanu präsentiert sich die Landschaft aus einer völlig neuen Perspektive.

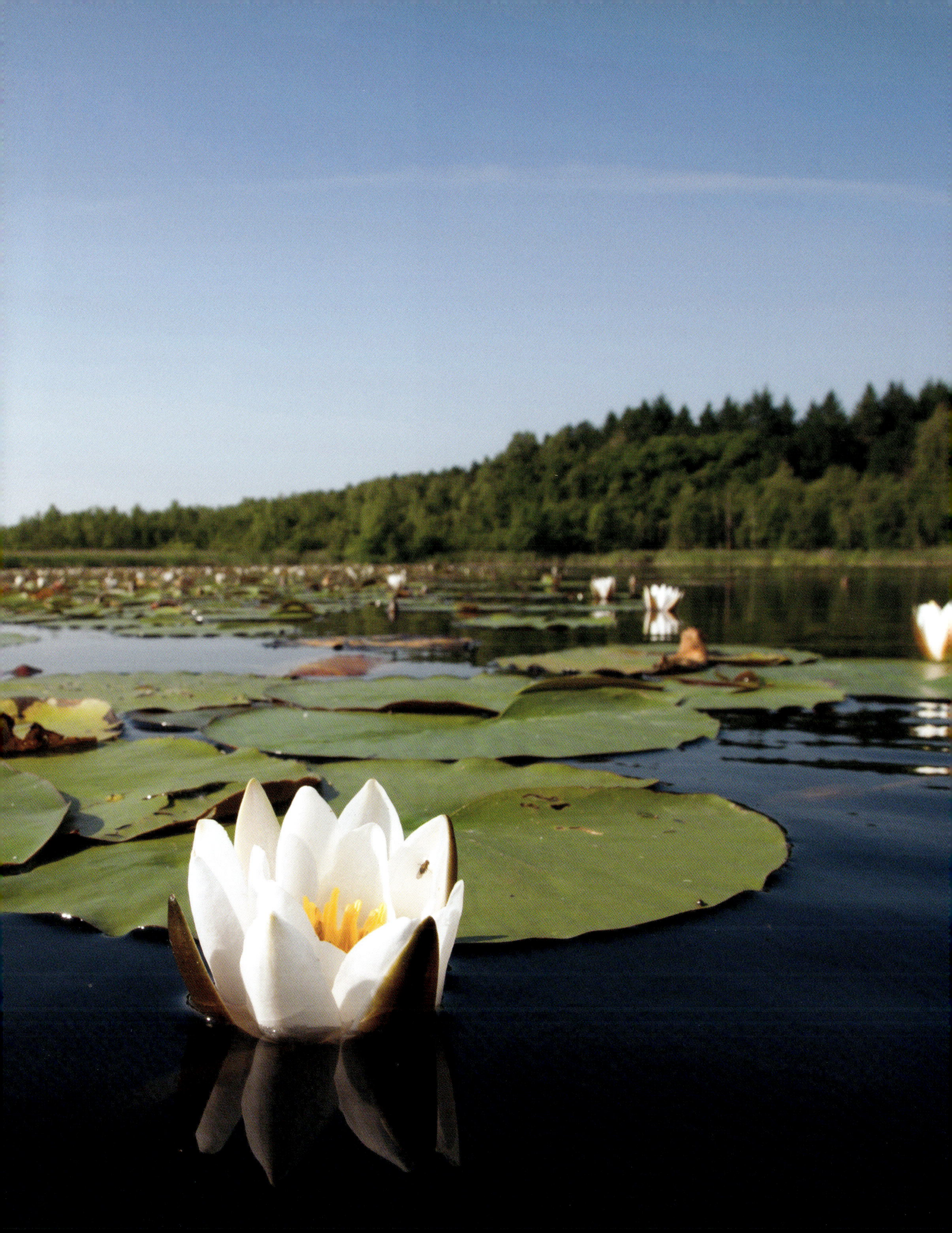

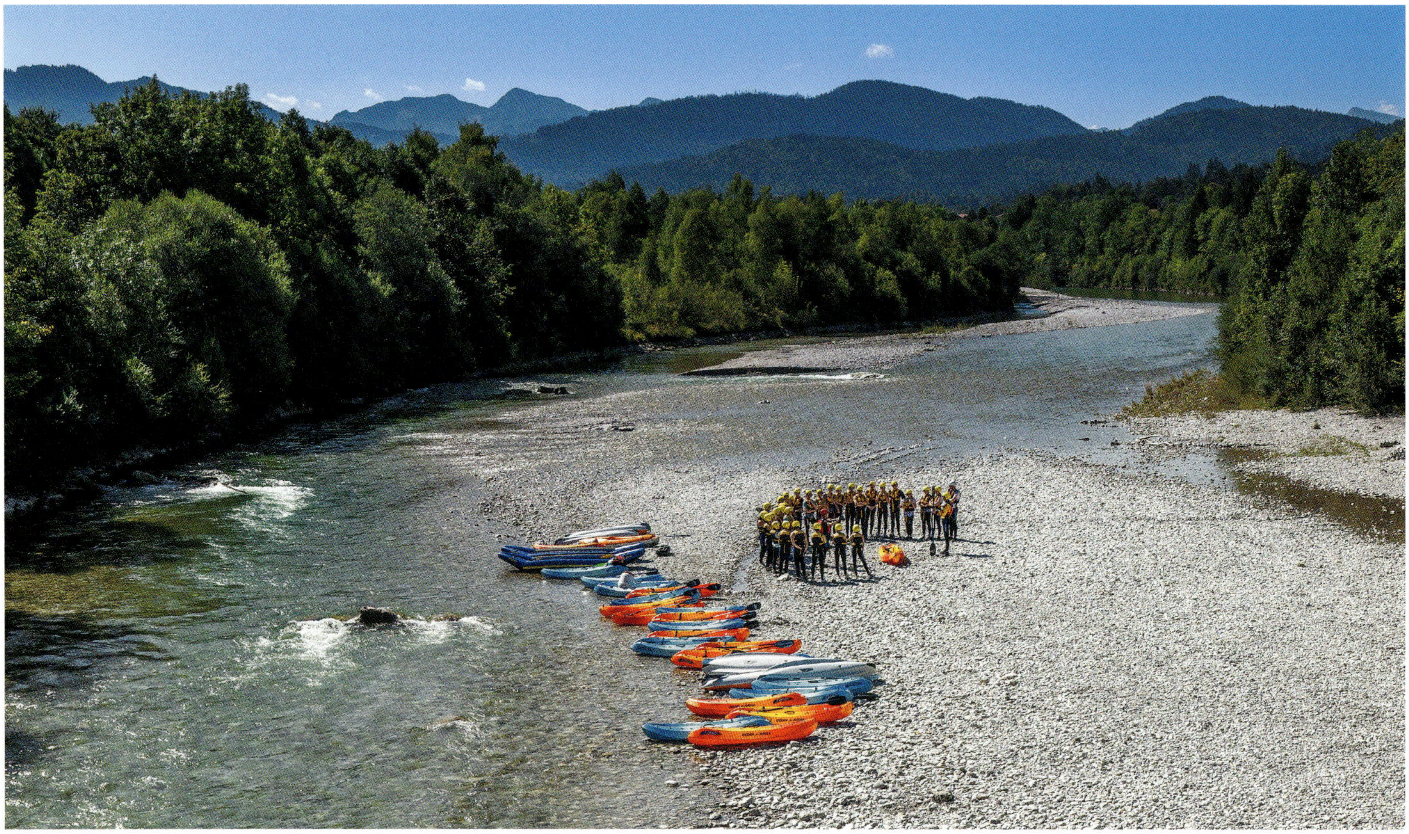

Einweisung einer Kanugruppe auf der Oberen Isar

sätzlich sind Name und Anschrift des Eigentümers an einer erkennbaren Stelle im Bootsinneren fest anzubringen (entweder mit einem wasserfesten Stift oder mit einem angeschraubten Schild). Weitere Informationen zu den Regelungen auf Schifffahrtstraßen finden Sie in der Broschüre »Sicherheit auf dem Wasser. Leitfaden für Wassersportler«, herausgegeben vom Bundesministerium für Verkehr und digitale Infrastruktur (Download unter www.bmvi.de).

Wenn Sie beim Paddeln einige grundlegende Regeln beachten und den gesunden Menschenverstand walten lassen, werden Sie unterwegs viel Spaß haben, aber nie in eine brenzlige oder gar gefährliche Situation kommen:

- Tragen Sie immer eine auf das Körpergewicht abgestimmte Schwimmweste und achten Sie darauf, dass auch Ihre Mitpaddler dies tun.
- Machen Sie einen weiten Bogen um ins Wasser ragende Bäume, um nicht zwischen Boot und Baum eingeklemmt zu werden.
- Weichen Sie Motorbooten aus und behalten Sie im Hinterkopf, dass oft Freizeitskipper unterwegs sind, die ihr Boot nicht immer souverän zu steuern vermögen.
- Paddeln Sie nur alleine, wenn Sie Ihr Kanu gut beherrschen. Auf der anderen Seite sollten Sie darauf achten, dass Ihre Paddelgruppe nicht zu groß wird.
- Wehre müssen vor der Befahrung besichtigt werden, Umtragen ist keine Schande.
- Bei Gewitter gilt: runter vom Wasser.
- Beim Start einer Tour nutzen Sie bitte nur offizielle Einstiegsstellen. Rutschen Sie nie mit dem Boot vom Ufer ins Wasser. So schonen Sie seltene Pflanzen und Nest- und Brutplätze.
- Halten Sie, besonders in der Brut- und Aufzuchtszeit (April bis Juli), ausreichend Abstand zu Vögeln.
- Achten Sie auf Angler, Jäger und andere Natursportler. Verhalten Sie sich ruhig und zerstören Sie keine Angelleinen.

Natur und Naturschutz

Bitte verhalten Sie sich in der Natur ruhig und legen Sie nur an den befestigten Ein-/Ausstiegen an, um die Flussufer nicht zu beschädigen. Ebenfalls selbstverständlich: Der Müll (so er sich nicht gänzlich vermeiden lässt) kommt wieder mit.

Es versteht sich von selbst, dass die Störung von Tieren zu unterlassen ist. Daher sollten Sie auch immer einen ausreichenden Abstand von Flachwasserzonen und Schilfröhrichten wahren, da diese ein wichtiger Lebensraum und Brutgebiete von Vögeln bzw. Laichgebiete von Fischen sind.

Als letztem wichtigen Punkt gilt dem Wasserstand ein besonders aufmerksames Augenmerk. Sie müssen vor dem Start prüfen, ob der Wasserstand für eine Befahrung ausreicht (siehe Pegeldienst). Als Faustregel gilt: Sie benötigen eine Mindestwassertiefe von 30 Zentimetern unter dem Kiel. Ist der Wasserstand zu niedrig, so bedroht jede Grundberührung Wasserpflanzen und den Fischnachwuchs, denn durch den dabei aufgewirbelten Schlamm erstickt der Fischlaich.

Besonders relevant ist ein ausreichender Wasserstand vor allem im Oberlauf von Flüssen und bei Kleinflüssen, die oft recht naturnah und daher für Paddler besonders attraktiv sind. Leider sind sie aber auch sehr sensibel und stark gefährdet und erfordern daher besondere Aufmerksamkeit und naturbewusstes Paddeln. Große Gruppen sind hier ebenso fehl am Platz wie völlige Anfänger. Wenn Sie aber Ihr Boot auf der Stelle wenden können, ohne dabei Grund und Ufer zu berühren, steht einer Befahrung nichts im Wege.

Wenn Sie sich an die oben genannten Punkte halten und beim Paddeln den natürlichen Respekt vor der Natur walten lassen, sind die ersten Schritte für ein naturverträgliches Paddeln getan. Doch leider reicht die Bemühung des Einzelnen für einen weitreichenden und nachhaltigen Schutz der Fließgewässer nicht aus. Wenn Sie schon etwas Kanuerfahrung gesammelt haben und die ein oder andere Tour in Deutschland gepaddelt sind, werden Sie festgestellt haben, dass nur noch wenige Flüsse naturbelassen oder naturnah durch die Landschaft fließen.

Zusammen mit dem Naturschutz versucht der Deutsche Kanuverband (DKV) die wenigen noch verbleibenden naturnahen Flüsse zu erhalten und sie vor einer schädlichen Übernutzung zu bewahren. Um dieses Ziel zu verwirklichen, versucht man eine Vielzahl von Steuerungsinstrumenten einzusetzen. Freiwillige Selbstbeschränkungen und verbindliche Befahrensregelungen werden erlassen, um Vollsperrungen zu verhindern. Dies erfolgt u. a., indem die Befahrung zu sensiblen Zeiten, wie der Brut- und Laichzeit, oder von besonders gefährdeten Bereichen, z. B. den Oberläufen von Flüssen, unterlassen wird.

Das Ganze funktioniert natürlich nur, wenn alle Wassersportler mitmachen und sich an die Regeln halten: in ihrem eigenen Interesse, in dem der Natur und dem der nachfolgenden Paddlergenerationen! In den Tourenbeschreibungen sind die Befahrensregelungen aufgeführt. Aktuelle Änderungen finden Sie auf der Homepage des DKVs (www.kanu.de).

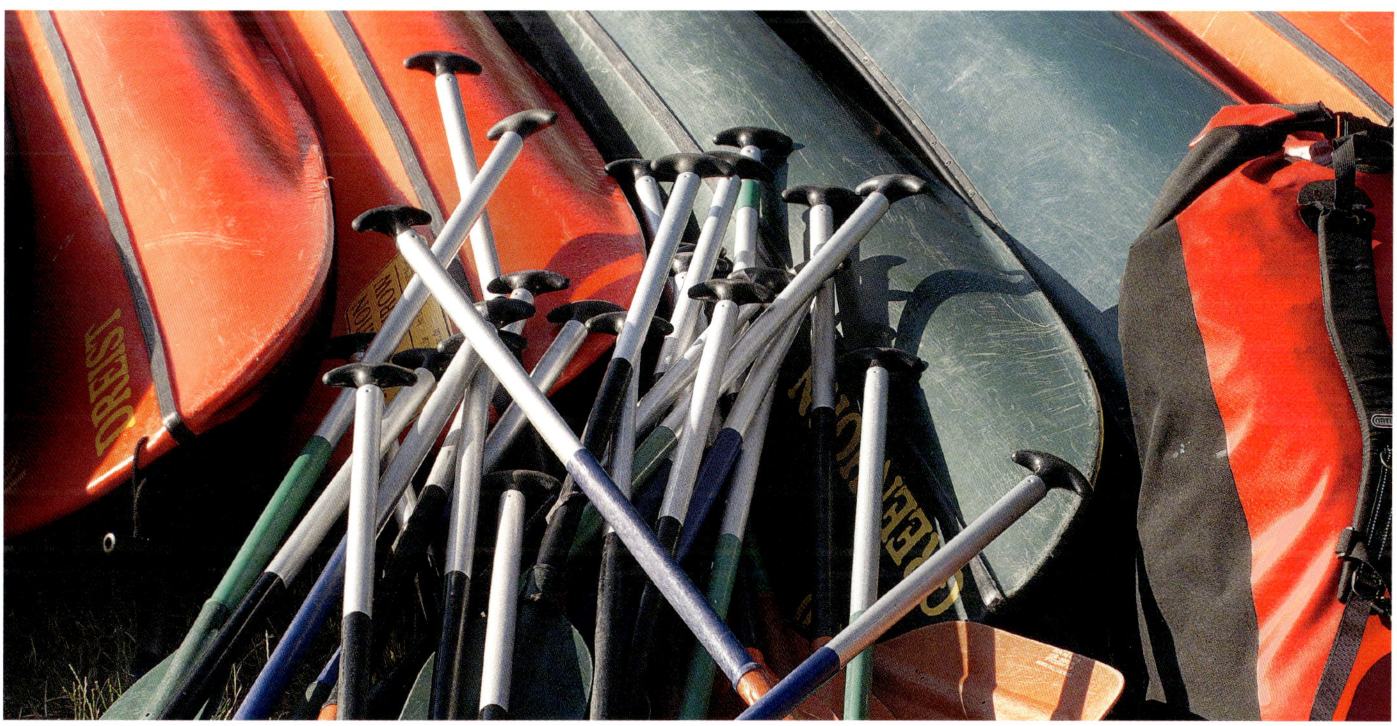

Mit der richtigen Ausrüstung sind Sie sicher unterwegs.

Neugierige Kühe auf der Treene

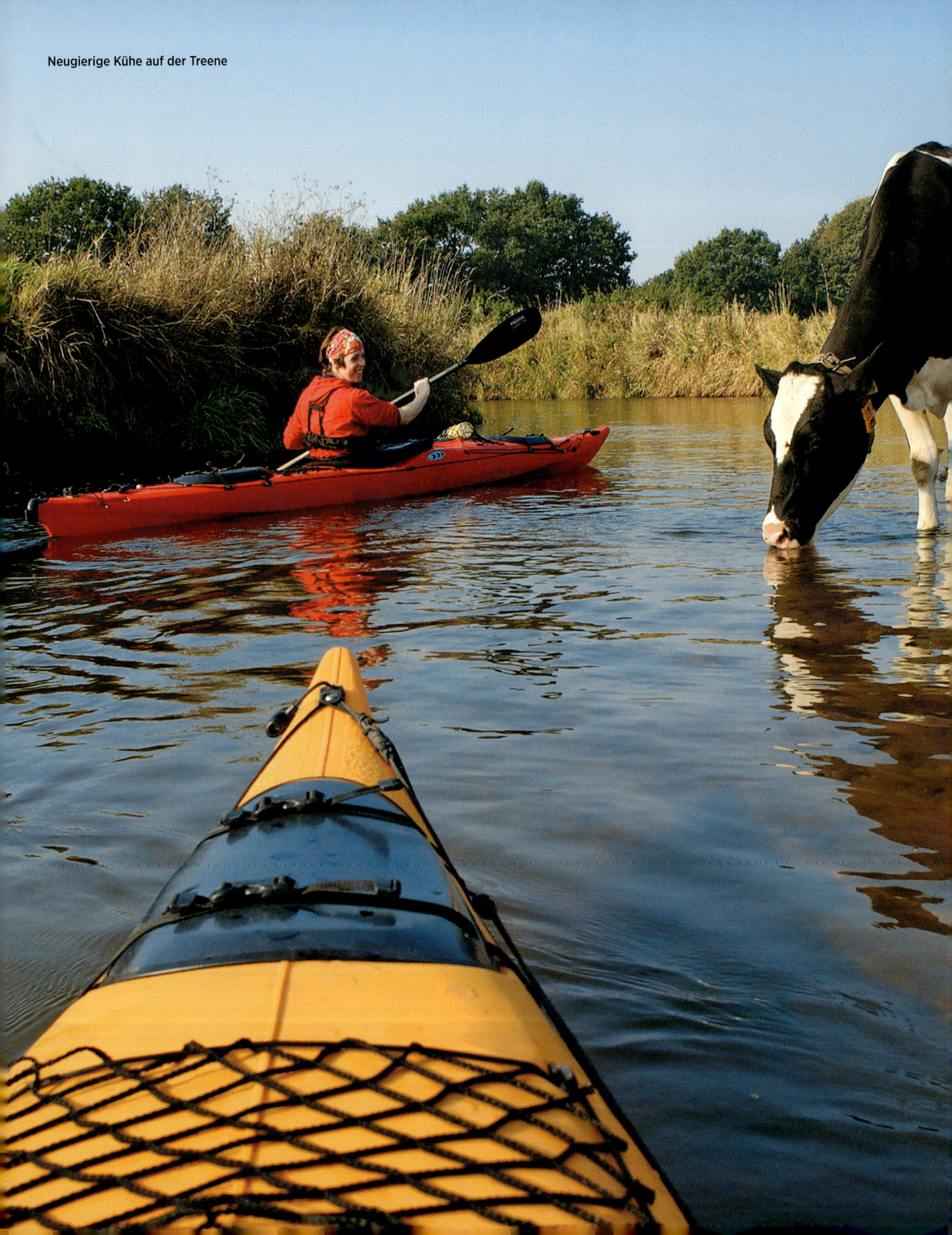

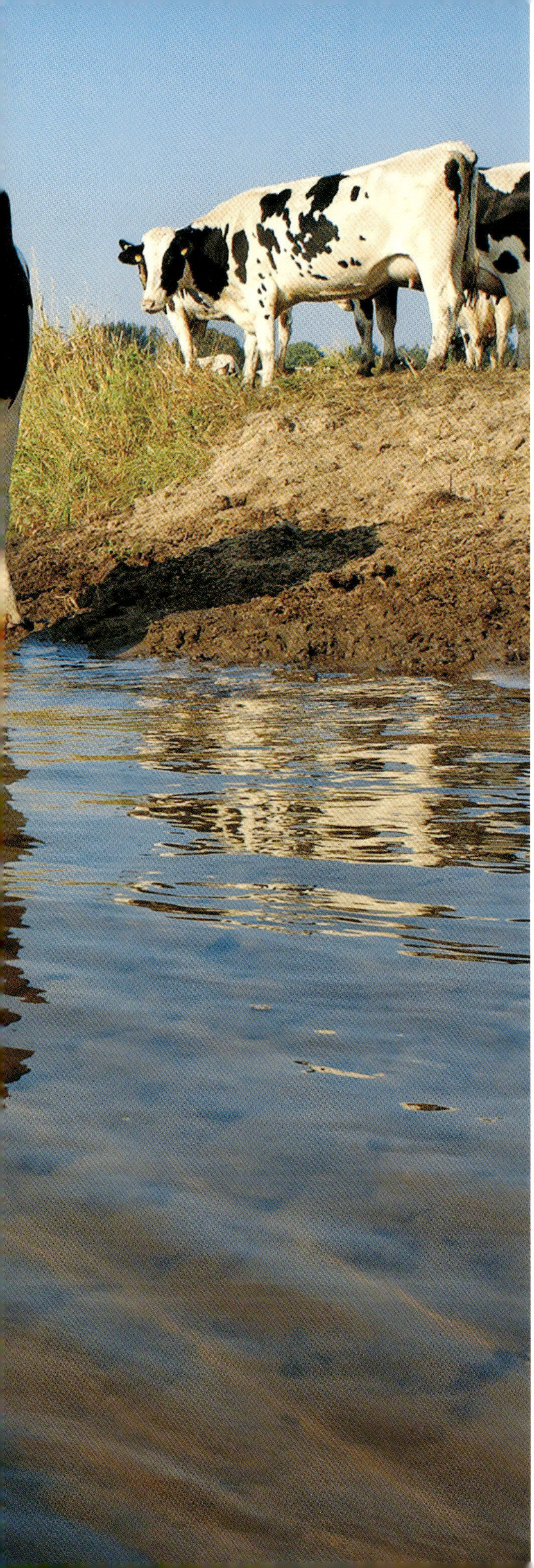

Ganz oben: Schleswig-Holstein und Hamburg

Was zeichnet eine gute Kanutour aus? Das nördlichste Bundesland zwischen Nord- und Ostsee beantwortet die Frage mit weiten Seen, schmalen Flussläufen und idyllischen Wäldern. Die Paddelmöglichkeiten sind unbegrenzt und machen nicht einmal vor der Großstadt halt: Auf der Alster geht es mitten durch Hamburg.

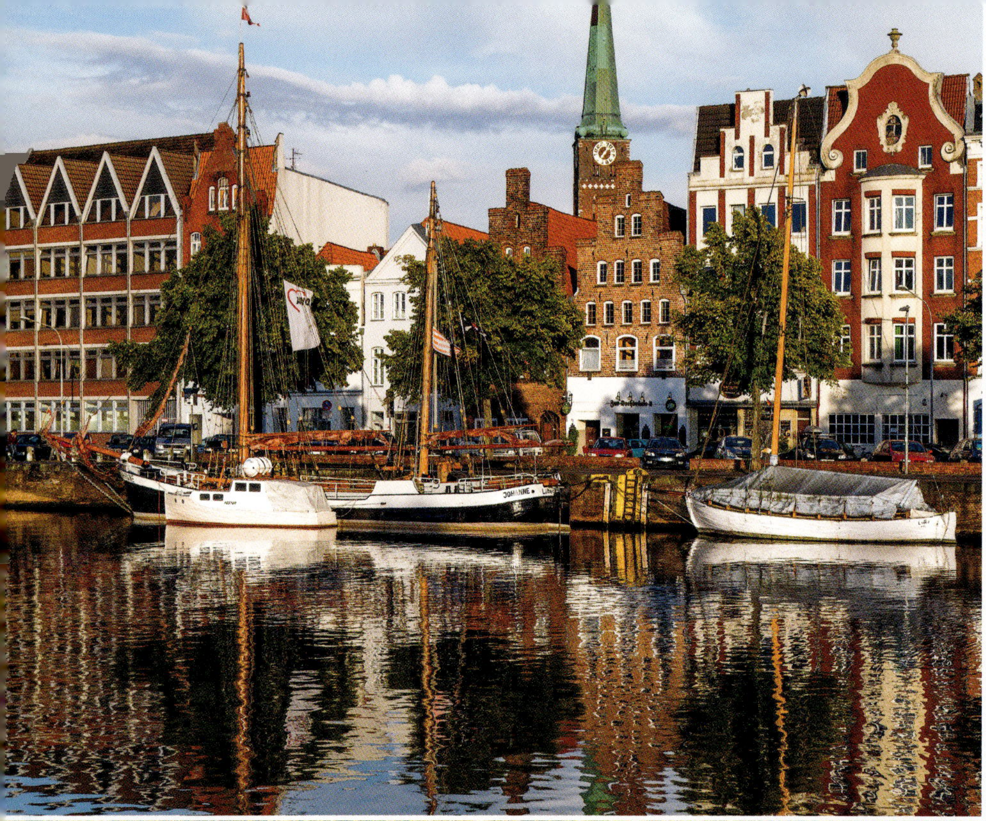

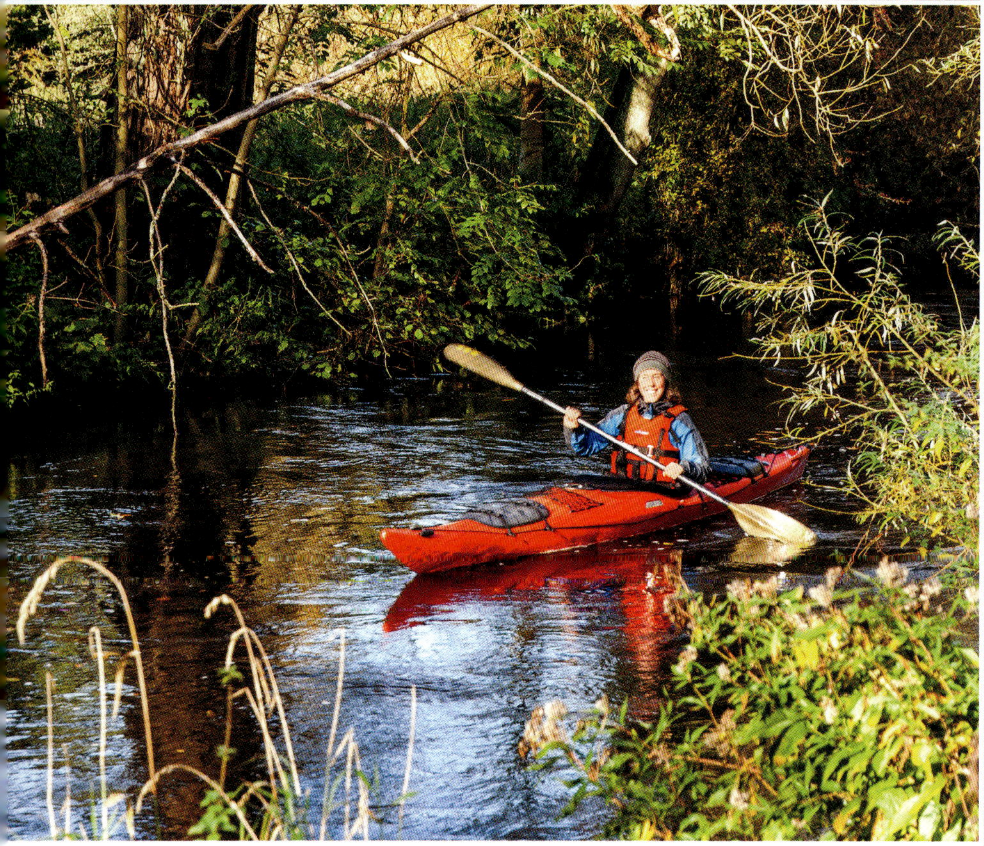

Oben: Hansestadt Lübeck

Unten: Hansestadt Hamburg

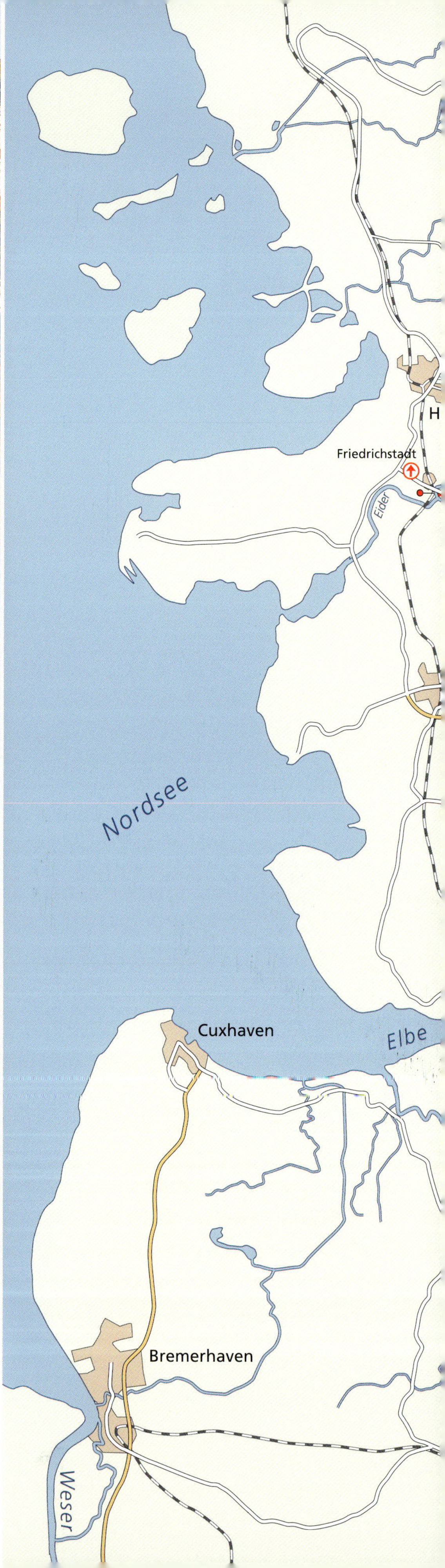

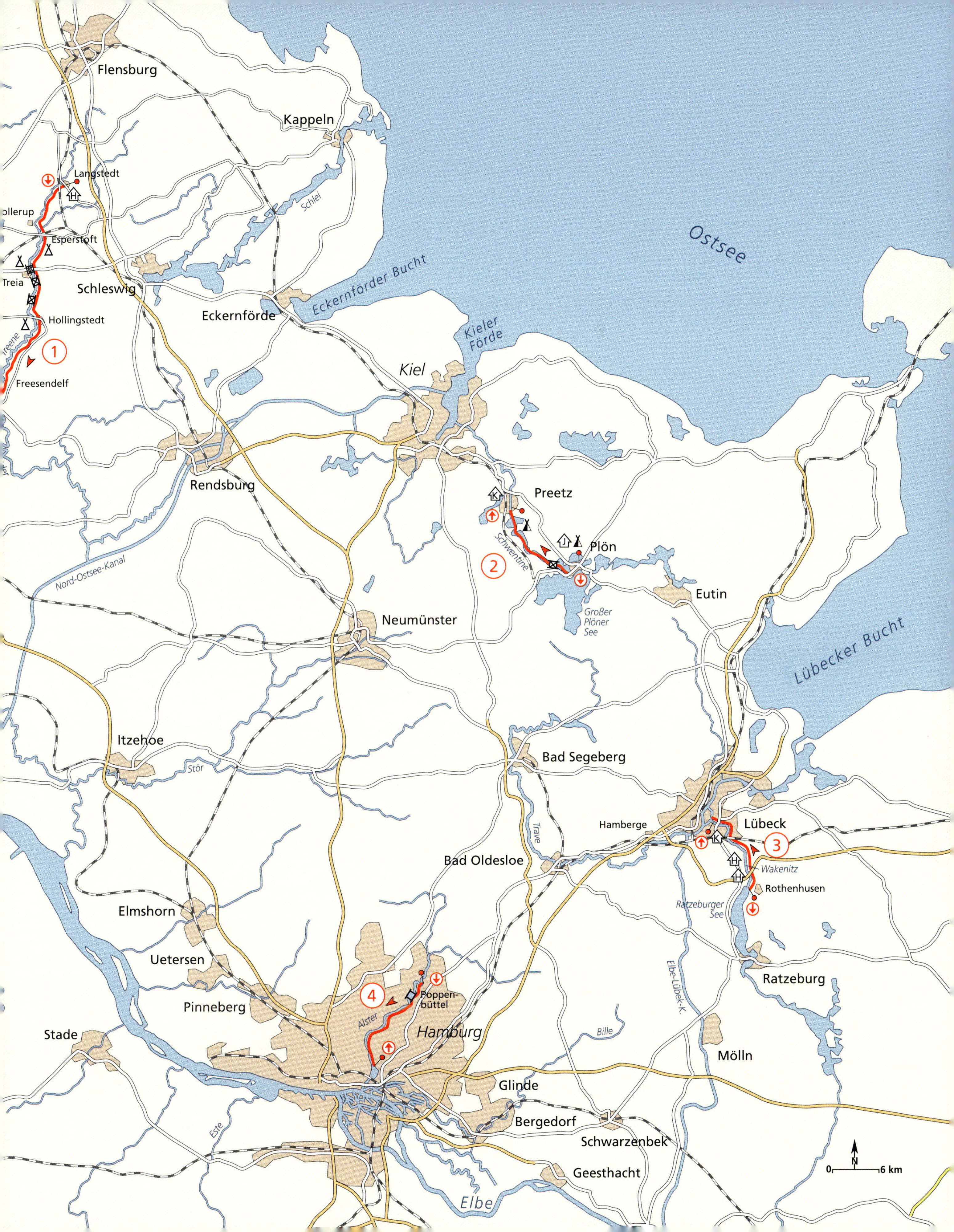

Flensburg
Kappeln
Langstedt
ollerup
Esperstoft
Treia
Schleswig
Schlei
Ostsee
Eckernförder Bucht
Eckernförde
Hollingstedt
Treene
1
Freesendelf
Kieler Förde
Kiel
Rendsburg
Preetz
Plön
Schwentine
2
Eutin
Großer Plöner See
Nord-Ostsee-Kanal
Neumünster
Lübecker Bucht
Itzehoe
Stör
Bad Segeberg
Hamberge
Lübeck
3
Trave
Bad Oldesloe
Wakenitz
Rothenhusen
Ratzeburger See
Elmshorn
Uetersen
Ratzeburg
Elbe-Lübek-K.
4
Poppen-
büttel
Pinneberg
Alster
Hamburg
Bille
Stade
Mölln
Glinde
Bergedorf
Este
Schwarzenbek
Geesthacht
Elbe
N
0
6 km

1

Treene: Von Langstedt nach Friedrichstadt

Vorbei an neugierigen Kühen durch Geest und Marsch

Im nördlichen Schleswig-Holstein vereinigen sich südlich von Flensburg die beiden kleinen Bäche Bondenau und Kielstau und bilden den Treßsee. Aus ihm entspringt die Treene, die sich als bedeutendster Nebenfluss der Eider gen Südwesten wendet. An der Straßenbrücke von Eggebek nach Langstedt lassen wir am Holzsteg unsere Boote zu Wasser.

Bereits kurz nach dem Start passieren wir eine Eisenbahnbrücke, und die Treene schlängelt sich als fünf bis sechs Meter breites Flüsschen durch die Landschaft. Bis Treia nimmt die Breite nur unwesentlich zu, und jetzt, im Sommer, geht es recht geräuschvoll und lebhaft zu, denn viele frischgebackene Kapitäne versuchen ihre Canadier durch die engen Kurven zu manövrieren.

Entlang der Ufer erinnern uns spektakuläre Sandkliffs und Abbruchkanten daran, dass das Treental aus einer Schmelzwasserabflussrinne der letzten Eiszeit entstanden ist. Am linken Ufer begleitet uns der Büschauer Forst, ein etwa 310 Hektar großes Waldgebiet, dessen Bäume bis ans Ufer reichen. Wenn wir Glück haben und der Trubel auf dem Wasser nicht zu groß ist, können wir in diesem naturnahen Abschnitt mit etwas Glück auch zahlreiche seltene Tiere beobachten, darunter Fischreiher, Störche oder sogar Fischotter.

Vor unserer nächsten Zwischenstation hat die Jerrisbek von Norden kommend der Treene einen großen Schwemmsandkegel in den Weg gelegt und die Treene so in einem breiten flachen Bachbett zu einem flachen »Sol« aufgestaut, was dem Geestdorf am rechten Ufer den Namen Sollerup eingetragen hat.

Vor der Brücke zwischen Sollerup und Hünning liegt am linken Ufer das erste Biwakgelände der Kanuvermietung Petersen. Etwa 400 Meter hinter der Brücke folgt, ebenfalls am linken Ufer, ein weiteres, vor allem am Wochenende von vielen Gruppen frequentiertes Zeltgelände mit Heuhotel und Gasthaus. Abends erhellen hier die oft meterhohen Flammen der unzähligen Lagerfeuer die Dunkelheit.

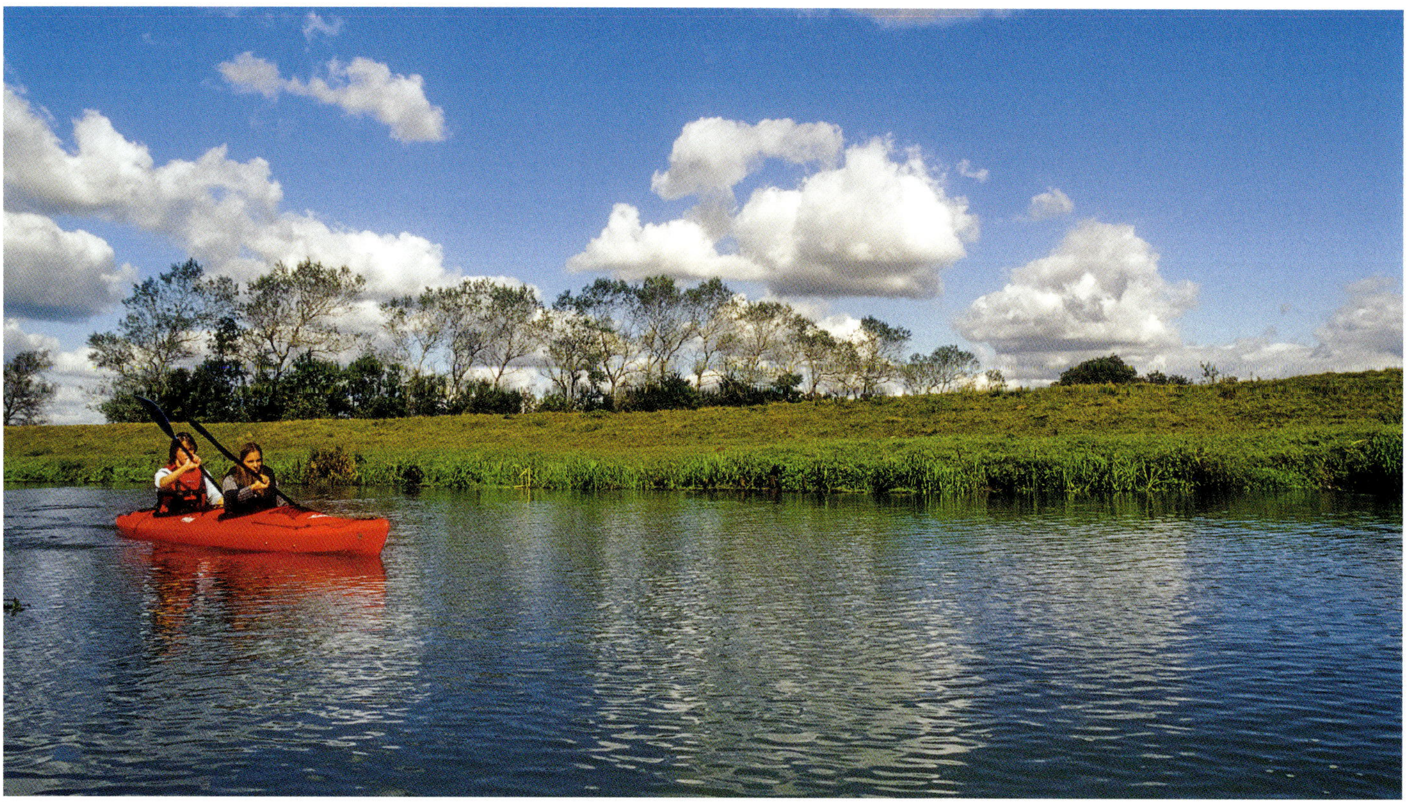

Mittellauf der Treene bei Treia

Gestärkt durch das Wasser der Bollingstedter Au erreicht die Treene zunächst die Straßen- und Eisenbahnbrücke in Sollbrück und bald darauf den Steg und Rastplatz in Esperstoft. Wiesen und Weiden ziehen an den Ufern vorüber, und schwarz- oder rot-bunte Kühe, vereinzelt auch Pferde, blicken dem Treiben auf dem Wasser gelassen zu. Ab und zu springt vor uns ein Fisch aus dem Wasser, und bald sind die ersten Häuser von Treia erreicht.

Ein kräftiges Rauschen voraus kündigt die erste Sohlgleite an. Sie sollte bei normalem Wasserstand auch von Anfängern zu meistern sein, der kräftige Schwall ist allerdings nicht zu unterschätzen, und mit offenen Kanus ohne Spritzdecke kann es sehr nass werden! Vorsicht bei höherem Wasserstand: Dann drückt die starke Strömung das Kanu seitwärts, und weniger erfahrene Paddler sollten in jedem Fall am rechten Ufer umtragen.

Am Sandstrand vor dem Feuerwehrgerätehaus legen wir für eine Pause an, bei Bedarf dürften wir hier auch unser Zelt aufstellen. Wieder in den Booten, folgen zwei weitere Stufen. Die erste Sohlgleite, etwa 500 Meter hinter der Straßenbrücke, kann bei ausreichendem Wasserstand über die Bootsgasse auf der rechten Flussseite befahren werden. Dazu rechtsseitig unter der Fußgängerbrücke hindurchsteuern und nahe der blauen Pfähle bleiben, damit die Strömung das Boot nicht auf das Ufer drückt. Einen Kilometer weiter flussabwärts folgt ein verfallenes Wehr, das bei Niedrigwasser am rechten Ufer umtragen werden muss.

Die Treene, nun deutlich breiter, schwingt sich in weiten Bögen durch saftige Wiesen. Am Ufer kümmern sich Schöpfwerke um die Entwässerung des fruchtbaren Marschbodens, und auf den Deichen gesellen sich Schafe zu den Kühen. Vorbei an der Straßenbrücke in Hollingstedt erreichen wir Freesendelf. Hinter dem Deich stellen wir das Zelt in einem idyllischen Wäldchen auf und lassen den vorletzten Tag auf der Treene am Lagerfeuer ausklingen.

Am nächsten Morgen geht es weiter bis Schwabstedt, wo wir am rechten Ufer vor dem Treene-Flussfreibad den Kanu-Anleger (und eine weitere Zeltmöglichkeit) finden. Nach einer Pause nehmen wir die letzten Kilometer bis Friedrichstadt in Angriff.

Direkt hinter dem Anleger der Ausflugsschiffe steuern wir die Kanus nach links und finden uns direkt im Grachtensystem der »Holländerstadt« Friedrichstadt wieder. Zusammen mit breiten Ausflugsbooten, die von den Kapitänen zentimetergenau durch die engen Brücken manövriert werden, und zahlreichen Tretbooten starten wir zu einer abschließenden Rundfahrt durch die weitverzweigten Kanäle, bis wir unsere Tour am Gelbe-Welle-Anleger neben der blauen Fußgängerbrücke am Westufer des Westersielzugs beenden.

55 km	2–3 Tage	ja	ja	leicht

Charakter: Im Oberlauf unzählige enge Kurven durch Wiesen, Weiden und einige bewaldete Abschnitte. Im Unterlauf breiter Marschfluss. Krönender Abschluss ist die Rundfahrt über die Grachten der »Holländerstadt« Friedrichstadt. Die Treene ist einer der schönsten Kanuwanderflüsse in Schleswig-Holstein. Ideal für Anfänger und Familientouren mit Kindern. Besonders stark ist der Andrang an den Feiertagen und langen Wochenenden im Sommer auf dem ersten Abschnitt bis Treia.

Befahrungsregeln: Freiwilliger Befahrungsverzicht im Zeitraum 15. April bis 15. Juni, Ein-/Ausstieg nur an den gekennzeichneten Kanuanlegern

Einstieg: Kanuanleger an der Straßenbrücke zwischen Eggebek und Langstedt (Bollingstedter Straße 2, 24852 Langstedt) gebührenpflichtig

Ausstieg: Kanueinsetzstelle neben der Fußgängerbrücke am Westufer des »Westersielzug« in Friedrichstadt (Tönninger Straße 2, 25840 Friedrichstadt)

Hindernisse: Insgesamt drei Sohlgleiten in und kurz hinter Treia, die je nach Wasserstand und Paddelerfahrung befahren werden können oder umtragen werden müssen

Unterkunft: Zeltplätze in Hünning, Esperstoft, Treia, Hollingstedt, Freesendelf und Schwabstedt. Campingplatz in Friedrichstadt, Tel. 04881/400, www.treenecamp.de; Campingplatz in Hünning, Tel. 04625/294, www.treenecamping.de; Hotel zur Treene in Schwabstedt, Tel. 04884/210, www.hotel-zur-treene.de; Jugendherberge in Friedrichstadt, Tel. 04881/93 62 61

Einkehr: Gasthöfe in Sollerup, Treia, Schwabstedt und Friedrichstadt

Kanuverleih: Kanuverleih-Petersen in Hünning, Tel. 04625/79 02, www.kanu-treene.de; LBH – Kanuverleih in Janneby, Tel. 04607/ 93 29 27, www.lbh-kanuverleih.de; Bernd Falkenhagen in Dörpstedt-Bünge, Tel. 0173/900 40 90, www.ferien-und-kanu.de; Nordkanu in Esperstoft, Tel. 04841/7 43 52, www.nordkanu.de; Bootsvermietung Kunterbunt in Friedrichstadt, Tel. 04881/93 77 78, www.kanu-kunterbunt.de

Info: Eider-Treene-Sorge GmbH, Tel. 04333/992 49 10, www.eider-treene-sorge.de

Zurück zum Auto: Mit öffentlichen Verkehrsmitteln praktisch unmöglich. Bei Bootsausleihe wird der Transfer organisiert, ansonsten nur mit zweitem Auto oder Fahrrad möglich.

2

Schwentine: Von Plön nach Preetz

Mit dem Kanu durch die Holsteinische Schweiz

Vor dem Paddeln lohnt sich ein Rundgang durch die schmalen Gassen, hier Twieten genannt, der schönen Altstadt von Plön. Über den historischen Fachwerkbauten thront das Plöner Schloss, das sämtliche Reiseführer zu den schönsten Schlossanlagen in Schleswig-Holstein zählen.

Es gibt drei mögliche Startpunkte für die Tour auf der Schwentine. Paddler mit eigenem Boot starten vom Parkplatz an der B470 hinter dem Ortszentrum direkt am Ufer des Kleinen Plöner Sees. Kunden der Segelschule fahren ein paar Meter weiter zu deren Bootsausgabe und Steg. Wer beim Kanucenter Boote gemietet hat, folgt den Wegweisern zum Campinglatz Spitzenort.

In Plön-Spitzenort verlassen wir den Großen Plöner See. Das ehemalige Aalwehr wurde durch eine ökologische Sohlgleite ersetzt und kann über den Borsten-Fischpass gut befahren werden. Auf dem Kleinen Plöner See halten wir uns am linken Ufer. Vorbei an der buckeligen Erhebung des Koppelsbergs paddeln wir in Richtung Nordwesten. Bald ist Gut Wittmold erreicht, und wir kehren dem Kleinen Plöner See den Rücken. Die Schwentine fließt nun streckenweise mal als enger, mal als etwas breiterer Fluss oder schmaler See gemächlich und ohne viel Strömung dahin. Besonders schön ist es immer dann, wenn sich nach einer Engstelle der Ausblick auf den nächsten See öffnet.

Den herrlichen Ausblick auf die Schwentine genießt das Herrenhaus am Gut Wahlstorf schon seit fast 400 Jahren. Ein paar hundert Meter vor dem Gut lädt am rechten Ufer ein idyllischer Rastplatz beim Bistro Wahldorfer Mühle zu einer Rast ein. Etwa 150 Meter landeinwärts an der Straße Richtung Gutshof finden wir das Gasthaus »Alte Schule«.

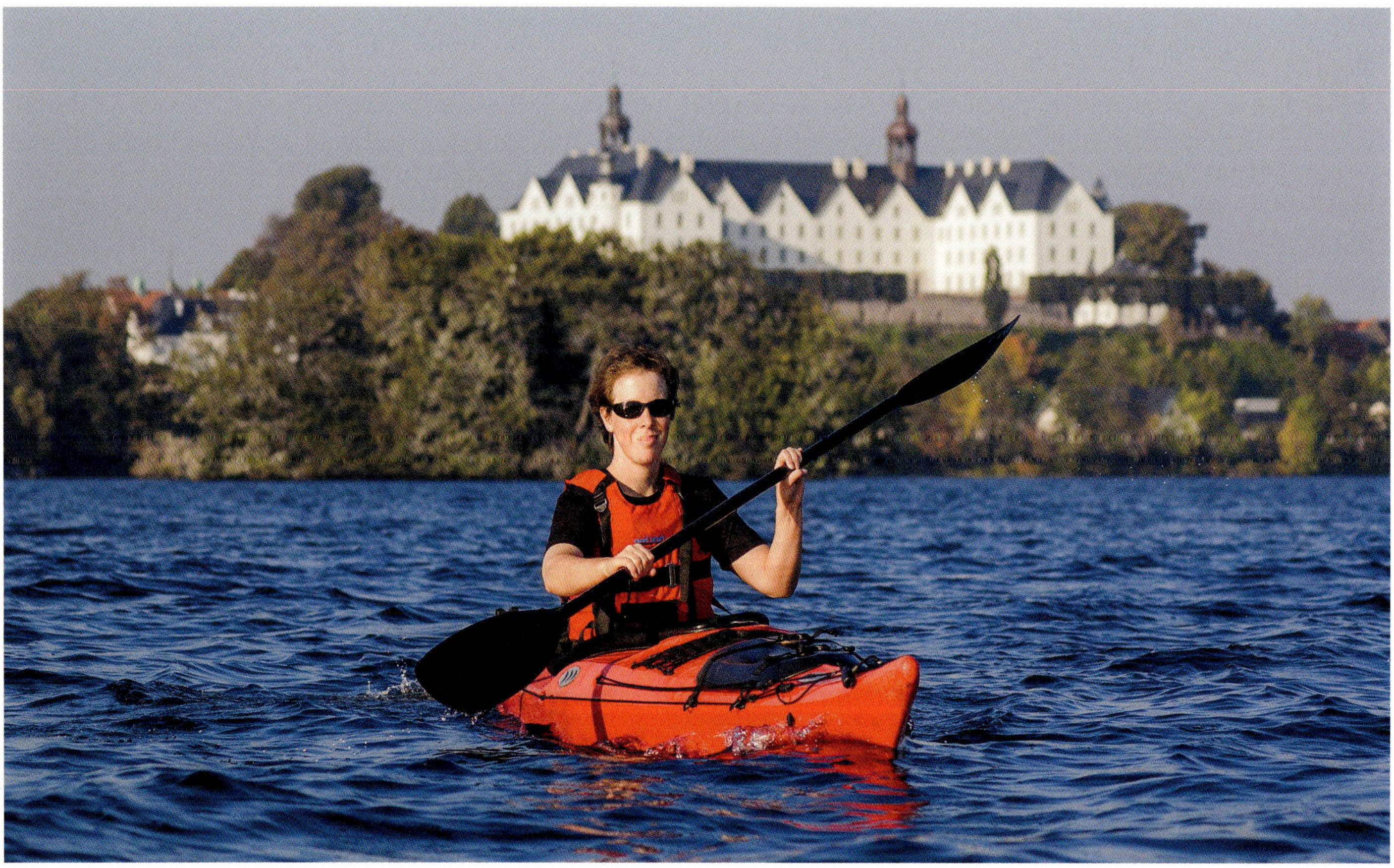

Plöner Schloss

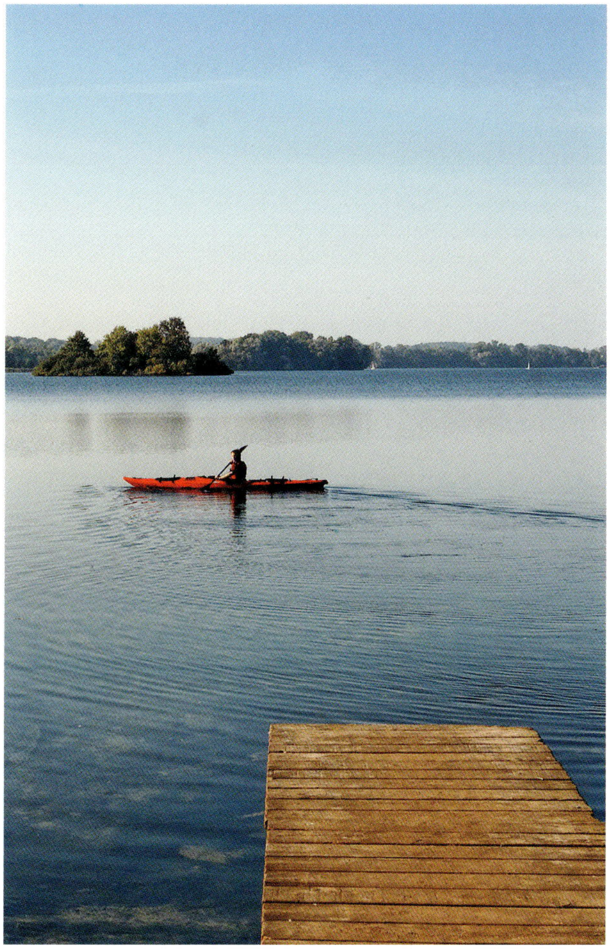

Die Schwentine präsentiert sich äußerts abwechslungsreich und ist mal See …

15 km	4–5 Std.	ja	ja	leicht

Charakter: Gemütliche, problemlose Wanderfahrt über eine Kette langer, schmaler Rinnenseen in der hügeligen, von der letzten Eiszeit geprägten Grundmoränenlandschaft der Holsteinischen Schweiz. Eine der schönsten Kanurouten im Norden Deutschlands

Befahrungsregeln: Abgesehen von einigen Naturschutzgebieten an der westlichen Uferseite des Lanker Sees, die nicht befahren werden dürfen, keine weiteren Einschränkungen

Einstieg: Parkplatz am kleinen Plöner See oder Campingplatz Plön-Spitzenort

Ausstieg: Badestelle am Nordufer des Lanker Sees oder beim Kanuverein in Preetz

Hindernisse: Bei Start am Campingplatz kurze Portage zwischen Großem und Kleinem Plöner See (mit Rollenbahn)

Unterkunft: Camping Spitzenort in Plön, Tel. 04522/27 69, www.spitzenort.de; Campingplatz Lanker See in Preetz, Tel. 04342/815 13, www.camp-lankersee.de; Jugendherberge Plön, Tel. 04522/25 76

Einkehr: Gasthaus »Alte Schule« in Wahlstorf

Kanuverleih: Segelschule Plön, Ascheberger Straße 70, Tel. 04522/41 11, www.kanuvermietungploen.de; Kanucenter Preetz – Plön, Tel. 04342/30 95 49, www.kanucenter-ploen.de

Info: Tourismuszentrale Holsteinische Schweiz, Tel. 04522/50 95 50, www.holsteinischeschweiz.de

Zurück zum Auto: Gute und regelmäßige Zugverbindung von Preetz nach Plön

Nachdem wir uns unter die über dem Fluss hängenden Fischreusen gebückt haben, erreichen wir den Lanker See. Das Westufer ist Naturschutzgebiet und darf nicht befahren werden. Der Campingplatz am Lanker See befindet sich im äußersten Nordostzipfel des Sees. Am nordwestlichen Ende, wo der See zu Ende und in die Schwentine übergeht, beenden wir an der Badestelle in Preetz, gegenüber der Insel Probstenwerder, unsere Tagestour. Ein paar Paddelschläge weiter wäre das Bootshaus des Preetzer Turn- und Sportvereins erreicht.

EXTRA: Auf der Schwentine von Eutin bis Kiel

Die Schwentine ist auf einer Strecke von gut 50 km befahrbar. Die gesamte Tour von Eutin bis zur Mündung in die Kieler Förde ist gut an einem (verlängerten) Wochenende zu paddeln. Unbedingt einen Bootswagen mitnehmen: Am Kraftwerk in Raisdorf ist eine lange Portage durch den dortigen Tierpark zu bewältigen.

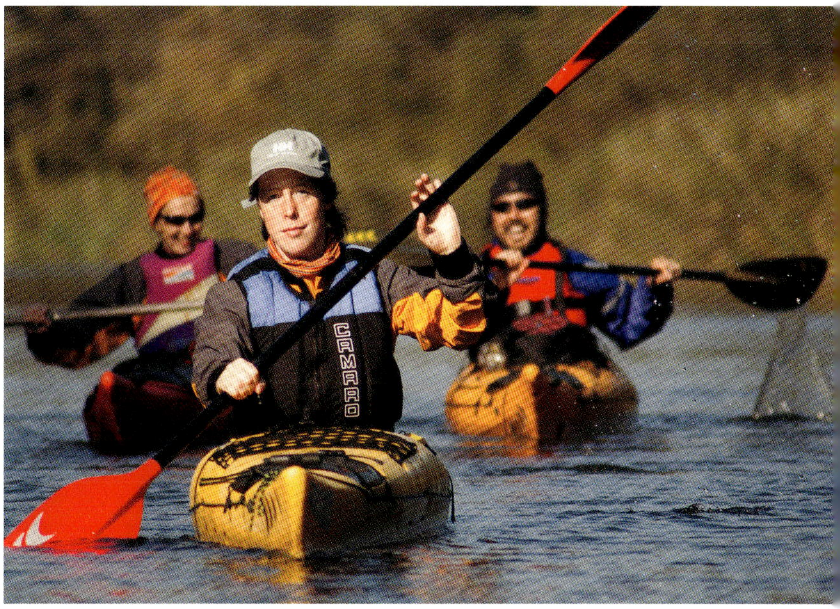

… mal Fluss.

3

Wakenitz: Von Rothenhusen nach Lübeck

Amazonas des Nordens

An der Einsatzstelle direkt neben der Straßenbrücke in Rothenhusen schauen uns viele der Spaziergänger bei den Startvorbereitungen der Paddeltour über die Schulter, und vom kleinen Hafen der Wakenitz-Schifffahrt schallt unverständliches Lautsprechergebrabbel herüber.

Die Wakenitz empfängt uns mit herrlichem Erlen- und Buchenwald, und im Sommer tupfen Seerosenblüten so weit das Auge reicht rote und weiße Farbkleckse auf die Wasseroberfläche. Selbst die Autobahnbrücke der A 20 stört die Idylle nur kurz. Die ehemaligen Fischerhäuser an der Wakenitz, ursprünglich Horste genannt, sind heute beliebte Ausflugslokale. Knapp sechs Kilometer nach dem Start bietet das Restaurant »Absalonshorst«, in dem vor allem Fisch- und Wildgerichte auf der Speisekarte stehen, die erste von zwei Einkehrmöglichkeiten. Wer hier eine Rast einlegen möchte, sollte nicht am Anleger der Fahrgastschiffe festmachen, sondern dahinter in den Stichkanal einfahren. Auch die zweite Pausenmöglichkeit lässt nicht lange auf sich warten. Zwei Kilometer hinter Absalonshorst liegt, ebenfalls am Ende eines Seitenarms, das Hotel Müggenbusch.

Auch auf dem weiteren Weg begeistert die Wakenitz mit schöner Natur. Weiden neigen ihre Köpfe in den Fluss, Haubentaucher verschwinden mit einem possierlichen Kopfsprung vor unseren Bootsspitzen, und mit etwas Glück kann man Eisvögel beobachten. Wir passieren eine Eisenbahnbrücke, und je näher wir Lübeck kommen, desto breiter und seeartiger wird die Wakenitz, die hier seit Jahrhunderten aufgestaut wird. Östlich der Insel Spieringshorst liegt ein Vogelschutzgebiet, das nicht befahren werden darf. Wir halten uns daher links. Nach einer fast rechtwinkligen Kurve und der Wakenitzbrücke tauchen vor uns die ersten der insgesamt sieben Kirchtürme der fünf gotischen Hauptkirchen auf dem Altstadthügel der mittelalterlichen Hansestadt Lübeck auf.

An den Ufern reichen die Grundstücke imposanter Villen bis ans Wasser. Der Tret-, Motor- und Leihbootverkehr nimmt zu, und an der Moltkebrücke lassen wir die Fahrgastschifffahrt hinter uns. Bald nach dem Freibad Falkenwiese ist das Bootshaus des Kanuvereins in Lübeck erreicht, wo wir unsere Tour an der Falkenstraße in Lübeck beenden.

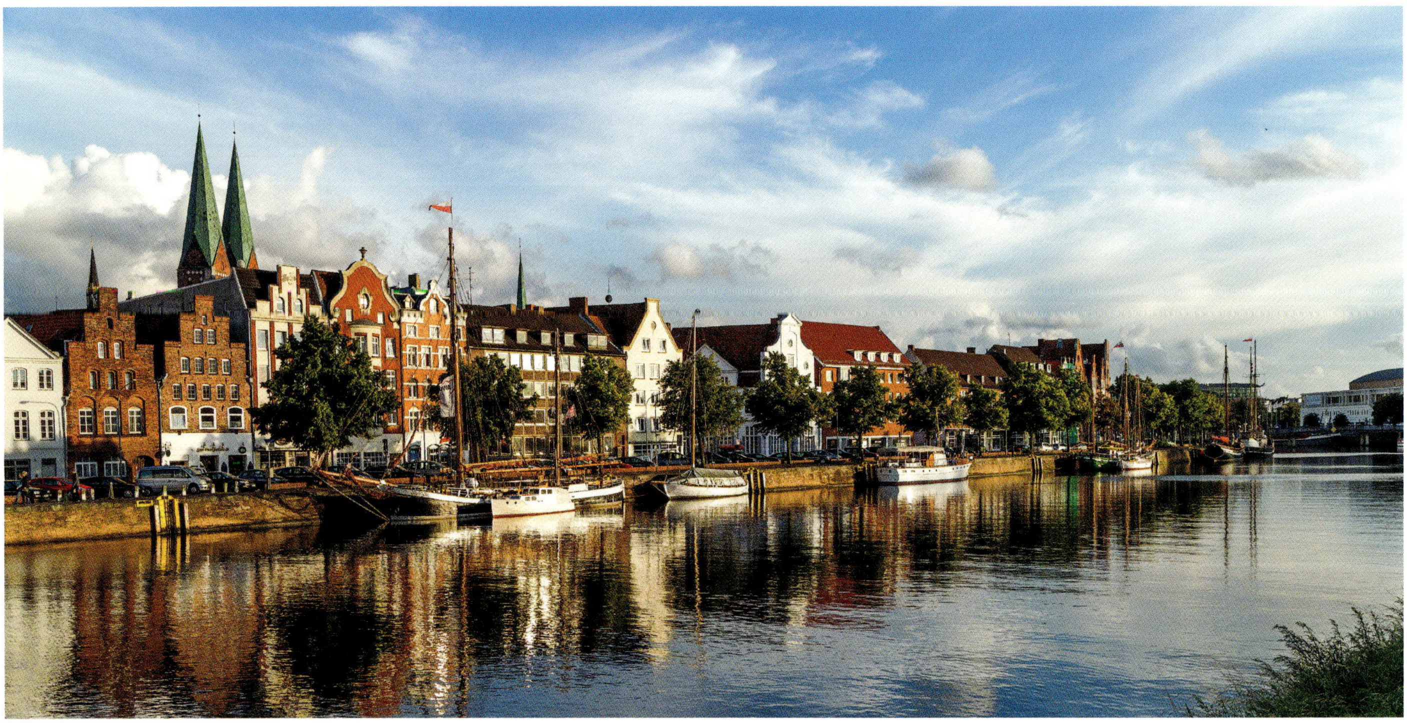

Blick über die Trave auf die Lübecker Altstadt

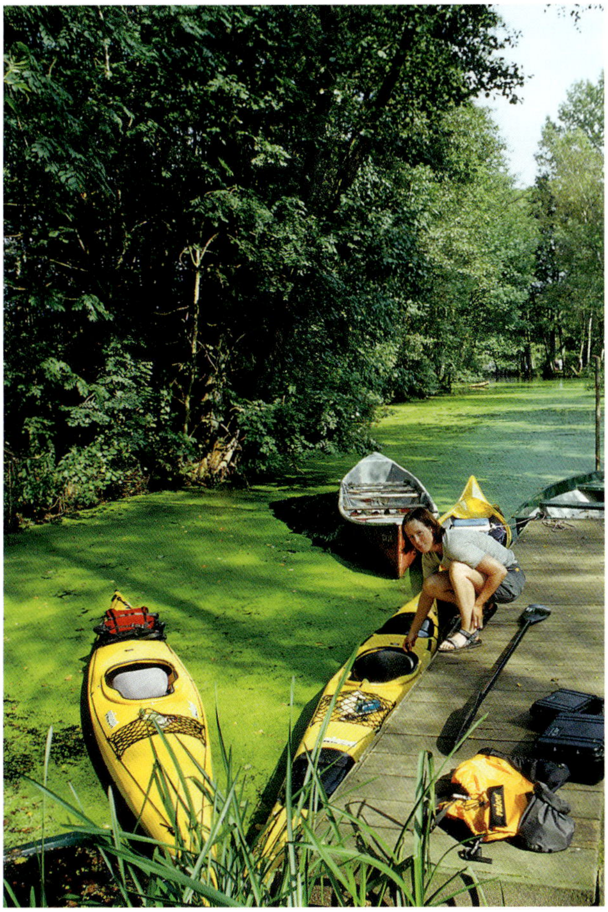

14 km	4 Std.	ja	ja	leicht

Charakter: Problemlose, schöne Tagestour in landschaftlich reizvoller Auenlandschaft mit Bruchwald, Wiesen und Weiden. Ständiger Wechsel von Fließstrecken und seenartigen Erweiterungen. Naherholungsgebiet der Hansestadt Lübeck

Befahrungsregeln: Paddeln von Sonnenauf- bis Sonnenuntergang erlaubt. Ganzjähriges Uferbetretungsverbot. Aus- und Einsteigen nur an den gekennzeichneten Stegen gestattet

Einstieg: Am Jugend- und Wassersportheim in Rothenhusen

Ausstieg: Lübeck-Falkenstraße am Bootshaus des Kanuvereins in Lübeck

Hindernisse: Keine

Unterkunft: Wakenitzcamp (Zeltwiese, Zelthotel und Bauwagen) in Groß Sarau, www.kanu-center.de; auf Anfrage Zeltmöglichkeit beim Verein für Kanusport Lübeck, www.vkl-online.de; Waldhotel Tel. 0451/50 19 99, www.restaurant-mueggenbusch.de; Landhaus »Absalonshorst«, Tel. 04509/79 09 00, www.absalonshorst.de

Einkehr: Fährhaus Rothenhusen, Landhaus »Absalonshorst«, Waldhotel »Der Müggenbusch«

Kanuverleih: Kanu-Center Lothar Krebs, Tel. 04501/412, www.kanu-center.de

Info: Herzogtum Lauenburg Marketing & Service GmbH, Tel. 04542/85 68 60, www.herzogtum-lauenburg.de

Zurück zum Auto: Am einfachsten und stilvollsten mit einem Ausflugsboot der Wakenitz-Schifffahrt. Abfahrt an der Moltkebrücke in Lübeck. Wakenitz Schiffahrt Quandt, Tel. 0451/79 38 85, www.wakenitz-schiffahrt-quandt.de

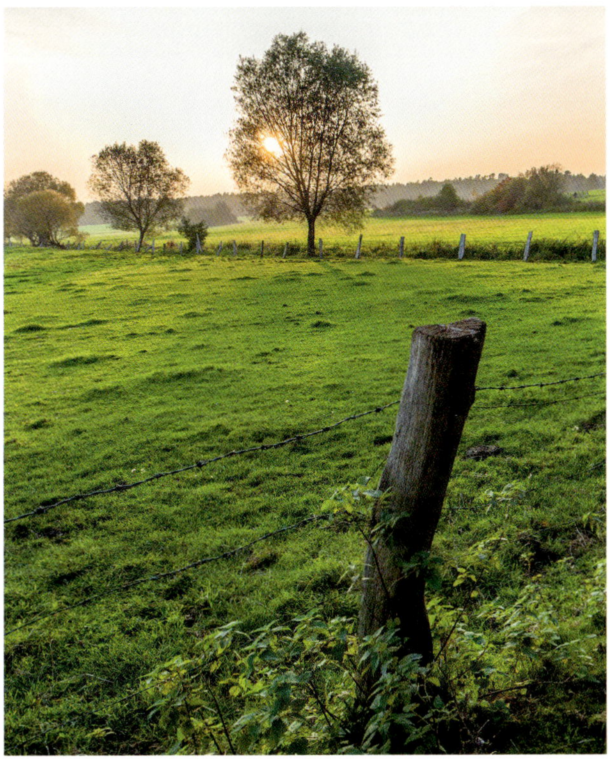

Oben: Stichkanäle führen uns zu schönen Ausflugslokalen.

Unten: Sumpfige Wiesen und Bruchwald prägen die Wakenitzufer.

EXTRA: Die Hansestadt Lübeck auf eigenem Kiel erkunden

Lübecks Altstadt erstreckt sich über einen Hügel, der von einem Gewässergürtel umgeben ist, und bietet sich daher für eine Stadtrundfahrt mit dem Kanu an. Eine Rundfahrt über Stadt- und Kanaltrave entlang der Sehenswürdigkeiten der Altstadt dauert etwa zwei bis drei Stunden. Sie kann als eigenständige Tour oder als Fortsetzung der Tour auf der Wakenitz (kurze Portage von der Ausstiegsstelle über die Falkenstraße (Achtung: starkes Verkehrsaufkommen!)) in die Kanaltrave unternommen werden.

4

Alster: Von Poppenbüttel zur Außenalster

Das grüne Band der Hansemetropole

Startpunkt unserer Tour auf der Alster ist das Wehr in Poppenbüttel. Unterhalb der Gaststätte »The Locks« und dem Kanuverleih Marienhof lassen wir unsere Kajaks zu Wasser. Nachdem der Autolärm vom Saseler Damm verklungen ist, wird es still, und wir paddeln durch einen grünen Blättertunnel. Bemooste Baumstümpfe ragen aus dem Wasser. Manchmal klingelt ein Radfahrer auf dem Alsterwanderweg einen Spaziergänger aus dem Weg, und ab und zu schüttelt sich am Ufer ein Hund nach einem Bad in der Alster das Wasser aus dem Fell.

Am linken Ufer zieht das bunte Treiben mit Grillvergnügen, Fußball- und Frisbeespielen auf der Wiese an der Wellingsbütteler Landstraße vorbei. Nach diversen Fußgängerbrücken erreichen wir am rechten Ufer das Vereinsheim mit DKV-Kanustation des VfW Alstereck. Gut einen halben Kilometer weiter wartet nach der U-Bahn-Brücke am linken Ufer das Bootshaus des VfW Oberalster mit angeschlossener Gaststätte.

Nächste Möglichkeit für einen Landgang bietet die Gaststätte mit Tret-, Ruderboot- und Kanuverleih am linken Ufer, und wenig später erreichen wir die Schleuse Ohlsdorf/Fuhlsbüttel und damit die einzige Portage der Tour. Wir legen am Steg auf der rechten Uferseite an und können die Boote über eine Rollenbahn leicht umsetzen.

Hinter der Schleuse ist die bislang z. T. kräftige Strömung kaum noch spürbar. Die Alster ist nun ein kanalisiertes, stehendes Gewässer und wird peu à peu breiter. Vorbei am Bootshaus mit Zeltmöglichkeit des Alster-Canoe-Clubs am rechten Ufer und der Abzweigung des Isebekkanals nähert sich die Alster breit und gerade der Hansemetropole. Bevor es unter der Krugkoppelbrücke hindurch auf die Außenalster geht, beenden wir die Tour am Steg in der kleinen Parkanlage am rechten Ufer. Gegenüber lädt die in einem umfunktionierten Toilettenhäuschen untergebrachten Bar zu Snacks und Drinks ein.

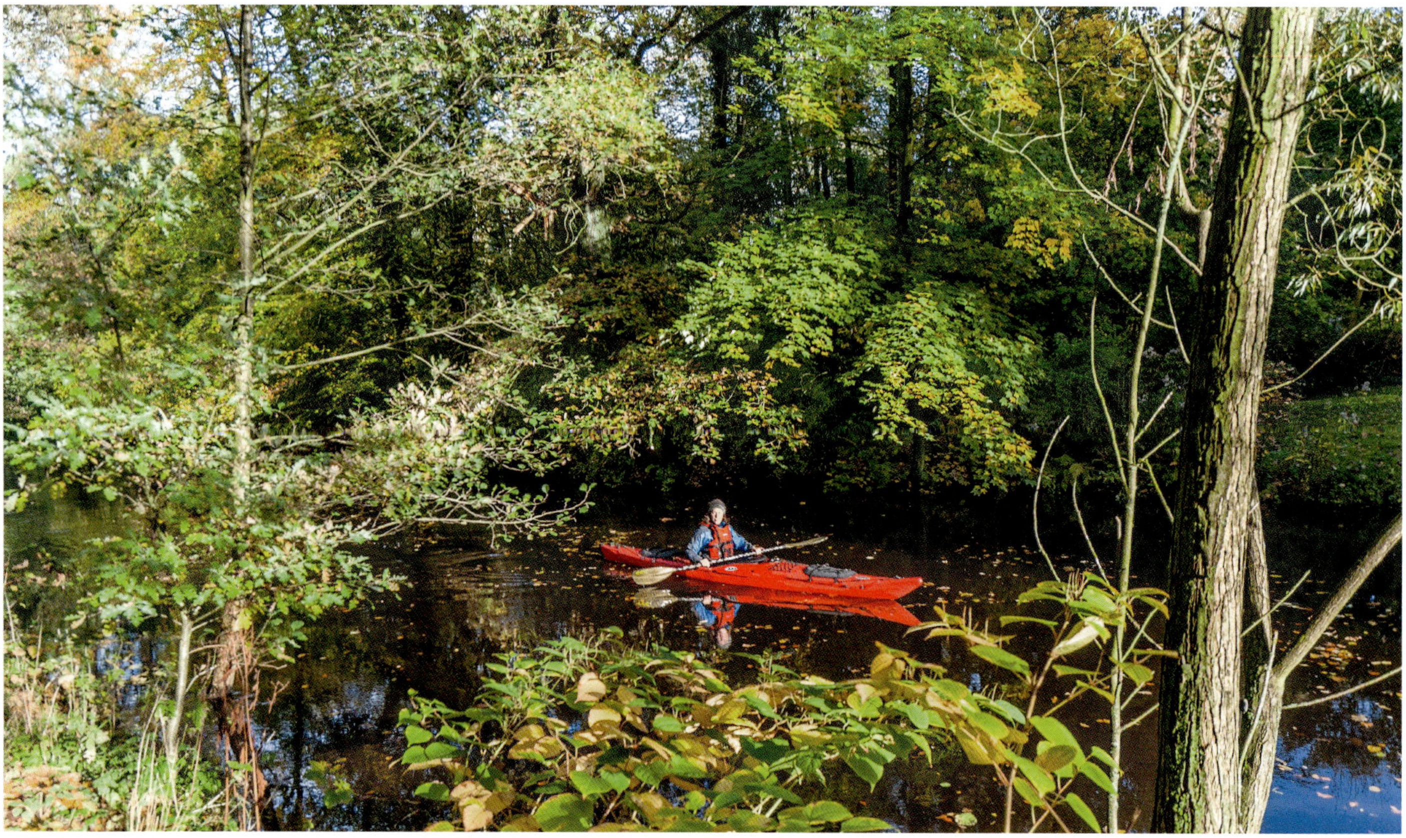

Obwohl die Großstadt nie weit ist, hüllt die Alster Paddler in viel Grün.

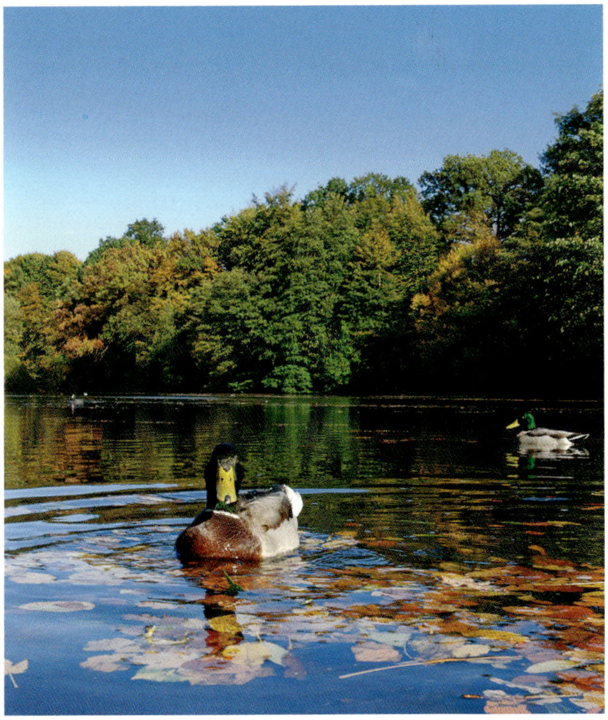

In Poppenbüttel fühlen sich auch die Enten wohl.

EXTRA: Die Oberalster

Bei gutem Wasserstand ist die Alster ab der Straßenbrücke der B 432 in Naherfurt befahrbar. Im Sommer empfiehlt sich der Start in Wulksfelde. Von Naherfurt bis zur Mündung in den Hamburger Binnenhafen sind es 43 km, die Strecke ab Wulksfelde ist 30 km lang.

14 km | 4 Std. | ja | nein | leicht

Charakter: Die Alster fließt mitten durch das Zentrum Hamburgs, und die Großstadt ist nie fern. Trotzdem stellenweise fast urwüchsige Landschaft. Auf den ersten Kilometern flotte Strömung durch Wald- und Wiesen, ab Fuhlsbüttel durchgehend kanalisiert.

Befahrungsregeln: Keine Einschränkungen

Einstieg: Hinter dem Wehr in Poppenbüttel

Ausstieg: Parkanlage mit Steg an der Heilwigstraße, vor Beginn der Außenalster

Hindernisse: Die Schleuse in Ohlsdorf/Fuhlsbüttel muss kurz umtragen werden. Eine Rollenbahn erleichtert die Portage.

Unterkunft: Kanuvereine mit Zeltmöglichkeiten sind u. a. Verein für Wassersport Alstereck, Tel. 040/59 76 39 (Bootshaus, Mi ab 20 Uhr, ansonsten Anrufbeantworter), www.alstereck.de; Alster-Canoe-Club, www.alster-canoe-club.de

Einkehr: Restaurant »The Locks« in Poppenbüttel, Restaurant am Bootshaus des VfW Oberalster, Restaurant vor der Schleuse Ohlsdorf/Fuhlsbüttel (nach einem schweren Brand bis auf weiteres geschlossen)

Kanuverleih: Marina Marienhof, Tel. 040/606 66 77, www.marina-marienhof.de; zahlreiche weitere Verleiher im gesamten Alsterverlauf, komplette Übersicht bei der Tourist-info (siehe unten)

Info: Hamburg Tourismus GmbH, Tel. 040/30 05 17 01, www.hamburg-tourism.de

Zurück zum Auto: Mit der U1 bis Ohlsdorf, weiter mit S1 nach Poppenbüttel. Aktuelle Fahrpläne unter www.hvv.de

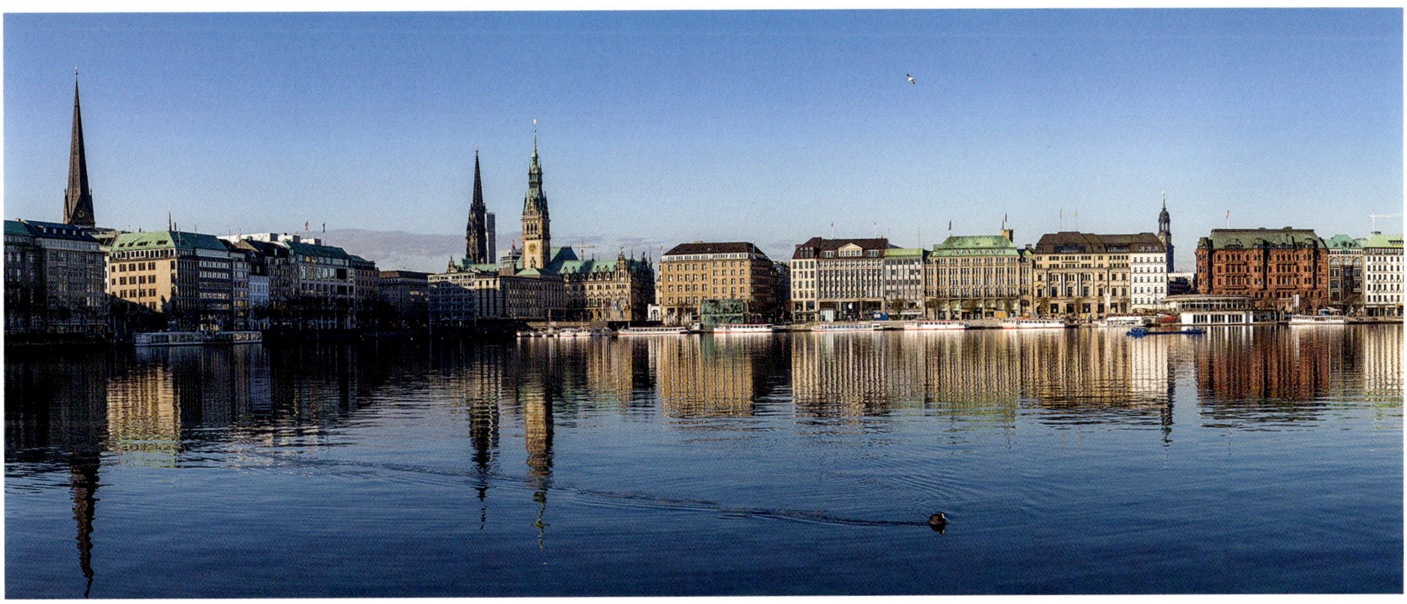

Die Binnenalster ist Hamburgs blaue Mitte.

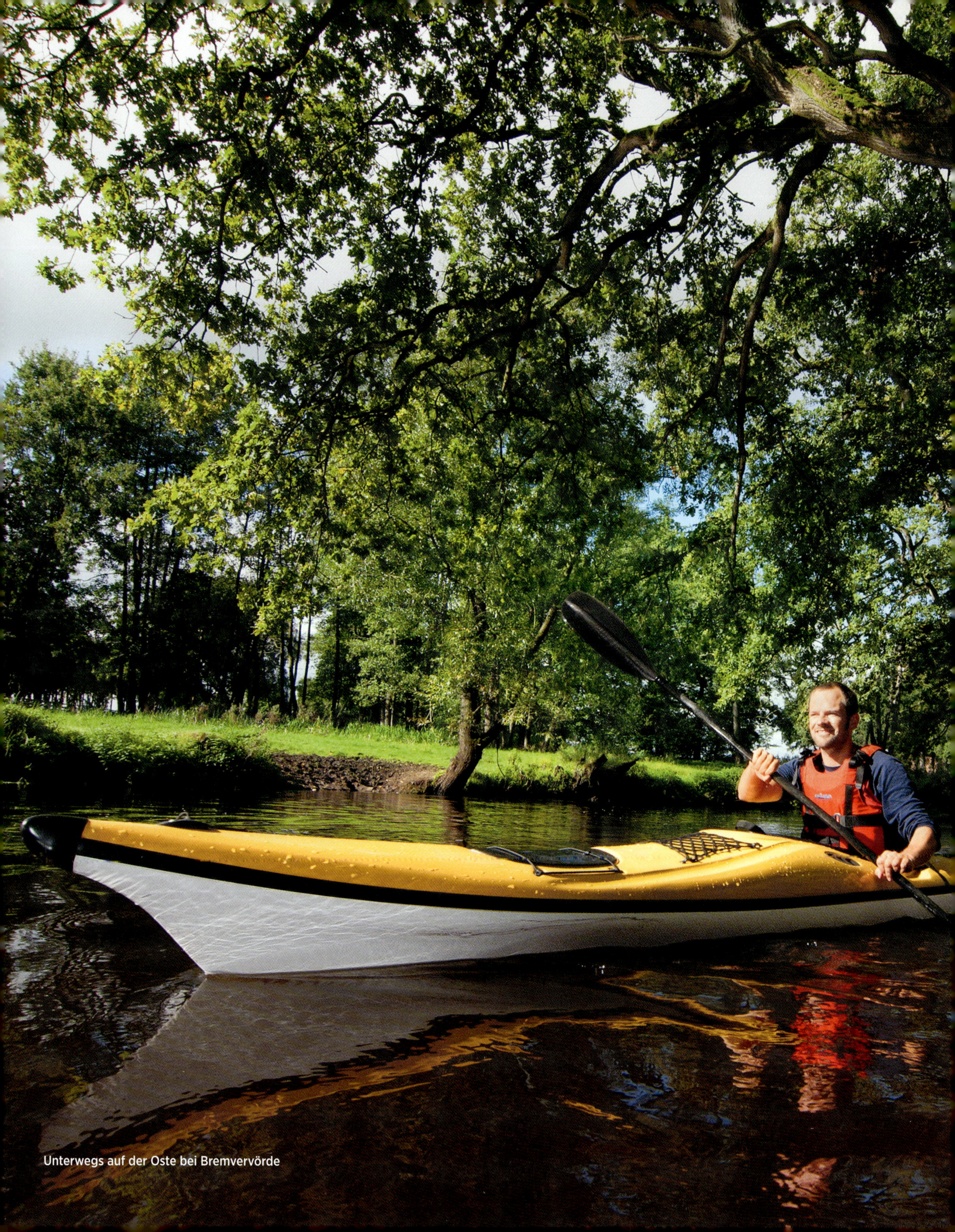
Unterwegs auf der Oste bei Bremervörde

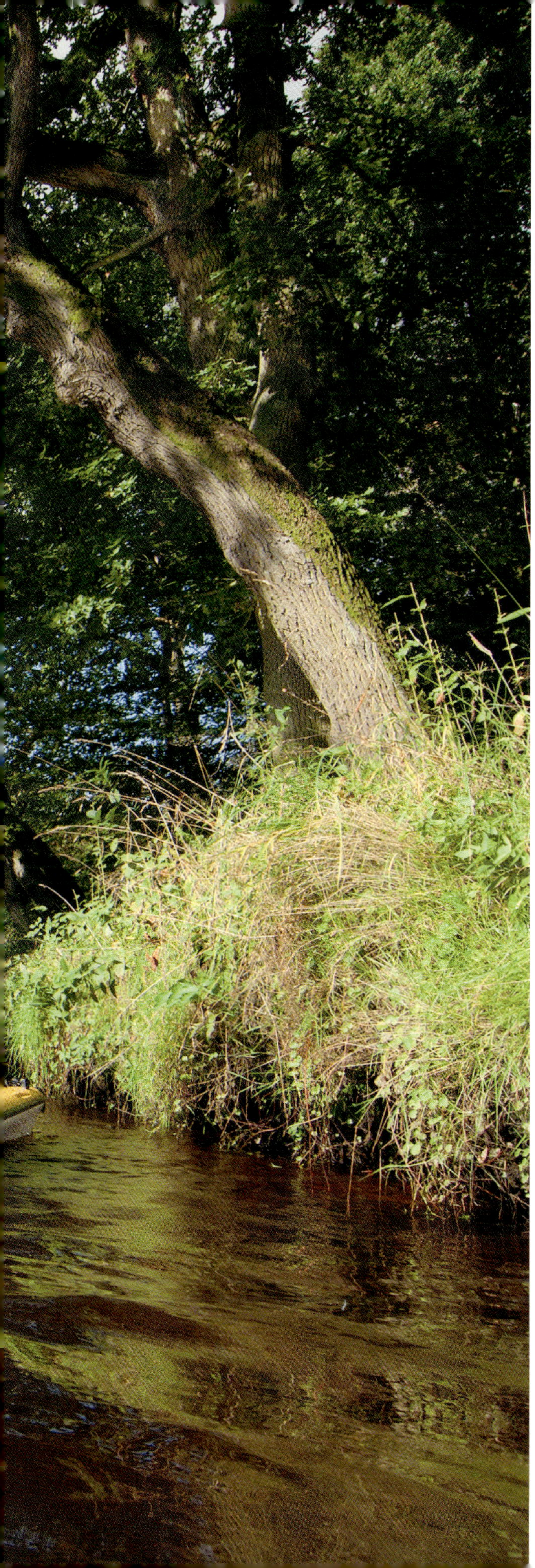

Der Nordwesten: Niedersachsen

Niedersachsen ist Kanuland. Von den Wasserläufen in der weiten Landschaft Ostfrieslands über die idyllischen Bäche der Lüneburger Heide bis hin zur rasanten Oker findet sich zwischen Nordsee und Harz ein Gewässer für jeden Geschmack.

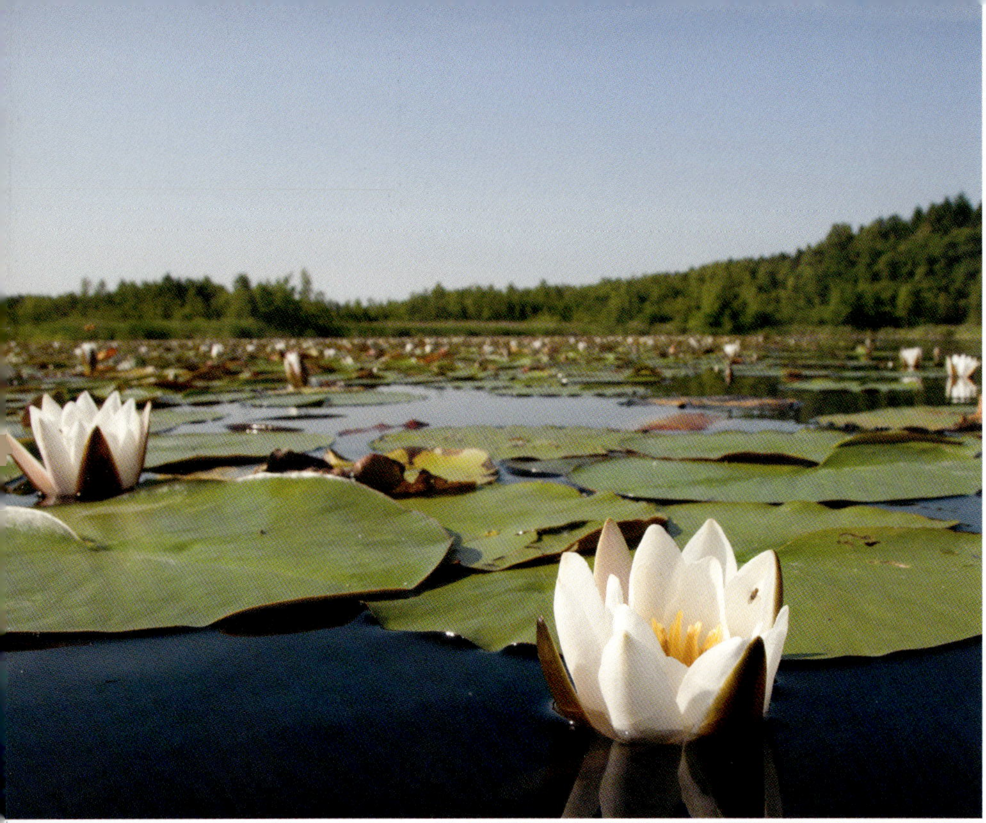

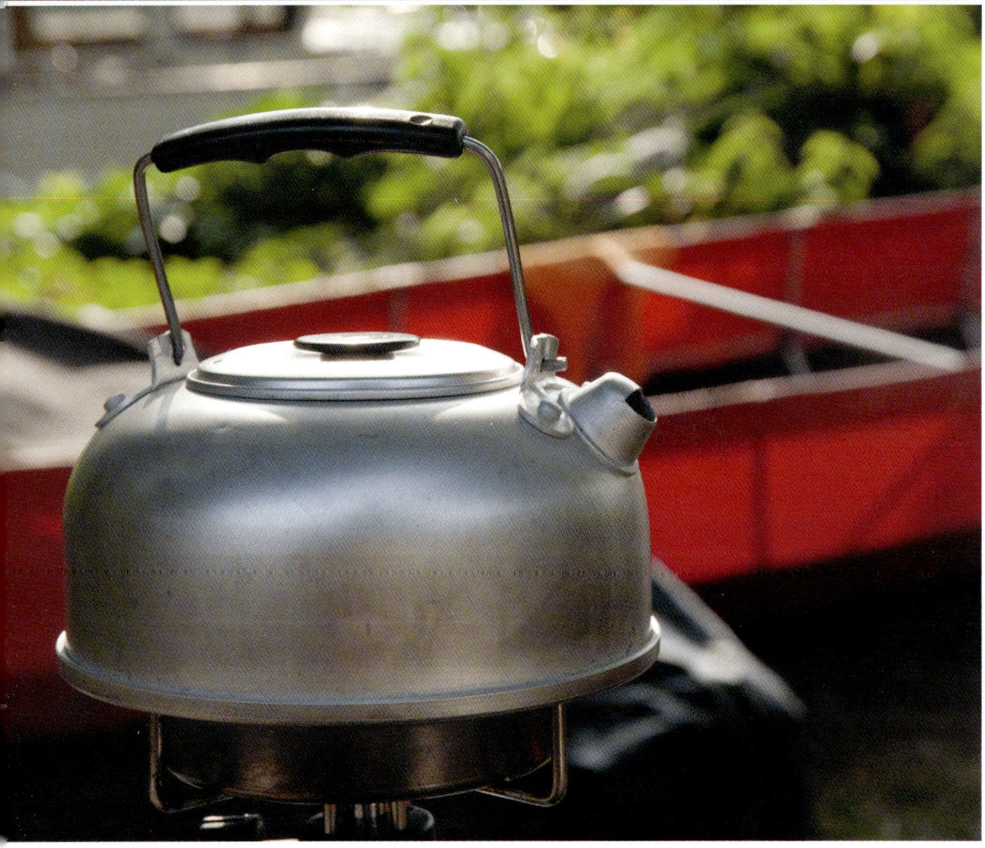

Oben: Glasklare Seen mit leuchtendenden Seerosen machen den Reiz einer Kanutour aus …

Unten: … genauso wie die Outdoor-Küche unter freiem Himmel.

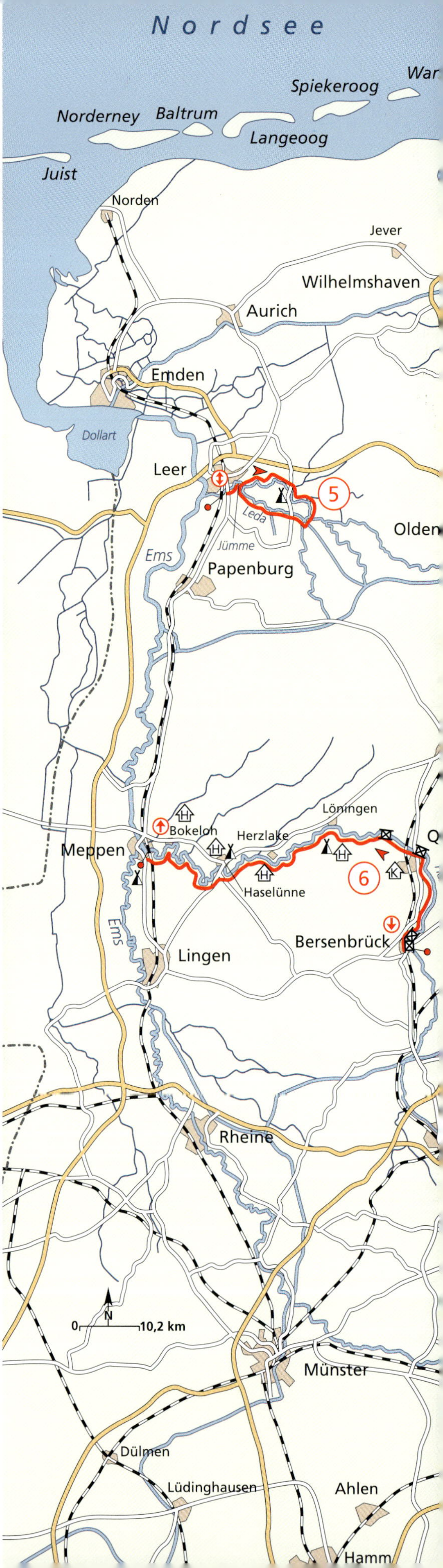

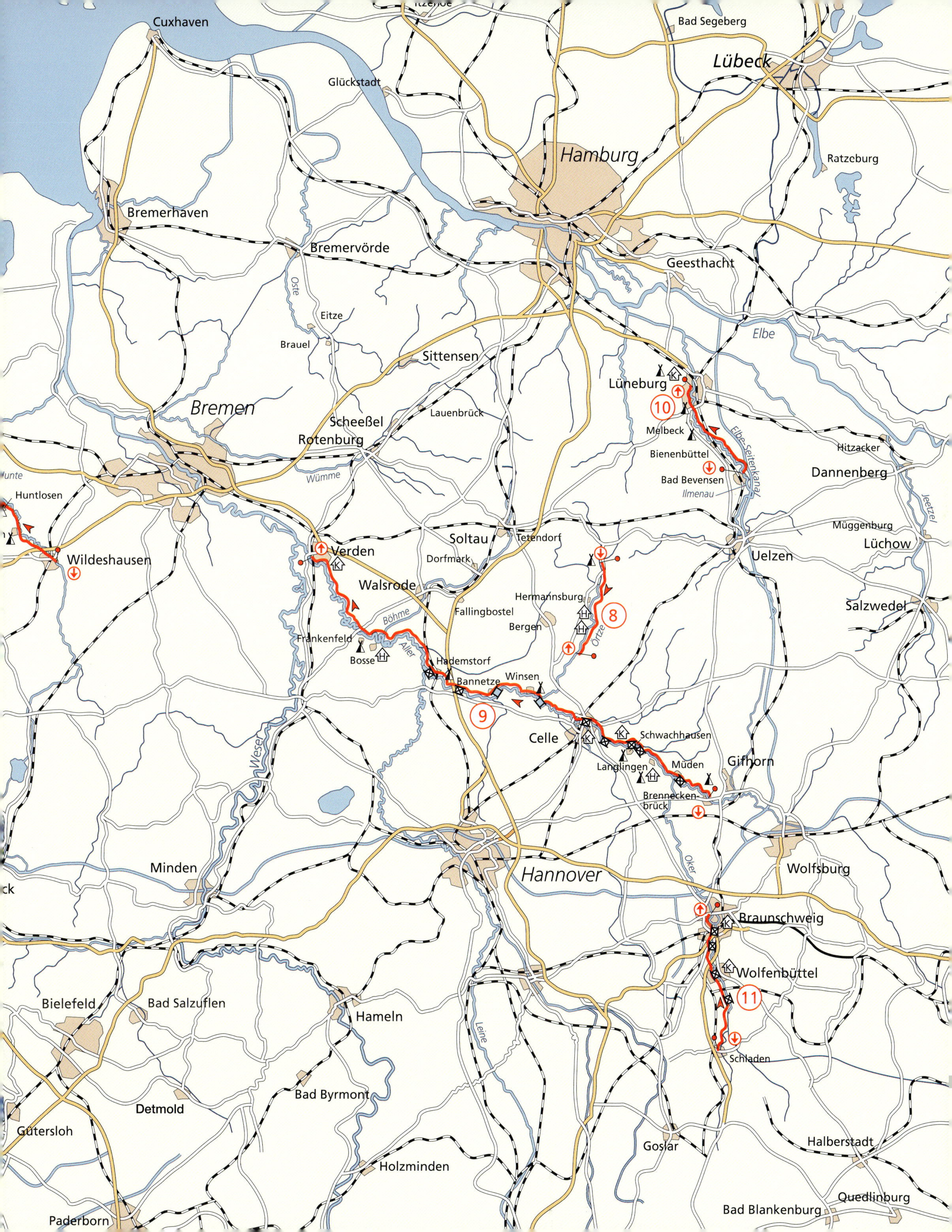
Cuxhaven
Bad Segeberg
Lübeck
Glückstadt
Hamburg
Ratzeburg
Bremerhaven
Bremervörde
Geesthacht
Oste
Eitze
Brauel
Elbe
Sittensen
Lüneburg
10
Bremen
Scheeßel
Lauenbrück
Rotenburg
Melbeck
Hitzacker
Bienenbüttel
Dannenberg
Elbe-Seitenkanal
Bad Bevensen
Ilmenau
Huntlosen
Wümme
Jeetzel
Müggenburg
Lüchow
Wildeshausen
Verden
Soltau
Tetendorf
Dorfmark
Uelzen
Walsrode
Hermannsburg
Salzwedel
Fallingbostel
Böhme
8
Bergen
Frankenfeld
Örtze
Aller
Bosse
Hademstorf
Bannetze
Winsen
9
Celle
Schwachhausen
Weser
Langlingen
Gifhorn
Müden
Brennecken-
brück
Oker
Minden
Hannover
Wolfsburg
Braunschweig
Wolfenbüttel
11
Bielefeld
Bad Salzuflen
Hameln
Leine
Schladen
Detmold
Bad Byrmont
Gütersloh
Goslar
Halberstadt
Holzminden
Quedlinburg
Bad Blankenburg
Paderborn

5

Ostfriesland: Rundtour auf Leda und Jümme

Paddeln in Ostfriesland

An der Mündung der Leda in die Ems liegt die alte Handels- und Hafenstadt Leer, die sich selbst als »Tor Ostfrieslands« bezeichnet. Rathaus, Stadtwaage und Museumshafen mit sehenswerten alten Traditionsschiffen bestimmen die Stadtsilhouette. Knapp drei Kilometer östlich des Stadtzentrums liegt in Leer-Loga inmitten eines weitläufigen Schlossparks die Evenburg, ein im 19. Jahrhundert im neugotischen Stil umgebautes Wasserschloss. Etwa 500 Meter davon entfernt liegt am Leda-Ufer die Paddel- und Pedalstation, an deren Steg wir unsere Boote zu Wasser lassen.

Wenn wir den Gezeitenkalender beachtet haben und mit auflaufender Tide starten, trägt uns eine recht flotte Strömung nach links in östliche Richtung. Vorbei an den Jachten und Motorbooten am Steg des WSC Rhauderfehn erreichen wir den Pausenanleger Wiltshausen, den wir gerne nutzen, um bei einer Rast im gemütlichen Biergarten des Gasthofs »Pünte« zuzusehen, wie die beiden Fährmänner mit großem Körpereinsatz die nur fünf Meter lange Fähre an einem Seil über den Strom ziehen.

Vorbei an der Fähre steuern wir die Bootsspitzen unserer Kanus nach der Pause auf die Jümme und paddeln in weiten Schlingen in östliche Richtung. Auf dem Deich blöken ein paar Schafe, die Kühe kauen stoisch das Gras, und am Horizont kreisen ein paar Windräder. Vorbei an mehreren Schöpfwerken erreichen wir den Pausenanleger Nortmoor. Im Altarm gegenüber haben mehrere Angler unter ihren Schirmen Platz genommen und hoffen auf einen reichen Fang.

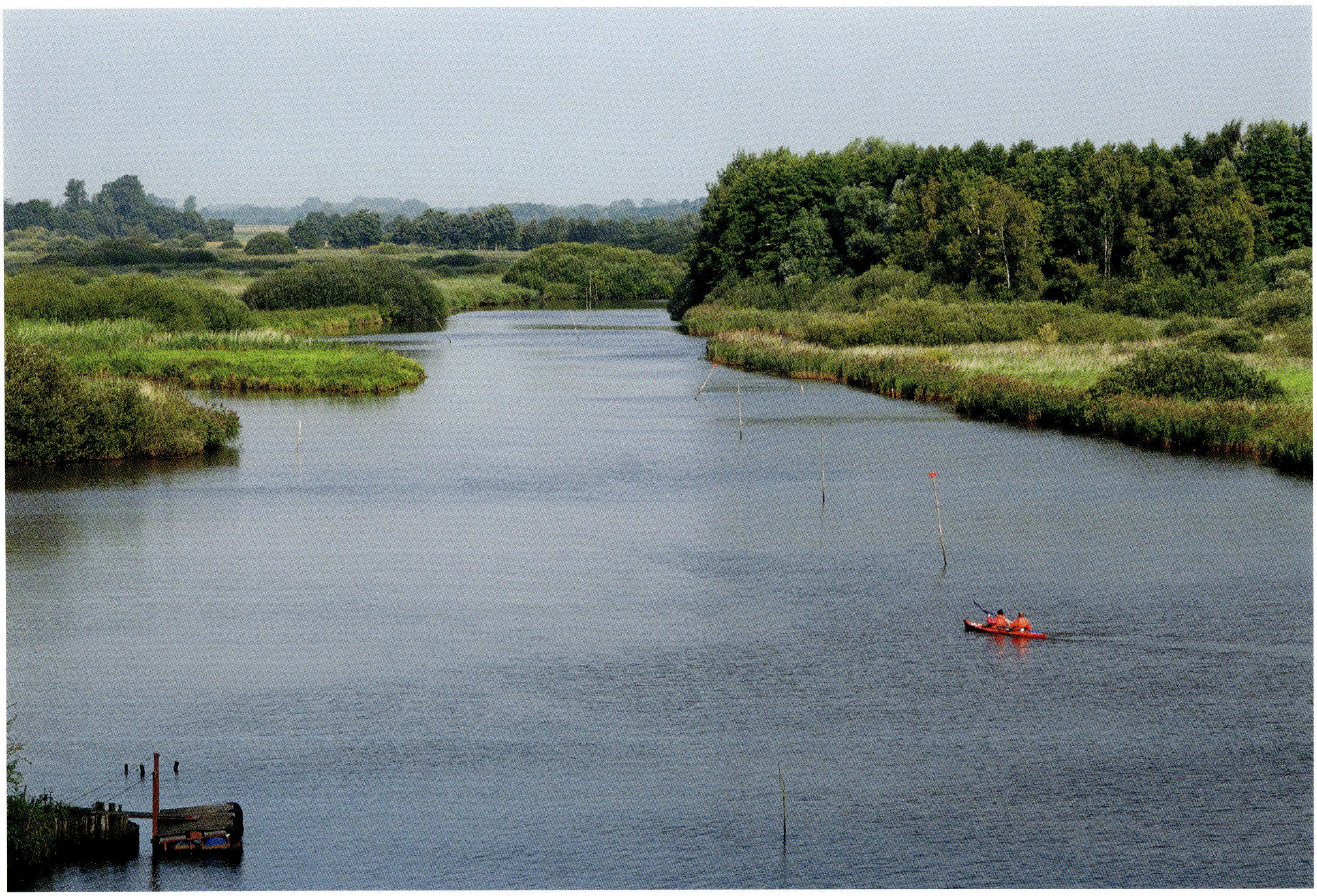

Blick vom Aussichtsturm an der Paddel- und Pedalstation Barßel

Ein paar Flusswindungen weiter und einige Schöpfwerke später sind am linken Ufer die Motorjachten am langen Steg des WSC Jümme vertäut, und voraus erhebt sich die hohe Straßenbrücke der B 72. Noch vor der kleineren Straßenbrücke davor halten wir uns rechts. In nordöstliche Richtung zweigt hier der Nordgeorgsfehnkanal ab, der die Jümme mit dem Ems-Jade-Kanal verbindet.

Wir paddeln zunächst unter der B 72 und dann unter der hübschen weißen Fehnklappbrücke in Stickhausen durch. Rechts davor und links dahinter bieten sich zwei Gaststätten zu einer Rast an, ein paar Paddelschläge weiter liegt am linken Ufer der Steg der Paddel- und Pedalstation, noch ein Stückchen weiter am rechten Ufer der Steg am Campingplatz Jümmesee.

Detern war ein mittelalterlicher Marktflecken, und die Burg Stickhausen entstand im 15. Jahrhundert am wichtigen Handelsweg entlang von Leda und Jümme. Im Unterschied zu anderen ostfriesischen Burgen war sie nicht Sitz für friesische Häuptlinge, sondern für hanseatische Handelsverbindungen. Im Wehrturm ist heute das Heimatmuseum untergebracht.

Von Detern aus geht es auf der Jümme zunächst weiter nach Süden, dann nach Osten. Hinter der folgenden Straßenbrücke zweigt nach links das Aper Tief ab und die Jümme beschreibt anschließend einen Knick nach Süden. Am Ende erreichen wir eine Kreuzung. Linker Hand lädt der Pausenanleger Scharrel zu einer Rast ein, und das Barßeler Tief führt nach Barßel (etwa eine Stunde), wir wenden uns nach rechts und paddeln über das Dreyschloot. Hinter der malerischen weißen Fehnbrücke ist die Leda erreicht, die uns jetzt nach Westen führt.

Unter zwei Straßenbrücken hindurch und vorbei an einem weiteren Pausenanleger trifft von links der Hauptfehnkanal auf die Leda, wenige Meter kanalaufwärts ragt ein Pausenanleger ins Wasser. In zahlreichen Schleifen windet sich die Leda nach Nordwesten, vereinzelt stehen Gehöfte am Ufer.

Nachdem wir das 14-Kilometer-Schild am rechten Ufer hinter uns gelassen haben, erhebt sich in einiger Entfernung der

---

EXTRA: Ostfriesland im Kanu

Das ostfriesische Wasserlabyrinth ist perfekt für Kanutouren erschlossen. Über 20 Stationen vermieten Boote und Fahrräder und bieten so die Möglichkeit, je nach Lust und Laune eine abwechslungsreiche Kombination aus Rad- und Kanuurlaub zusammen-zustellen, frei nach dem Motto »Hier starten – dort abgeben«. Weitere Informationen zum Angebot und eine Übersicht aller Stationen gibt es unter www.paddel-und-pedal.de.

---

40 km	2 Tage	ja	nein	leicht-mittel

Charakter: Kurzweilige Rundtour durch das südliche Ostfriesland mit flacher Landschaft unter weitem Himmel. Oft recht stark blasender Wind und bis zu 4–5 km/h starke Tidenströmung. Vor dem Start unbedingt Tidenkalender konsultieren bzw. bei einer der Paddel- und Pedalstationen nachfragen

Befahrungsregeln: Keine Einschränkungen für Paddler

Einstieg: Paddel- und Pedalstation Leer-Loga

Ausstieg: Paddel- und Pedalstation Leer-Loga

Hindernisse: Keine

Unterkunft: Campingplatz »Jümmesee« in Detern, Tel. 04957/18 08

Einkehr: Gasthof mit Biergarten »Pünte« an der Jümme-Mündung; Gasthöfe »Zur Jümmebrücke« und »Alte Zollstation« in Detern/Stickhausen sowie Gaststätte und Grill-Imbiss am Campingplatz

Kanuverleih: Paddel- und Pedalstation in Leer-Loga, 0491/91 96 96 30

Info: Touristik GmbH Südliches Ostfriesland, Tel. 0491/919 69 60, www.paddelundpedal.de

Zurück zum Auto: Entfällt, da Rundtour

Kirchturm von Amdorf knapp über dem Ufer, und wir erreichen die Amdorfer Brücke. Mit einer Durchfahrtsbreite von nur 1,82 Metern bei einer Länge von immerhin 85 Metern ist sie als schmalste Straßenbrücke Deutschlands in der Karte vermerkt.

Kurze Zeit später passieren wir die Jümme-Mündung mit der »Pünte« und paddeln anschließend die bereits bekannten zwei Kilometer zurück bis zum Anleger der Paddel- und Pedalstation in Leer-Loga.

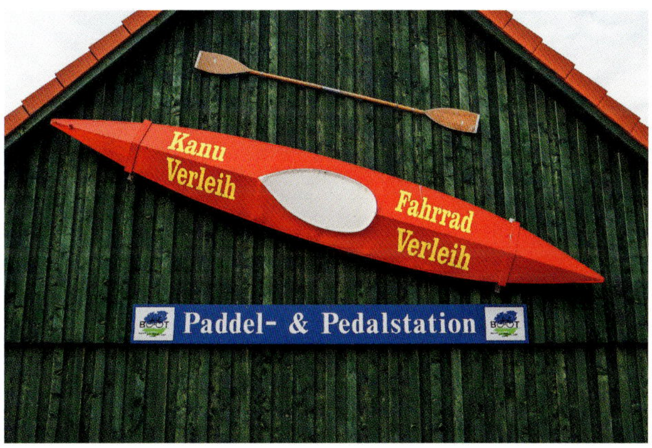

Kanu und Rad ergänzen sich perfekt.

6

Hase: Von Bersenbrück nach Meppen

Paddeln im Emsland

Für unsere Kanuwanderung auf der Hase finden wir am Gymnasium in Bersenbrück eine geeignete Einsatzstelle und können das Auto für die Dauer der Tour auf dem Parkplatz vor der Turnhalle abstellen. Direkt hinter der flachen Brücke rauscht das Wasser im rechten Hasearm über ein Wehr. Wir halten uns links und paddeln durch einen idyllischen Waldtunnel bis zum Wehr, das wir kurz am rechten Ufer umtragen.

Danach ist die Hase zunächst stark begradigt, und nach etwa einem Kilometer zwingt uns das Schild »Lebensgefahr« vor einem Sohlabsturz erneut an Land. Die hohen, steilen Ufer machen das Umtragen recht mühsam. Zum Glück bildet diese aufwendige Portage auf der Hase die Ausnahme.

Begleitet von ein paar Enten und Schwänen paddeln wir in nördliche Richtung, vorbei an diversen Brücken, alle vorbildlich

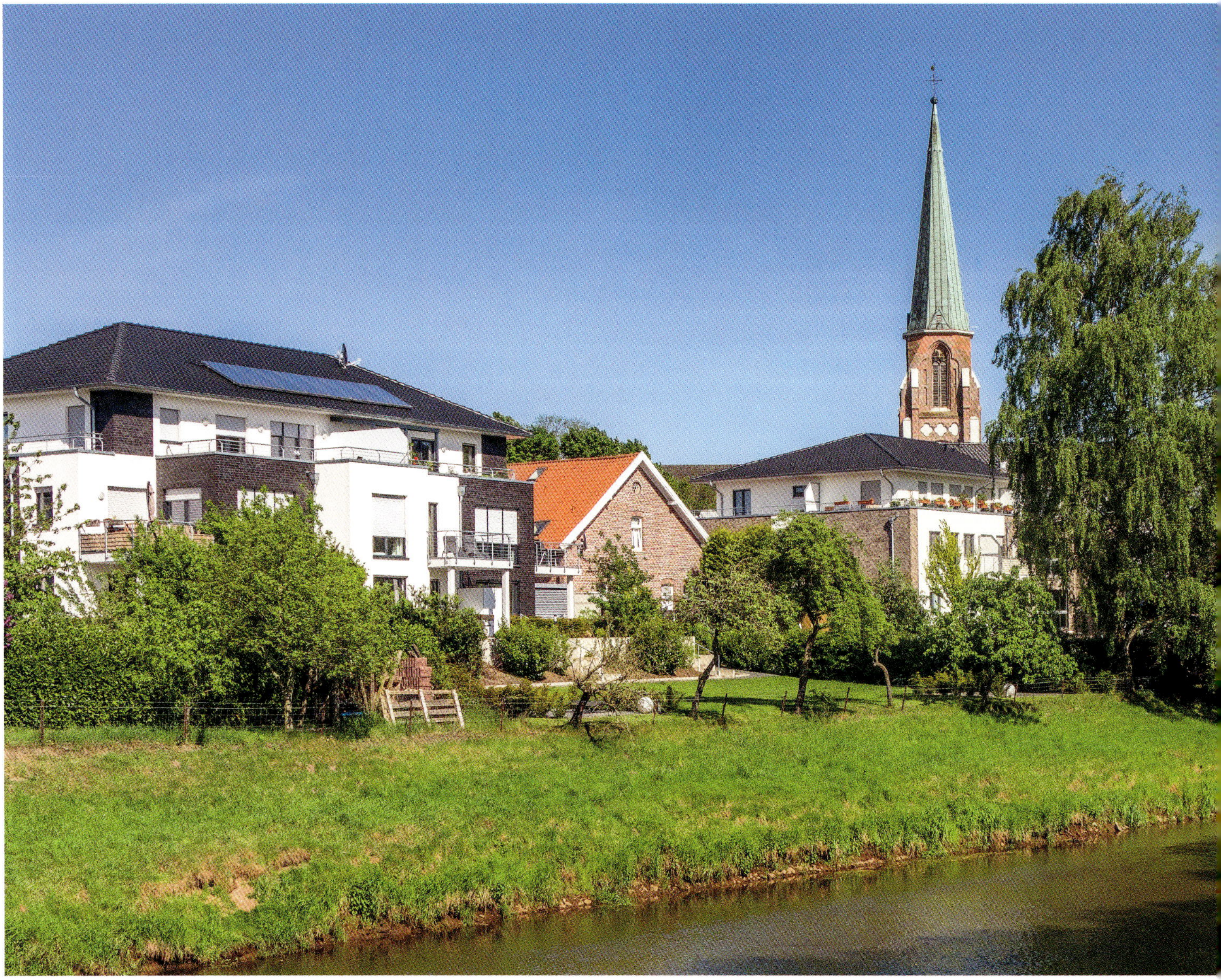

St. Nikolaus-Kirche in Herzlake

mit Entfernungsschildern versehen. Vorbei an einer Seilfähre erreichen wir das Vereinsgelände des WSV Quakenbrück, das sich durch das Rauschen des nächsten Wehrs ankündigt.

Vor dem Wehr teilt sich der Fluss: Nach links zweigt die Kleine Hase ab (hier liegt das Bootshaus des WSV Quakenbrück). Nach rechts stürzt die Große Hase über das Wehr in die Tiefe. Zum Umtragen legen wir am rechten Ufer am Steg an.

Im Unterwasser setzen wir wieder ein und paddeln auf der zwar relativ stark begradigten, aber dennoch recht idyllischen Großen Hase gen Norden. Am Wehr in Brokhagen schießen wir ganz rechts durch die schmale Bootsgasse, und die Boots- spitze taucht tief in die Wellen ein.

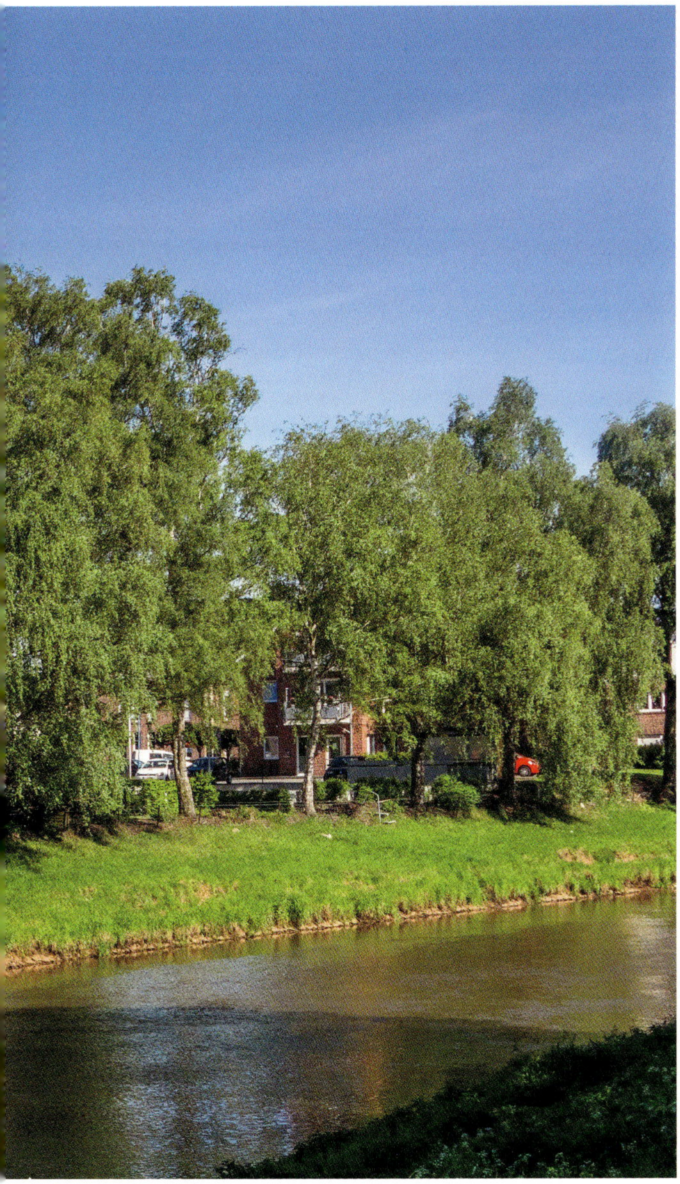

95 km	4–5 Tage	ja	ja	leicht

Charakter: Gemütliche, problemlose Kanuwanderung für die ganze Familie im Nordwesten Niedersachsens. Landschaftlich reizvoller Wiesenfluss ohne übermäßig viele Hindernisse und mit guten Übernachtungsmöglichkeiten

Befahrungsregeln: Auf dem beschriebenem Abschnitt keine Einschränkungen

Einstieg: Gymnasium in Bersenbrück (Im Dom 19)

Ausstieg: Anleger an der Höltingmühle in Meppen

Hindernisse: Zwei Wehre kurz hintereinander in Bersenbrück, Wehr in Quakenbrück, Wehr mit Bootsgasse in Brokhagen, Sohlschwellen hinter Essen (Befahrung verboten!)

Unterkunft: Zeltmöglichkeit nach Absprache beim WSV Quakenbrück, Ansprechpartner Friedhelm Schwarze, Tel. 05431/45 17; Tageszeltplatz am Freibad in Löningen (für Gruppen bis 5 Personen, ca. 400 m vom Bootsanleger), Tel. 05432/34 30; Landhaus Menke in Herzlake, Tel. 05962/628; Campingplatz in Haselünne, Tel. 05961/13 31, www.comfortcamping.de; Landgasthof Dröge-Polle mit Heu-Hotel (ca. 500 m vom Anleger), Tel. 05961/53 75, www.droege-polle.de; Campingplatz in Meppen, Tel. 05931/8 81 18 48

Einkehr: Restaurant »Schützenhof« in Quackenbrück; Kiosk und Stehcafé in Bückelte; Gasthöfe in Bokeloh

Kanuverleih: Haselünne: Kajakverleih Hasetour, Tel. 05961/71 00; Kanuverleih Hasetal Matthias Hegge, Tel. 05961/65 55. Löningen: Kanuverleih Günter Labetzke, Tel. 05432/588 10

Info: Hasetal Touristik GmbH, Tel. 05432/59 95 99, www.hasetal.de

Zurück zum Auto: Gute Zugverbindung zwischen Meppen und Bersenbrück

Danach wird es wieder ruhig, und der breite Essener Kanal bringt uns in nordwestliche Richtung. Ein Schild am Ufer weist uns darauf hin, dass nach rechts die Lager Hase abzweigt, über die man nach etwa zwei Kilometern den Campingplatz Essen erreichen könnte.

Wir halten uns links und lassen uns von der problemlos zu befahrenden Sohlgleite leicht durchschaukeln. Da die Befahrung der folgenden Sohlgleite hinter der Langemeyer Brücke leider verboten ist, legen wir am Steg am rechten Ufer an, um kurz zu umtragen. Die Hase bleibt unspektakulär, aber idyllisch, und wir paddeln unter mehreren Straßenbrücken hindurch gen Westen bis zum Anleger in Bokah.

Nach gut vier einsamen Paddelkilometern kündigt die Schwarze Brücke und bald darauf der Kirchturm das nahe Löningen an. Wir erreichen den Anleger des Ortes am Wellenbad an der zweiten größeren Straßenbrücke am rechten Ufer. Auf dem Gelände des nahen Freibades hat die Stadt einen Tageszeltplatz eingerichtet.

Der folgende Abschnitt zwischen Löningen und der Mündung in den Dortmund-Ems-Kanal bei Meppen ist der landschaftlich reizvollste Abschnitt der Hase. Der Fluss ist nun weniger stark begradigt und schwingt sich in weiten Kurven durch die grüne Landschaft. Weitere Stationen der Etappe sind Werver Brücke, Ehrener Brücke, eine sehr morsche Holzbrücke und die Westrumer Brücke. Schließlich erhebt sich der Kirchturm von Westrum über das rechte Ufer.

An der Hölzer Brücke verkündet uns ein Schild, dass es noch 3,5 Paddelkilometer bis zum Anleger am Hasetalstadion in Herzlake sind. An der Fußgänger- und Radfahrerbrücke im Ortskern grüßt uns die Statue des Heiligen Nepomuk und hinter Herzlake folgt ein Abschnitt mit bewaldetem Ufer. Die Hase fließt nun in südwestliche Richtung. An einem Steg baden Jugendliche im Fluss, und hinter der Straßenbrücke zwischen Andrup und Haselünne versteckt sich der Campingplatz Haseufer, von dem wir nur die Dächer der Wohnwagen erspähen können. Es gibt weder ein Hinweisschild noch einen Anleger.

Knapp zwei Kilometer weiter erstreckt sich links ein langes Sandufer, und die Hase beschreibt eine große Rechtskurve, in

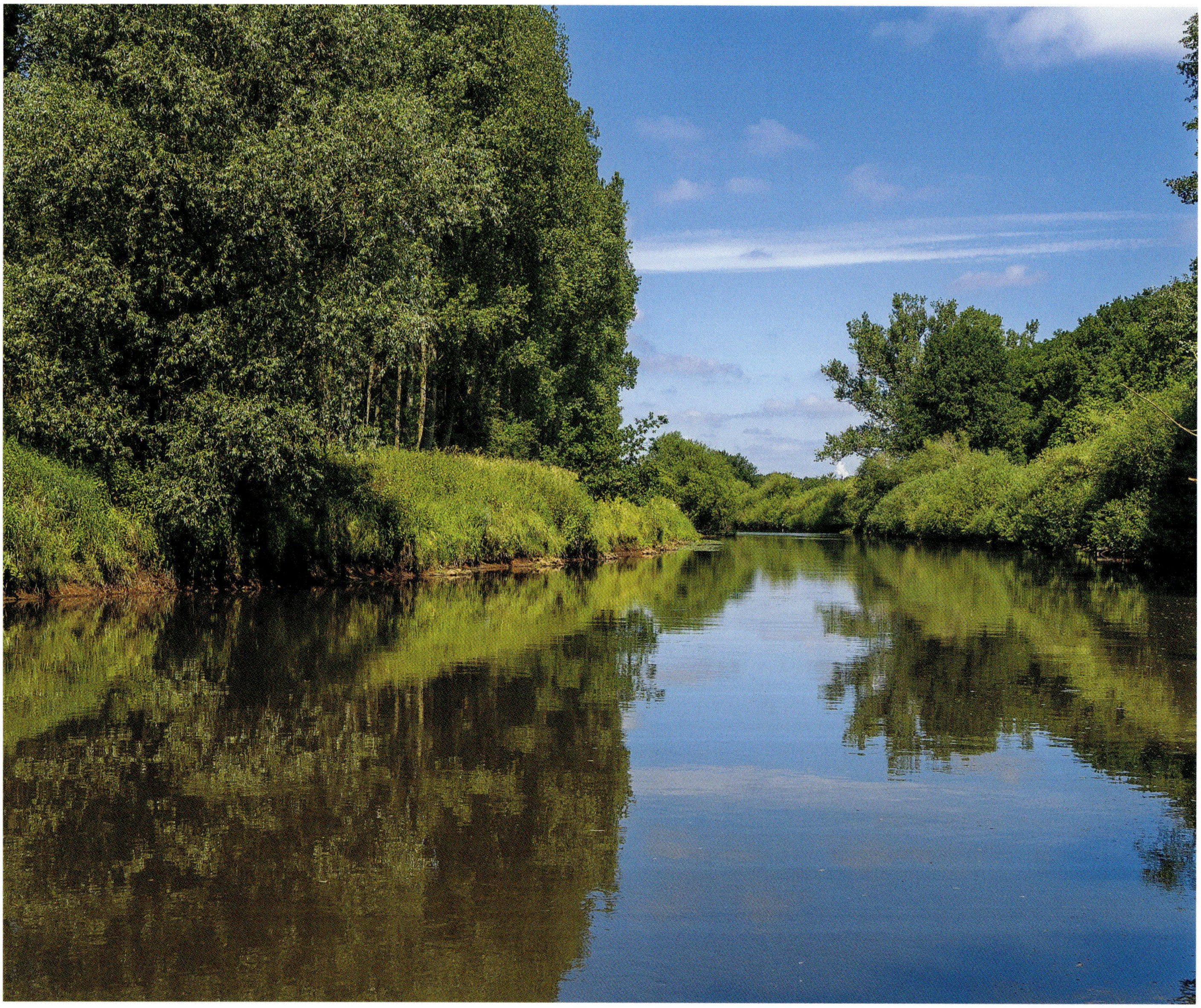

Die Hase empfängt Paddler mit einer herrlich grünen Landschaft.

deren Scheitelpunkt am linken Ufer der Bootsanleger Dröge-Polle liegt. Von hier sind es ca. 400 Meter auf dem Feldweg bis zum Gasthof und Heuhotel Dröge-Polle.

Die Hase fließt nun für knapp zwei Kilometer gen Norden, und an der Spitze der folgenden Flussschlinge wartet rechts der Anleger am Plesseparkplatz in Haselünne. Die älteste Stadt im Emsland, die 1272 das Stadtrecht erhielt, ist einen Besuch wert. Zu den Sehenswürdigkeiten zählen ein ursprünglich gewachsener Wacholderhain und das Heimatmuseum mit schönen Fachwerkgebäuden sowie Berentzen-Hof und Rosche-Korn-Akademie, beide mit Betriebsführungen, und natürlich Produktverkostungen.

Unter Aufsicht der gotischen Hallenkirche von Haselünne legen wir am Bootssteg ab, und die folgende Brücke über die Hase verrät uns, dass es acht Kilometer bis zur nächsten Anlegestelle sind. Vom linken Ufer grüßt uns noch der Jugendzeltplatz, dann folgt ein ruhiges und einsames Stück bis Bückelte. Vom Deich am Ufer blöken die Schafe, und wir gleiten Flussschleife um Flussschleife vorbei an schönen, mal höheren, mal flacheren Sandufern, die vereinzelt bewaldet sind.

Links vor der Straßenbrücke liegt die bereits angekündigte Anlegestelle; hungrige Mägen finden nach einem 300-Meter-Spaziergang einen Kiosk mit Stehcafé. Hinter der Brücke wurde der ehemalige Durchstich wieder zugeschüttet, und wir paddeln auf dem Altarm, der einen großen Bogen beschreibt. Es folgen weitere Renaturierungsmaßnahmen, und rechts und links zweigen die ursprünglichen Mäanderbögen ab. Wir paddeln, geleitet von ein paar Hinweisschildern, die Abstecher nach links oder rechts verbieten, geradeaus auf dem Hauptarm weiter.

Nächster markanter Orientierungspunkt ist die Brücke in Dörgen. Von dort sind es vier Kilometer bis nach Bokeloh. Es kündigt sich mit seinem Kirchturm, der über die umgebenden Baumwipfel ragt und auf dem ein goldener Wetterhahn sitzt, schon von Weitem an. Die Kirche in Bokeloh zählt zu den ältesten im Emsland. Wir steuern den Rastplatz am linken Ufer an, um uns für die Schlussetappe nach Meppen zu stärken. Wer keine eigene Verpflegung an Bord hat, findet rechts von der Brücke einen Gasthof und ein Hotel.

Nun ist es nicht mehr weit bis Meppen. Bald tauchen am rechten Ufer die ersten Häuser auf. Hinter der Eisenbahnbrücke liegt am linken Ufer der Anleger Koppelschleuse, der, wie es der Name vermuten lässt, zwei separate Schleusenstufen miteinander verbindet. Etwa 500 Meter weiter ist am linken Ufer der Anleger an der Höltingmühle erreicht, der »offizielle« Endpunkt der Kanutouren auf der Hase.

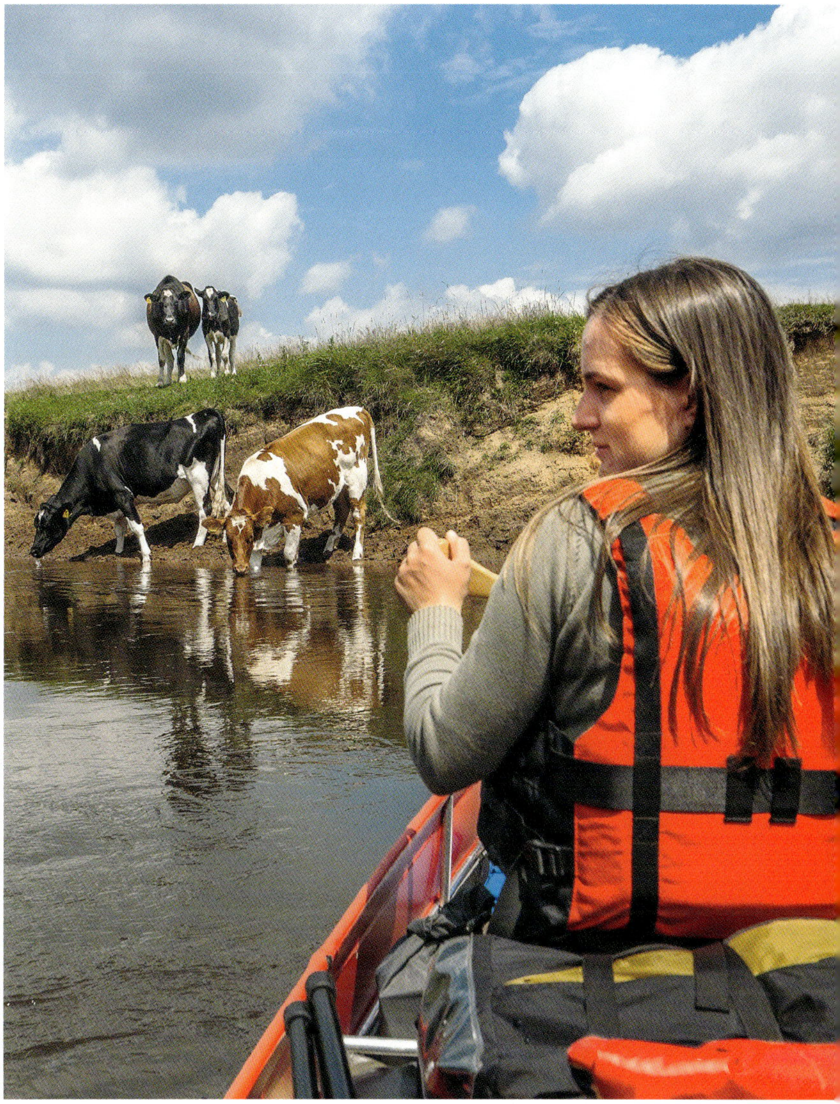

Die Kühe am Flußlauf der Hase lassen sich von Paddlern nicht stören.

Wer die Tour mit einer Übernachtung auf dem Campinplatz beenden oder auf der Ems weiterpaddeln will, gelangt unter der Brücke hindurch auf den Dortmund-Ems-Kanal und nach der Fußgänger- und Hubbrücke auf die Ems. Knapp 100 Meter flussaufwärts liegt hinter der nächsten Brücke der Schwimmsteg des Meppener Campingplatzes.

EXTRA: Weiter auf der Ems

Wenn Sie nach der abwechslungsreichen Tour auf der Hase weiterpaddeln möchten, ist die Weiterfahrt auf der Ems möglich. Eine Beschreibung der Ems bis Lathen finden Sie bei Tour 18.

7

Hunte: Von Wildeshausen nach Oldenburg

Spritzige Fahrt durch die Wildeshauser Geest

An der Straßenbrücke in Wildeshausen, dem Startpunkt unserer Tour, hat die Hunte von der Quelle im Wiehengebirge im Weserbergland schon 140 Kilometer zurückgelegt. Während der Oberlauf für Paddler entweder nicht befahrbar oder nur wenig reizvoll ist, beginnt in Wildeshausen der schönste Abschnitt mit flotter Strömung, steilen Ufern und einer urwüchsigen Landschaft.

Kein Wunder also, dass in der Saison am Einstieg reger Trubel herrscht und mehrere Kanuvermieter hochbeladene Bootshänger rangieren. Nachdem wir unsere Boote vom Autodach abgeladen haben und startklar sind, parken wir den Pkw daher einige hundert Meter weiter an der Schule oder beim Katasteramt.

Gleich nach dem Start rauschen unter der Eisenbahnbrücke die ersten Stromschnellen, die wir links sicher befahren können. Wenig später passieren wir die breite Autobahnbrücke der A 1, dann wird es ruhig und idyllisch. Tief hat sich die Hunte in die sandigen Hügel eingeschnitten und schiebt uns mit flotter Strömung durch einen dichten Weidentunnel.

Die Hunte mäandriert durch eine schöne Waldlandschaft mit vielen steilen Sandufern. Hier sind die Uferschwalben zu Hause, die sich in Kolonien ihre Höhlen in den Sand bauen. Neben Uferschwalben sind die Sandufer Heimat für eine Vielzahl seltener Tiere und Pflanzen. Um diese nicht zu stören, steuern wir zum Pausemachen nur die markierten Rastplätze an. Sie sind entlang der Hunte in kurzen Abständen zu finden.

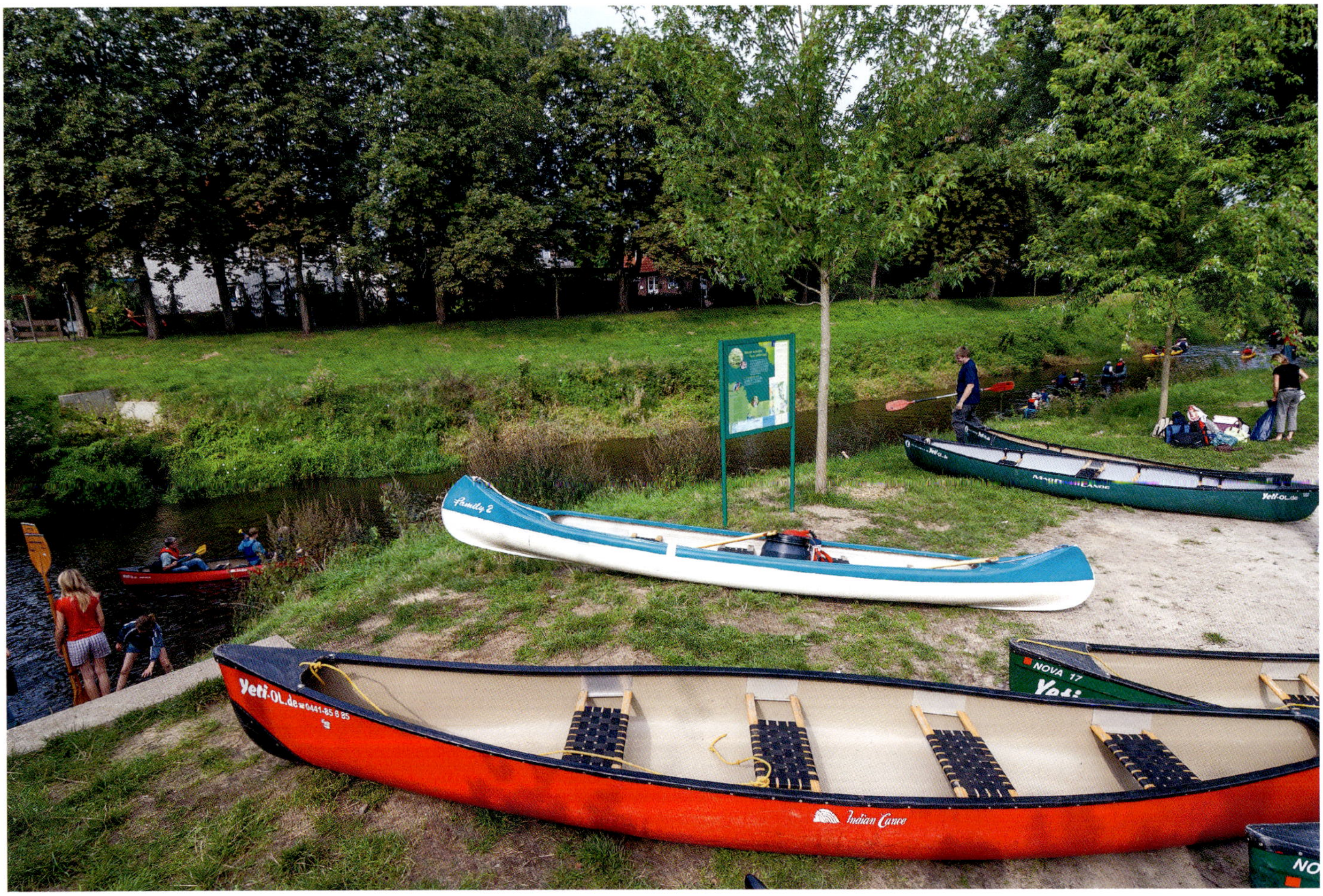

Munteres Treiben am Einstieg in Wildeshausen

Die nächsten leichten Stromschnellen warten unter der Brücke bei Döttlingen. Hier, wie an anderen Stromschnellen auch, empfiehlt es sich, in der Mitte der V-förmigen Stromzunge zu fahren. Zwar sind dort die Wellen am höchsten, dafür fließt an dieser Stelle aber auch das meiste Wasser, sodass wir keine Hindernisse zu erwarten haben.

Vom nächsten Anleger, der einige Flussschlingen weiter am rechten Ufer wartet, lohnt ein kleiner Spaziergang in das Dorf Döttlingen, das fast einem Bilderbuch entsprungen zu sein scheint. Rund um die wuchtige mittelalterliche Feldsteinkirche gruppiert sich der Ortskern mit reetgedeckten niedersächsischen Hallenhäusern.

Zurück auf dem Fluss lässt die nächste Stromschnelle nicht lange auf sich warten. An der Brücke bei Oelmühle wählen wir zur Durchfahrt den Bogen ganz links, danach paddeln wir ruhig durch den Wald bis zum Rastplatz Amelhausen, wo uns ein Schild auf den nahe gelegenen Zeltplatz Hunte-Camp hinweist, der für unsere Etappenplanung aber zu früh kommt.

Wir paddeln weiter in nördliche Richtung, bis uns das Rauschen unter der Brücke bei Ostrittrum aufhorchen lässt. Danach liegen drei völlig hindernisfreie Kilometer vor uns, bis die Hunte kurz vor Huntlosen über eine hohe Stufe rauscht und einen kräftigen Schwall bildet. Um die Pfähle unter der Wasseroberfläche zu umschiffen, steuern wir die Boote leicht links von der Mitte durch das tosende Wasser. Ein paar Paddelschläge weiter taucht vor uns die Dehlandsbrücke in Huntlosen auf, vor der wir am linken Ufer den Kanuanleger finden. Eine Einkehrmöglichkeit direkt am Flussufer gibt es leider nicht. Ein etwa 15-minütiger Spaziergang führt nach Huntlosen, wo ein Gartenrestaurant regionale Spezialitäten serviert. Rund 20 Minuten sind es zu Fuß über die Brücke Richtung Sandhatten mit weiteren Restaurants und Cafés.

Wir meistern die kleine Stufe unter der Brücke, und bald spiegeln sich vom rechten Ufer die hohen Sandbänke im Wasser. Oben auf dem Ufer wachsen im seit 2002 als Naturschutzgebiet geschützten Barneführer Holz knorrige, oft mehrere hundert Jahre alte Eichen und Buchen.

Bis zum Anleger in Astrup folgen im nächsten Streckenabschnitt noch drei kleinere, völlig problemlose Stromschnellen. Danach wandelt sich der Charakter der Hunte, die nun nicht mehr durch die Geest, sondern durch die Marsch ihren Weg Richtung Weser sucht. Statt sandigen Steilufern begleitet uns nun ein grüner Deich, und die Ufer sind kultiviert.

Hinter dem Bootshaus des TSV Tungeln knickt die Hunte nach Nordosten ab und führt am letzten Pausenanleger an der Buschhagenniederung zur Rechten und dem Vereinsgelände der Kanuabteilung des Oldenburger Yachtclubs zur Linken vorbei. Wir paddeln geradeaus auf das Kraftwerksgebäude zu und finden rechts davor eine Rampe, an der wir unsere erlebnisreiche Reise durch die Wildeshauser Geest beenden.

45 km	2 Tage	ja	nein	leicht-mittel

Charakter: Perfekte Wochenendtour in der landschaftlich reizvollen Wildeshauser Geest. Angenehme Strömung, Kiefern- und Eichenwälder, Heidelandschaft sowie Äcker und Wiesen garniert mit einigen spritzigen, aber harmlosen Stromschnellen. Absolute Kanuneulinge sollten allerdings besser nur in Begleitung erfahrener Paddler starten.

Befahrungsregeln: Der Abschnitt vom Kraftwerk Wildeshausen bis zur Straßenbrücke in Astrup ist vom 1. April bis 15. Juni gesperrt. Ganzjähriges Befahrungsverbot für Boote mit einer Länge von über 6 m oder einer Breite von über 1 m.

Einstieg: Wildeshausen, Straßenbrücke über die Hunte (Heemstraße/Im Hagen)

Ausstieg: Oldenburg, Kraftwerk

Hindernisse: Mehrere Stufen/Stromschnellen unter diversen Brücken, die aber alle befahren werden können

Unterkunft: Zeltmöglichkeit am Bootshaus der Kanuabteilung des Oldenburger Yacht-Clubs, www.oyc.de

Einkehr: Keine Einkehrmöglichkeiten direkt am Fluss

Kanuverleih: Yeti Sport & Reisen in Oldenburg, Tel. 0441/856 85, www.yeti-ol.de; Fips Reisen in Oldenburg, Tel. 0441/50 70 03, www.kanutouren-ol.de; Hunte Adventures, Tel. 04432/91 82 23, www.hunte-adventures.de

Info: Naturpark Wildeshauser Geest, Delmenhorster Straße 6, 27793 Wildeshausen, Tel. 04431/853 51, www.wildegeest.de, Flusswanderkarte und Infos zum Flusslehrpfad unter www.hunte-natur.de

Zurück zum Auto: Im Stundentakt mit dem Bus Linie 270 (»Huntesprinter«) in weniger als 1 Stunde von Oldenburg nach Wildeshausen. Mit der Bahn umständlicher: von Oldenburg über Delmenhorst nach Wildeshausen

EXTRA: Paddeln im südlichen Ostfriesland

Die Weiterfahrt auf der unteren, durchgehend kanalisierten Hunte ist nicht zu empfehlen. Perfekte Paddelmöglichkeiten in der näheren Umgebung bietet dagegen das südliche Ostfriesland mit einem dichtem Netz an Paddel- und Pedalstationen. Mehr dazu erfahren Sie bei Tour 5.

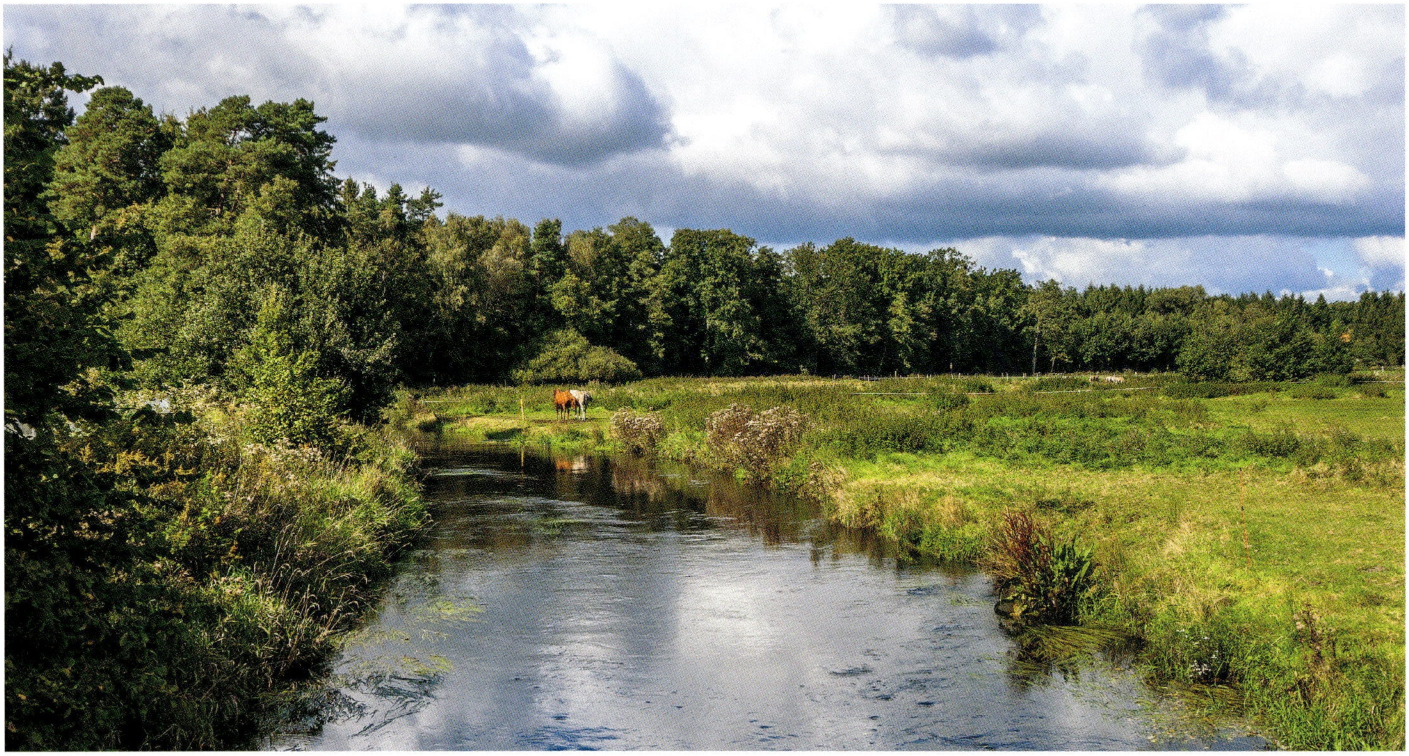

Die Örtze bei Müden

8

Örtze: Von Müden nach Eversen

Kanu-Klassiker in der Heide

Sofort nach dem Start hinter der historischen Wassermühle von Müden hüllt uns der Wald ein. Gedämpft dringt aus der Ferne das Brummen der Hubschrauberrotoren vom Truppenübungsplatz Soltau-Bergen bei Bad Fallingbostel an unsere Ohren. Die flotte Strömung trägt uns vorbei an diversen Holzbrücken, und an der Straßenbrücke ist der erste Anleger von Hermannsburg erreicht.

Bis der Kirchturm von Hermannsburg am rechten Ufer auftaucht und wir den Anleger in der Dorfmitte erreichen, sind noch einige Paddelschläge zu tätigen. Dafür werden wir mit einem reichhaltigen Gastronomieangebot vom einfachen Imbiss über eine Eisdiele bis zum Restaurant in kurzer Entfernung zum Steg belohnt.

Hermannsburg, das auf eine über 1000-jährige Geschichte zurückblickt, hat aber nicht nur kulinarisch einiges zu bieten, auch die Norddeutsche Korbimkerei und das Heimatmuseum mit Lehmbackofen lohnen einen Besuch.

Nächstes Wahrzeichen am rechten Ufer ist die Scharnebecks Mühle aus dem Jahre 1646. Ein Schild an der Holzbrücke weist auf die heute hier untergebrachte Pension hin. Nachdem wir den Campingplatz am linken Ufer hinter uns gelassen haben, nähern wir uns Oldendorf. Der offizielle Anleger befindet sich nicht an der ersten Holzbrücke, sondern einige Meter flussabwärts hinter der Straßenbrücke. Am gegenüberliegenden Ufer bietet der Gutshof einen Biergarten, ein Restaurant und ein Hotel.

EXTRA: Auf der Örtze weiter bis zur Aller

Viele Paddler beenden die Örtzefahrt in Eversen. Wer etwas mehr Zeit und ein eigenes Boot hat, paddelt auf der landschaftlich weiterhin ansprechenden Örtze für 19 windungsreiche Kilometer bis zur Mündung in die Aller. Nach knapp 2 km ist Winsen/Aller erreicht (siehe Tour 9).

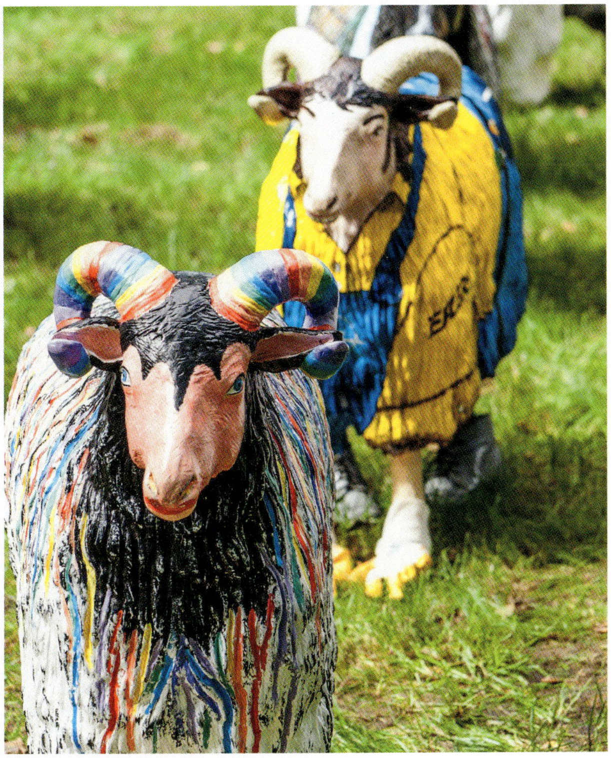

Heidschnucken sind eines der Wahrzeichen der Lüneburger Heide

Nach Oldendorf wird es wieder einsam auf der Örtze. Große Doldenblütler entlang der Ufer verströmen einen süßen Duft, und dichte Schwaden von weißblühendem flutenden Hahnenfuß kitzeln den Bootsrumpf. Oft wird der Flusslauf durch weit wuchernde Weiden manchmal bis auf wenige Meter eingeengt. Etwa eine Stunde nach Oldendorf kündigen ein paar neu angelegte Holzbrücken das Ende der Tour an, und zwischen der Straßen- und der Eisenbahnbrücke in Eversen steuern wir die Bootsanlegestelle am linken Ufer an.

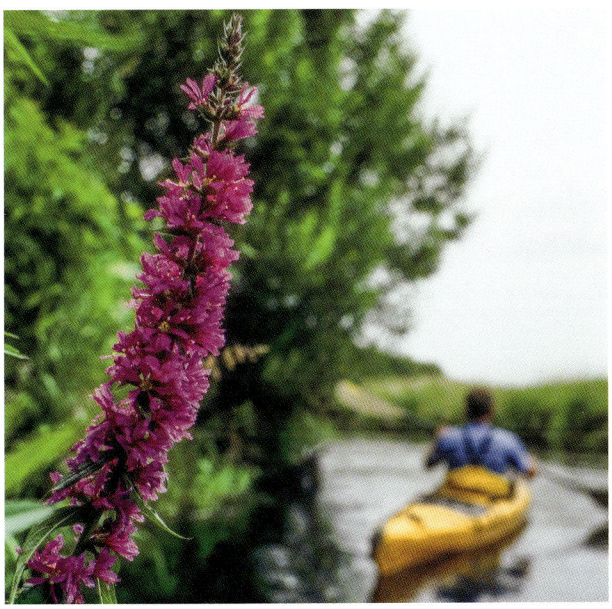

Sorgt für Farbakzente am Ufer: Blutweiderich

20 km	4 Std.	ja	ja	leicht

Charakter: Herrliche Kanutour durch die Lüneburger Heide. Entlang der Ufer urige, traditionsreiche Dörfer wie Müden, Hermannsburg und Oldendorf. Perfekte Tagestour für Freizeitkanuten, Familien und Naturliebhaber. Für ungetrübtes Naturerlebnis Hauptsaison (Aug./Sept.) meiden

Befahrungsregeln: Befahrung ausschließlich mit Paddelbooten von max. 6 m Länge und 1 m Breite jeweils vom 16. Mai–14. Okt. in der Zeit von 9–18 Uhr. Pegel an der jeweiligen Einsatzstelle muss »grün« zeigen. Ein- und Ausstieg nur an den gekennzeichneten Anlegestellen. Darüber hinaus besteht eine Kennzeichnungspflicht der Boote. Befahrung vom 15. Okt.–15. Mai für DKV-Mitglieder (DKV-Ausweis mitnehmen) unter Beachtung der oben genannten Regeln erlaubt.

Einstieg: Anlegestelle an der Wassermühle in Müden (Parkplatz ein paar hundert Meter weiter am Heidesee). Leider wird der erforderliche Wasserstand in Müden nur selten erreicht. In diesen Fällen muss die nächste Einsatzstelle ca. 5 km flussabwärts in Baven genutzt werden.

Ausstieg: Anlegestelle in Eversen (Parkmöglichkeiten schräg gegenüber im Beutzer Weg)

Hindernisse: Keine

Unterkunft: Müden: Natur-Camping »Sonnenberg« in Müden (ca. 3 km von der Einsatzstelle), Tel. 05053/98 71 74. Campingplatz »Am Örtzetal« in Oldendorf, Tel. 05052/30 72. Hermannsburg: Pension »Scharnebecks Mühle«, Tel. 05052/33 78, www.scharnebecks-muehle.de; Gutshof »Im Oertzetal«, Tel. 05052/542 97 10, www.gutshof-im-oertzetal.de

Einkehr: Mehrere Gaststätten und Eiscafés in unmittelbarer Nähe zum Anleger in Hermannsburg; Biergarten und Restaurant in Oldendorf

Kanuverleih: Faßberg/Müden: Bootsverleih W. von der Ohe, Tel. 05055/88 88, www.bootsverleih-oertze.de. Hermannsburg: Boots- und Fahrradverleih Reinhard Könemann, Tel. 0172/631 74 40, www.bootsvermietung-oertze.de; Bootsvermietung Kanu-Feeling, Tel. 05052/91 29 29, www.kanu-feeling.de

Info: Lüneburger Heide GmbH, Tel. 04131/3 09 39 60, www.lueneburger-heide.de

Zurück zum Auto: Spärliche und langwierige Busverbindung von Eversen über Hermannsburg nach Müden, Fahrplanauskunft unter Tel. 05141/278 88 64 oder www.cebus-celle.de

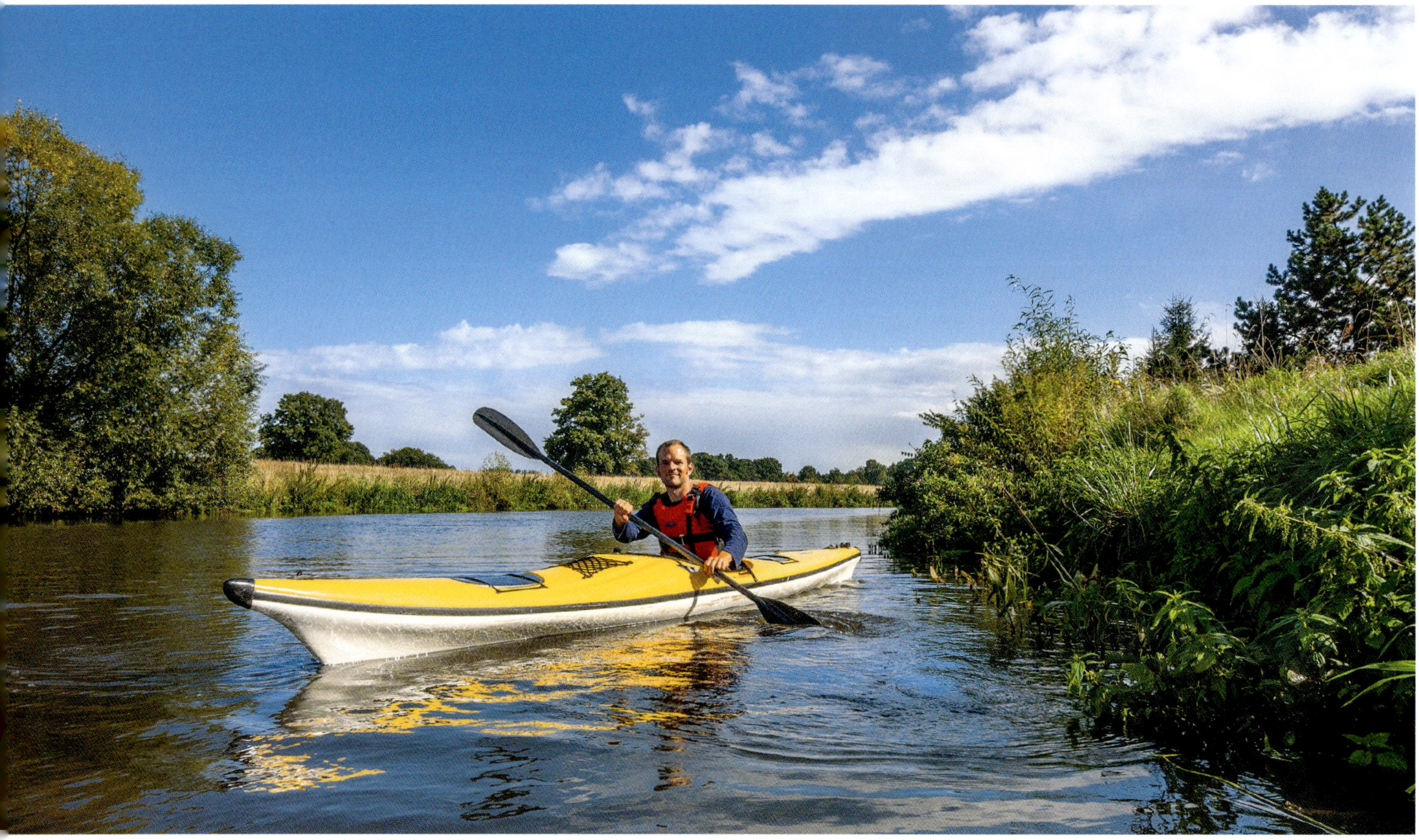

Unterwegs auf der Aller bei Schwachhausen

9

Aller: Von Brenneckenbrück nach Verden

Durch die Norddeutsche Tiefebene der Weser entgegen

Die Aller ist der größte Nebenfluss der Weser und folgt einem eiszeitlichen Urstromtal durch die norddeutsche Tiefebene. Startpunkt für unsere Wandertour ist die Einsatzstelle in Brenneckenbrück direkt hinter dem Zusammenfluss von Aller und Allerkanal.

Die gut zehn Meter breite Aller trägt uns mit behäbiger Strömung durch Wiesen, Weiden und Auenwaldrelikte. Die erste Pause können wir an der Straßenbrücke Ettenbüttel einlegen, hier liegt am linken Ufer ein schöner Rastplatz mit einer Minigolfanlage.

Etwa vier Kilometer weiter wartet in Müden das erste Wehr der Tour auf uns. Nachdem wir die Boote über die Straße getragen haben, gestaltet sich der Einstieg kniffelig, da wir an der Mauer quer zum Wehr einsetzen müssen.

Nächste Stationen sind die Straßenbrücke bei Flettmar mit einem Rastplatz und die Brücke bei Langlingen. Drei Kilometer weiter liegt am linken Ufer das Landhotel »Allerparadies« mit Restaurant und Campingplatz. Das dortige Wehr stellt, dank der Bootsgasse am linken Ufer, kein Problem dar.

Hinter der Straßenbrücke bei Schwachhausen bietet der Campingplatz »Allerstrand« eine gute Möglichkeit, um die erste Etappe der Aller zu beenden und gemütlich am Lagerfeuer ausklingen zu lassen. Den Anleger finden wir ganz am Ende des Platzes, dort gibt es auch einen Schutzpavillon für Zelter und eine schöne Feuerstelle.

Am nächsten Tag führt die Aller durch eine einsame Landschaft mit flachen Ufern, über die sich vereinzelt einige Bäume erheben. Gut zwei Kilometer nach dem Start vom Steg des

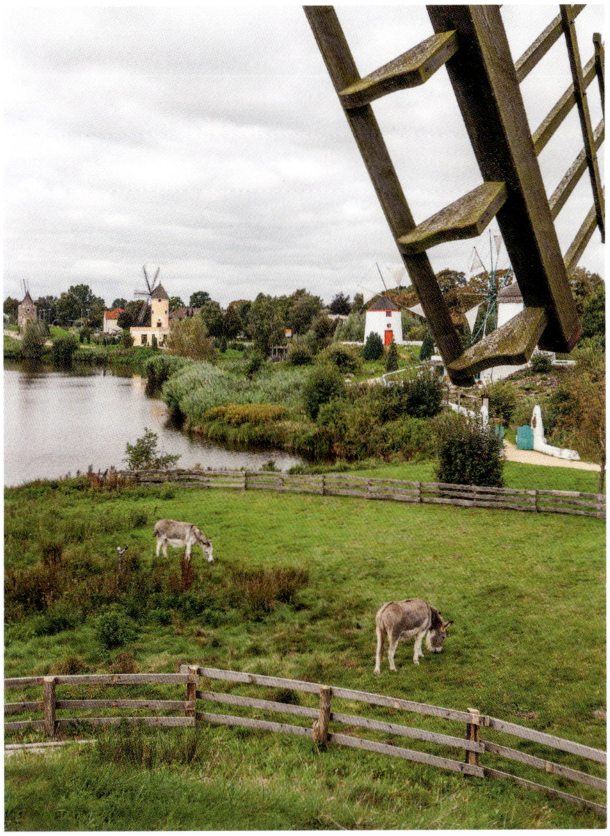

Das Freilichtmuseum in Gifhorn präsentiert Mühlen aus der ganzen Welt.

Campingplatzes liegt rechts das Bootshaus des KC Flottwedel. Die Bootsgasse am Wehr finden wir ganz links.

Nach zwei einsamen Paddelkilometern spiegeln sich am linken Ufer die Wohnwagen des Camping-Ferienparks »Zum alten Wehr« auf der Wasseroberfläche, und nach links zweigt der Wienhäuser Mühlenkanal ab. An der bald folgenden Straßenbrücke gibt es einen Anleger und einen Rastplatz, an dem wir einen Halt einlegen können, um dem Kloster Wienhausen einen Besuch abzustatten. Wem der Sinn mehr nach Brotzeit als nach Sightseeing steht, läuft von der Brücke statt nach links ein paar Schritte nach rechts und findet dort einen gemütlichen Biergarten.

Im folgenden Abschnitt gesellt sich von links der Mühlenkanal wieder zur Aller, und in den Altarmen links und rechts dümpeln ein paar Schwäne. Auf einem der Pfosten der Weidezäune entlang der angrenzenden Ufer späht ein Mäusebussard nach Beute, und hoch über uns zieht ein Falke seine Runden. Vor dem Wehr in Osterloh legen wir am rechten Ufer an und umtragen das Hindernis. Bald kommen uns die ersten Ruderer aus Celle auf ihrer Trainingsfahrt entgegen, und wir paddeln

150 km	5–6 Tage	ja	ja	leicht

Charakter: Abwechslungsreiche, problemlose Kanuwanderung mit leichter Strömung und nicht übermäßig vielen Wehren. Kulturelle Höhepunkte sind die Residenzstadt Celle und das historische Verden. Ab Celle Schifffahrtsstraße, allerdings kaum Motorbootverkehr.

Befahrungsregeln: Keine Einschränkungen auf dem beschriebenen Abschnitt

Einstieg: Straßenbrücke der B 188 über die Aller bei Brennenckenbrück; dort Feldweg flussaufwärts zur Einsatzstelle (Parken an der B 188)

Ausstieg: Bootshaus des WSV Verden

Hindernisse: Müden: Wehr, kurz links umtragen. Langlingen: Wehr, Bootsgasse links. Offensen, Wehr Bootsgasse links. Osterloh: Wehr, kurz rechts umtragen. Celle: Wehr, rechts umtragen, ca. 250 m. Oldau: SB-Schleuse, Wehr kurz rechts umtragen. Bannetze: SB-Schleuse, Wehr kurz links umtragen. Marklendorf: Wehr kurz rechts umtragen. Hademstorf: Wehr, kurz rechts umtragen

Unterkunft: Langlingen: Landhotel und Campingplatz »Allerparadies«, Tel. 05082/218. Schwachhausen: Camping Allerstrand, Tel. 0171/170 75 06. Wienhausen: Camping Ferienpark »Zum alten Wehr«, Tel. 05149/212. Altencelle: Zeltmöglichkeit für DKV-Mitglieder am Bootshaus der Celler Kanu Wanderer, www.cellerkanu-wanderer.de. Celle: Zeltmöglichkeit am Bootshaus des Paddelklubs Celle, www.paddelklub-celle.de. Winsen: Campingplatz »Allerblick«, Tel. 05143/931 99. Engehausen: Camping Aller-Leine-Tal (direkt an der A 7), Tel. 05071/51 15 49. Hademstorf: Campingplatz Waldhaus Allertal, Tel. 05071/91 25 17. Frankenfeld/Rethem: Campingplatz Rittergut Frankenfeld, Tel. 05165/39 33. Verden: Zeltmöglich-keit am Bootshaus des WSV Verden, www.wsv-verden.de

Einkehr: Langlingen: Gasthof am Hotel »Allerparadies«. Celle: breites gastronomisches Angebot in der Altstadt. Hodenhagen: Strandcafé; Café am Deich. Bosse: Hotel-Pension Allerhof. Verden: Imbiss im Bootshaus, breites gastronomisches Angebot in der Innenstadt

Kanuverleih: Celle: AllerLeih Celle, Tel. 05141/205 55 88, www.allerleih-celle.de. Winsen/Aller: Bootsvermietung Winsen, Tel. 05054/17 06, www.boote-winsen.de; Meyers Kanatour, Tel. 05143/930 15, www.kanatour.de. Hornborstel: Bootsverleih am Allerhorn, Tel. 0177/369 61 12

Info: Zweckverband Aller-Leine-Tal, Tel. 05071/80 90, www.aller-leine-tal.de

Zurück zum Auto: Gute Zugverbindung mit dem Regionalexpress von Verden über Hannover nach Gifhorn. Von Gifhorn mit Bus weiter nach Brenneckenbrück

Das Wehr in Celle

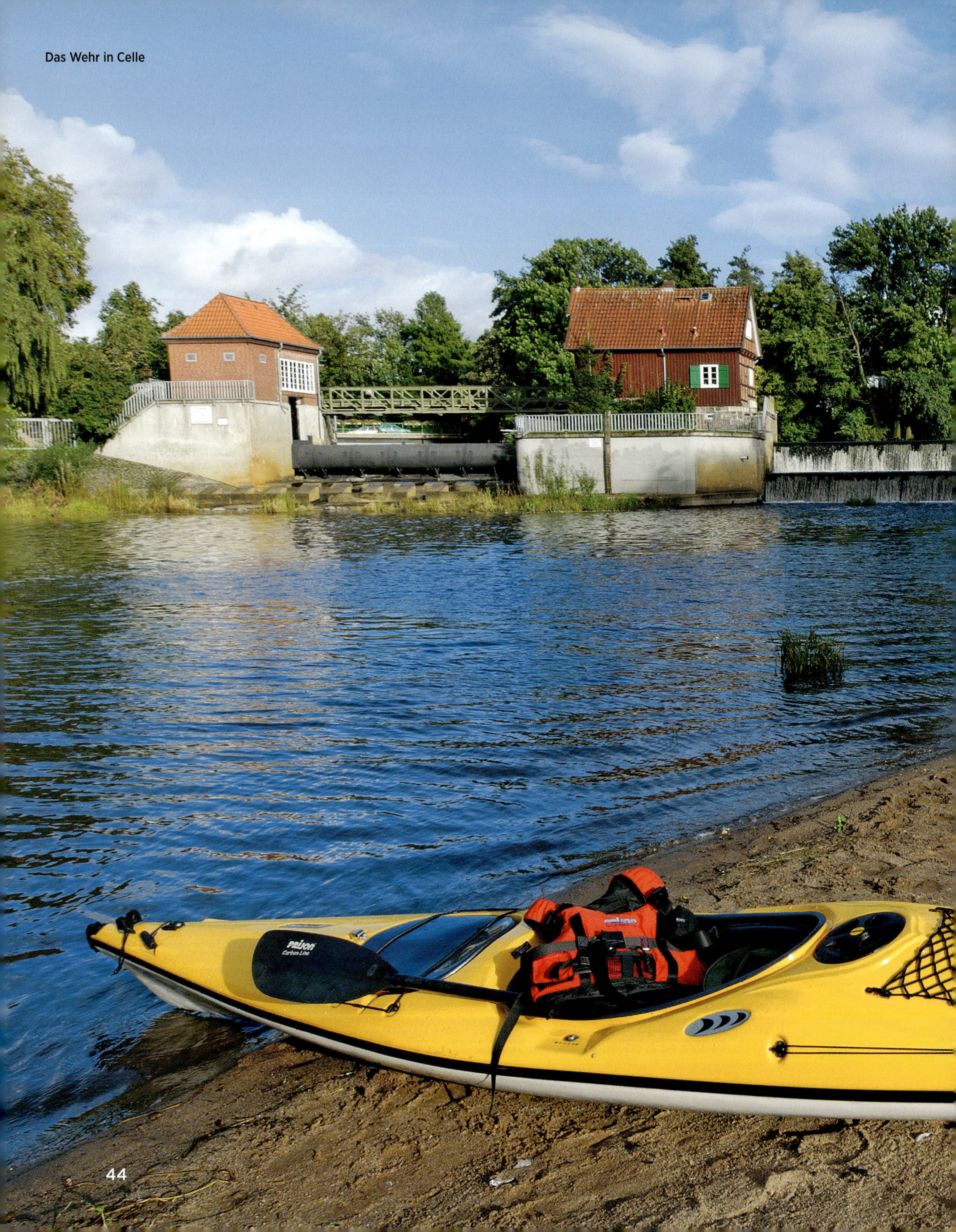

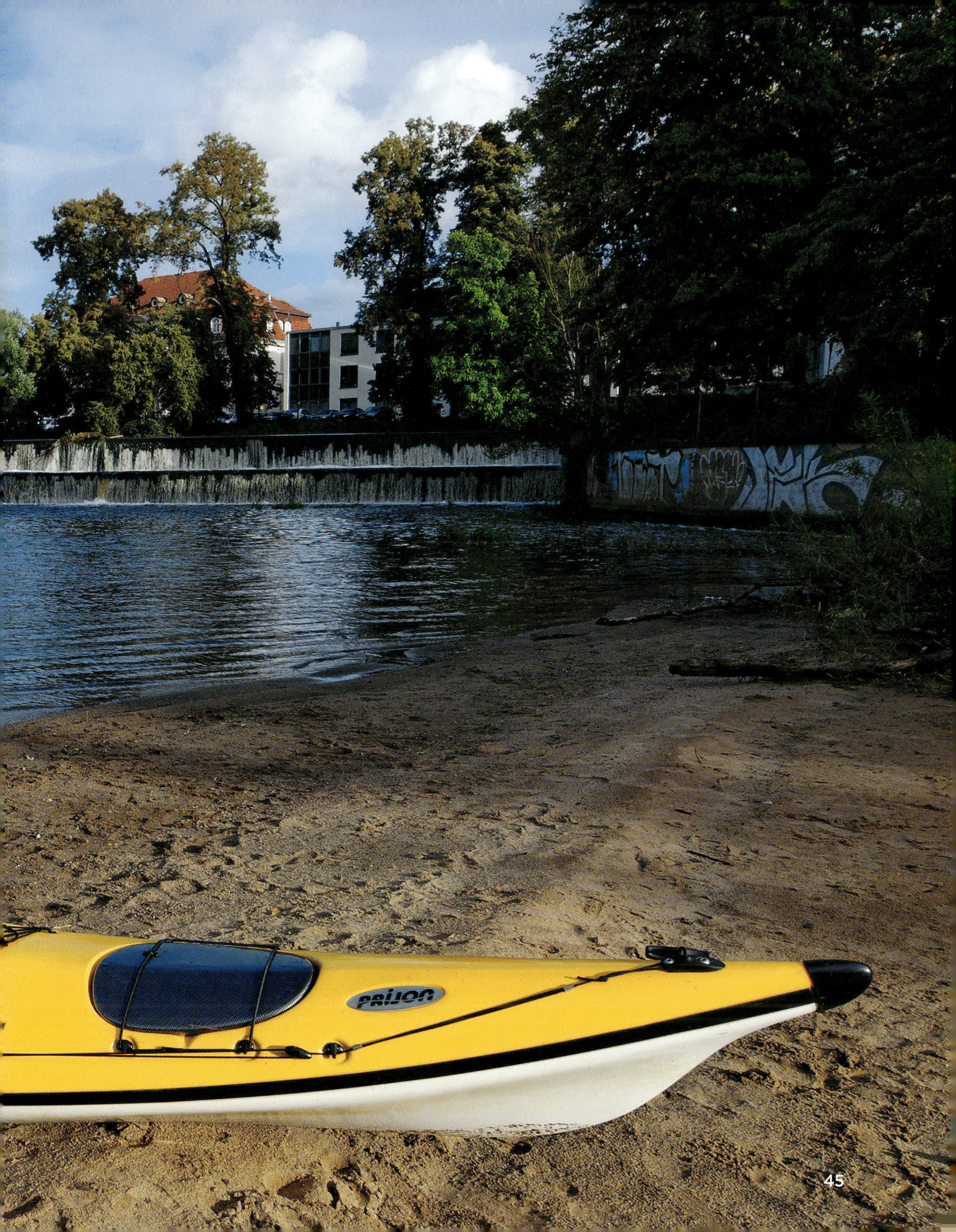
prijon

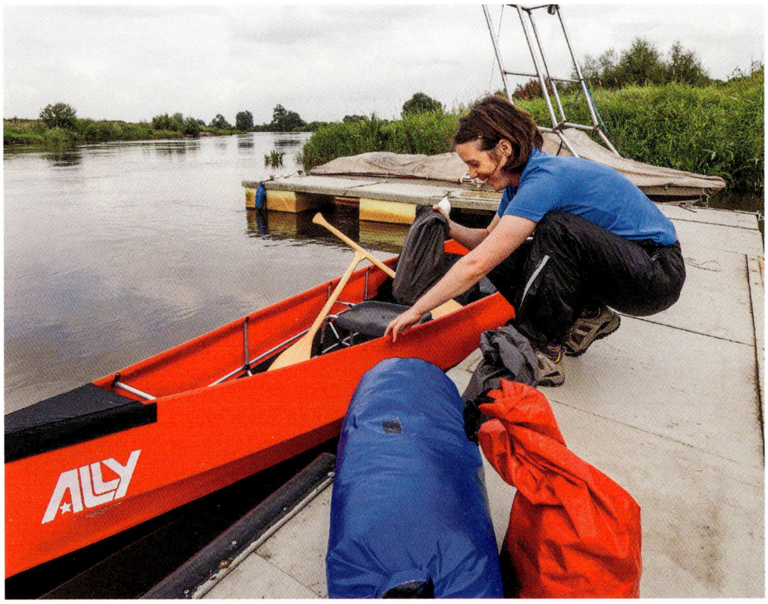

Auf einer mehrtägigen Tour kommt einiges an Gepäck zusammen.

hinter der nächsten Straßenbrücke vorbei am Vereinsgeländer der Celler Kanu Wanderer in Altencelle.

Direkt hinter der Einmündung der Lachte folgt ein Wanderweg dem rechten Ufer; die Wanderer nutzen die dort aufgestellten Bänke gerne, um das Treiben auf dem Wasser zu verfolgen. So kurz vor dem Tagesziel verspüren wir keine Lust mehr auf eine Rast und erreichen schnell das Bootshaus des Celler Rudervereins am linken Allerufer. Direkt dahinter zweigt nach links ein Nebenarm ab, an dem sich zuerst das Vereinsgelände des KG Celle und ein paar Meter weiter das Bootshaus

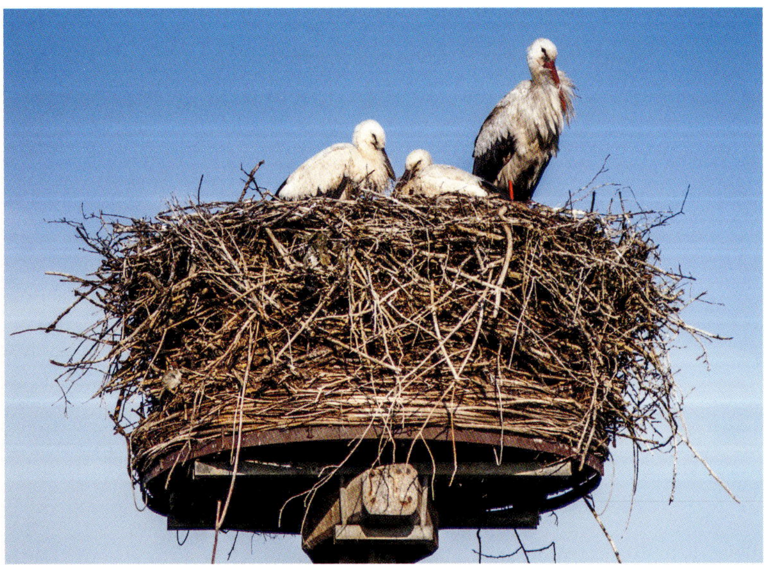

Störche am Rittergut Frankenfeld

des PK Celle anbietet, um die Tagesetappe zu beenden und der sehenswerten Residenzstadt Celle einen Besuch abzustatten.

Am nächsten Morgen paddeln wir von dem idyllischen Seitenarm zurück auf die Aller und wenden uns nach links. Am linken Ufer zieht die Bootsvermietung AllerLeih vorüber; wir unterfahren erst eine Fußgängerbrücke und dann die Straßenbrücke. Direkt dahinter legen wir rechts am Steg an, den die zahlreichen hier rastenden Enten nur widerwillig freigeben.

Die Portage führt uns vorbei an den Häusern durch eine große Metallpforte, und wir können am großen Sandstrand unterhalb des beeindruckenden Wehres unsere Tour auf der Aller fortsetzen. Bald wird es wieder ländlich, und Kiefern, Kühe und Heidschnucken säumen die flachen Ufer.

Die Aller schlängelt sich durch die Südheide nach Oldau. Geradeaus liegt hier die SB-Schleuse, wir wenden uns nach rechts und umtragen das Wehr kurz und problemlos am rechten Ufer. Bald mündet von rechts die Örtze in die Aller, und fast zu früh markiert der Kirchturm von Winsen das Ende dieser kurzen Tagesetappe. Direkt hinter der Straßenbrücke von Winsen gibt es am rechten Ufer einen Anleger und Rastplatz, nach ein paar Metern folgt der Schwimmsteg des Campingplatzes.

Inzwischen ist die Aller auf eine Breite von über 30 Metern angewachsen, und aufgrund der nahen Schleuse Bannetze ist am nächsten Morgen erst einmal keine Strömung mehr zu spüren. Wir paddeln bis zur Selbstbedienungsschleuse Bannetze, biegen vorher nach links in den Wehrarm ein und umtragen kurz am linken Ufer.

Anschließend nimmt die Strömung wieder etwas zu. Von links mündet die Wietze, und vor der Schleuse Marklendorf steuern wir unsere Bootsspitzen nach links in den Wehrarm, um kurz über die Schleuseninsel zu umtragen. Wenig später versteckt sich am rechten Ufer recht unscheinbar die Slipanlage des Campingplatzes Aller-Leine-Tal, der uns aufgrund der direkt nebenan verlaufenden A 7 ohnehin nicht besonders einladend erscheint und für unsere Etappenplanung auch zu früh kommt.

Nach der Autobahnbrücke wird es schnell wieder still – und die Aller breiter. Da der Campingplatz »Waldhaus Allertal« nicht direkt an der Aller, sondern am Esseler Kanal liegt, heißt es gegen Ende des Paddeltages: Aufgepasst! Nach einer Straßenbrücke ziehen rechts ein paar vereinzelte (Ferien-)Häuser und das 46-km-Schild vorbei, dann versteckt sich am rechten Ufer die unscheinbare, nur schwer auszumachende schmale Einfahrt in den Kanal. Der Kanal selbst ist ziemlich flach, glücklicherweise müssen wir nur gut einen Kilometer paddeln und legen direkt hinter der Straßenbrücke am linken Ufer an, wo oben am Ufer der Campingplatz liegt.

Am nächsten Morgen paddeln wir zurück zur Aller, passieren die Eisenbahnbrücke und fahren vor der Schleuse Hademstorf nach links in den Wehrkanal und umtragen am rechten Ufer. Noch bevor sich Wehr- und Schleusenkanal wieder vereinigen, mündet von links die Leine nach ihrer über 280 Kilometer langen Reise von der Quelle im thüringischen Eichsfeld.

Die Aller ist nun etwa 50 Meter breit und trägt uns mit recht flotter Strömung nach Norden. In einer lang gestreckten Linkskurve thronen ein paar Fachwerkhäuser von Hodenhagen über dem Deich. Es gibt einen großen Anleger mit einem Hinweisschild auf eine DKV-Kanustation und gleich zwei Cafés, nämlich das Strandcafé und das Café am Deich, laden zu einer Rast ein.

Die nächste Pausenmöglichkeit besteht etwa neun Kilometer hinter Hodenhagen am Anleger in Eilte, dann schlägt die Aller mehrere weite Mäanderbögen. Besonders deutlich wird dieses am Gutshof bei Bosse mit seinem Storchennest, den wir erst von der einen Seite und dann, hinter der Mündung der Böhme und nachdem die Aller eine enge Kehre beschrieben hat, erneut sehen, dieses Mal von der Rückseite. Grund für die vielen Mäander ist der weiche Untergrund aus Sand und Kies der Südheide. Die vom Ufer in den Fluss ragenden Buhnen verengen den Flusslauf und beschleunigen so die Fließgeschwindigkeit, damit die Fahrrinne nicht so schnell versandet.

Im Südknick der nächsten Flusskehre liegt der Gasthof von Bosse, drei Kilometer weiter leuchtet am linken Ufer das schöne weiße Fachwerkgebäude des Rittergutes Frankenfeld in der Sonne, und der dazugehörige Campingplatz direkt am Allerufer wird von einem bewohnten Storchennest überwacht.

Am letzten Tag bleibt die Aller breit und trägt uns mit gemütlicher Strömung vorbei an der Bockwindmühle von Rethem nach Norden, wo wir am Bootshaus des WSV Verden unweit der Innenstadt unsere Kanutour beenden.

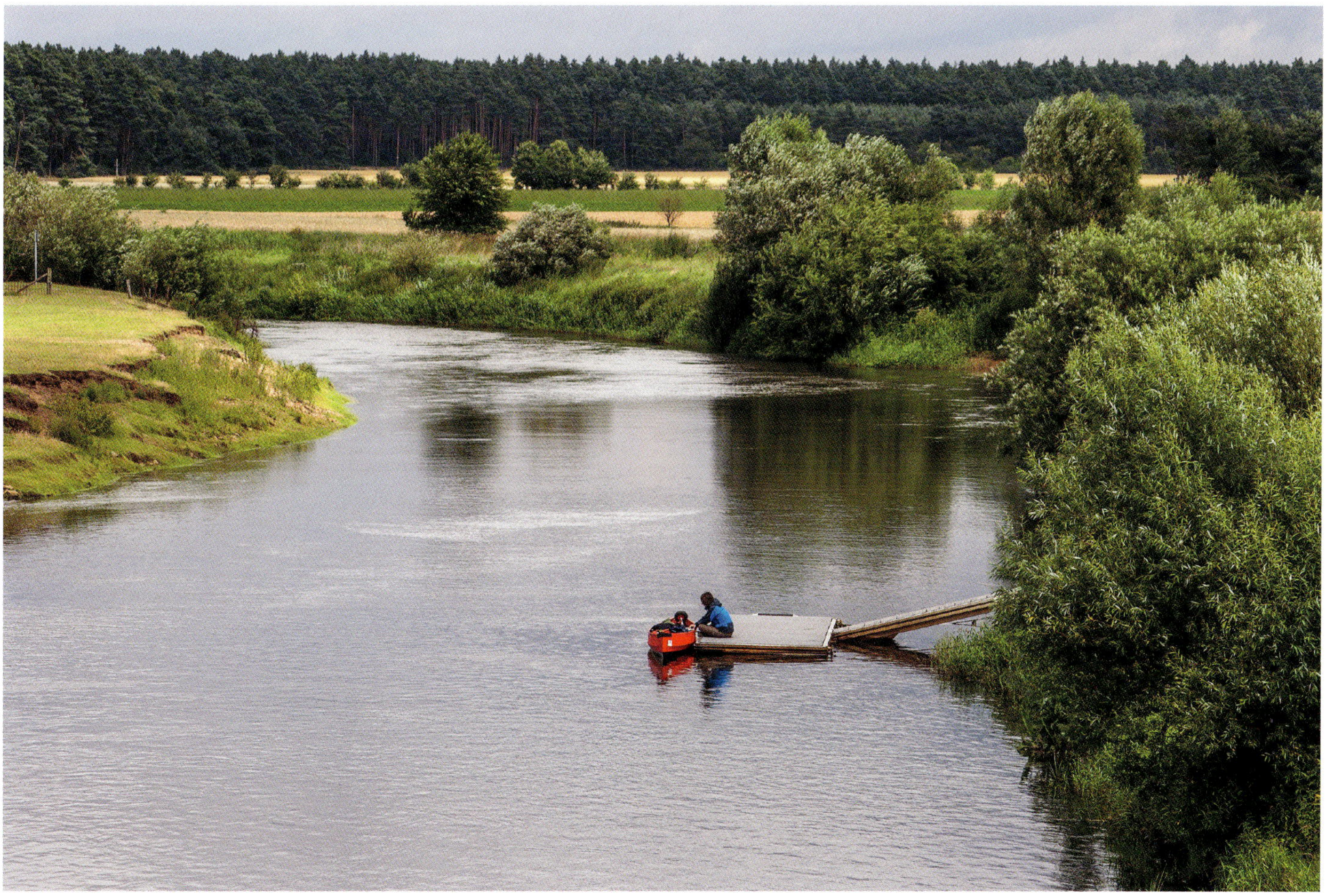

Rast am Steg an der Schleuse Oldau

10

Ilmenau: Von Medingen nach Lüneburg

Auf den Spuren des »weißen Goldes«

Nachdem wir der Einsatzstelle im Seitenarm der Ilmenau an der Königsbrücke in Medingen den Rücken gekehrt haben, schießt nach wenigen Metern von links das Wasser aus dem Mühlengraben in die Ilmenau, und die gute Strömung schiebt uns nach Norden. Es ist ruhig und einsam. Nur begleitet vom Plätschern der Paddel gleiten wir unter dem dichten Blätterdach dahin.

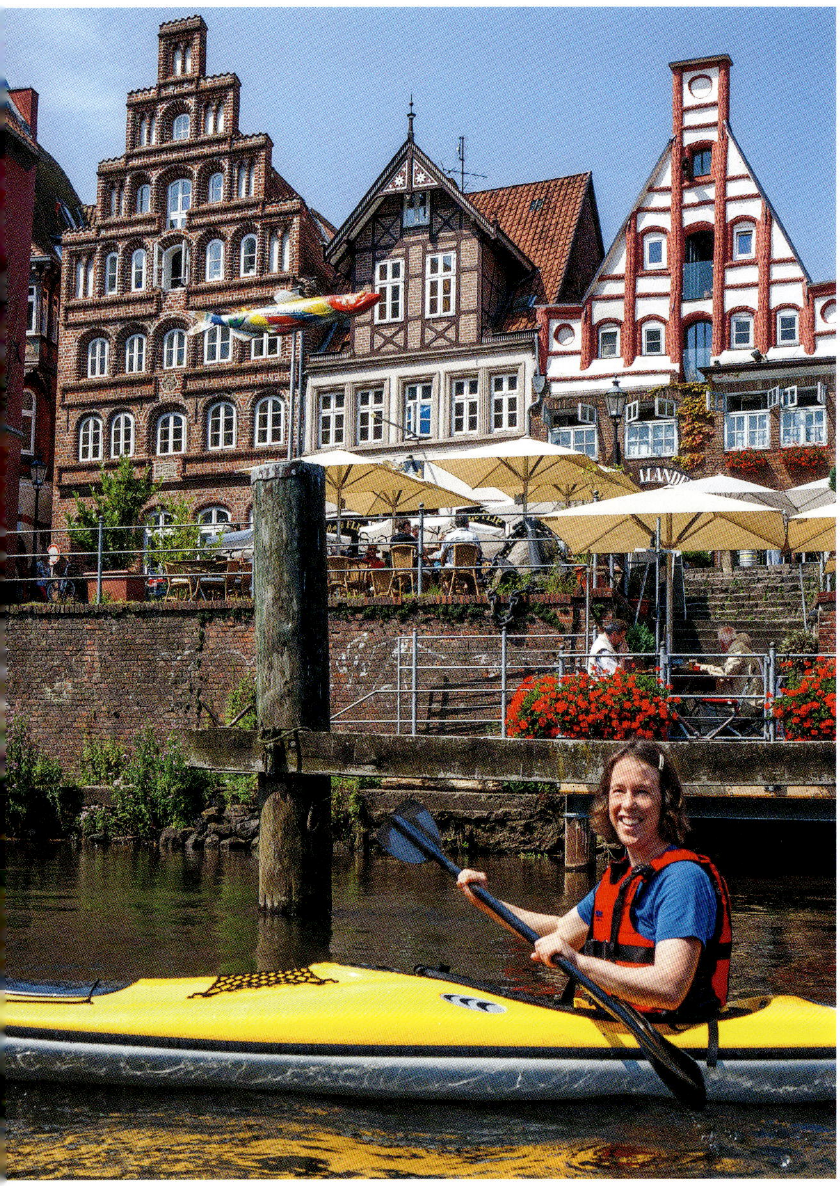

Historische Giebel am Stintmarkt

Nach zwei Fußgängerbrücken erreichen wir die Straßenbrücke in Bruchtorf. Davor liegt am rechten Ufer der private Anleger eines Jugendfreizeitheims. Den nächsten offiziellen Anlegesteg erreichen wir vor der Straßenbrücke in Wichmannsburg. Am linken Ufer davor liegt der liebevoll angelegte und sehr idyllische Biwakplatz. Von hier ist es nicht weit zum Dorfrestaurant, und wer beschließt, seine Tagesetappe hier zu beenden, sollte an die aufgehängte Geldkassette denken, um der Gemeinde die Unkosten für Wasser und Müll zu erstatten, damit dieses herrliche Plätzchen noch viele Paddlergenerationen erfreuen kann.

Direkt unter der Straßenbrücke hinter dem Biwakplatz erwartet uns ein harmloser, kleiner Schwall, dann sind es gut zwei beschauliche Paddelkilometer bis Bienenbüttel. Den Kanuanleger finden wir am rechten Ufer hinter der Brücke mit der Kanustation der Kanuvermietung »Kanu aktiv« und Kanu-Safe, eine Art überdimensionales Schließfach für Kanus. Wer ein Vorhängeschloss dabeihat, kann sein Boot so sicher für den Landgang verwahren. Eine in Deutschland einmalige Serviceeinrichtung, die gerne Schule machen kann. Über die Brücke ist es nur ein kurzer Spaziergang ins Ortzentrum mit einem reichhaltigen gastronomischen Angebot. Wer nächtigen möchte, darf dort auf der Zeltwiese beim Wohnmobilstellplatz auch sein Zelt aufbauen.

Hinter Bienenbüttel wird es stellenweise lauter auf dem Fluss, denn die B 4 rückt näher ans Ilmenau-Ufer. Besonders deutlich wird dieses, nachdem wir eine Eisenbahn- und eine Fußgängerbrücke hinter uns gelassen haben, und die nächste offizielle Anlegestelle erreichen, die am Parkplatz Grünhagen an der B 4 liegt.

Trotz der Nähe zur Bundesstraße versöhnt uns die Ilmenau mit einem herrlichen, z. T. steil aufragenden Ufer zur Rechten, das mit Buchenwald bestanden ist, und wir erreichen den Steg an der Kanustation Melbeck und dem Zeltplatz der Outdoorschmiede mit Gruppenunterkünften in Blockhäusern und dem Restaurant »Bootshaus«.

Nach der Einsatzstelle an der Straßenbrücke in Deutsch Evern spannt sich die Brücke der Stadtumgehung Lüneburg über die Ilmenau und wenig später die Brücke Rote Schleuse. Der Anleger zum Campingplatz befindet sich am rechten Ufer dahinter.

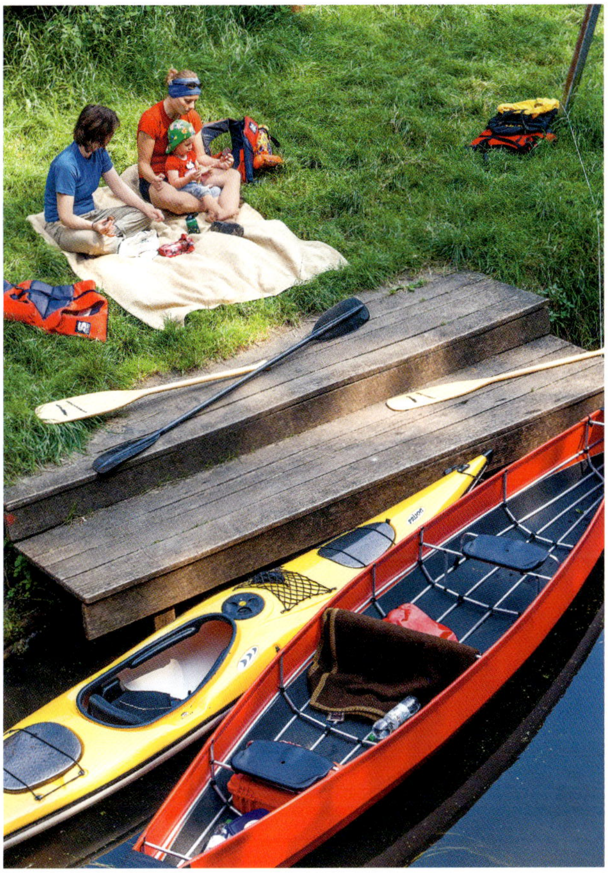

Die Ilmenau bei Melbek

Nun ist es nicht mehr weit bis in die 1000-jährige Salzstadt Lüneburg. Unter der Eisenbahnstrecke und einer Straßenbrücke hindurch paddeln wir vorbei am Ruderclub Wiking. Nach der alten Eisenbahnbrücke liegt am linken Ufer das Vereinsgelände des Kanuclubs Lüneburg, etwa 100 Meter weiter halten wir uns an der Ilmenaugabelung vor dem Lösegrabenwehr links und finden gegenüber vom Café »Schröders Garten« den öffentlichen Anlegesteg von Lüneburg.

Von hier sind es nur wenige Schritte bis zum Bahnhof und der historischen Altstadt mit einem prächtigen mittelalterlichen Rathaus. Den einstigen Wohlstand verdankt die Hansestadt Lüneburg den ergiebigen Salzquellen – über 1000 Jahre bestimmte das »weiße Gold« die Geschichte der Stadt.

EXTRA: Die Ilmenau ab Uelzen

Hinter Lüneburg ist die Ilmenau kanalisiert und für Paddler nicht besonders reizvoll. Lohnenswert für eine insgesamt 90 km lange Fahrt ist der Start bereits in Uelzen. Einziges Hindernis auf der Tour bis Lüneburg ist dann das Wehr in Medingen.

35 km	2 Tage	ja	nein	leicht

Charakter: Hindernisfreie und problemlose Fahrt durch die Lüneburger Heide auf einem idyllischen, einsamen Fluss. Da die Ilmenau erst ab Lüneburg schiffbar ist, haben Kanuten den Oberlauf ganz für sich.

Befahrungsregeln: Befahrung Pfingsten und Himmefahrt verboten, sonst erlaubt für Boote <5,5m Länge und < 1 m Breite zwischen 7:00 und 20:00 Uhr

Einstieg: Königsbrücke in Medingen bei Bad Bevensen (Mühlenstraße/Alter Mühlenweg)

Ausstieg: Öffentlicher Anleger gegenüber vom Restaurant »Schröders Garten« in Lüneburg

Hindernisse: Keine

Unterkunft: Zeltmöglichkeiten in Wichmannsburg und am Wohnmobilstellplatz in Bienenbüttel; Zeltplatz und Blockhütten für Gruppen in Melbeck, Tel. 0151/26 95 70 15, www.dieoutdoorschmiede.de. Campingplatz »Rote Schleuse« in Lüneburg, Tel. 04131/79 15 00, www.camprote-schleuse.de

Einkehr: Gaststätten in Bienenbüttel. Gaststätte »Bootshaus Ilmenau« am Zeltplatz in Melbeck. Restaurant »Platzhirsch« und »Forsthaus Rote Schleuse« am Campingplatz in Lüneburg, Restaurant »Schröders Garten« in Lüneburg

Kanuverleih: Kanu aktiv in Bienenbüttel, Tel. 05823/95 53 39, www.kanuaktiv.de. Kanustation Melbeck am Zeltplatz in Melbeck, Tel. 04134/339 89 15, www.kanu-rahmann.de

Info: Lüneburg Marketing GmbH, Tel. 04131/207 66 20, www.lueneburg.info

Zurück zum Auto: Gute Bahnverbindung von Lüneburg nach Bad Bevensen, von dort etwa 30 Min. Fußweg nach Medingen

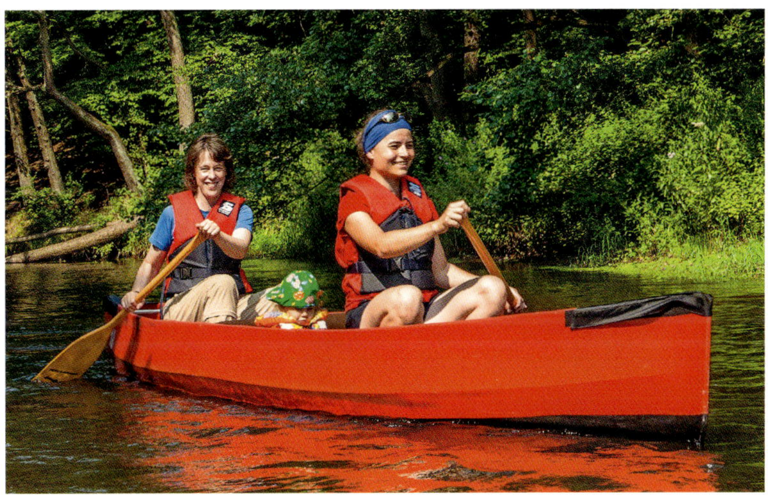

Die Ilmenau erfreut kleine und große Paddlerinnen.

11

Oker: Von Schladen nach Braunschweig

Fachwerk, viel Grün und flotte Strömung

Auf den ersten Metern fordert uns die Oker. In den engen Kurvenstrecken ragen Weidenzweige weit in den Fluss hinein, und die Strömung versucht uns auf die Baumhindernisse am Prallhang zu drücken. Hinter der Straßenbrücke bei Börßum lässt uns ein lautes Rauschen aufhorchen. Wir schaffen es gerade noch, die Spritzdecken zu schließen, schon werden wir von hohen Wellen ordentlich durchgeschaukelt. Nur ein paar Paddelschläge weiter warnt uns am rechten Ufer das Schild »Vorsicht Sohlabsturz« vor der nächsten Stromschnelle, die nach unserem Empfinden aber weniger stark ist als die erste.

Danach wird es ruhiger, und wir erreichen die Mühle in Hedwigsburg. Nach links strömt das Wasser über ein Wehr. An einer kleinen Metallrampe vor dem Wehr legen wir an, um kurz am Wehr vorbei überzuheben.

Hinter dem Wehr hat die Oker einen großen runden Teich gebildet, der so idyllisch ist, dass sich dieses Plätzchen für eine erste Pause anbietet. Bis Wolfenbüttel nimmt die Strömung wieder etwas zu. Im städtischen Landschaftspark halten wir uns an der ersten Abzweigung rechts und erreichen das Vereinsgelände der SKSG Wolfenbüttel.

Kurz hinter dem Bootshaus zwingt uns das Wehr an der Wallstraße zu einer Portage. Wir legen am Steg am linken Ufer an und können unter der Brücke hindurch umtragen. Gepflegte Häuser säumen das Okerufer im Stadtgebiet, und wir erreichen die Kenoshabrücke mit einer Durchfahrtsmöglichkeit im mittleren Joch.

Hinter Wolfenbüttel ist die Oker etwas stärker begradigt und schiebt uns nur noch träge gen Norden. Das Wehr in

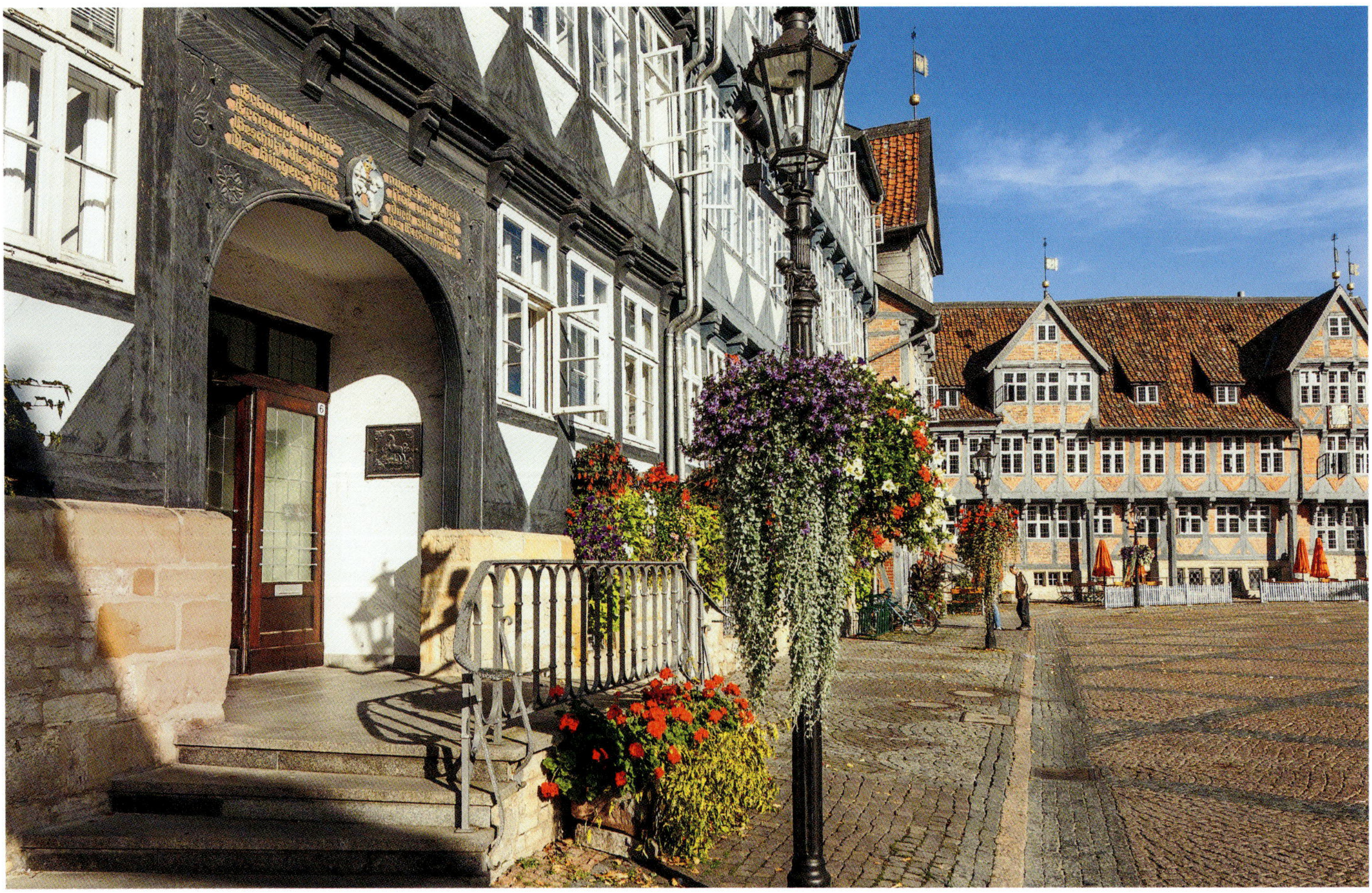

Der zentrale Marktplatz in Wolfenbüttel begeistert mit viel historischem Fachwerk.

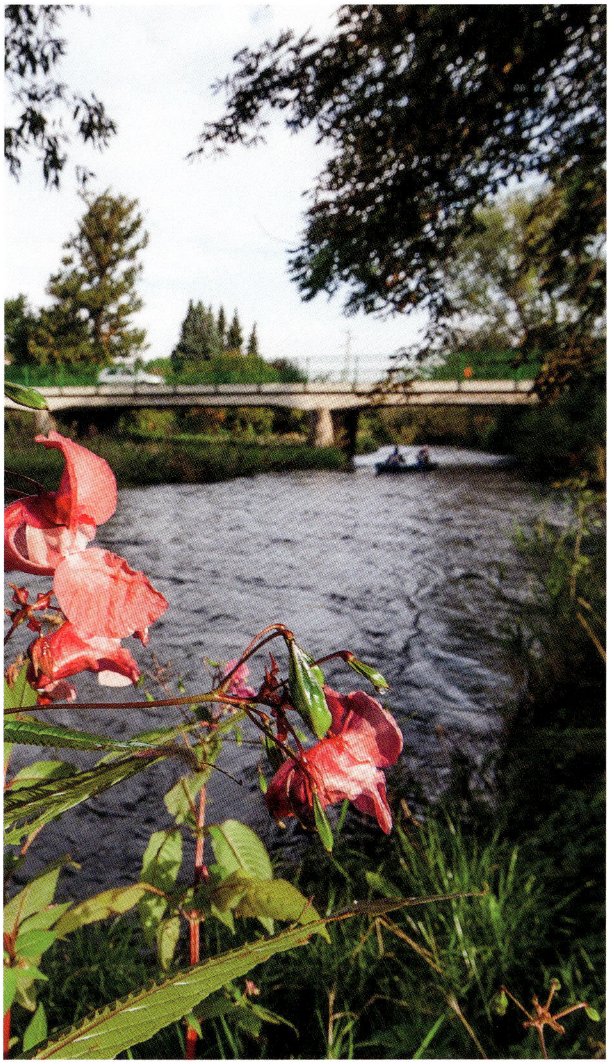

Die Oker am Einstieg in Schladen

34 km	7–8 Std.	nein	nein	leicht-mittel

Charakter: Flotte Strömung auf kaum begradigtem, naturbelassenem Fluss in reizvoller Landschaft. Einige spritzige Stromschnellen. Im ersten Abschnitt eventuell einige Baumhindernisse. Sehenswerte Altstädte in Wolfenbüttel und Braunschweig

Befahrungsregeln: Keine Einschränkungen auf dem vorgestellten Abschnitt

Einstieg: Steg an der Straßenbrücke in Schladen (Bahnhofsstraße)

Ausstieg: Öffentlicher Anleger am Petriwehr in Braunschweig

Hindernisse: Wehr Hedwigsburg, ca. 30 m Portage; Wehr an der Wallstraße in Wolfenbüttel, ca. 20 m umtragen; Wehre mit Bootsgassen in Rünigen und Heinrichshafen

Unterkunft: Keine offiziellen Campingplätze. Für DKV-Mitglieder nach Absprache Zeltmöglichkeiten bei den Kanuvereinen in Wolfenbüttel und Braunschweig. Einfache Zeltmöglichkeit auf dem Gelände des Kennel-Naturbads in Braunschweig, www.kennel-bad.de

Einkehr: Gaststätten und Restaurants in Schladen, Wolfenbüttel und Braunschweig

Kanuverleih: Wolfenbüttel: Okerpirat, Tel. 05331/35 87 58, www.okerpirat.de. Braunschweig: Canadier-Touren Olaf Schäfer, Tel. 0531/529 25, www.boots-touren.de

Info: Stadtmarketing Wolfenbüttel, Tel. 05331/862 80, www.wolfenbuettel.de/Tourismus. Stadtmarketing Braunschweig, Tel. 05 31/470 20 40, www.braunschweig.de

Zurück zum Auto: Stündlich mit der Bahn in etwa 20 Min. vom Hauptbahnhof Braunschweig nach Schladen

Rüningen ist über die Bootsgasse links problemlos zu befahren, danach lassen uns die zahlreichen Masten der Segelboote, die hinter dem linken Ufer aufragen, den künstlichen Südsee erahnen. Er entstand Mitte der 1960er-Jahre, als Material für den Bau der Südtangente ausgehoben wurde, und ist heute ein beliebtes Naherholungsgebiet.

Die Oker schlängelt sich durch eine Parklandschaft vorbei an der weiß leuchtenden Fassade des Schlosses Richmond am rechten Ufer. Das Eisenbütteler Wehr am südlichen Stadtrand Braunschweigs ist das letzte Hindernis der Tour. Es ist ebenfalls mit einer Bootsgasse ausgestattet, die sich dieses Mal allerdings auf der rechten Seite befindet. Danach paddeln wir durch den Bürgerpark von Braunschweig. Zu beiden Ufern bieten die Braunschweiger Kanuvereine für DKV-Mitglieder die Möglichkeit zum Zeltaufschlagen, um den Paddeltag mit einem Stadtrundgang durch die ehemalige Welfenmetropole Braunschweig zu beschließen. Paddler, die ihre Tour ohne Zeltübernachtung beenden wollen, paddeln weiter durch den Bürgerpark und wenden sich an der folgenden Flussgabelung nach links. Über den westlichen Umflutgraben ist bald der öffentliche Anleger am Petriwehr erreicht.

EXTRA: Wildwasser auf der Oker

Die Oker oberhalb von Goslar ist der einzige norddeutsche Wildwasserfluss. Unterhalb von Stausee und Kraftwerk bietet er eine knapp 2 km lange lohnenswerte Strecke für Wildwasserpaddler. Das spritzige Vergnügen bedarf allerdings des Wasserablasses des Kraftwerks. Üblicherweise Mo–Sa vormittags. Die genauen Zeiten erfährt man bei der Kanuten-Hotline der Harzwasserwerke, www.harzwasserwerke.de.

Morgenstimmung am Mirower See

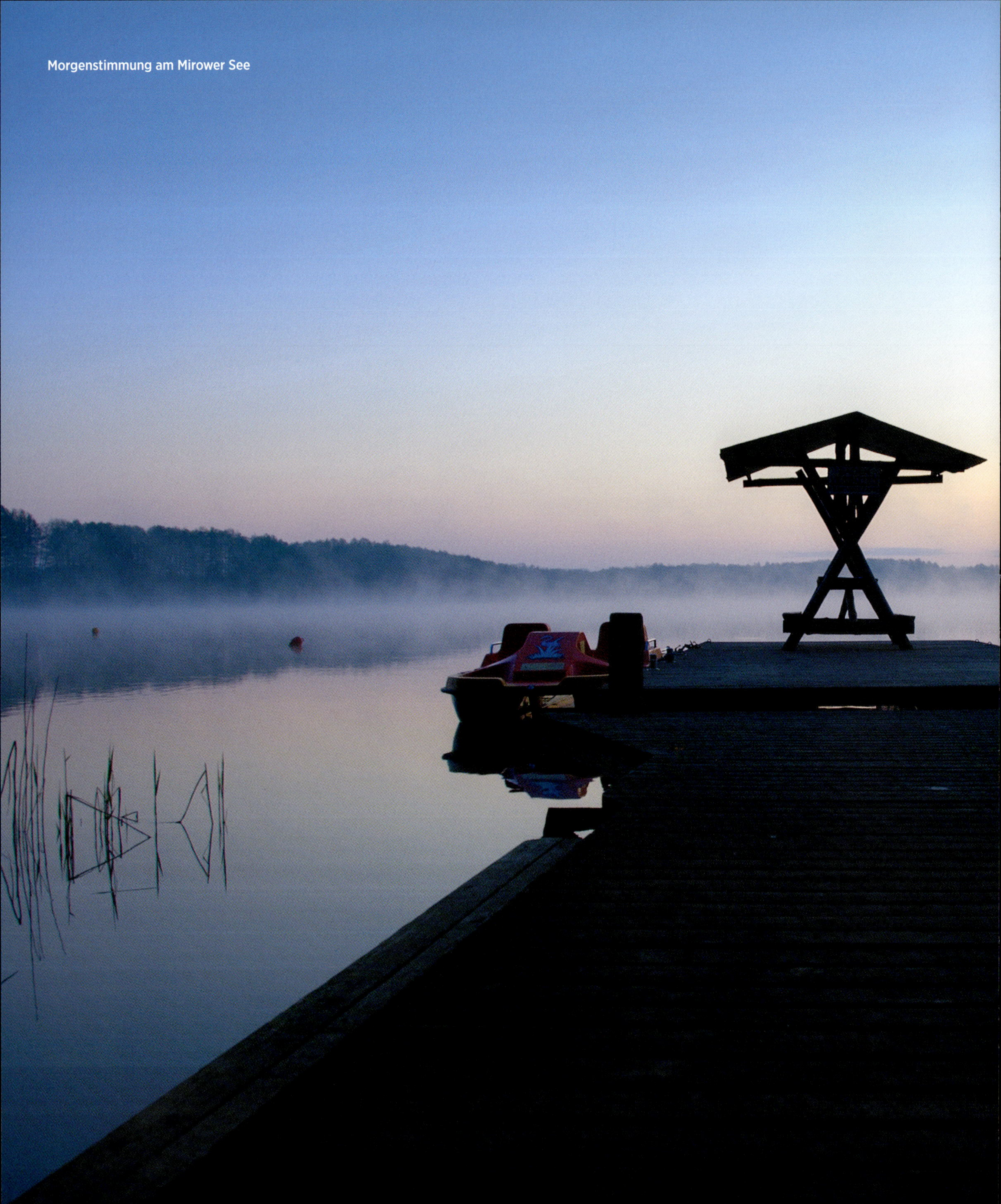

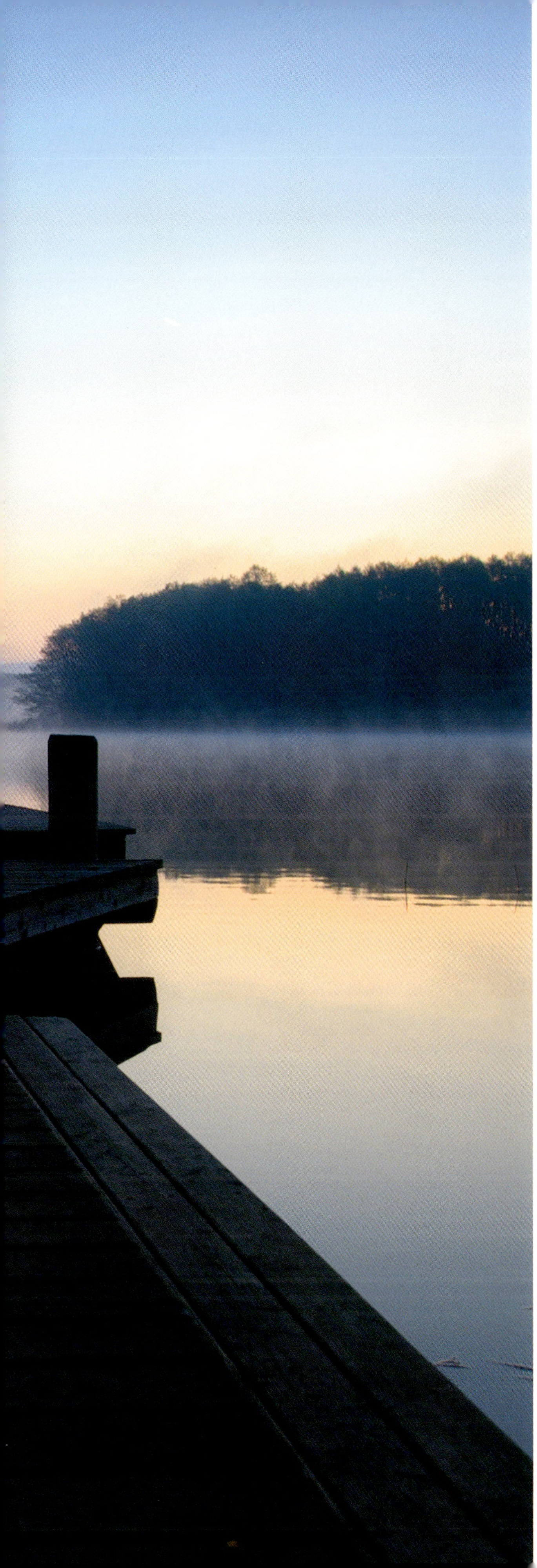

Im Nordosten: Mecklenburg-Vorpommern und nördliches Brandenburg

Während der letzten Eiszeit rückten die Gletscher aus Skandinavien über die Ostsee und das heutige Mecklenburg-Vorpommern bis an den nördlichen Rand Brandenburgs. Dabei schufen sie ein weitverzweigtes Seen-Labyrinth, das wie gemacht ist für Paddler.

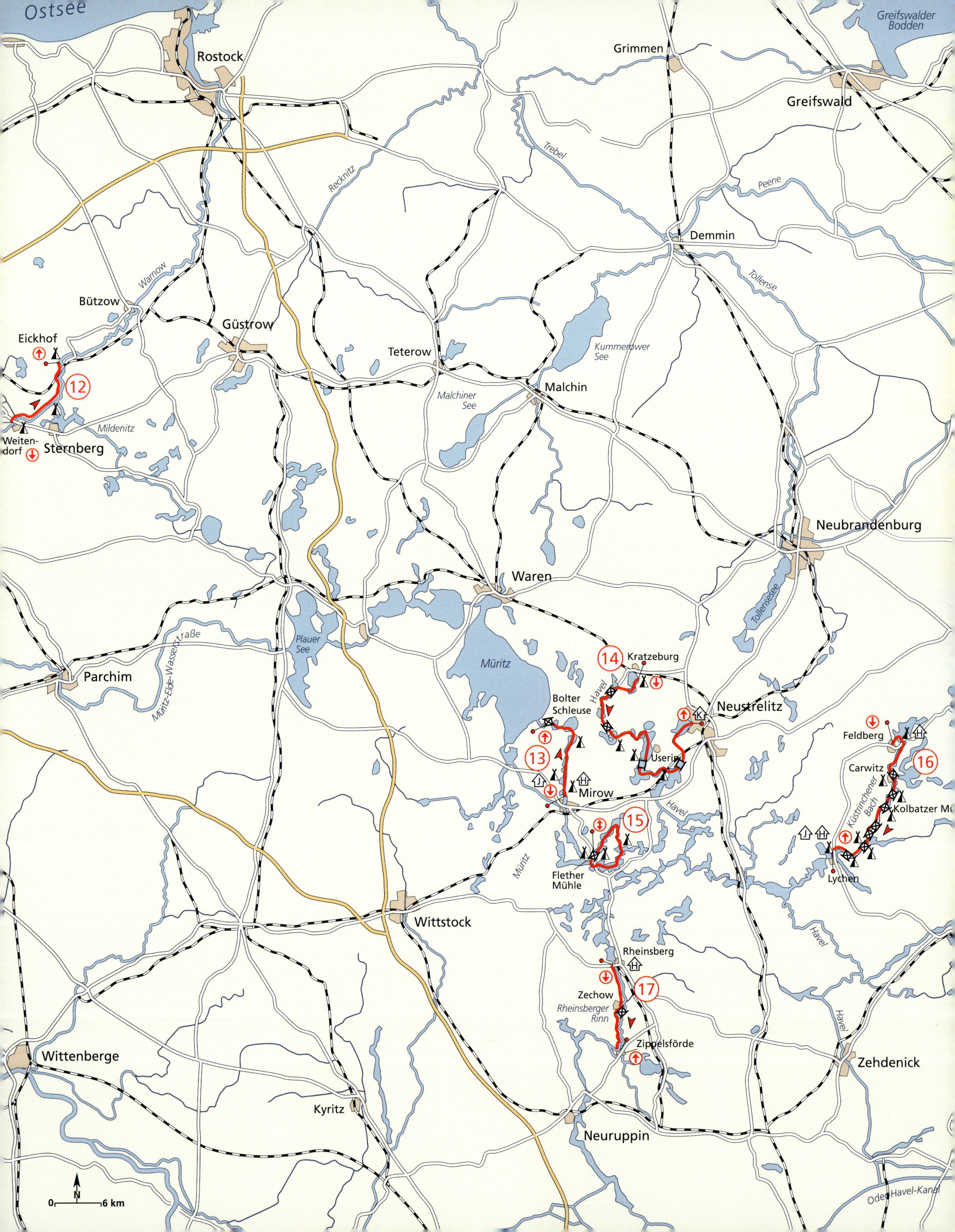
Ostsee
Rostock
Grimmen
Greifswalder Bodden
Greifswald
Trebel
Recknitz
Peene
Demmin
Tollense
Warnow
Bützow
Güstrow
Teterow
Kummerower See
Eickhof
12
Malchin
Malchiner See
Mildenitz
Weiten-dorf
Sternberg
Neubrandenburg
Waren
Tollensesee
Plauer See
Müritz-Elde-Wasserstraße
Müritz
14
Kratzeburg
Parchim
Havel
Bolter Schleuse
Neustrelitz
Feldberg
Userin
13
16
Carwitz
Mirow
Küstrinchener Bach
Kolbatzer Mü
15
Havel
Müritz
Flether Mühle
Lychen
Wittstock
Havel
Rheinsberg
17
Zechow
Rheinsberger Rinn
Havel
Zippelsförde
Zehdenick
Wittenberge
Kyritz
Neuruppin
0
N
6 km
Oder-Havel-Kanal

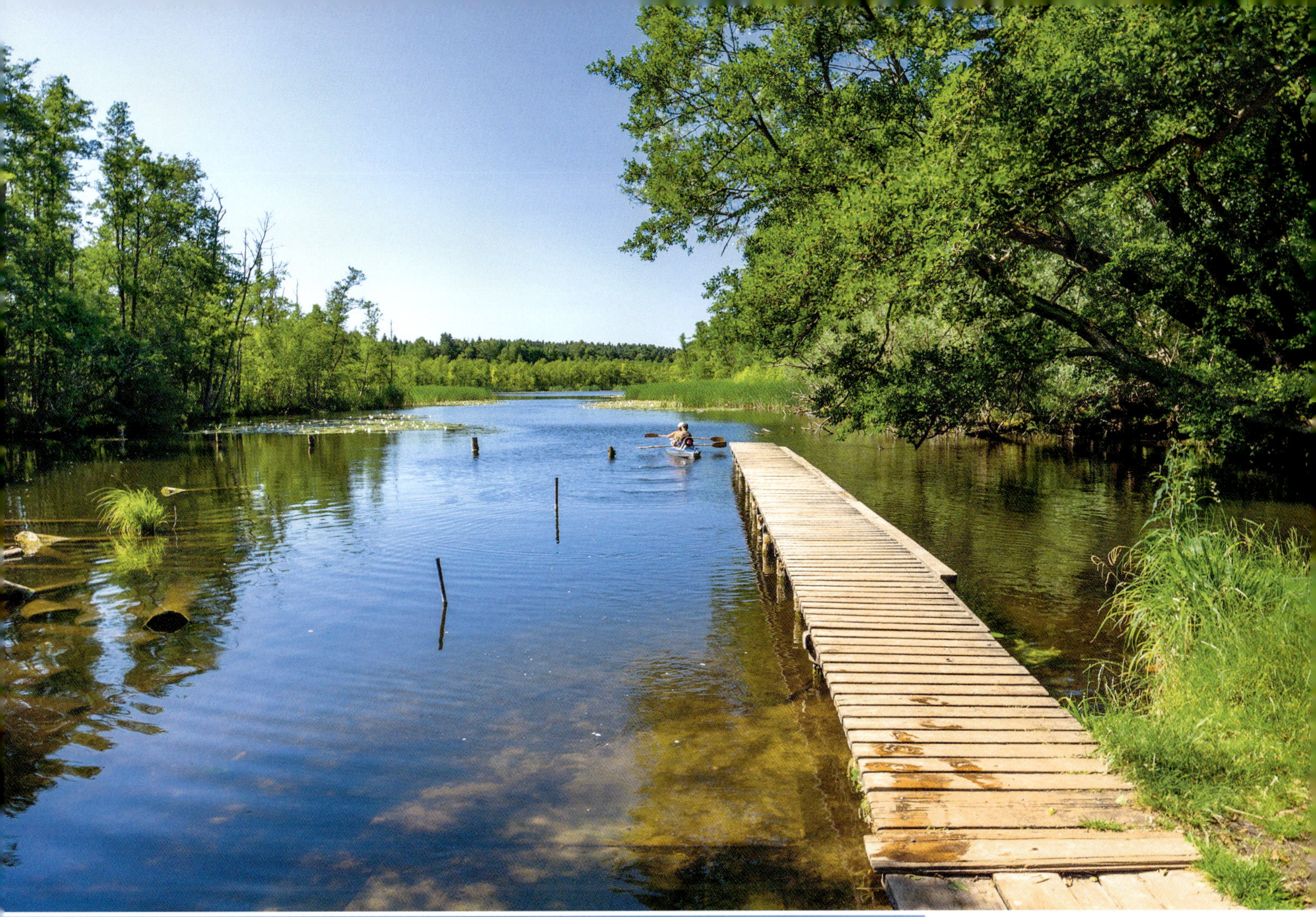

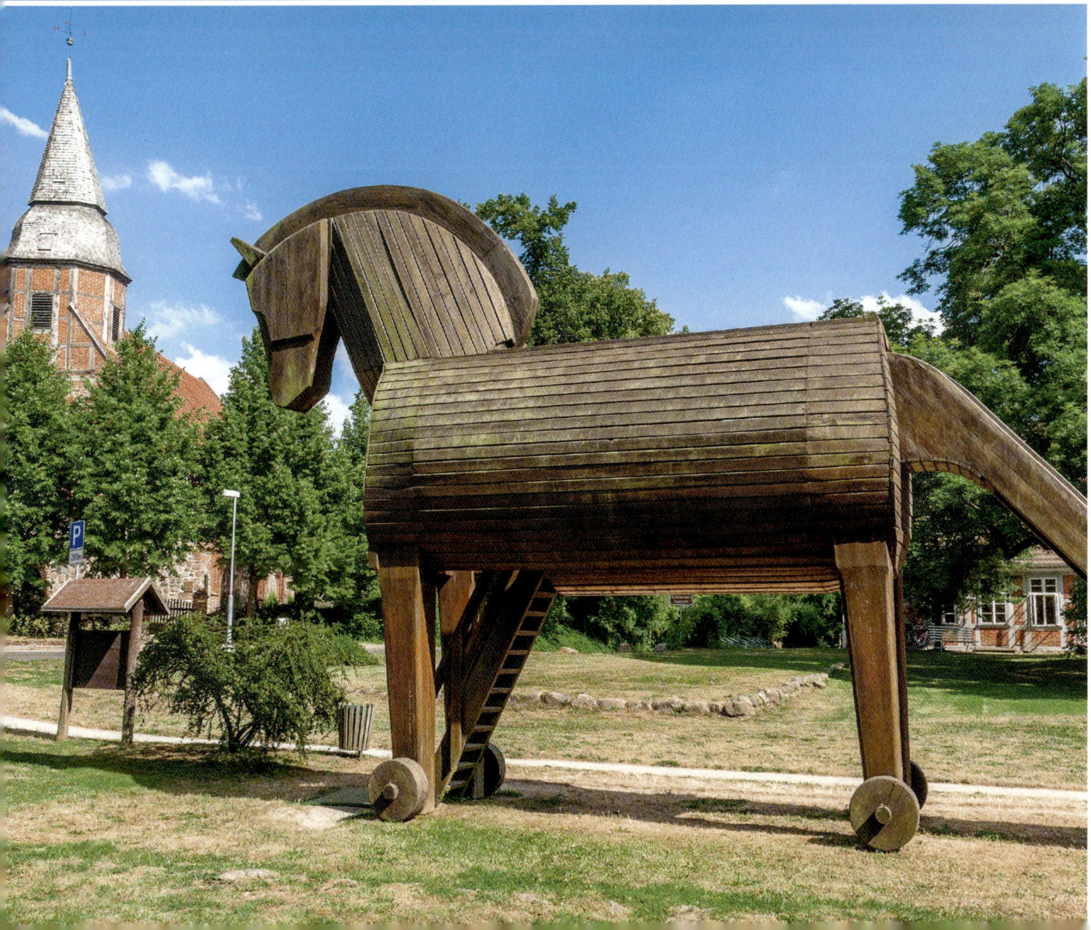

Oben: Attraktion für große Paddler: An der Umtragestelle Fleether Mühle lockt ein Biergarten.
Unten: Attraktion für kleine Paddler: Das Trojanische Pferd mit Rutsche in Ankersagen

12

Warnow: Von Weitendorf nach Eickhof

Ein quirliger Wald- und Wiesenfluss

Die Warnow ist so schön, dass man am besten schon am Abend vor der Paddeltour nach Weitendorf anreist. Auch der Oberlauf der Warnow ab dem Barniner See ist reizvoll, leider ist eine durchgehende Befahrung aufgrund der Sperrung im Bereich Karnin nicht mehr möglich. Der einfache, aber idyllische Wasserwanderrastplatz lädt unter einer riesigen Graupappel zum Zelten ein. Nach dem Start beschreibt die Warnow eine malerische Rechtskurve, nimmt den Brüeler Bach auf und führt uns unter einer Eisenbahnbrücke durch, vorbei an Wiesen, Schilf und Rohrkolben. Gemütlich lassen wir uns treiben.

An der Sagsdorfer Brücke von Sternberg nach Groß Görnow können wir anlegen, um eine erste Rast zu machen. Nun schlängelt sich die Warnow in vielen Kurven nach Nordosten. An der nächsten Straßenbrücke bietet sich eine weitere Rastmöglichkeit am rechten Ufer an, kurz dahinter mündet von rechts die Mildenitz in die Warnow. Knapp einen Kilometer flussaufwärts liegt das gemütliche Kanucamp, wo man rustikal in kleinen Holzhütten übernachten kann.

Die Bäume entlang der Ufer nehmen zu, und vor uns wartet mit dem Warnow-Durchbruch das Filetstück der Tour. Bis zu

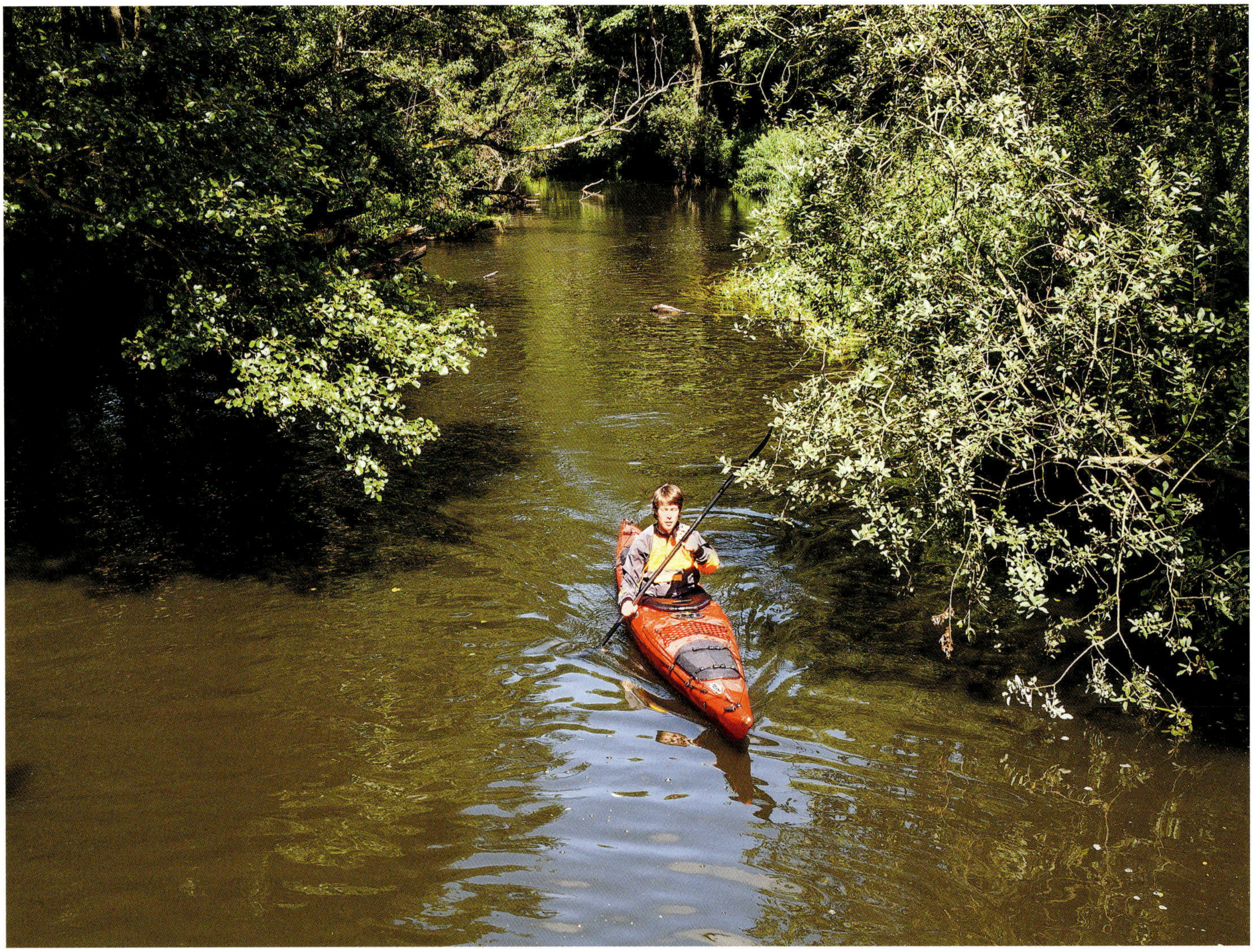

Warnow bei Sternberg

30 Meter tief hat sich die Warnow in den Endmoränenwall gefressen. Die flotte Strömung trägt uns über kleine Schnellen durch den dichten Wald.

Mit richtigem Wildwasser hat das zwar nichts zu tun, ist aber eine willkommene Abwechslung und für Paddler mit etwas Erfahrung völlig problemlos zu bewältigen. Das Wasser rauscht vorbei an großen Findlingen und umgestürzten Bäumen, und viel zu schnell liegt das Durchbruchstal hinter uns.

Daraufhin gleitet die Warnow wieder sanft dahin, und nach einer kleinen Insel können wir an der grünen Metalltreppe für eine Pause auf dem idyllischen Rastplatz anlegen. Nach der Pause geht es weiter durch urwüchsigen Erlenbruchwald, dann kündigt die Eisenbahnbrücke das Ende der Tour an. Gut einen halben Kilometer später legen wir in Eickhof vor der Fischtreppe beim Wasserwanderrastplatz an.

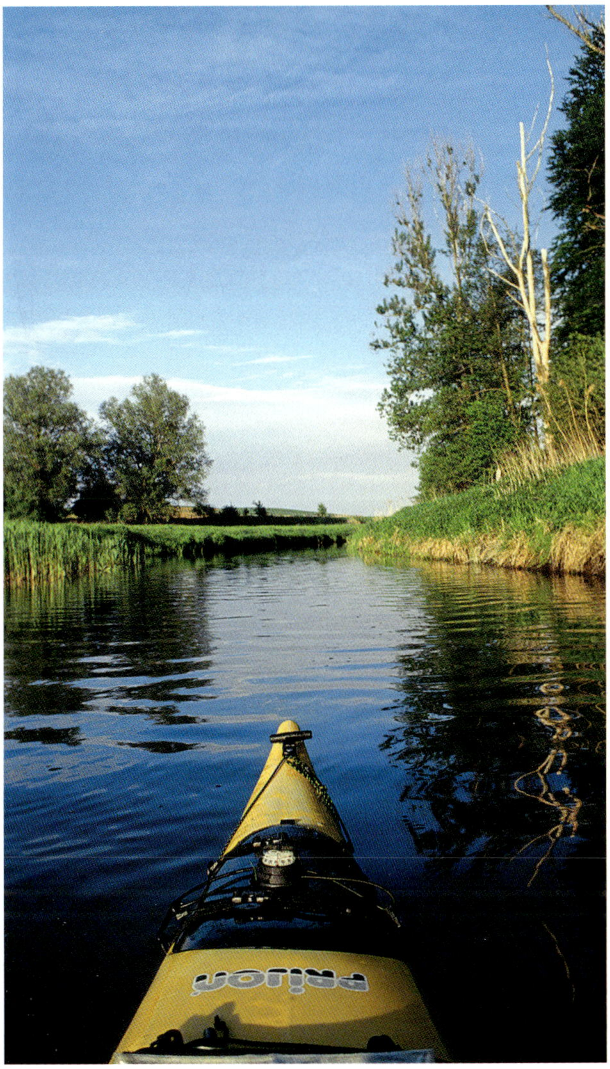

Auf der Warnow zwischen Barniner See und Sternberg

15 km	3 Std.	ja	nein	leicht-mittel

Charakter: Einsame Tagestour auf der idyllischen Warnow. Landschaftlicher Höhepunkt ist der Warnowdurchbruch, ein tiefes Tal mit kleinen Stromschnellen und wilder Waldlandschaft.

Befahrungsregeln: Für die Befahrung des Warnow-Durchbruchstals von der Straßenbrücke zwischen Sternberger Burg und Groß Görnow bis zur Straßenbrücke in Eickhof sieht die Freiwillige Vereinbarung zum Kanutourismus einen Mindestpegel von 30 cm an der flachsten Stelle vor. Online-Pegel unter www.warnow-pegel.de.

Einstieg: Wasserwanderrastplatz in Weitendorf

Ausstieg: Wasserwanderrastplatz in Eickhof

Hindernisse: Der Warnow-Durchbruch erfordert eine gute Bootsbeherrschung. Der Schwierigkeitsgrad ist vom Wasserstand abhängig.

Unterkunft: Zeltmöglichkeit an den Wasserwanderrastplätzen am Beginn und Ende der Tour, KanuCamp Sternberger Burg (an der Mildenitz)

Einkehr: Snacks und Getränke an den Wasserwanderrastplätzen

Kanuverleih: Kanu Camp Hennig, Tel. 0171/451 79 58, www.kanucamp-hennig.de; Kanu-Feriencamp Weitendorf, Tel. 03847/27 67, www.kanu-feriencamp-weitendorf.m-vp.de; Kanu Camp Weitendorf, Tel. 0152/59 79 99 52, www.kanu-camp-weitendorf.de

Info: Touristinformation Sternberg, Tel. 03847/44 45 35, www.stadt-sternberg.de

Zurück zum Auto: Bei gebuchten Touren übernimmt der Verleiher den Transport, ansonsten zweites Auto oder Fahrrad erforderlich.

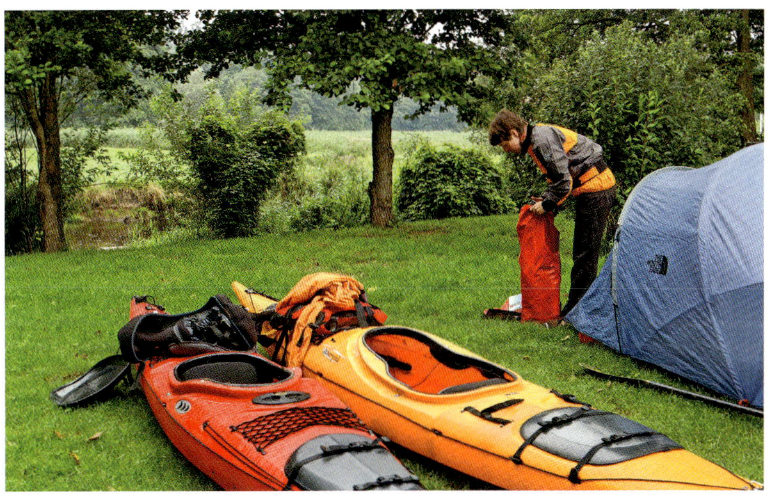

Startvorbereitung am Wasserwanderrastplatz in Weitendorf

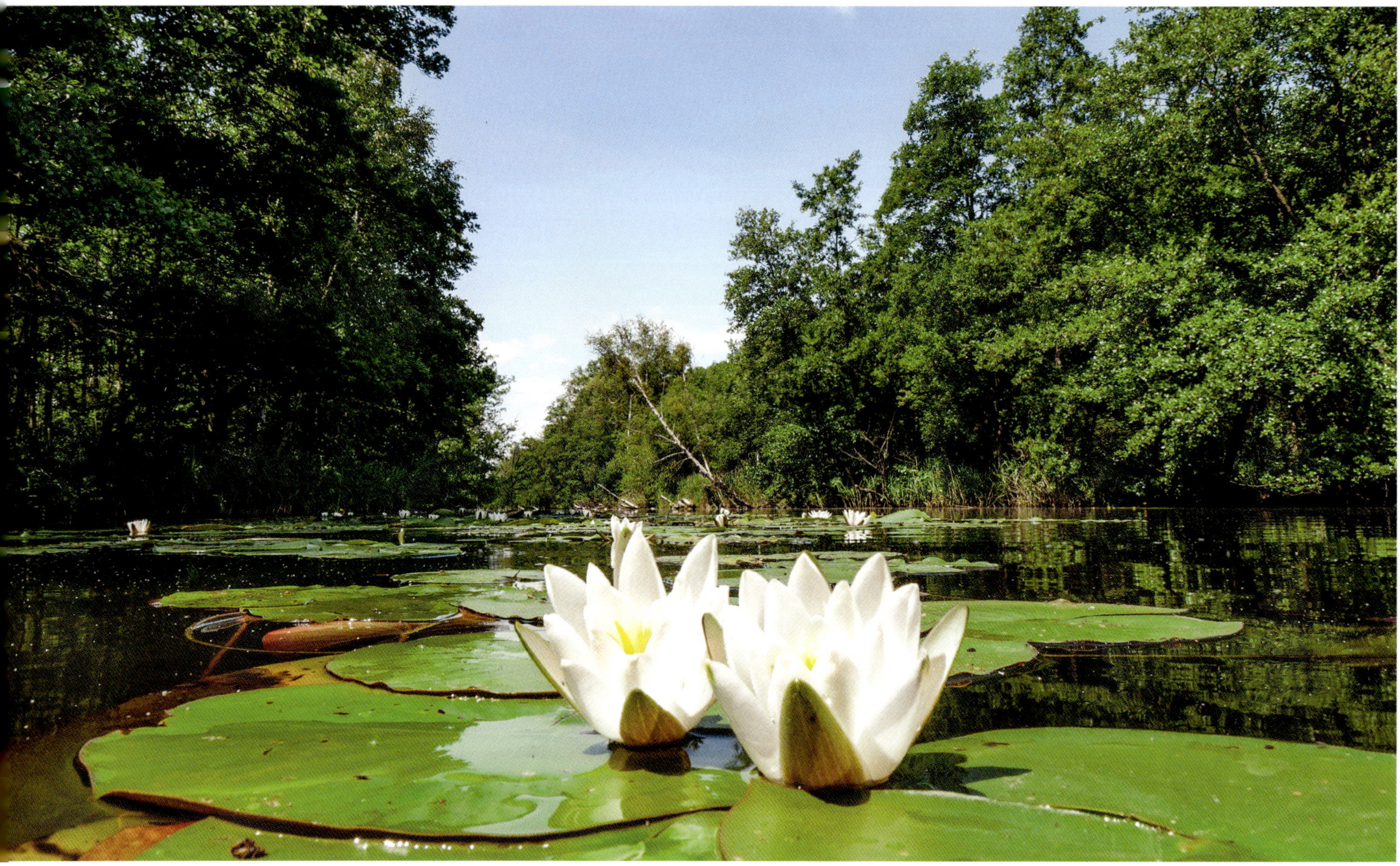

Im Sommer zieren ausgedehnte Seerosenfelder die langgestreckten Seen.

13 Alte Fahrt: Von Mirow zur Bolter Schleuse

Traumtour durchs Seerosenparadies

Vom kleinen Sandstrand an der Kanustation Mirow paddeln wir aus der Bucht in den Mirower See und wenden uns nach Norden. Die Verbindung in den nächsten See, das Granzower Möschen, ist nur wenige Meter schmal, und wir finden uns in einer Sumpflandschaft mit Bruchwald und grün leuchtendem Farn wieder. Und das Beste: Ab hier haben Kanuten die Natur ganz für sich, erlaubt sind nur noch wenige Ausnahmen wie Ausflugsdampfer und Motorboote der Anlieger.

Bis 1935 verlief die Müritz-Havel-Wasserstraße von der Müritz über Bolter Kanal, Woterfitzsee und die Rinnenseenkette nördlich von Mirow. Dann wurde der Bolter Kanal bei der Bolter Schleuse zugeschüttet, und der Schiffsverkehr suchte sich seinen Weg über den neu errichteten Mirower Kanal. Für Kanufahrer ist die Portage an der Bolter Schleuse keine Hürde, und so führt uns die »Alte Fahrt« durch einsame, urwüchsige Seen im Müritz-Nationalpark.

Vorbei an Freibad, Ferienpark Mirow, Kanustation Granzow und einer Reihe von Bootshäusern paddeln wir in den Kotzower See, der auf den ersten Blick gar nicht als See zu erkennen ist. Weite Teile des Sees, auf dem sich beeindruckende Seerosenfelder ausdehnen, haben sich hinter einer dichten Schilfmauer verschanzt.

Nach einer Verengung erreichen wir den Leppinsee, an dessen Ufer mehrere idyllische Buchten zum Anlegen und Pausieren einladen. Am Nordostende fahren wir am Campingplatz vorbei und gelangen über ein enges Fließ auf den Woterfitzsee. Wir

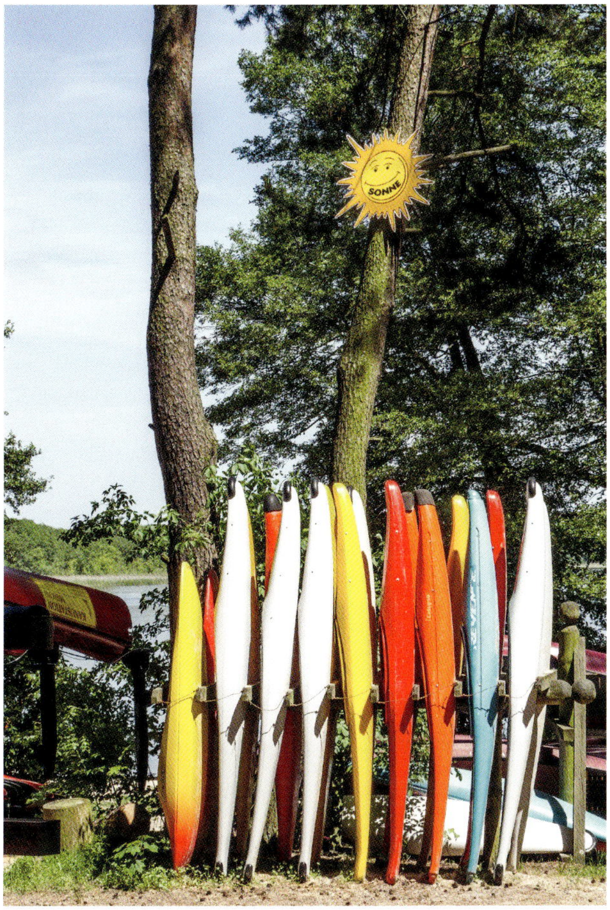

Für die Webcam der Kanustation Mirow scheint immer die Sonne.

sind nun im Müritz-Nationalpark unterwegs und halten uns bei der Wahl der Route an die grünen Tonnen. Über einen verwunschenen Kanal paddeln wir zum Carpsee. Hier weisen uns wieder Tonnen die direkte Durchfahrt, und auf dem sich anschließenden Kanal ist es nur noch ein Kilometer bis zum Endpunkt der Tour an der ehemaligen, schon vor vielen Jahren zugeschütteten Bolter Schleuse. Auf der Holzterrasse an der neu errichteten Fischer-Rotunde kann man bei Fischbrötchen die schöne Tagesetappe ausklingen lassen.

EXTRA: Über die Müritz-Havel-Wasserstraße zurück nach Mirow

Die vorgestellte Tour lässt sich zu einer schönen, insgesamt 35 km langen Rundtour erweitern. Nach der Portage an der ehemaligen Bolter Schleuse geht es weiter bis zur Müritz. Vorsicht bei starkem Wind und Wellengang: Anfänger und offene Canadier haben dann hier nichts zu suchen! Am Ostufer entlang ist nach 6 km die Kleine Müritz erreicht, von wo die Müritz-Havel-Wasserstraße

15 km	4 Std.	ja	ja	leicht

Charakter: Kette von Seen und Kanälen ohne Motorbootverkehr; vom Woterfitzsee bis zum Bolter Kanal durch den Müritz-Nationalpark. Besonders eindrucksvoll ist das Seerosenparadies im Kotzower See.

Befahrungsregeln: Paddeln auf Woterfitz- und Carpsee im Müritz-Nationalpark nur entlang der Betonnung erlaubt

Einstieg: Kanustation Mirow

Ausstieg: An der Bolter Schleuse

Hindernisse: Keine

Unterkunft: Kanustation Mirow (siehe Kanuverleih); Jugendherberge Mirow, Tel. 039833/261 00; Hotel »Alte Schlossbrauerei«, Tel. 039833/203 46, www.alte-schlossbrauerei.de; Campingplatz am Leppinsee, Tel. 03981/247 90, www.haveltourist.de

Einkehr: Imbiss »Paddlerbude« an der Kanustation Mirow; Bistro »Entenhausen« in Granzow; Imbiss bei Kanuverleih Paddel-Paul in Schillersdorf; Fischer-Rotunde an der Bolter Schleuse

Kanuverleih: Kanustation Mirow, Tel. 039833/220 98, www.kanustation.de; Paddel-Paul in Schillersdorf, Tel. 039829/203 24, www.paddel-paul.de; MüritzKanu am Bolter Kanal, Tel. 0160/290 02 18, www.mueritzkanu.de

Info: Nationalparkamt Müritz, Tel. 039824/25 20, www.nationalpark-mueritz.de

Zurück zum Auto: Am einfachsten mit dem Boot (siehe Extra); ansonsten Kanu-Shuttle mit örtlichen Taxianbietern, z. B. Taxibetrieb Moritz (bis max. acht Kanus), Tel. 039833/204 54

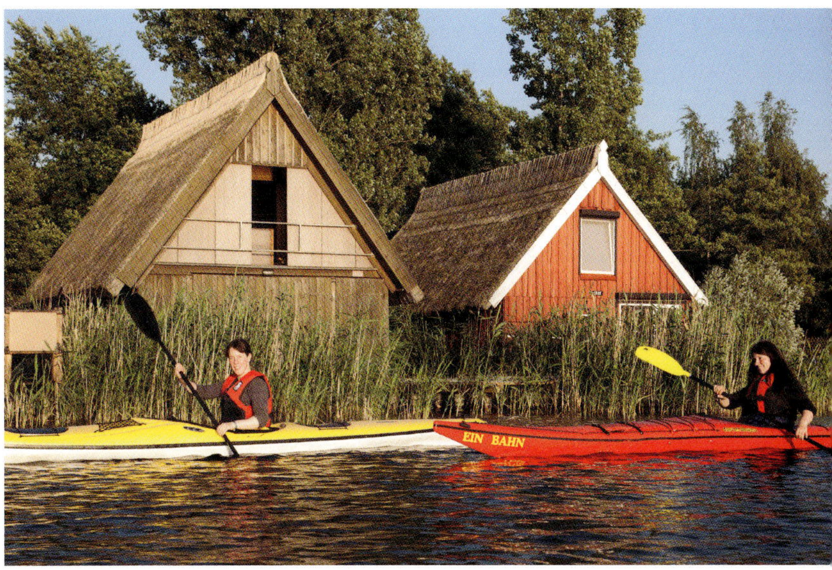

Bootshäuser in Granzow

14

Obere Havel: Von Kratzeburg nach Neustrelitz

Mit dem Kanu durch den Nationalpark

Der Campingplatz am Käbelicksee südlich von Kratzeburg ist Startpunkt für die erlebnisreiche Tour auf der jungen Havel, die sich nicht entscheiden kann, ob sie See oder Fluss sein will. Wir paddeln in südwestliche Richtung, vorbei an einer Insel und dann um eine weit in den See reichende Landzunge herum, bis wir im Schilfgürtel den Abfluss der Havel finden.

Über kurze Flussstücke erreichen wir zuerst den Granziner, dann den Schulzensee. An dessen Ende verliert sich die Havel als kleines Rinnsal, und das Paddeln ist untersagt. Daher müssen wir mit einem ca. 700 Meter langen Landtransport in den Pagelsee umsetzen. Glücklicherweise hat die Nationalparkverwaltung eine leistungsfähige Lorenbahn für den Kanutransport installiert, mit der die Portage schnell, einfach und fast mühelos bewältigt ist. Allerdings kann es hier in der Urlaubssaison oder wenn, was nicht selten der Fall ist, eine Schulklasse oder andere größere Gruppen unterwegs ist, zu längeren Wartezeiten kommen.

Wir setzen die Tour über Pagel-, Zotzen- und Jäthensee fort. Die Ein- und Abflüsse der Flussverbindungen sind gut sichtbar mit grünen Bojen markiert, und das Paddeln ist nur direkt entlang der Tonnenlinien erlaubt. Auf halber Strecke zwischen Zotzen- und Jäthensee müssen die Boote in Babke für ca. 50 Meter über Land transportiert werden; eine – allerdings recht schwere – Bootsschleppe ist vorhanden.

Wenige Paddelschläge nachdem wir dem Jäthensee den Rücken gekehrt haben, zweigt nach rechts ein kleiner Graben ab, über den wir den Jamelsee erreichen können, an dessen Ost-ufer der Campingplatz »Hexenwäldchen« zu finden ist. Wir setzen unsere Tour auf der Havel fort, und die Straßenbrücke in Blankenförde kündigt den Beginn der Kernzone des National-

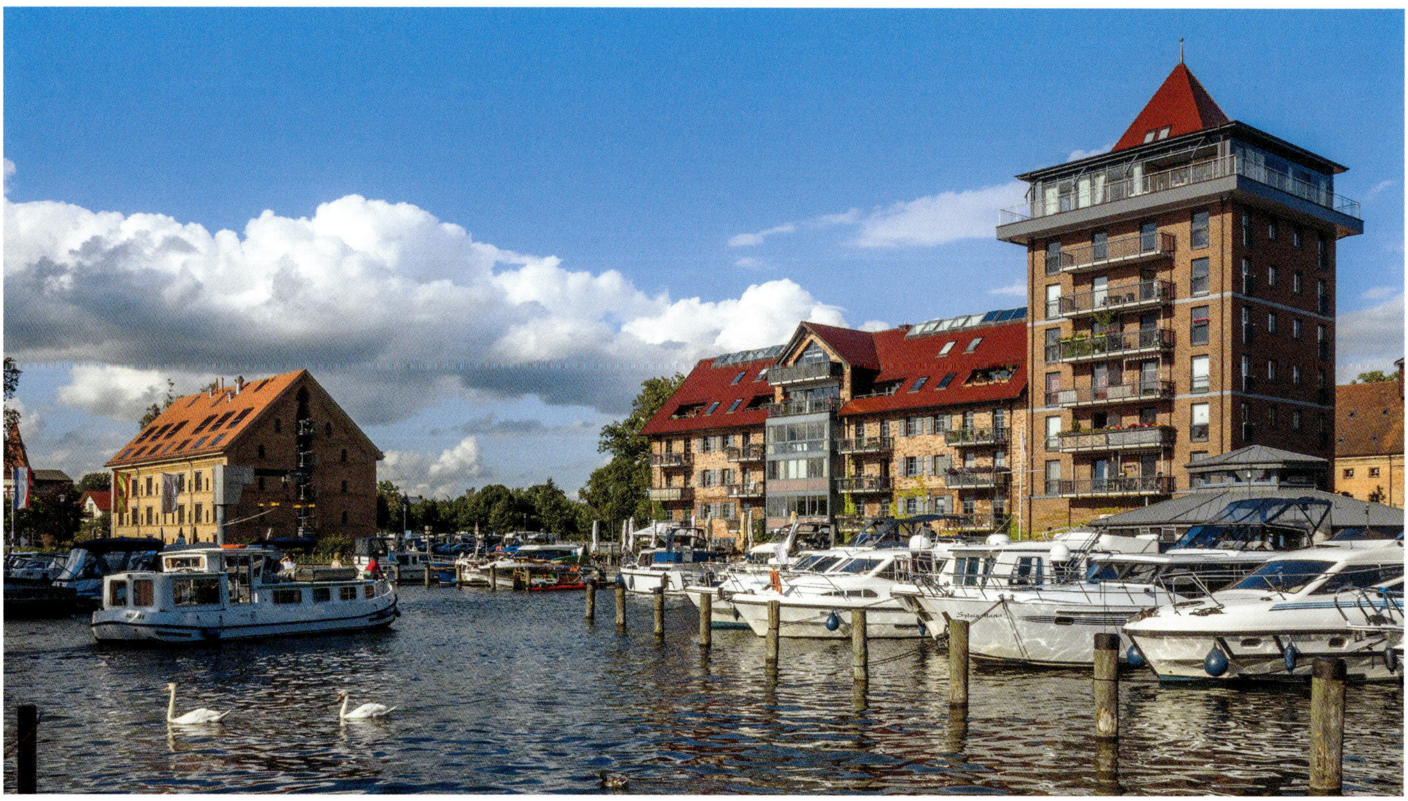

Der Neustrelitzer Stadthafen am Zierker See

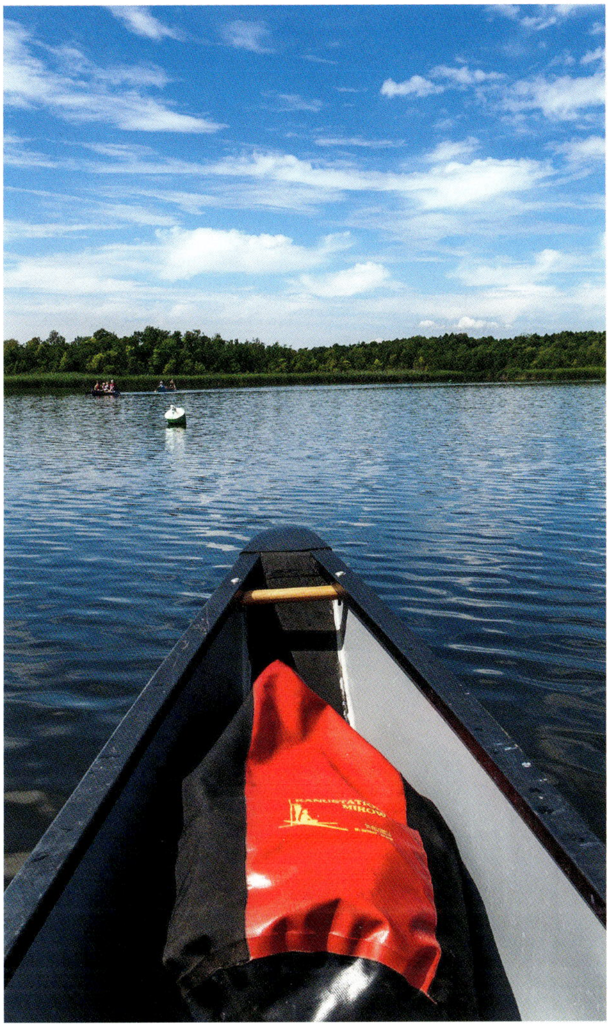

Auf dem Useriner See

parks an. Langsam lassen wir uns durch die urwaldartige Idylle treiben und erreichen den Useriner See. Dieser lang gestreckte, in Nord-Süd-Richtung vier Kilometer lange See, ist der größte, den die Havel seit ihrer Quelle durchfließt.

Am Südende erreichen wir die Floßschleuse. Paddler können über eine Bootsschleppe in den Großen Labussee umsetzen. Auf dem Großen Labussee ist es mit der Ruhe vorbei, denn ab hier ist die Befahrung mit Motorbooten erlaubt. Wir wenden uns nach links und erreichen über einen drei Kilometer langen, kanalartig ausgebauten Havelabschnitt den Woblitzsee. Hier verabschieden wir uns von der Havel, die den Woblitzsse am Südende bei Wesenberg wieder verlässt, und lenken unsere Bootsspitzen nach Nordosten. Über Kammerkanal und die Schleuse Voßwinkel erreichen wir den Zierker See, an dessen Nordostende wir am Steg der WSV Einheit Neustrelitz unsere Tour beenden.

36 km | 2 Tage | ja | nein | leicht

Charakter: Kette einsamer Seen und idyllischer Flussabschnitte mitten im Müritz-Nationalpark, Quellgebiet der Havel. Bis zum Großen Labussee motorbootfrei. Dank umfangreicher Zeltmöglichkeiten variable Etappen möglich. Perfekt geeignet für Anfänger und Touren mit Kindern; in der Hochsaison z. T. überlaufen

Befahrungsregeln: Im Müritznationalpark einige Gewässer gesperrt, auf Seen nur direkte Durchfahrt entlang der Betonnung

Einstieg: Campingplatz am Käbelicksee in Kratzeburg

Ausstieg: Kanuverein Neustrelitz

Hindernisse: Granziner Mühle (ca. 700 m, leistungsfähige Lorenbahn) und Babke (ca. 50 m, Bootsschleppe); Useriner Schleuse, Schleuse Voßwinkel

Unterkunft: Campingplätze an Käbelicksee, Tel. 039822/202 85; Jamelsee, Tel. 039829/202 15; Useriner See, Großer Labussee und Woblitzsee, alle drei Tel. 03981/247 90. Biwakplätze in Granzin und beim Fischer in Babke; Zeltmöglichkeit beim Kanuverein WSV Einheit Neustrelitz, www.wsv-neustrelitz.de

Einkehr: Gaststätte »Havelkrug« und »Töpferhof Steuer« (selbst gebackener Kuchen!) in Granzin; Imbiss in Babke; Gaststätte an der Useriner Mühle

Kanuverleih: Kanu-Hecht in Kratzeburg, Tel. 039822/179 88, www.kanu-hecht.de; Kormoran Kanutouring in Granzin, Tel. 039822/298 88, www.kormoran-kanutouring.de; Kanubasis Blankenförde am Campingplatz Hexenwäldchen, Tel. 039829/202 15

Info: Nationalparkamt Müritz, Tel. 039824/25 20, www.nationalpark-mueritz.de; Fremdenverkehrsverein Havelquellseen, Tel. 0700/38 84 28 35, www.havelquellseen.de

Zurück zum Auto: Gute Bahnverbindung von Neustrelitz nach Kratzeburg

EXTRA: Die große Havel-Runde

Die Mecklenburgische Seenplatte bietet Paddlern fantastische Möglichkeiten und einmalige Touren. Für einen einwöchigen Kanuurlaub lenken Sie die Boote am Woblitzsee nicht nach Norden, sondern steuern Wesenberg am Südufer an. Anschließend paddeln Sie über die Schwanenhavel nach Wustrow. Von dort erreichen Sie über Gobenowsee, Drosedower Bek und Rätzsee die Fleether Mühle. Weiter geht es über Vilzsee, Mössensee und Zotzensee nach Mirow. Von Schillersdorf bringt Sie der Boots-shuttle (am stilvollsten per Pferdekutsche) nach Blankenförde oder Babke, wo sich der Kreis schließt.

15

Rätzsee – Gobenowsee – Labussee

Rundtour über idyllische mecklenburgische Kleinseen

Von der Fleether Mühle paddeln wir über die Oberbek nach Süden zum Vilzsee. Dort folgen wir den unzähligen Motorbooten nach links unter der Brücke durch und erreichen auf dem Kanal die Diemitzer Schleuse.

Hier ist man an den regen Verkehr auf dem Wasser gewöhnt. Routiniert dirigiert das Schleusenpersonal Motorboote und Kanus in die Schleusenkammer, bis buchstäblich nichts mehr geht und der letzte Quadratzentimeter ausgenutzt ist.

Unmittelbar hinter der Schleuse liegen rechts in der Bucht Pension, Biwakplatz, Restaurant sowie Kanuverleih und -shop. Wir paddeln auf dem Kanal weiter, der uns in den Labussee entlässt. Die meisten Motorboote folgen dem Hauptweg der Wasserstraße und drehen nach Südosten ab, um Kurs auf die Schleuse in Canow zu nehmen. Wir aber halten uns am Nordufer und paddeln weiter, bis wir die Einfahrt in die Dollbek finden. Ab hier sind nur noch Motorbootanlieger der Campingplätze oder Ferienhäuser erlaubt, und wir genießen die Ruhe auf dem Gobenowsee. Vorbei an einem Campingplatz in der Bucht zu unserer Rechten gelangen wir auf die Drosedower Bek. Dieses idyllische Fließ bringt uns zum Rätzsee.

Der Rätzsee erinnert entfernt an einen skandinavischen Fjord. Er erstreckt sich lang und schmal vor uns, und an den Ufern locken unzählige traumhafte Badebuchten. Am südlichen Zipfel ist der nächste Campingplatz erreicht. Davor versteckt sich rechts im Schilf die Einfahrt in den Verbindungskanal zum Vilzsee. Nach etwa 500 Metern auf dem Kanal erreichen wir unseren Ausgangspunkt, die Fleether Mühle, dieses Mal allerdings von der Nordseite.

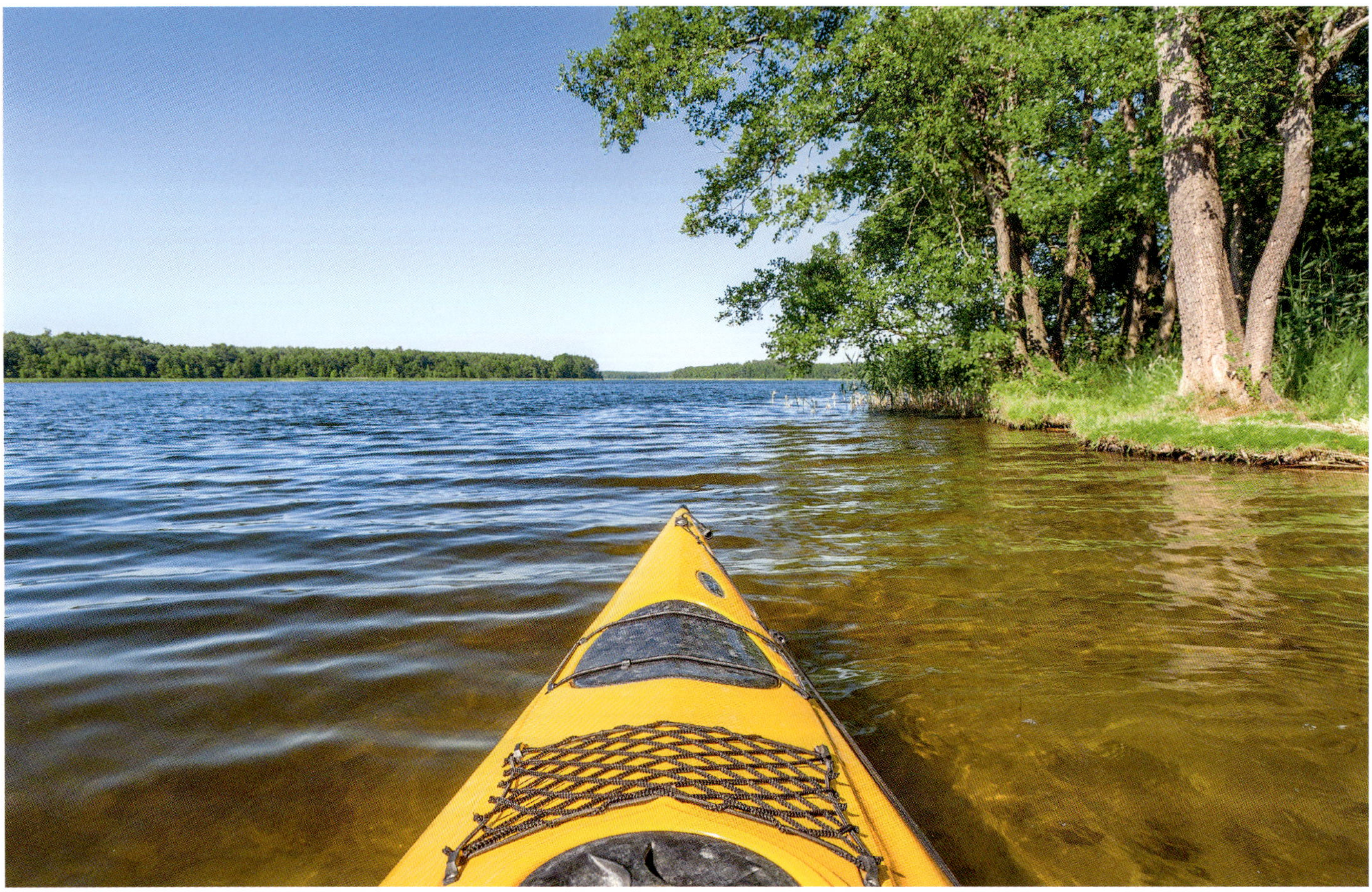

Die Ufer des Rätzsees sind fast vollständig bewaldet.

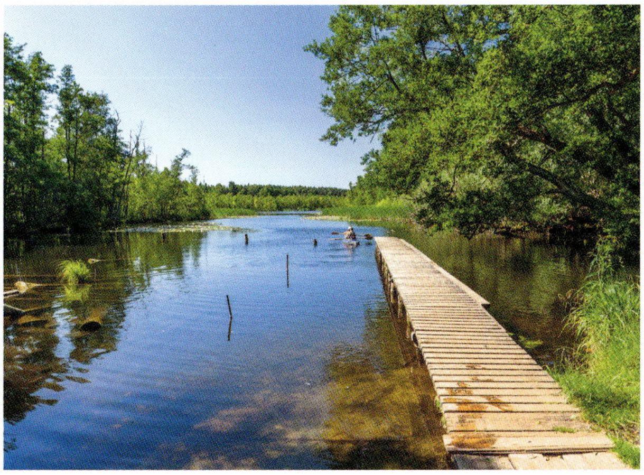

Einst Getreidmühle und Sägewerk, heute Bootsanleger und Biergarten: Die verträumte Fleether Mühle.

EXTRA: Schwanhavel-Runde

Direkt östlich an die vorgestellte Rätzseerunde schließt sich ein schöner Rundkurs für eine zweitägige Paddeltour an: vom Labussee über Pälitzsee und Pripertsee bis zur Havel. Auf dieser nach Wesenberg und über die verwunschene Schwanhavel und Plätlinsee bis nach Wustrow. Von dort zurück zum Gobenowsee.

16 km	4 Std.	ja	nein	leicht

Charakter: Schöne, ruhige Rundtour über ruhige Seen und idyllische Kanäle. In weiten Teilen motorbootfrei

Befahrungsregeln: Keine Einschränkungen für Paddler

Einstieg: Fleether Mühle

Ausstieg: Fleether Mühle

Hindernisse: An der Schleuse in Diemitz bei großem Andrang eventuell lange Wartezeit

Unterkunft: Zeltmöglichkeit an Fleether Mühle und Diemitzer Schleuse. Campingplätze am Labussee, Gobenowsee und am Rätzsee

Einkehr: Gaststätten und Biergärten an der Fleether Mühle sowie an der Diemitzer Schleuse

Kanuverleih: Pack & Paddel an der Fleether Mühle, Tel. 039833/267 27, www.packundpaddel.de; Biber-Ferienhof an der Diemitzer Schleuse, Tel. 039827/799 34, www.biberferienhof.de; BiberTours am Natur-Camping-platz C24, Tel. 039827/300 11, www.bibertours.com

Info: Touristinformation Mirow, Tel. 039833/275 67, www.klein-seenplatte.de

Zurück zum Auto: Entfällt, da Rundtour

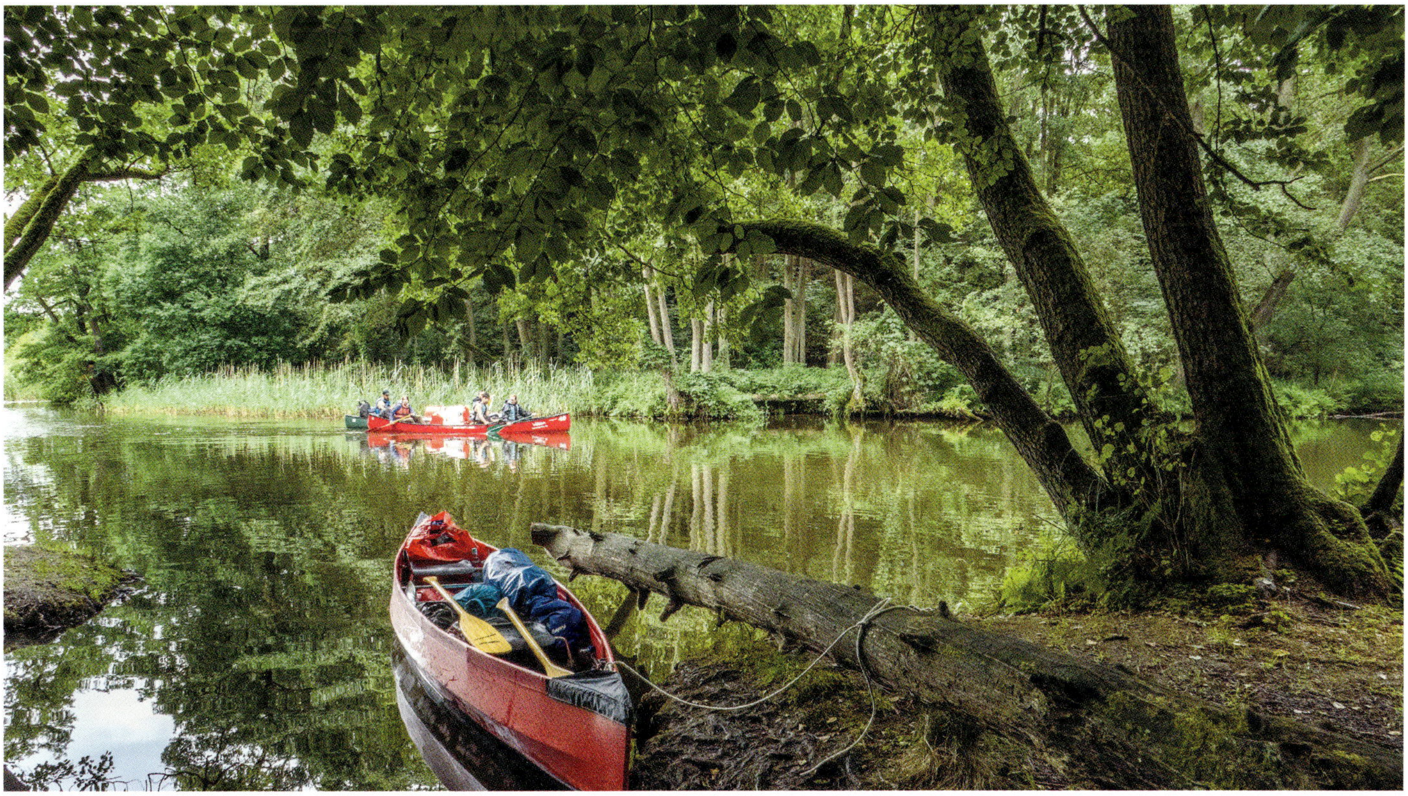

Drosedower Bek

16

Feldberger Seen und Küstriner Bach: Von Feldberg nach Lychen

Urige Landschaft und glasklares Wasser

Von der Einsatzstelle in Feldberg paddeln wir in nördliche Richtung über den Haussee und erreichen den Breiten Luzin. Entlang des rechten Ufers passieren wir den Campingplatz und einen Gasthof mit schöner Terrasse am Wasser und erreichen den Steindamm, der den Breiten vom Schmalen Luzin trennt.

Dieser sieben Kilometer lange Rinnensee wurde bereits 1939 unter Naturschutz gestellt und ist ein wahres Kleinod in Bezug auf Wasserqualität und Landschaft. An den oft steil ansteigenden bewaldeten Ufern finden sich unendlich viele schöne Rastplätze, und das glasklare Wasser lädt zum Baden ein. Es sind zahlreiche Paddler unterwegs, Ruderboote mit Anglern oder Sonnenanbetern liegen vor Anker. Eine ausschließlich mit Muskelkraft betriebene Drahtseilfähre pendelt über den See und bringt Ausflügler ans gegenüberliegende Ufer.

Zum Ende hin schlägt der Schmale Luzin einen Haken nach links. Am Ende dieses Knicks liegt verborgen im Schilf die Ausfahrt. Ein kleines Schild erleichtert das Auffinden und über die Bäk, ein kleines, schmales Fließ, paddeln wir in Richtung Carwitzer See. Zunächst aber müssen wir eine Stufe mit einer hydrologischen Messstation umtragen. Dazu setzen wir rechts vor der Brücke aus, umtragen über die Brücke und setzen am linken Ufer wieder ein.

Auf dem anschließenden seichten Fließ müssen wir die Boote zunächst noch treideln, dann öffnet sich links vor uns der Carwitzer See. Wir steuern die Bootsspitzen nach rechts, überqueren den Dreetzsee in südliche Richtung und landen am Campingplatz an. Da das Wasser hier unterirdisch versickert, müssen wir die Kanus in den Krüselinsee umtragen (ca. 400 m). Wir brauchen die Bootswagen nicht zu verstauen, denn am Ende des Sees muss die Krüseliner Mühle links umtragen werden.

Über eine Kette von Seen und zum Teil sehr flachen Flussabschnitten sowie zwei weiteren Portagen erreichen wir den

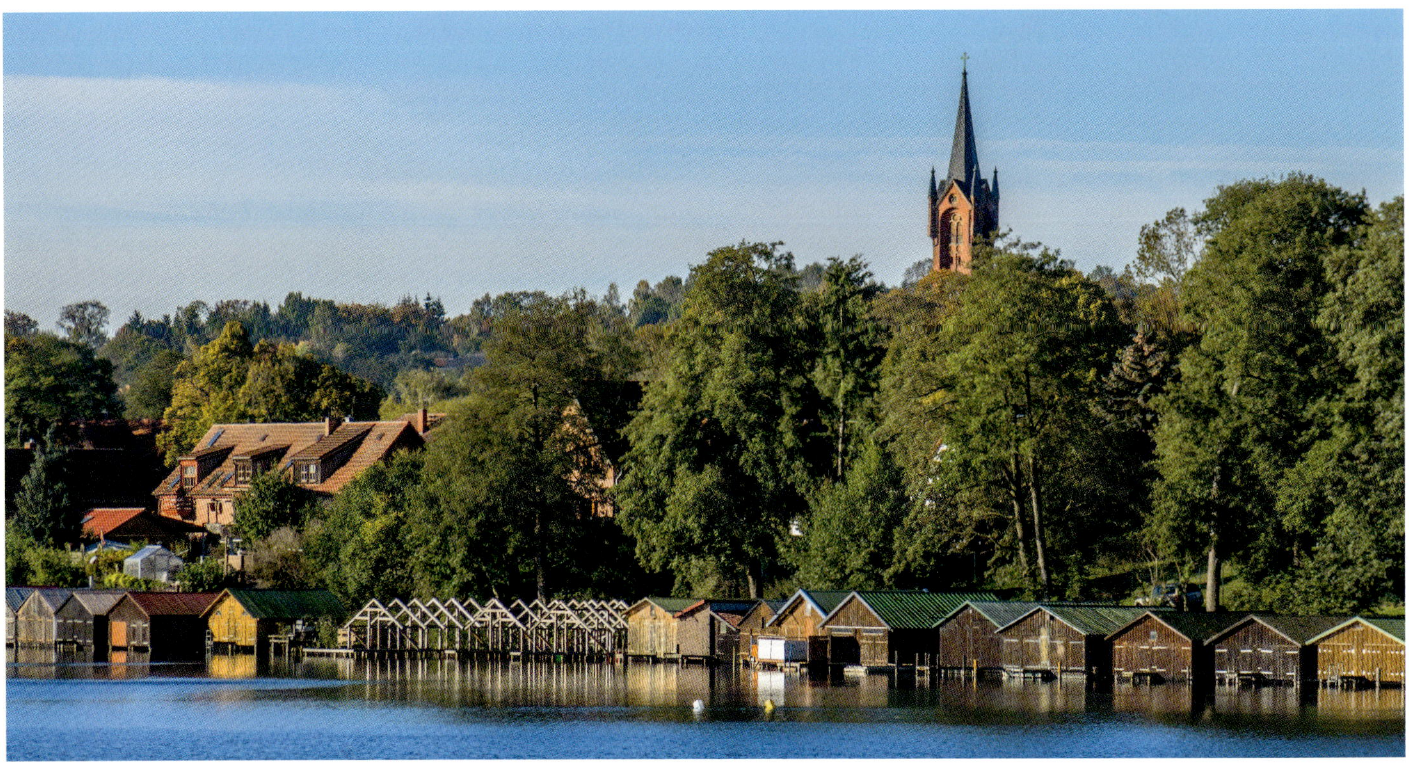

Blick auf Feldberg

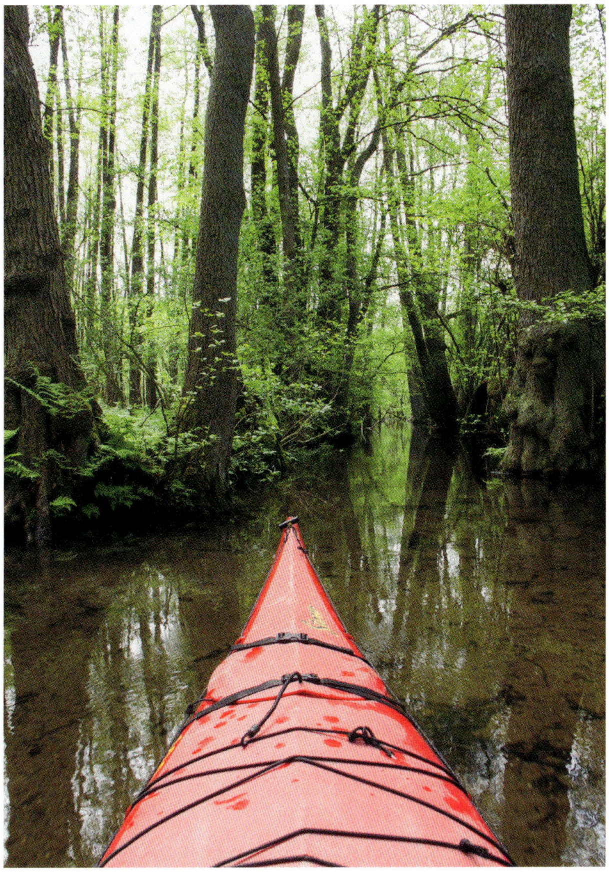

Küstriner Bach

Großen Küstrinsee. Wir paddeln am rechten Ufer nach Südwesten und legen am Biwakplatz vor dem Wehr an. Gegenüber verkauft der Küstriner Fischer frischen und geräucherten Fisch.

Vor uns liegt der Küstriner Bach, ein sechs Kilometer langer Wildfluss, der zu Recht unter strengem Naturschutz steht. Da Treideln und Grundberührungen den sicheren Tod von Fischlaich und Flussmuschel bedeuten, ist eine Befahrung nur in Strömungsrichtung und bei einem Mindestpegel von 30 Zentimetern erlaubt. Bei Niedrigwasser kann der Paddler den langen Landtransport in den Oberpfuhlsee entweder auf eigene Faust organisieren oder einen Pony- bzw. Taxishuttle in Anspruch nehmen.

Reicht der Wasserstand aus, so erwartet den erfahrenen Paddler eine sportlich-rasante Fahrt unter einem dichten Erlen-, Eschen- und Eichenlaubdach auf einem windungsreichen Fluss mit flotter Strömung. Nach dem schön gelegenen Biwakplatz »Fegefeuer« mit einer weiteren Portage an der verfallenen Schleuse ist der Oberpfuhlsee erreicht. Am gegenüberliegenden Ufer wartet Lychen, wo wir an der Umtragestelle in den Stadtsee unsere Tour beenden.

30 km	2 Tage	ja	nein	leicht

Charakter: Typische Endmoränenlandschaft mit vielen kleinen Seen und klarem Wasser. Küstriner Bach mit flotter Strömung. Beste Zeit: zeitiges Frühjahr oder Herbst

Befahrungsregeln: Befahrung des Küstriner Bachs nur in Fließrichtung und bei Mindestpegel von 30 cm möglich, Pegeltel. 039888/645 42; bei Fahrverbot Kanu-Shuttle, Tel. 039888/25 62 oder 039888/525 93

Einstieg: Wasserwanderrastplatz Feldberg

Ausstieg: Umsetzstelle am Oberpfuhlsee in Lychen

Hindernisse: Mehrere Portagen, Bootswagen ist sehr zu empfehlen: in Carwitz (100 m), zwischen Dreetz- und Krüselinsee (500 m), an der Krüseliner Mühle (150 m), an der Kolbatzer Mühle (300 m), an der Schreibermühle (100 m), Wehr am Biwakplatz Küstrinchen (100 m), alte Schleuse vor Biwakplatz Fegefeuer

Unterkunft: Campingplätze am Breiten Luzin in Feldberg, Tel. 039831/210 84; in Carwitz, Tel. 039831/211 60; am Dreezsee, Tel. 039889/746 und in Lychen, Tel. 039888/25 09. Biwakplätze Kolbatzer Mühle, Küstrinchen und Fegefeuer. Feldberg: »Pension am Haussee«, Tel. 039831/209 10; Lychen: Seehotel Lindenhof, Tel. 039888/643 10

Einkehr: Gasthöfe in Feldberg, in Carwitz, am Campingplatz am Dreetzsee, an der Krüseliner Mühle, an der Kolbatzer Mühle und in Lychen

Kanuverleih: Am Campingplatz in Feldberg (siehe Unterkunft); »Treibholz« in Lychen, Tel. 039888/433 77, www.treibholz.com

Info: Tourismusverband Ruppiner Seenland, Tel. 03391/65 96 30, www.ruppiner-reiseland.de

Zurück zum Auto: Mit öffentlichen Verkehrsmitteln aufwendig (von Lychen über Fürstenberg und Neustrelitz nach Feldberg); am einfachsten mit Shuttle-Service von »Treibholz« (siehe Kanuverleih)

EXTRA: Über die Havel nach Templin

Mit der Portage in Lychen vom Oberpfuhl in den Stadtsee beginnt eine schöne 2-Tages-Anschlusstour. Über den Großen Lychener See und die Woblitz erreichen Sie bei Himmelpfort den Stolpsee, an dessen Südende sich die Havel trichterförmig öffnet. Hinter der Schleuse Schorfheide kehren Sie der Havel den Rücken und paddeln über den Röddelinsee nach Nordosten bis Templin.

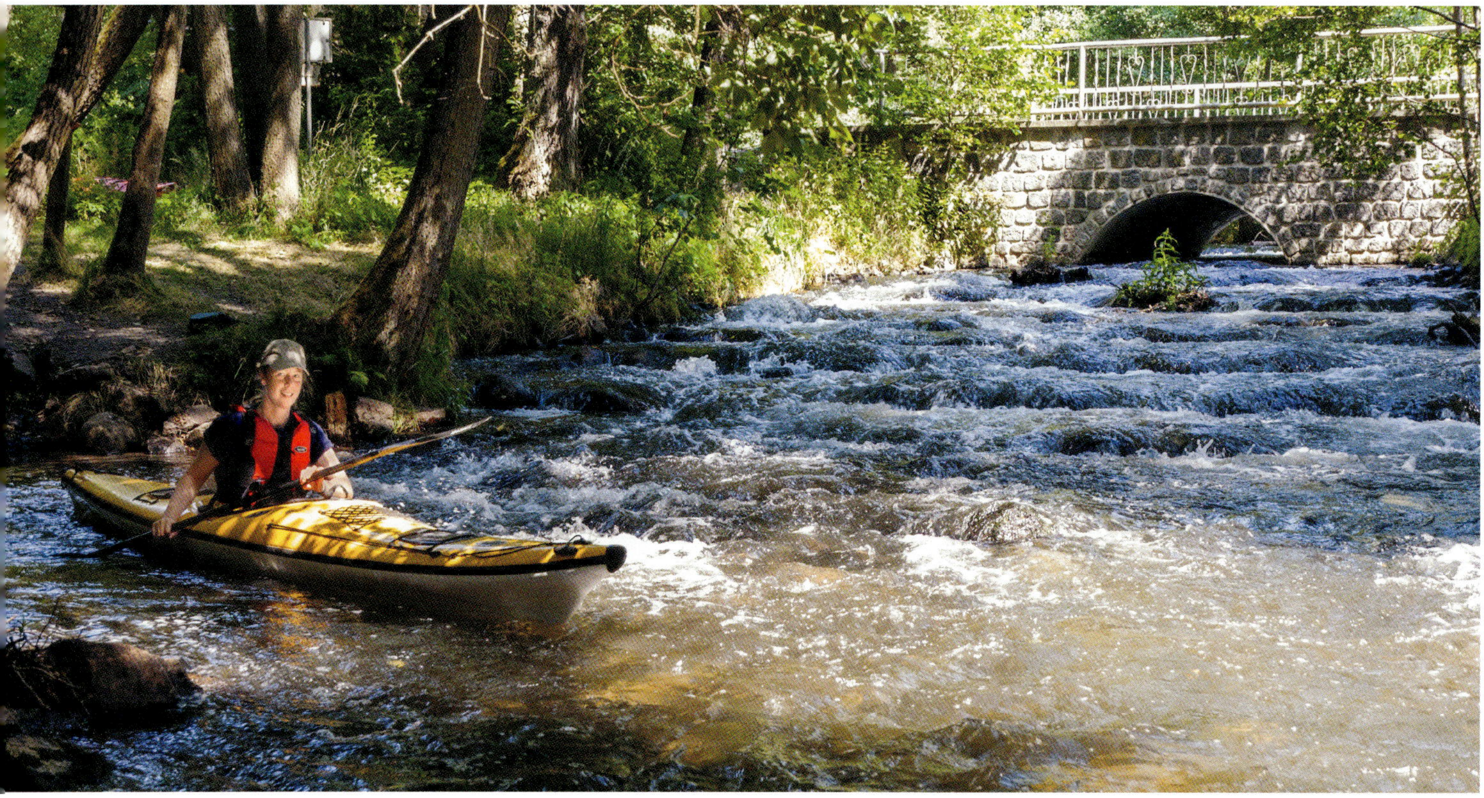

Die Rohrbrücke in Rheinshagen muss kurz umtragen werden.

17

Rheinsberg Rhin: Von Rheinsberg nach Zippelsförde

Lebhaftes Kleinflussabenteuer in Brandenburg

Zum touristischen Pflichtprogramm in Rheinsberg gehört selbstverständlich ein Rundgang durch das Schloss. Im Spiegelsaal beeindrucken die schönen Deckengemälde, weiter geht es zum Rittersaal sowie Marmor- und Muschelsaal mit vergoldetem Stuck an Decken und Wänden. Im Erdgeschoss erinnert ein Denkmal an Kurt Tucholsky, der die Stadt in seinem *Bilderbuch für Verliebte* literarisch verewigte. Der weitläufige Park war ursprünglich als spätbarocke Anlage angelegt, wurde aber später in einen englischen Landschaftsgarten umgewandelt.

Die beste Einstiegsstelle in Rheinsberg findet sich hinter dem Bahnhof. Ein schmaler Feldweg führt hinunter zu einer Wiese, an der wir die Boote beladen. Das Auto parken wir für die Dauer der Tour auf dem nahen Parkplatz an den Supermärkten.

Schnell trägt uns die flotte Strömung vorbei an einigen Vorgärten im südlichen Rheinsberg. Anschließend wird es ruhiger, und wir lassen uns gemütlich durch eine beschauliche Wiesenlandschaft treiben, bis uns der herrliche Wald verschluckt. Mit großem Spaß steuern wir unsere Kajaks durch die engen Kehren. Löchrige Stellen in der dichten Laubkrone tupfen einzelne Lichtinseln auf den Untergrund, Adlerfarn leuchtet im Gegenlicht. Blaue Libellen schwirren über die Wasseroberfläche, und die seltene Gebirgsstelze begleitet uns für eine kurze Strecke. Das Wasser ist meist nicht sehr tief, und wir können bis auf den Grund sehen.

Gestärkt durch das Wasser aus der Döllnitz erreicht der Rheinsberger Rhin das kleine Dorf Zechow, den ersten Ort nach der Stadtgrenze von Rheinsberg. Hinter dem Rohrdurchlass an

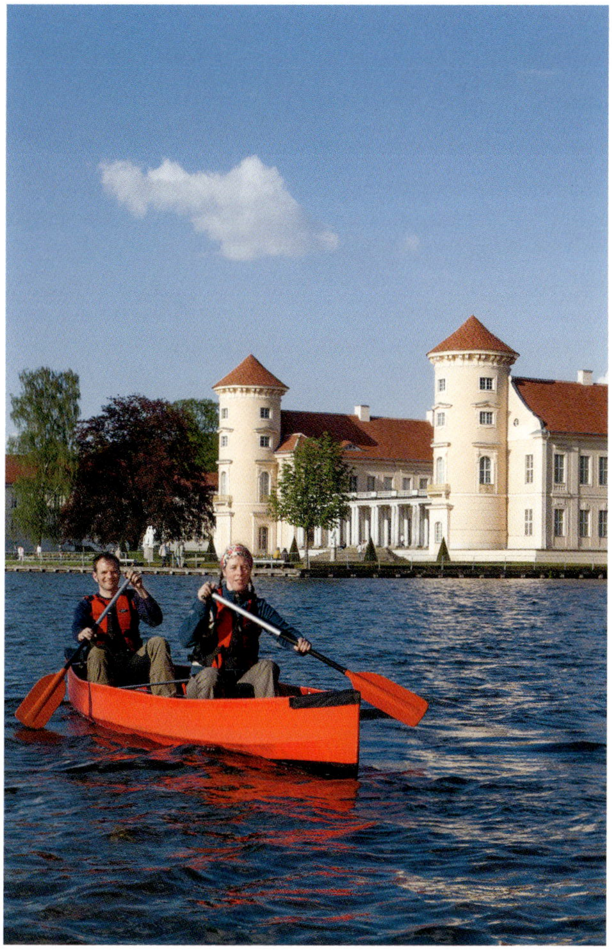

Oberhalb der Einstiegsstelle locken die Rheinsberger Gewässer.

der Straßenbrücke in Rheinshagen lauert eine verblockte Stelle, sodass wir vor der Brücke rechts anlanden und umtragen. Da etwa die Hälfte der Strecke bewältigt ist, ist diese Stelle auch ideal für ein Picknick.

Nach der Pause geht es hindernisfrei weiter durch einen wildromantischen Mischwald, dessen knorrige Wurzeln vom Rhin oft freigespült wurden, die so einen besonders urigen Eindruck erwecken. In Zippelsförde landen wir bei der Fischaufzucht, noch vor dem Wehr, am linken Ufer an, um unsere abwechslungsreiche Tagestour zu beenden.

EXTRA: Rheinsberger Gewässer

Die Rheinsberger Gewässer nördlich von Rheinsberg locken mit einem dichten Wassernetz aus Flüssen, Seen und Kanälen, eingebettet in eine Endmoränenlandschaft. Sie bieten sich sowohl für Tages- als auch Mehrtagestouren an. Eine schöne Tagesetappe ist die etwa 17 km lange Route vom Flecken Zechlin nach Rheinsberg.

16 km | 4–5 Std. | nein | nein | leicht-mittel

Charakter: Herrliche Kleinflusstour in ursprünglicher Flusslandschaft. Bis Zippelsförde ist der Rheinsberger Rhin ein abwechslungsreiches, schmales, sehr naturnahes Fließgewässer.

Befahrungsregeln: Befahrungverbot vom 1. Nov.–15. Juni. In der übrigen Zeit Mindestpegel von 65 cm am Wehr Rheinsberger Obermühle und behördliche Freigabe (Tel. 033082/ 407 16). Befahrung nur von 9 und 19 Uhr für Kajaks ohne Steueranlage. Stechpaddel und Canadier sowie Befahrung gegen die Strömung ganzjährig verboten. Ein- und Ausstieg nur an gekennzeichneten Stellen. Kontingent für private Bootsfahrten von maximal 20 Kajaks pro Tag. Tagesaktuelle Befahrungsscheine sind u. a. bei der Touristinfo in Rheinsberg erhältlich.

Einstieg: Hinter dem Wehr Obermühle in Rheinsberg

Ausstieg: Vor dem Wehr in Zippelsförde am linken Ufer

Hindernisse: Kurze Portage an der Rohrbrücke in Rheinshagen

Unterkunft: Hotels und Pensionen in Rheinsberg

Einkehr: Kiosk mit Räucherfisch, Getränken und Eis an der Aussatzstelle in Zipelsförde

Kanuverleih: Kanuverleih Rheinsberger Seenkette, Tel. 033931/21 31, www.kanuverleih-rheinsberg.de; Rheinsberger AdventureTours, Tel. 0172/604 83 75, www.rheinsberger-adventure-tours.de

Info: Tourismusverband Ruppiner Seenland, Tel. 03391/ 65 96 30, www.ruppiner-reiseland.de

Zurück zum Auto: Bei gebuchten Touren übernimmt der Verleiher den Transport. Ansonsten zweites Auto oder Fahrrad. Schöner Radweg, markiert als Ruppiner Seen-Kultur-Radweg, durch Kiefernforst zurück nach Rheinsberg.

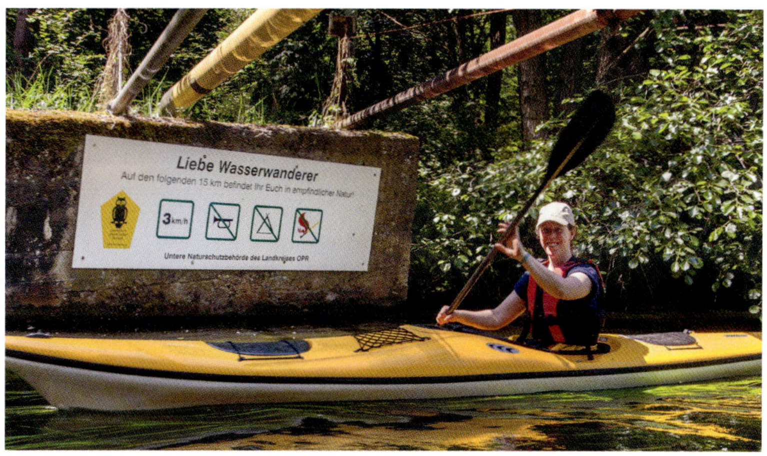

Der Rheinsberger Rhin begeistert mit flotter Strömung und dichtem Wald.

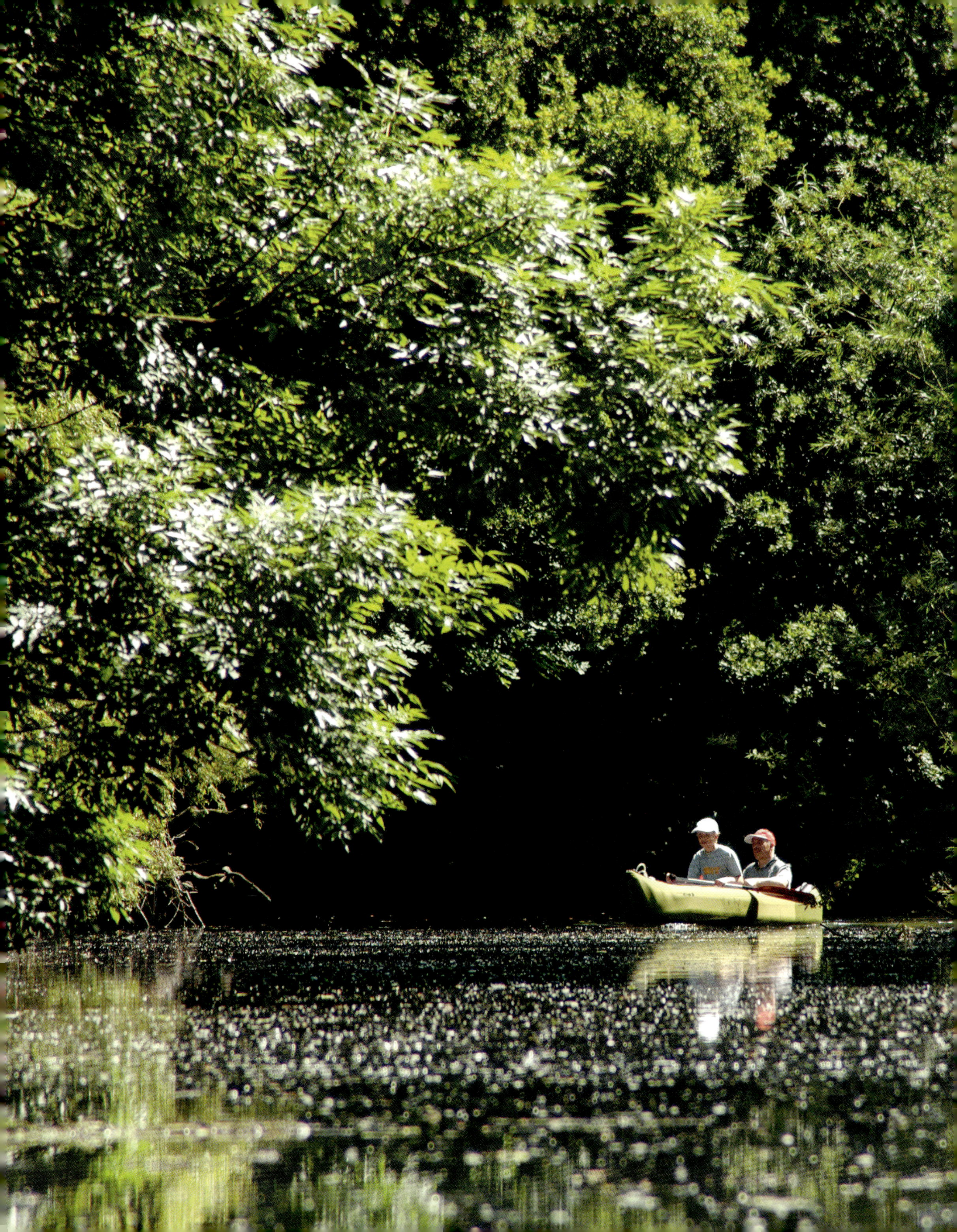

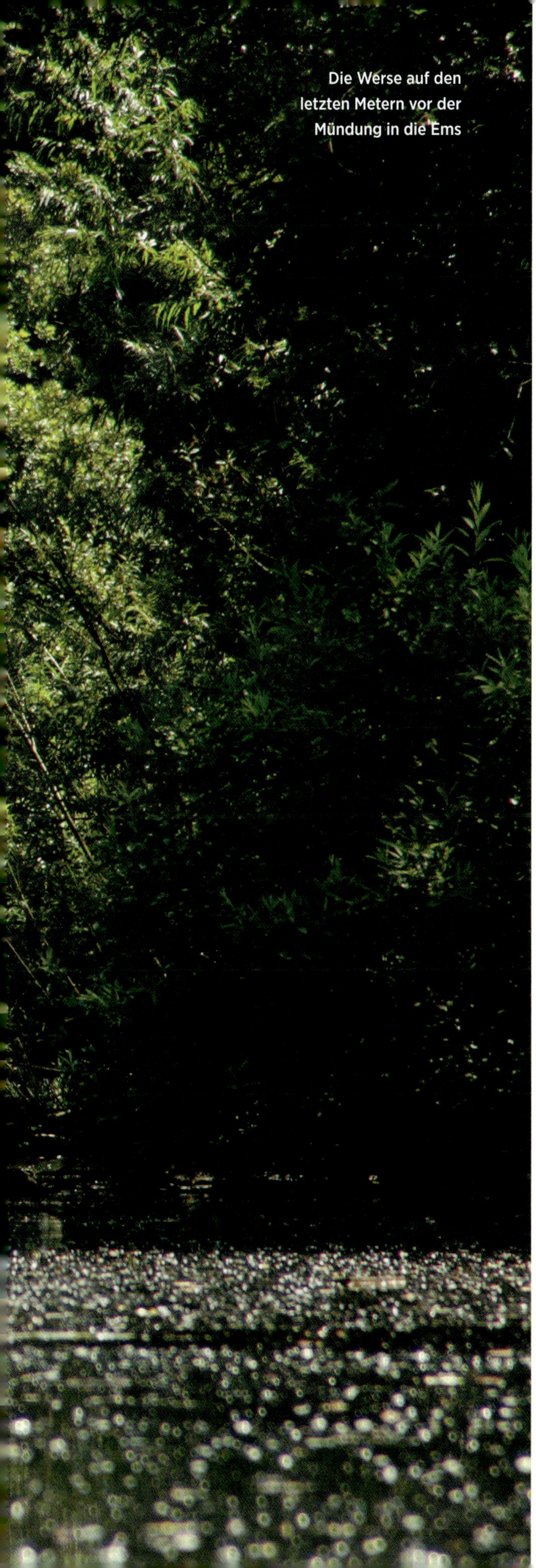

Die Werse auf den letzten Metern vor der Mündung in die Ems

Der Westen: Rund ums Ruhrgebiet

Nirgendwo tritt der Unterschied zwischen Klischee und Wirklichkeit so offen zu Tage wie im Ruhrgebiet. Statt Bergbau und dampfenden Schloten erwartet den Paddler eine abwechslungsreiche Landschaft mit wunderschönen Seen und Flüssen.

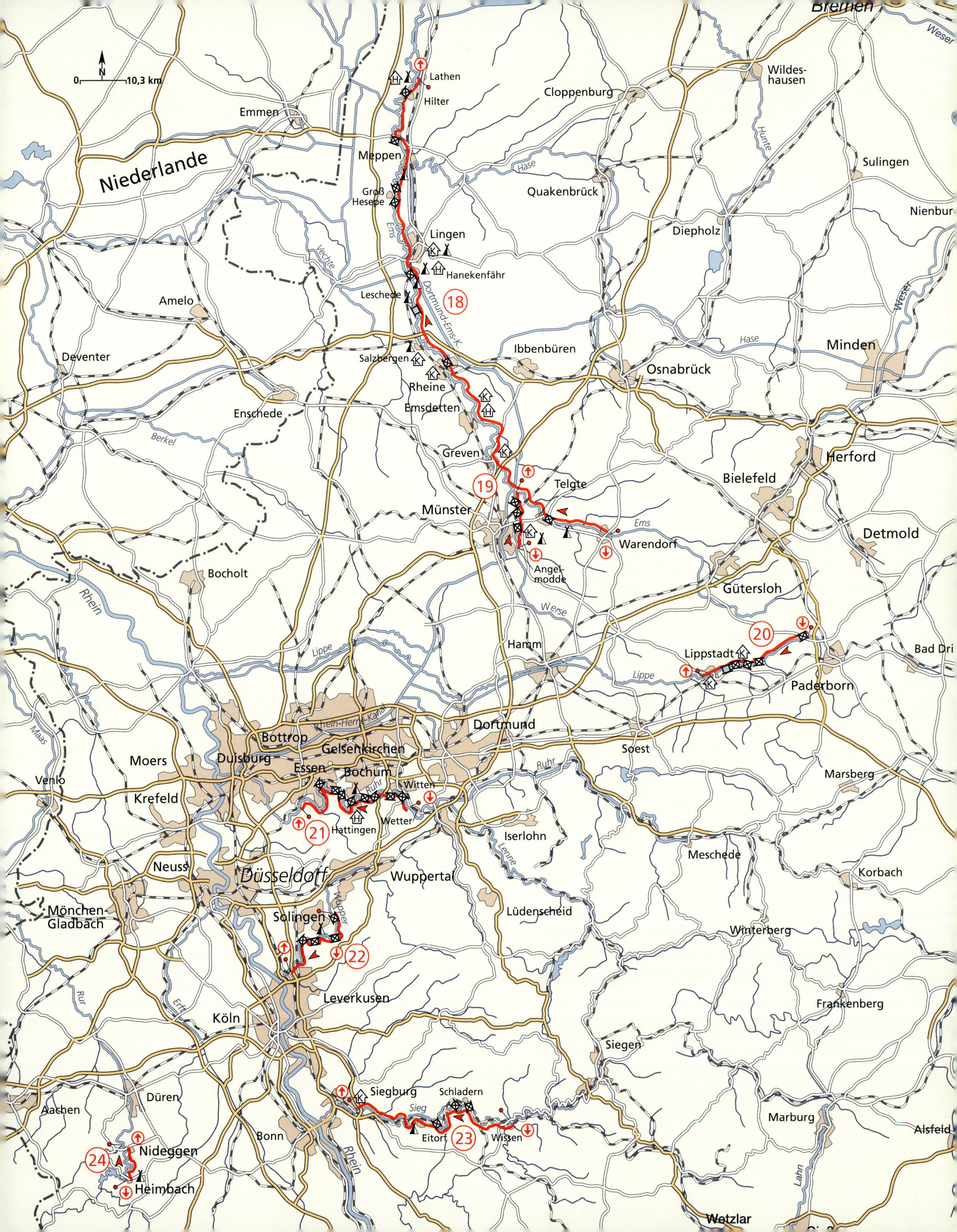

0 10,3 km
Niederlande
Emmen
Lathen
Hilter
Meppen
Groß Hesepe
Cloppenburg
Quakenbrück
Wildeshausen
Sulingen
Nienburg
Diepholz
Lingen
Hanekenfähr
Lescherde
Dortmund-Ems-K.
18
Salzbergen
Rheine
Emsdetten
Ibbenbüren
Osnabrück
Minden
Amelo
Deventer
Enschede
Greven
Telgte
19
Münster
Warendorf
Angelmodde
Herford
Bielefeld
Detmold
Gütersloh
Bocholt
Hamm
20
Lippstadt
Paderborn
Bad Dri
Dortmund
Bottrop
Gelsenkirchen
Duisburg
Essen
Bochum
Witten
Moers
Venlo
Krefeld
Soest
Marsberg
21
Hattingen
Wetter
Iserlohn
Neuss
Düsseldorf
Wuppertal
Meschede
Korbach
Mönchen-Gladbach
Solingen
22
Lüdenscheid
Winterberg
Leverkusen
Köln
Frankenberg
Siegen
Siegburg
Schladern
Eitorf
23
Wissen
Düren
Aachen
Marburg
Alsfeld
Bonn
24
Nideggen
Heimbach
Wetzlar
Bremen
Ems
Hase
Hunte
Weser
Vechte
Berkel
Rhein
Lippe
Werse
Rhein-Herne-Kanal
Ruhr
Lenne
Maas
Wupper
Rur
Erft
Sieg
Lahn

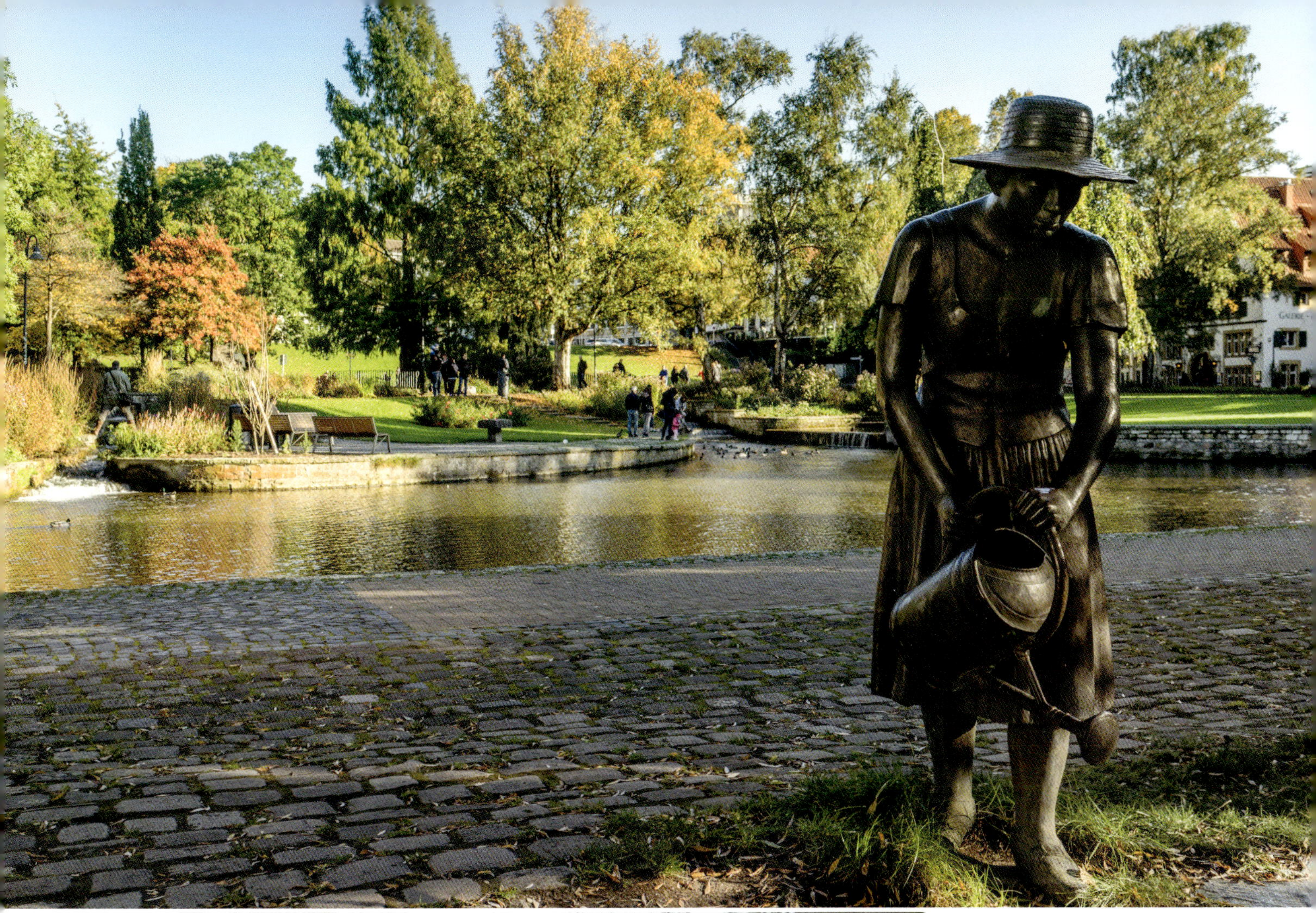

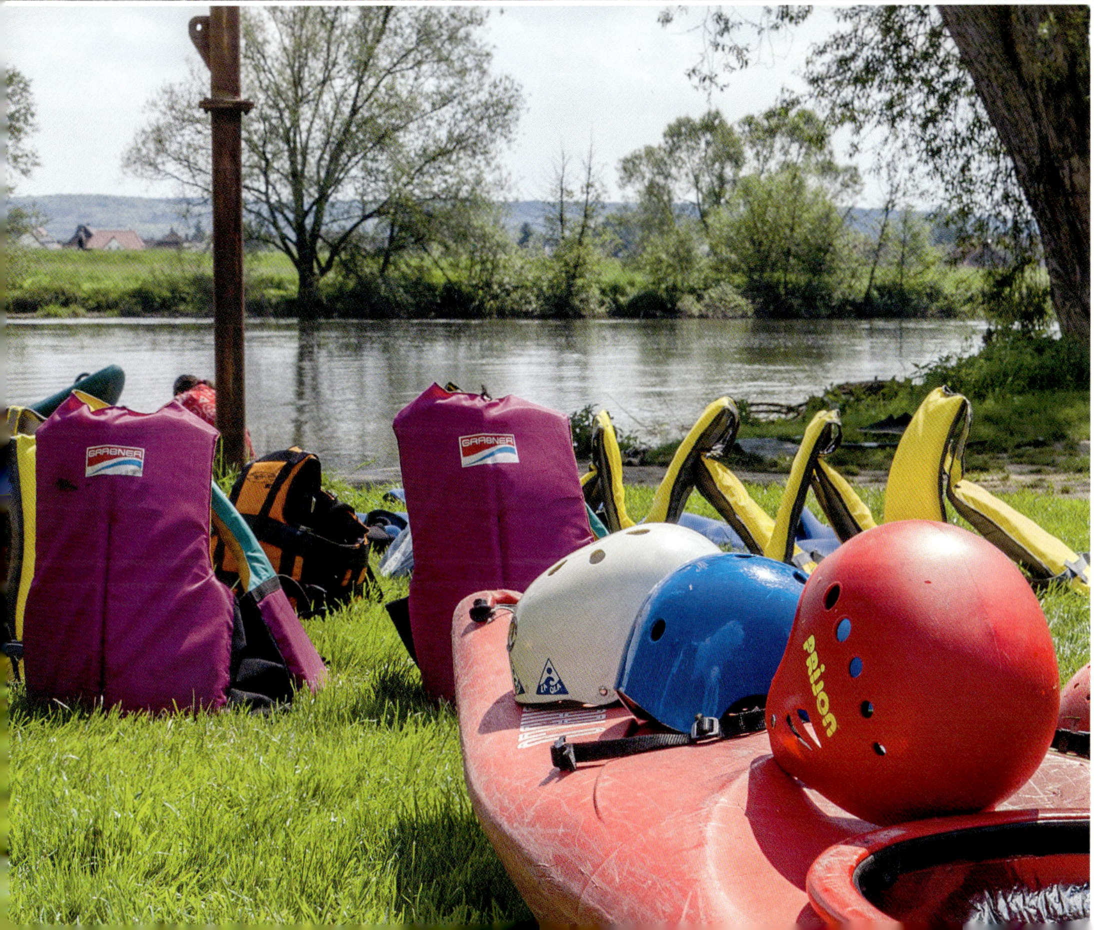

Oben: Paderquellen direkt in der Innenstadt des ostwestfälischen Paderborn
Unten: Am Bootshaus des STV Siegburg ist immer etwas los.

18

Ems: Von Warendorf nach Lathen

Ferienfahrt vom Münsterland ins Emsland

Zu Füßen des Wehres in Warendorf lassen wir die für eine Wochenfahrt vollgeladenen Kajaks in die Ems gleiten. Mit einigen kleinen, harmlosen Sohlschwellen zeigt uns die Ems gleich auf den ersten Kilometern, dass sie zwar kein spektakulärer Fluss ist, aber dennoch ihre Reize hat.

Um die Ems wieder in ihren ursprünglichen Zustand zurückzuversetzen, wurden weite Teile der Emsauen zwischen Warendorf und Rheine schon 1998 zum Naturschutzgebiet erklärt. Als Paddler müssen wir durch das Naturschutzgebiet zwar einige Einschränkungen hinnehmen, werden aber mit vielstimmigem Vogelgezwitscher und einer ansonsten herrlichen Ruhe mehr als entlohnt.

Am Ende der ersten Etappe heißt es aufgepasst, um den Campingplatz »Sonnenwiese« in Telgte nicht zu verpassen, da er vom Wasser aus nicht zu sehen ist. Am nächsten Tag wartet das Wehr in Telgte auf uns. Für die Portage legen wir an der Treppe am rechten Ufer davor an.

Hinter Telgte zeigt sich die Ems besonders idyllisch. Die Ufer bleiben recht hoch, aber eindrucksvolle Kieshänge wechseln sich mit Abschnitten ab, an denen Weiden weit in den Fluss ragen und die Durchfahrt auf wenige Meter beschränken. Diverse Altarme zweigen zu beiden Seiten ab, und einige mitunter recht spritzige Sohlschwellen verleihen der Tour eine sportliche Note.

Nach der Mündung der Werse von links überspannt die Alte Fahrt des Dortmund-Ems-Kanals, im Volksmund »Münsters Badewanne« genannt, den Fluss. Die Neue Fahrt wurde wenige Kilometer weiter westlich als stählerner Trog konstruiert. Seit

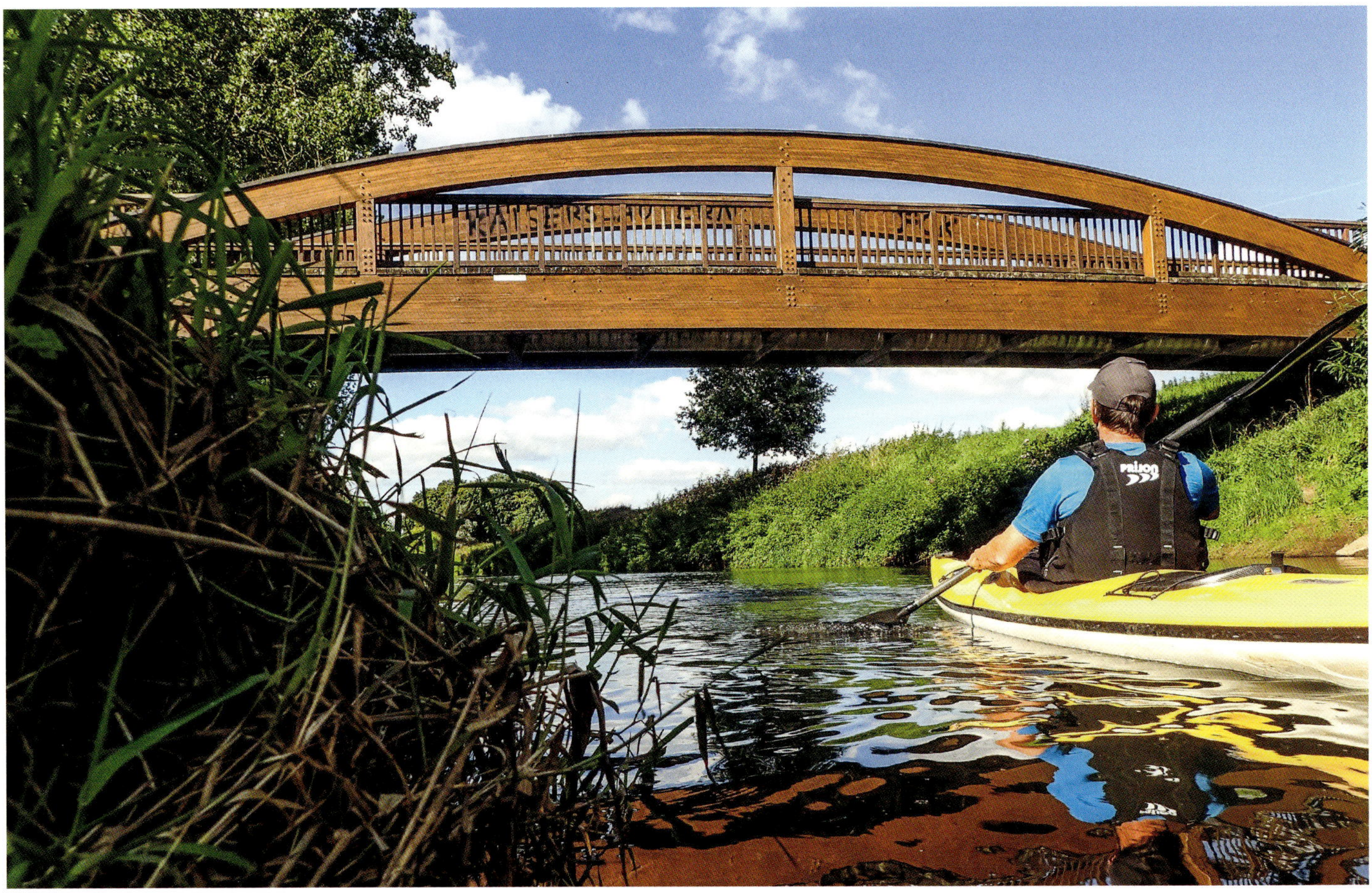

Die Ems bei Warendorf

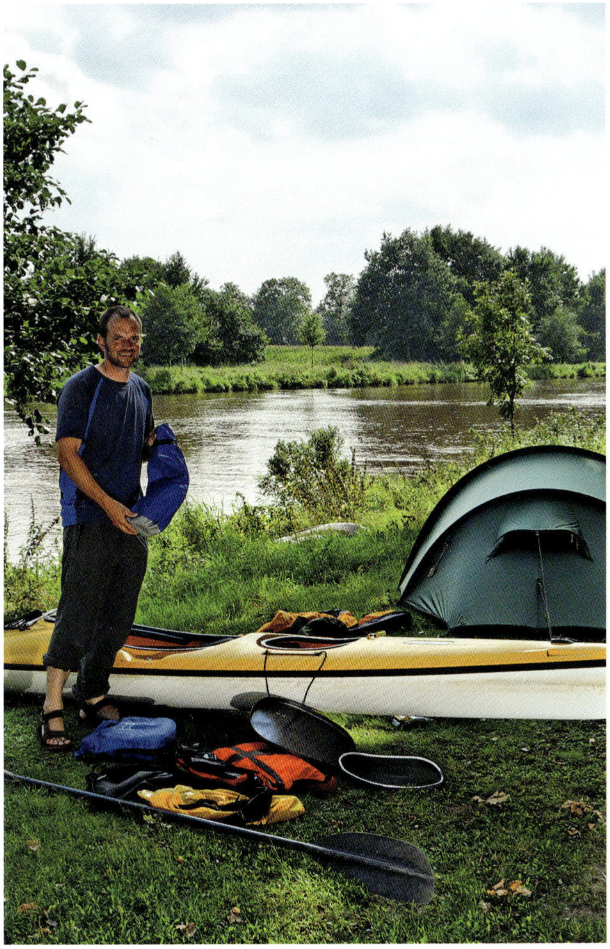

Tourenausklang auf der Ems am Campingplatz in Lathen

2015 wird die Neue Fahrt in einem Mammutprojekt, das voraussichtlich 120 Millionen Euro verschlingen wird, ausgebaut, um dem weiter wachsenden Schiffsaufkommen Rechnung zu tragen. In Zukunft sollen dann zwei Brücken nebeneinander zur Verfügung stehen und somit zwei Schiffe im Gegenverkehr gleichzeitig die Ems überqueren können. Anschließend paddeln wir durch eine idyllische Park-, Auen- und Waldlandschaft bis zum Anleger an der Straßenbrücke in Gimbte.

Der letzte Etappenabschnitt ist begradigt, und der steigende Lärmpegel kündigt die Brücke der A 1 an. Bald ist Greven erreicht, und wir legen an der Treppe am Parkplatz des Schwimmbades noch vor dem verfallenen Wehr an.

Der Emsabschnitt von Greven über Emsdetten nach Rheine ist einsam, wird aber von der Bundesstraße 475 flankiert, die das Münsterland mit der Soester Börde verbindet. Vor dem Wehr in Rheine legen wir am linken Ufer an und umtragen links um die Mühle. Alternativ könnte man auch den rechten Arm mit zwei Selbstbedienungsschleusen fahren.

205 km	7–10 Tage	ja	ja	leicht

Charakter: Idyllische, renaturierte Emslandauen zwischen Warendorf und Rheine, danach zwar begradigt, aber landschaftlich recht reizvoll. Im Unterlauf folgt der Dortmund-Ems-Kanal abschnittsweise dem Flussbett der Ems.

Befahrungsregeln: Naturschutzgebiet Emsaue, zwischen Warendorf und Rheine: nur an gekennzeichneten Stellen aus- und einsetzen, an Wochenenden und Feiertagen im Zeitraum vom 1. Mai–31. Okt. Anmeldung der Fahrt beim Landeskanuverband Nordrhein-Westfalen, www.kanu-nrw.de oder beim Verkehrsverein Warendorf, Tel. 02581/545454

Einstieg: Großparkplatz Lohwall direkt am Emsufer. Achtung: Die maximale Einfahrtshöhe wird durch eine Schranke auf 2,10 m begrenzt.

Ausstieg: Campingplatz an der St.-Vitus-Brücke in Lathen

Hindernisse: Im ersten Abschnitt einige Stufen und Sohlschwellen, im gesamten Verlauf insgesamt acht Wehre in Telgte, Rheine, Listrup (Selbstbedienungsschleuse), Hanekenfähr, Groß Hesepe, Klein Hesepe, Holthausen und Hilter; Mitnahme eines Bootswagen ist sehr zu empfehlen.

Unterkunft: Campingplätze in Telgte (Tel. 0176/22847405), Hanekenfähr (auch Hotel, Tel. 0591/8090), Leschede (Tel. 05903/207), Meppen (Tel. 05931/8811848) und Lathen (Tel. 05933/934510). Zeltmöglichkeit beim Kanucamp Lingen (Tel. 0591/831214). Kanu/-Rudervereine mit Zeltmöglichkeiten nach Absprache in Greven (www.emshaie.de), Salzbergen, (Übernachtungsmöglichkeit im Zelt oder Bootshaus der Ruderabteilung, Tel. 0175/9134064), Emsdetten (www.canu.de), Rheine (www.wsv-rheine.de, www.emsstern-rheine.de und www.kanu-club-rheine.de) und Lingen (www.kanu-lingen.de); Waldhotel »Schipp-Hummert« in Emsdetten (Tel. 02572/6098370); Landgasthof und Campingplatz »Emsbrücke« in Lathen (Tel. 05933/8597)

Einkehr: Emsdetten: Waldhotel. Leschede: Gasthof »Zum alten Fährhaus« und »Anglerklause«. Hanekenfähr: Restaurant und Imbiss am Hotel/Campingplatz. Meppen: Bootshaus »essen & trinken« an der Hasemündung. Haren: Restaurant »Zur Ems«. Lathen: »Lathener Marsch« und Landgasthof »Zur Emsbrücke«

Kanuverleih: Kanuverleih Struckmann in Salzbergen, Tel. 05976/697516, www.kanuverleihstruckmann.de; Kanucamp Lingen, Tel. 0591/831214, www.kanucamp-lingen.de

Info: Münsterland Tourismus, Tel. 02571/949392, www.muensterland-tourismus.de; Emsland Touristik, Tel. 05931/9250900, www.emsland.com

Zurück zum Auto: In gut 2 Std. mit dem Zug von Lathen über Münster nach Warendorf

Ein paar Kilometer weiter haben wir die Wahl zwischen der Selbstbedienungsschleuse im Hauptarm geradeaus oder ein paar Stromschnellen im rechten Arm. In Salzbergen legen wir hinter der Brücke an, um den Tag bei der Ruderabteilung des Sportvereins zu beschließen, wo wir das eigene Zelt aufbauen oder im Bootshaus übernachten können.

Hinter Salzbergen schwingt sich die Ems in weiten Flussschlingen durch stille Auenlandschaft, und nur vorübergehend unterbricht die A30 die Idylle. In Listrup steuern wir die Boote an der Selbstbedienungsschleuse nach rechts. Eine Hinweistafel erklärt den genauen Arbeitsgang zum Schleusen, ein Umtragen am rechten Ufer ist ebenfalls möglich.

An der Straßenbrücke in Leschede laden zur Linken das »Alte Fährhaus« (der dazugehörige Campingplatz findet sich am linken Ufer hinter der Brücke) und rechts die »Anglerklause« zu einer Rast ein.

Als breiter Strom wälzt sich die Ems nach Norden, das Landschaftsbild wird aber etwas von den mächtigen Türmen des Kernkraftwerks Emsland bei Lingen getrübt, die uns nun eine ganze Weile am Ufer begleiten.

Kurz vor dem Flusskilometer 83 trifft die Ems auf den Dortmund-Ems-Kanal, bei Hanekenfähr trennen sich beide erst einmal wieder. Schräg links donnert die Ems über ein hohes Wehr in die Tiefe. Kurz vor dem Wehr steigen wir unterhalb des Hotels aus, um das Hindernis am rechten Ufer zu umtragen.

Schnell verklingt das über das Wehr tosende Wasser, und nur noch das Plätschern der Paddel ist zu hören. Zwei Straßenbrücken bzw. sechs Kilometer weiter ist am linken Ufer das Knaucamp Lingen erreicht.

Hinter der nächsten Kurve warnt ein Schild vor Stromschnellen, und bald zieht am rechten Ufer das Bootshaus des Kanu-Clubs Ems Lingen vorbei. Danach begeistert die Ems mit zahlreichen Kurven, grünen Wiesen, satten Weiden und urigen Auenwäldern, und auf dem Weg bis Meppen folgen in kurzem Abstand die Wehre in Groß Hesepe und Klein Hesepe.

In Meppen nimmt uns der Dortmund-Ems-Kanal mit nach Norden. Nach etwa fünf Kilometern biegen wir hinter der Bogenbrücke der B 402 nach links in den alten Flusslauf der Ems ein. Weit kommen wir nicht, denn es ist mal wieder ein Wehr zu umtragen. Wieder im Boot erwartet uns eine geruhsame

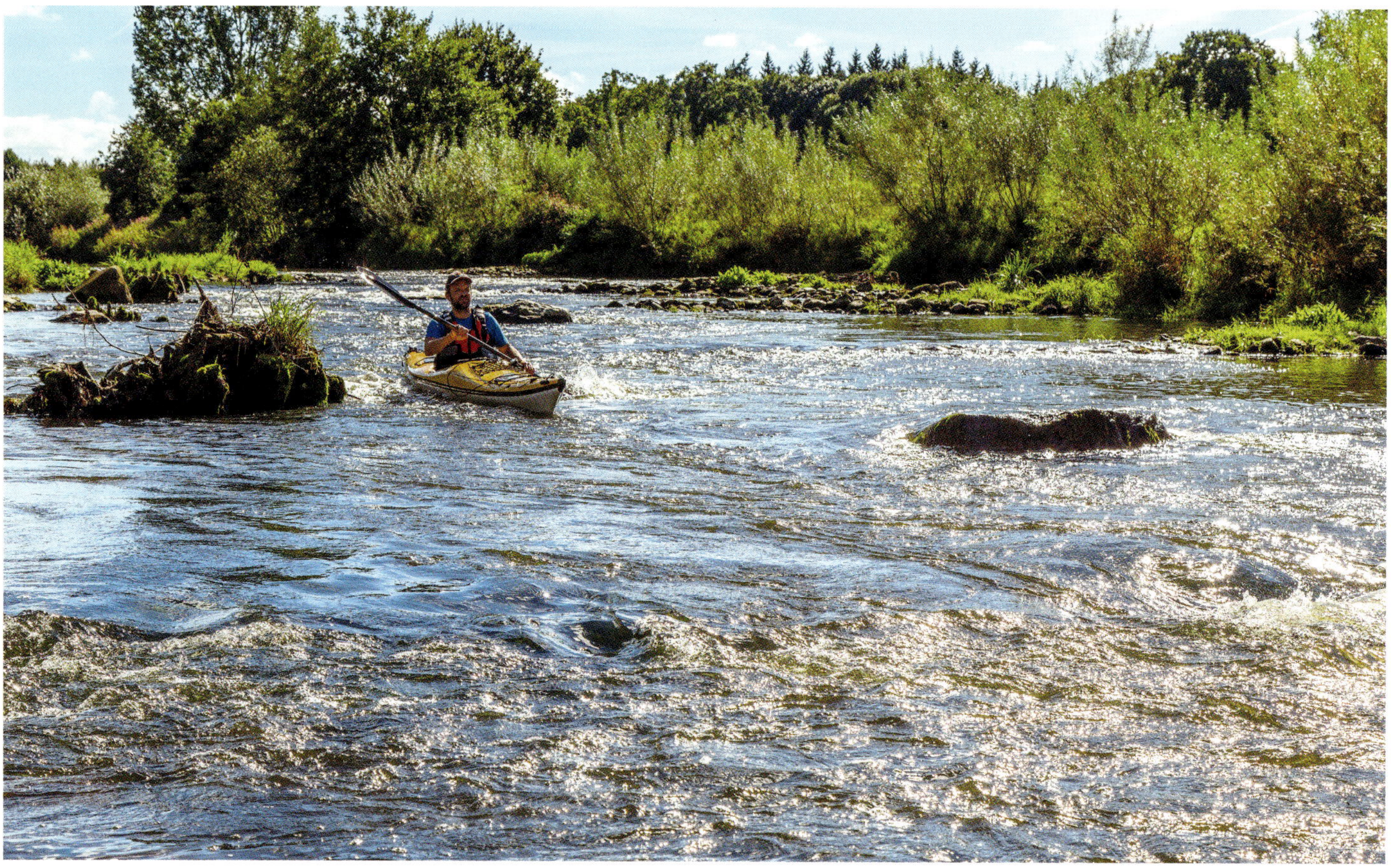

Renaturierte Ems an der Hesselmündung

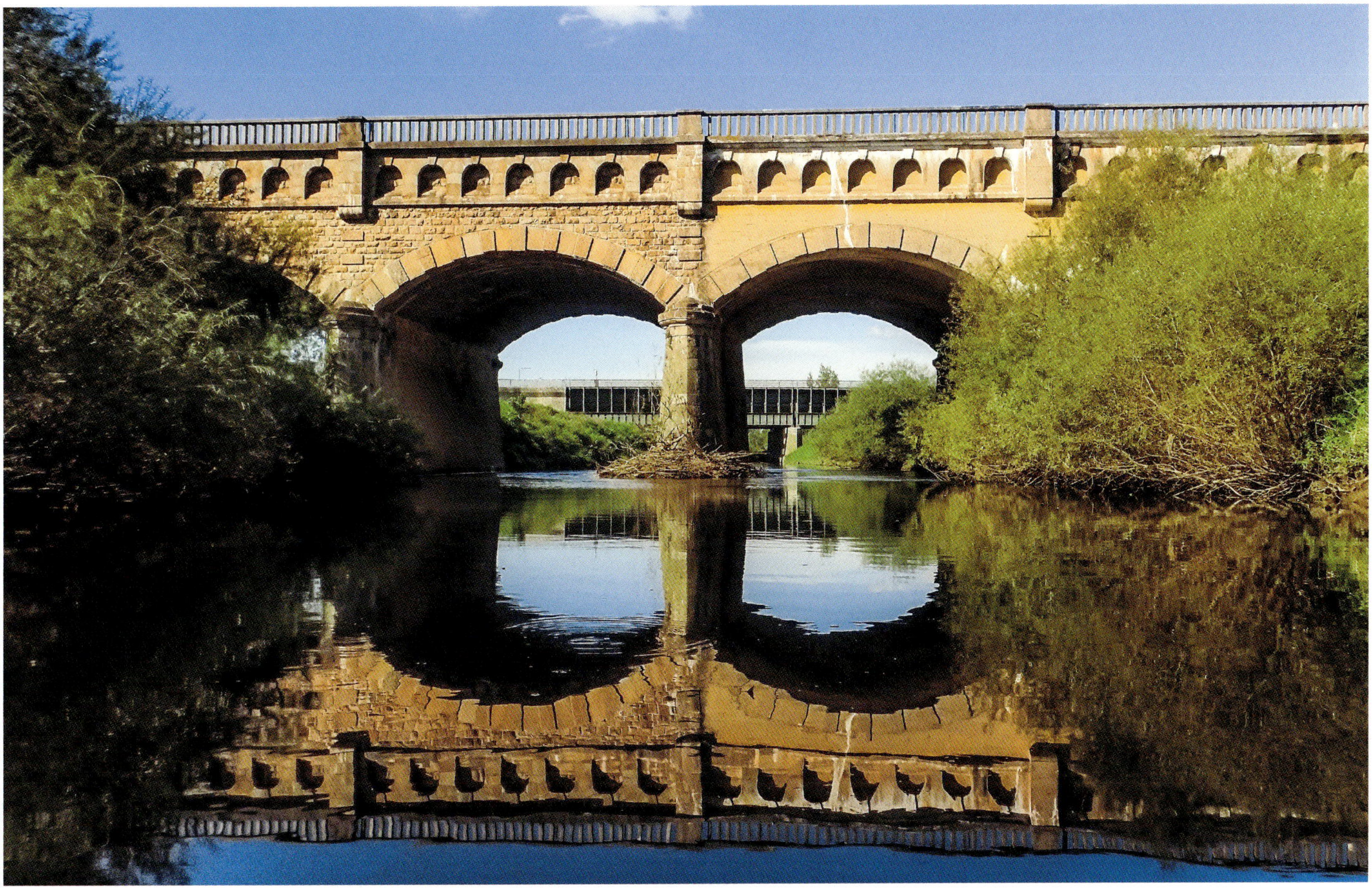

Kanalüberführung »Alte Fahrt«

und praktisch motorbootfreie Fahrt auf der Ems. Eine Straßenbrücke und ein Pausenanleger sind die weiteren Stationen, dann erhebt sich vor uns der Kühlturm des stillgelegten Gaskraftwerks Meppen-Hüntel, der uns mit seiner überdimensionalen aufgemalten Weltkarte zurück auf den Dortmund-Ems-Kanal führt.

In Haren leuchtet hinter der strahlend blauen Brücke die weiße Fassade der Pfarrkirche St. Martinus, im Volksmund besser bekannt als »Emsland-Dom«. Bei Kanalkilometer 184,5 biegen wir auf eine Schleife der ursprünglichen Ems ab. Am Abzweig eines Altarms legen wir an, um von dem neu errichteten Aussichtsturm das Panorama über das Emstal zu bewundern.

Wieder im Boot brauchen wir die Spritzdecke nicht zu schließen, denn das nächste und letzte Wehr der Tour zwingt uns zu einem letzten Landgang. Kurz hinter dem Wehr erreichen wir erneut den Kanal, und die letzten Kilometer bis Lathen sind ohne weitere Hindernisse, und bald markiert der große rote Bogen der St.-Vitus-Brücke den Endpunkt der langen Wanderfahrt auf der Ems.

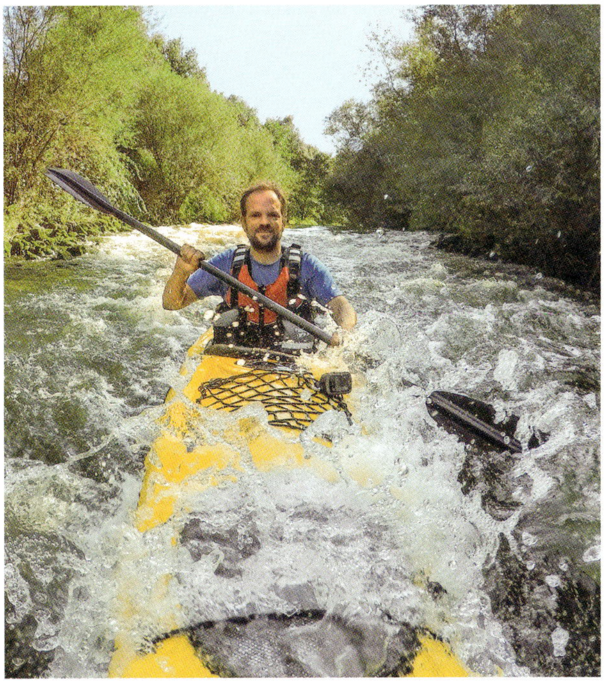

Spritzige Sohlschwelle bei Vadrup

19

Werse: Von Angelmodde bis zur Mündung in die Ems

Paddeltour durch Münsters Vorgärten

In Angelmodde, einem Stadtteil im Südosten Münsters, laden wir die Kajaks vom Autodach, und nach dem Ablegen empfängt uns die Werse mit dem dichten Grün knorriger Weiden und hoher Erlen. Natürlich ist die Werse bei den Münsteranern ein beliebtes Naherholungsziel und natürlich wird es hier an einem schönen Sommerwochenende sehr voll. Trotzdem ist die Werse ein wahres Kleinod und immer eine Paddeltour wert. Wer es einrichten kann, sollte aber nicht unbedingt an einem sonnigen Sonntag im Juli oder August zum Paddeln an die Werse fahren.

Hinter einer größeren Straßenbrücke macht die Werse einen deutlichen Bogen nach rechts, und wir paddeln vorbei am Freibad auf der linken sowie an den Treppen zum Campingplatz und am Bootshaus des Kanuvereins auf der rechten Uferseite.

Noch für etwa drei Kilometer gleiten wir gemächlich durch die Flussidylle, dann versperrt das erste Wehr der Tour den Weg. An der Pleistermühle, die bis 1964 in Betrieb war, legen wir vor der Absperrung rechts an und umtragen schräg über die Wiese. Die Portage ist weder lang noch anstrengend, trotzdem ist selber schuld, wer gleich weiterpaddelt. Eine Pause im schönen Biergarten des Landgasthofs mit Bootsverleih ist quasi Pflicht!

Die Grundstücke der Wochenendfluchten reichen bis ans Wasser. Mal urwüchsig wild, mal spießig-gepflegt – aber fast

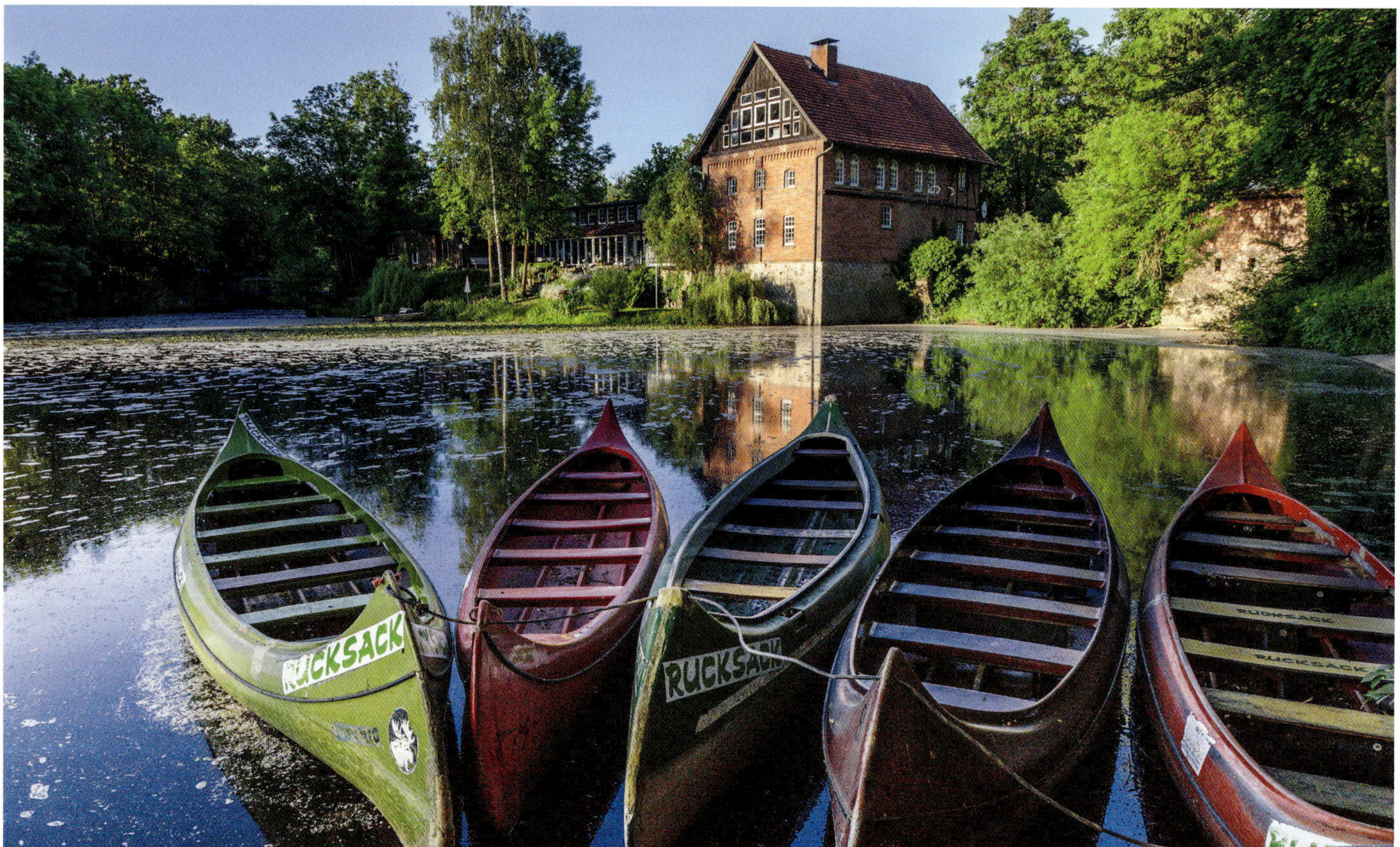

An der Pleistermühle

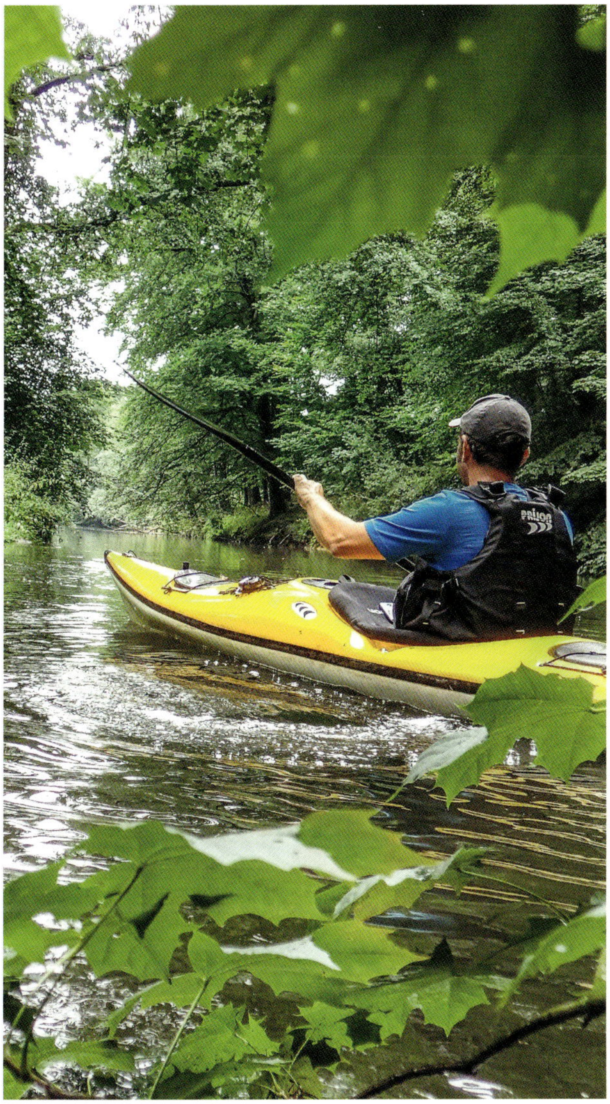

Die Werse zeigt sich trotz der Stadtnähe durchgehend naturnah.

19 km	4–5 Std.	ja	ja	leicht

Charakter: Schöne und trotz der Stadtnähe unglaublich grüne Tagestour auf einem anfängerfreundlichen Kleinfluss ohne Schwierigkeiten. Zu Beginn gestaut und praktisch ohne Strömung, nach der Havichthorster Mühle etwas wilder und mit deutlicher Strömung

Befahrungsregeln: Keine Einschränkungen

Einstieg: Treppe an der Fußgänger- und Radwegbrücke in Angelmodde

Ausstieg: Straßenbrücke über die Ems direkt hinter der Wersemündung

Hindernisse: Drei Wehre, kurz und problemlos zu umtragen

Unterkunft: Campingplatz ca. 5 km vom Stadtzentrum Münster direkt am Werseufer, Tel. 0251/31 19 82, www.campingplatz-muenster.de; Landgasthof Pleistermühle, Tel. 0251/13 67 60; Hotel »Hof zur Linde« in Münster-Handorf, Tel. 0251/327 50

Einkehr: Landgasthof mit schönem Biergarten an der Pleistermühle; Gasthaus »Nobiskrug« zwischen Pleister- und Sudmühle; Gaststätte »Schöne Aussichten« kurz unterhalb des Sudmühlenwehrs

Kanuverleih: Canu-Camp, Tel. 0800/447 84 41, www.canu-camp.de; Kanuverleih Pleistermühle, Tel. 02571/982 73, www.kanuverleih-pleistermuehle.de

Info: Münsterland Tourismus, Tel. 02571/94 93 92, www.muensterland-tourismus.de

Zurück zum Auto: Entweder mit dem Fahrrad auf schönem Radweg am Werseufer zurück zur Einsatzstelle oder auf der Ems weiterpaddeln bis Greven. Von dort Zugverbindung nach Münster Hauptbahnhof und weiter mit Stadtbus nach Angelmodde

immer liegt ein Kanu vor der Tür und fast immer ragen vom Ufer Weiden weit in den Fluss, die mit ihrem Schatten auch im Hochsommer für angenehme Temperaturen sorgen.

Vor der nächsten Eisenbahn- und Straßenbrücke ziehen am Ufer erst das Gasthaus »Nobiskrug«, dann das Hotel »Hof zur Linde« vorbei, bis das Wehr an der Sudmühle umtragen werden will. Wir setzen rechts an der Betonkante aus und laufen auf dem Trampelpfad zur Straße. Dahinter können wir an einer Betontreppe wieder einsetzen.

Nach der kurzen Portage an der Havichhorster Mühle (wo die Stadtwerke Münster bereits seit 1988 per Turbine komplett emissionsfreien Öko-Strom erzeugen) wird es ruhig auf der Werse. Die meisten Mietcanadierfahrer nutzen die geringe Strömung zwischen den Wehren für eine Hin- und Rücktour auf dem Wasserweg. Es lohnt sich allerdings weiterzufahren, denn hinter dem letzten Wehr erwartet uns ein herrlicher, naturnaher Kleinfluss mit flotter Strömung und beeindruckend hohen Kiesufern.

Am Ende mündet die Werse in die Ems, und wir beenden unsere Tour an der nächsten Straßenbrücke. Mit dem vor dem Tourenstart dort deponierten Fahrrad geht es auf dem Radweg entlang des Flusslaufes zurück nach Angelmodde.

EXTRA: Weiter auf der Ems

Die Tour auf der Werse lässt sich durch die Weiterfahrt auf der Ems gut zu einer mehrtägigen Kanuwanderung »ausbauen«. Eine Streckenbeschreibung der Ems bis Lathen liefert Tour 18.

20

Lippe: Von Sande nach Lippstadt

Der grüne Norden des Ruhrgebiets

Der Oberlauf vom Lippesee bis Lippstadt ist ganzjährig paddelbar und vielleicht der schönste Abschnitt der gesamten Lippe. Der früher in Paderborn-Sande gerne genutzte Einstieg an der Sennelagerstraße unterhalb der Staumauer am Ende des Lippesees sollte aufgrund der begrenzten Parkmöglichkeiten nicht mehr verwendet werden. Stattdessen ist der große Parkplatz am Dorfplatz in Sande als Einstieg ausgewiesen. Hier kann man die Boote an der flachen Uferböschung neben dem Kieswerk ins Wasser lassen.

Die ersten Paddelschläge führen über den See zum Lippeauslass unter der Straßenbrücke, der kurz umtragen werden muss. Anschließend wird es mit einem Schlag grün, und die erste Sohlschwelle lässt nicht lange auf sich warten.

Wir schließen die Spritzdecken und schießen mittig durch die Wellen. Im weiteren Verlauf erfreuen uns drei weitere recht große Sohlschwellen, dann folgt ein schönes Waldstück. Spritzig wird es noch einmal hinter der Straßenbrücke in Anreppen, und bald lädt der Anleger in Boke zu einer Rast ein.

Nach sechs einsamen Paddelkilometern taucht vor uns ein Wehr auf, das, soweit die Schotts geöffnet sind, in der Mitte fahrbar ist. Hinter der Straßenbrücke zwischen Verlar und Mantighausen ist das Gelände des TUS Mantinghausen erreicht. Die Zeltwiese liegt nicht direkt am Lippeufer, sondern etwa 300 Meter vom Ufer entfernt bei einem idyllischen Kiefernwäldchen.

Hinter Mantinghausen ist die Strömung gebremst, und die Lippe führt uns gemächlich entlang an grünen Ufern über drei Wehre. Danach folgt die vor ein paar Jahren neu angelegte Sohlschwelle bei Esbeck. Das ehemalige Wehr ist komplett abgerissen und auf einer Länge von etwa 200 Metern ragen

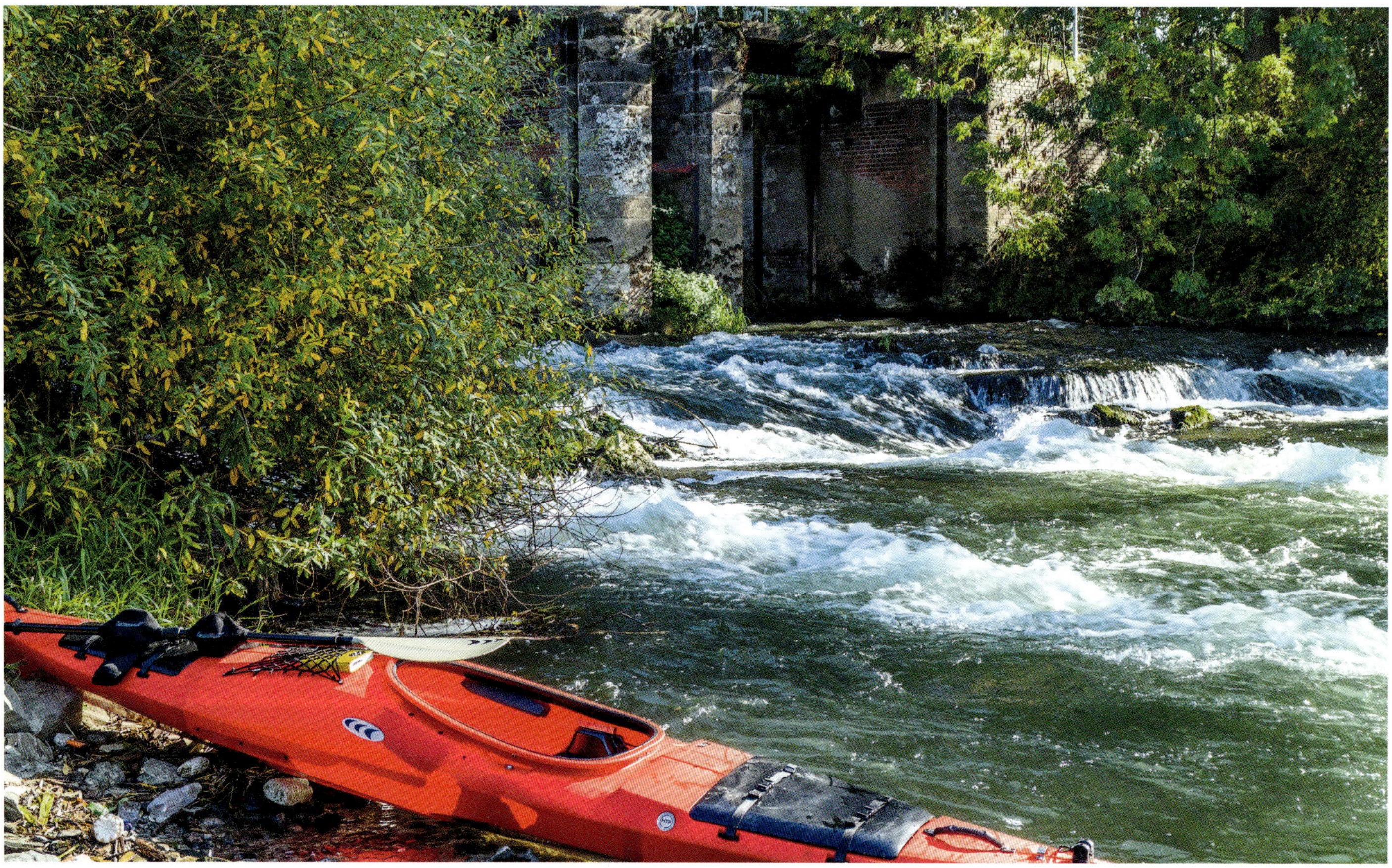

Das Wehr bei Mettinghausen

EXTRA: Wanderfahrten auf der Lippe

Die Lippe ist auf über 200 km ein recht interessanter Wanderfluss durch eine grüne Acker-, Wiesen und Waldlandschaft. Die Nähe zum Ballungsraum Ruhrgebiet ist nur selten zu spüren, allerdings setzen die begrenzten Übernachtungsmöglichkeiten und zahlreiche Befahrungsregelungen aus Naturschutzgründen eine sehr detaillierte Planung voraus.

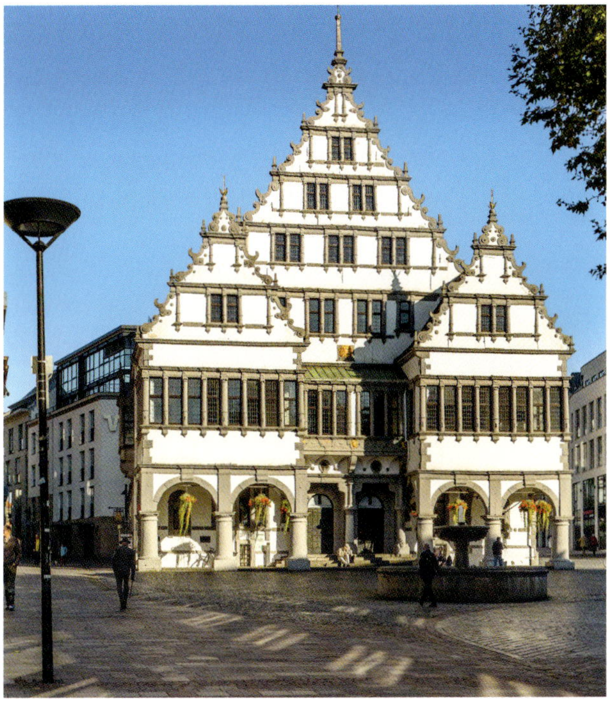

Rathaus Paderborn

abwechselnd vom linken und rechten Ufer lange Dämme aus groben Steinblöcken quer in die Lippe. Die leichte Kurvenfahrt ist nicht besonders schwierig und macht sogar richtig Spaß. Wer möchte, kann die Schwallstrecke aber auch am linken Ufer umtragen.

Nachdem wir eine kleinere Straßenbrücke, die Brücke der B 55 und eine Eisenbahnüberführung passiert haben, liegt das Wasserlabyrinth von Lippstadt vor uns. Für den Weg zum Bootshaus des WSC Lippstadt geht es nach links unter einer Fußgängerbrücke hindurch auf die alte Lippe, die verlandet und daher stellenweise sehr flach ist. Nach wenigen Metern sind ein paar Slalomstangen und danach das Bootshaus des WSC Lippstadt am linken Ufer erreicht.

Zum Anlegen am öffentlichen Kanuanleger fährt man weiter geradeaus und folgt dann vor der folgenden Gabelung beim Wehr (geradeaus im Mühlenarm liegt die Wildwasserslalom-Strecke) gegenüber von der Einmündung der Alten Lippe dem Wegweiser »Kanuausstieg« nach rechts in die Nördliche Umflut. Es geht unter einer Fußgängertreppe hindurch bis zum Kiskerwehr, wo man die Fahrt am linken Ufer beenden (Parkplatz Kuhmarkt, fürs Navi: Lippertor, 59555 Lippstadt) und auf kurzem Weg durch die Fußgängerzone zum Bahnhof laufen kann.

29 km	1-2 Tage	ja	nein	leicht-mittel

Charakter: Typischer Flachlandfluss mit geringem Gefälle. Auf weiten Strecken begradigt, zum Teil recht hohe Ufer. Trotzdem recht idyllisch mit schönen Kiesbänken entlang der Ufer und vielfältiger Wasservogelwelt. Sportliche Note durch ein paar spritzige Sohlschwellen

Befahrungsregeln: Diverse Uferbetretungsverbote, nur gekennzeichnete Ein- und Ausstiegsstellen nutzen

Einstieg: Am Dorfplatz in Paderborn-Sande neben dem Kieswerk

Ausstieg: Bootshaus des WSC Lippstadt oder Kanuanleger am Kiskerwehr

Hindernisse: Die Staumauer am Ende des Lippesees muss kurz umtragen werden, mehrere fahrbare Schwälle und Sohlschwellen, die Wehre vor und hinter Mantinghausen, das ehemalige Stauwehr in Rebbeke, das Wehr in Mettinghausen sowie die neue Sohlrampe bei Esbeck sind bei normalem Wasserstand und etwas Bootsbeherrschung fahrbar oder können kurz umtragen werden.

Unterkunft: Zeltmöglichkeiten für DKV-Mitglieder an den Bootshäusern des TuS Mantinghausen, www.kanumantinghausen.de und des WSC Lippstadt, www.wsc-lippstadt.de; Campingplatz am Lippesee-Nordufer, Tel. 05254/106 38, www.lippesee-camping.de

Einkehr: Keine Einkehrmöglichkeit direkt am Ufer; Restaurant »Zum Schwanenkrug« in Delbrück (ca. 500 m vom Anleger); breites gastronomisches Angebot am Ende der Tour in Lippstadt

Kanuverleih: KanuTouren Till Merkord, www.kanute.de. Lippstadt: Gaman Kanus, Tel. 02941/799 39, www.gamann-kanus.de; Kanutouren Deppe, Tel. 02941/92 24 90, www.kanutouren-deppe.de

Info: Touristinformation Paderborn, Tel. 05251/88 29 80, www.paderborn.de; Stadtinformation Lippstadt, Tel. 02941/585 15, www.lippstadt.de

Zurück zum Auto: Mit dem Zug problemlos von Lippstadt nach Paderborn. Vom Hauptbahnhof mit der Linie 8 (Richtung Gesseln) bis Schloss Neuhaus und weiter mit Bus 58 nach Paderborn-Sande. Fahrtzeit gesamt ca. 1 Std. 15 Min.

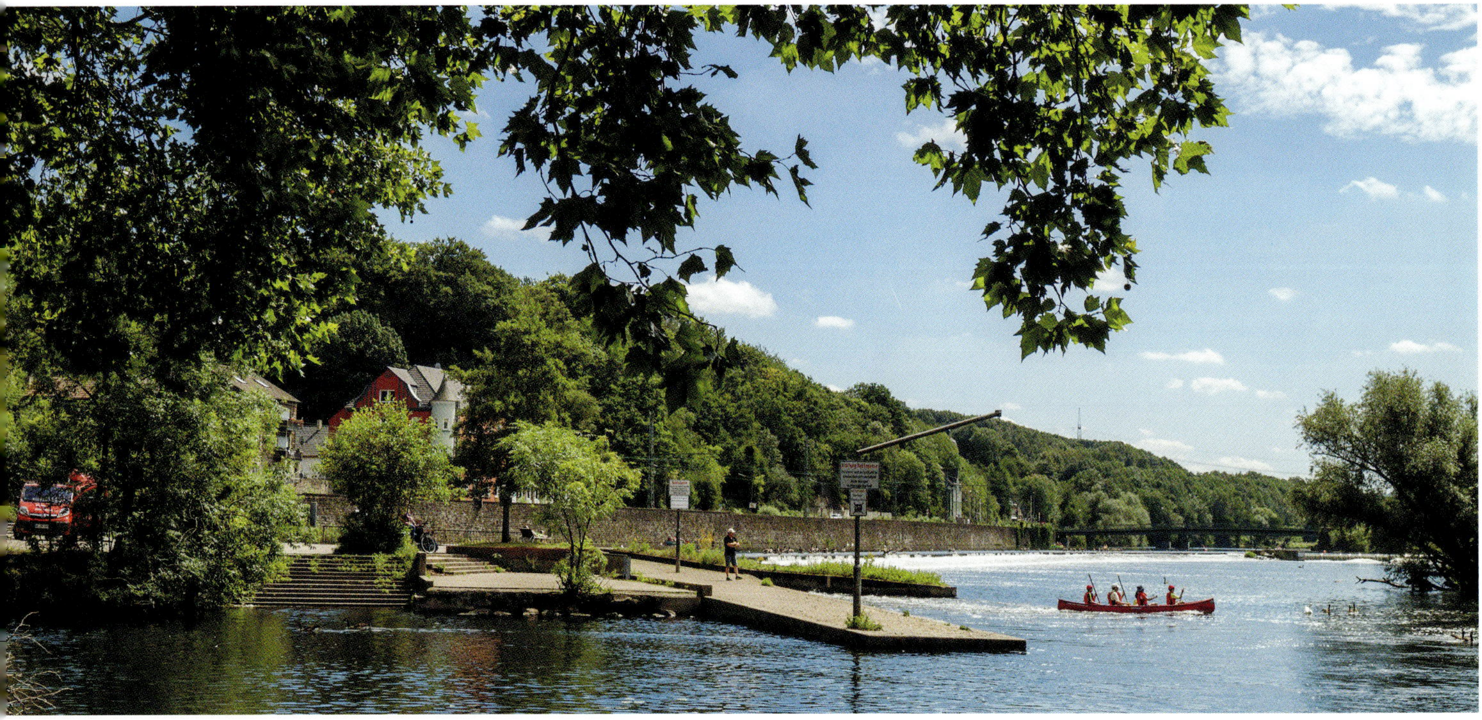

Bootsgasse am Wehr in Bochum-Dahlhausen

21

Ruhr: Von Wetter nach Essen

Grünes Herz im Kohlenpott

Nach dem Start in Wetter sind die Ufer grün, und die Ruhr fließt ruhig und breit dahin. Hinter der Gaststätte eines Ruderclubs liegt zu Füßen des Berger-Denkmals, einem viel besuchten Aussichtsturm im Naherholungsgebiet Hohenstein, das Wehr in Witten. Wir legen rechts oberhalb der Wehrkrone an und umtragen das Kajak kurz über einen Pfad auf der Insel.

Direkt hinter dem Wehr überspannt das beeindruckende Ruhr-Viadukt auf einer Länge von 800 Metern und mit 20 Bögen den Flusslauf. Der Beginn der Fahrwassermarkierung kündigt den Beginn der Staustrecke vor dem nächsten Wehr an. Nach der Fußgängerbrücke grüßt vom linken Ufer eine Ruine, dahinter halten wir uns links, um zur Bootsgasse zu gelangen.

Nächste Station ist der Kemnader Stausee. An der kleinen Insel zu Beginn des Sees halten wir uns rechts, da die Befahrung des Schutzgebietes am linken Ufer im ausgetonnten Bereich bis zu den gelben Bojen untersagt ist.

In Höhe der Seemitte befindet sich am rechten Ufer ein Gasthaus, die Bootsgasse für das Wehr am Seeende liegt am linken Ufer. Nach der nächsten Straßenbrücke flankieren rechts der WSV Bochum, die DKV-Kanustation des Kanu-Clubs Wiking Bochum und das Gasthaus »Zur alten Fähre« die Ruhr.

An der folgenden Flussteilung halten wir uns rechts, um am Ende am Wehr in Blankenstein vor dem Schwimmbalken am linken Ufer (Schild: »Bootsumtrage«) auszusetzen und kurz geradeaus am Gebäude (nicht nach rechts über die Brücke) zu umtragen. Hinter der Straßenbrücke folgen weitere Kanuvereine, und die letzten Kilometer bis Hattingen sind schnell gepaddelt. An den Treppen des Campingplatzes an der Ruhrbrücke in Hattingen beenden wir unsere Tagesetappe.

Am nächsten Morgen genießen wir das spritzige Erlebnis in der Bootsgasse des modernen Wehrs. Beim Neubau vor einigen Jahren wurde an alles gedacht. Am rechten Rand gibt es drei Bahnen: in der Mitte den Fischaufstieg, links davon eine Bootsgasse und rechts davon einen Treidelpfad.

Die Ruhr macht einen großen Bogen und wird hoch über dem linken Ufer von der Burgruine Isenburg überwacht. Da am

EXTRA: Lenne

Die Lenne, ein linker Nebenfluss der Ruhr, fließt durch ein landschaftlich reizvolles Tal. Zur Stromerzeugung wurde der Fluss oft gestaut. Einige der Wehre sind fahrbar und verleihen der Tour eine sportliche Note, der übrige Teil muss z. T. recht aufwendig umtragen werden. Eine 19 km lange Tagestour für erfahrene Paddler ist die Strecke von Werdohl nach Altena.

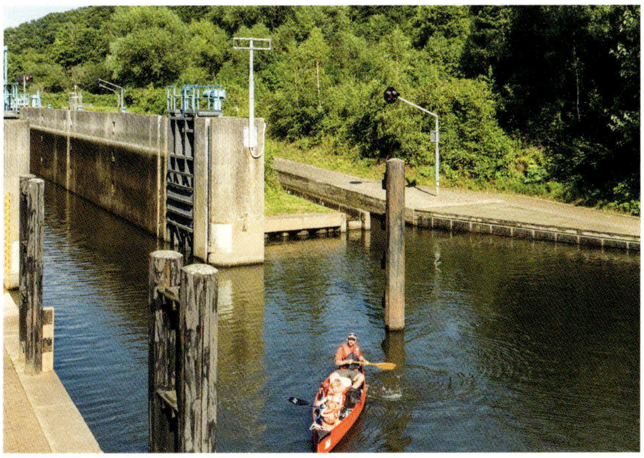

An der Schleuse Herbede

Wehr in Dahlhausen die Etappe noch jung ist, stoppen wir weder an dem neben dem Wehr liegenden Restaurant noch an der großen Zeltwiese des Linden-Dalhausener KC. Nach einer Straßenbrücke folgt das Wehr in Horst, dahinter ragt am rechten Ufer der Schornstein einer Industrieruine in den Himmel. Es folgen zwei Campingplätze und das Vereinsgelände der Freien Wasserfahrer Essen-Steele. Hinter der S-Bahn- und Eisenbahntrasse bietet sich am linken Ufer das Restaurant »Ruhreck« zu einer Rast an. Am Wehr in Steele halten wir uns zunächst rechts, um dann vor der Brücke nach links zur Bootsgasse zu paddeln.

Hinter dem Wehr wird die Ruhr zur Schifffahrtsstraße, und das Fahrwasser ist ausgetonnt. Essen rückt näher, an den Ufern tummeln sich zahlreiche Kanuvereine und Restaurants, und die Ruhr geht langsam in den Baldeneysee, einem neun Kilometer langen Stausee, über, der weit über die Stadtgrenzen hinaus ein beliebtes Wassersportrevier ist.

Am nördlichen Ende des Baldeneysees thront über den Hügeln am Ufer die Villa Hügel, die um 1870 für Alfred Krupp errichtet wurde und bis 1945 Wohnsitz der Familie war. Seit 1953 präsentiert die Villa ihre Kunstschätze, Konzerte und Ausstellungen der Öffentlichkeit, und eine historische Sammlung erzählt die Firmen- und Familiengeschichte.

53 km	2–3 Tage	ja	ja	leicht

Charakter: Absolut anfängertauglicher, landschaftlich recht ansprechender Kanuwanderfluss. Reizvolle Kontraste durch Nebeneinander der industriellen Vergangenheit und Gegenwart mit Mix aus Natur-, Kultur- und Freizeitlandschaft

Befahrungsregeln: Kemnader Stausee nur im ausgetonnten Bereich durchfahren; Vogelschutzgebiet am Südufer des Baldeneysees (durch Bojen markiert) darf nicht befahren werden.

Einstieg: Großer Parkplatz der Firma Demag direkt am Ufer hinter Straßenbrücke der B 234 zwischen Oberwengern und Wetter (Wasserstraße 6A, 58300 Wetter)

Ausstieg: Vor dem Wehr in Essen-Werden am linken Ufer (fürs Navi: Hardenbergufer 70, 45239 Essen)

Hindernisse: Wehr bei Witten, Wehr Herbede (Bootsgasse außer Betrieb); Bootsgasse am Wehr Kemnader Stausee, Wasserkraftwerk Blankenstein; Bootsgasse am Wehr in Hattingen; Bootsgasse am Wehr in Bochum-Dahlhausen, Bootsgasse Wehr Stehle-Horst; Bootsgasse Wehr Steele

Unterkunft: Campingplatz Ruhrbrücke in Hattingen, Tel. 02324/800 38, www.camping-hattingen.de; Campingplatz Horster Brücke, Tel. 0179/794 21 79, www.horster-ruhrbruecke.de; Campingpark Baldeneysee, Tel. 0201/40 20 07, www.campingpark-baldeneysee.de; Knaus Campingpark Essen-Werden, Tel. 0201/49 29 78, www.knauscamp.de; zahlreiche Kanuvereine mit guten Zeltmöglichkeiten

Einkehr: Diverse Gasthäuser, Cafés und Biergärten entlang der gesamten Strecke, besonders aber am Baldeneysee

Kanuverleih: Lenne-Ruhr-Kanu-Tour (Stationen in Herdecke und Hattingen), Tel. 02304/616 99, www.ruhrkanu.de; Ruhr-Piraten (Bochum), Tel. 0176/24 03 15 90, www.ruhrpiraten.com; BAKO-Special-Tours (Hattingen, Bochum-Dahlhausen, Essen-Werden, Essen-Kettwig), Tel. 02162/35 04 16, www.kanuteam-ruhr.de; Kanu Tour Ruhr (Essen-Kupferdreh), Tel. 0201/95 97 33 23, www.kanu-tour-ruhr.de; Kanugarage Wetter, Tel. 02335/80 17 80, www.natur-aktiv.com; Ruhr-Abenteuer (Kanustation Essen-Steele), Tel. 02327/36 97 80, www.ruhr-abenteuer.de; Querfeldeins (Hattingen – Bochum-Dahlhausen), Tel. 0201/857 95 00, www.querfeldeins.org

Info: Ruhr Tourismus, Tel. 01806/18 16 20, www.ruhr-tourismus.de

Zurück zum Auto: Ideale Rückholmöglichkeiten durch gut ausgebauten Nahverkehr: mit der S-Bahn von Essen-Werden nach Essen-Hbf. und weiter mit dem Zug nach Wetter (Ruhr). Aktuelle Fahrpläne unter www.vrr.de

Am gegenüberliegenden Ufer der Villa und der darunter liegenden Regattatribüne beenden wir links vor dem Wehr in Essen-Werden unsere Tour auf der Ruhr.

22

Wupper: Von Müngsten nach Leichlingen

Hüpfendes Wasser im Bergischen Land

Nach dem Start dauert es nur knapp 15 Minuten, bis das erste Wehr am Schaltkotten unter der eindrucksvollen Müngstener Brücke erreicht ist. Es muss am rechten Ufer umtragen werden, den Besuch des weitläufigen Müngstener Brückenparks verschiebt man am besten auf die Zeit nach der Tour.

Nächste Station ist die Straßenbrücke in Solingen-Burg, wo ein Sessellift die zahlreichen Touristen aus dem Ortsteil Unterburg am rechten Ufer über die Wupper den Burghang hinauf in die unterirdische Bergstation in der Nähe von Schloss Burg hoch oben auf dem linken Ufer transportiert, einen Kanuanleger suchen wir aber vergebens.

Nun beginnt der Rückstau, und ein Warnschild macht rechtzeitig auf das Wehr am Klärwerk aufmerksam. Dort können wir rechts am schmalen Steg oberhalb der u-förmigen Wehrkrone anlanden und müssen kurz durch den Wald umtragen.

Bald folgt am rechten Ufer der idyllische Wald-Campingplatz, dessen kleine Gastwirtschaft zu einer Pause mit Bergischen Waffeln einlädt. Danach geht es weiter mit flotter Strömung vorbei am Balkhauser Kotten (rechts) und Burg Hohenscheid (hoch über dem linken Ufer) zum Wehr Auerkotten, das auf dem Wanderweg am rechten Ufer für 500 Meter bis zur Straßenbrücke Wupperhof umtragen werden muss.

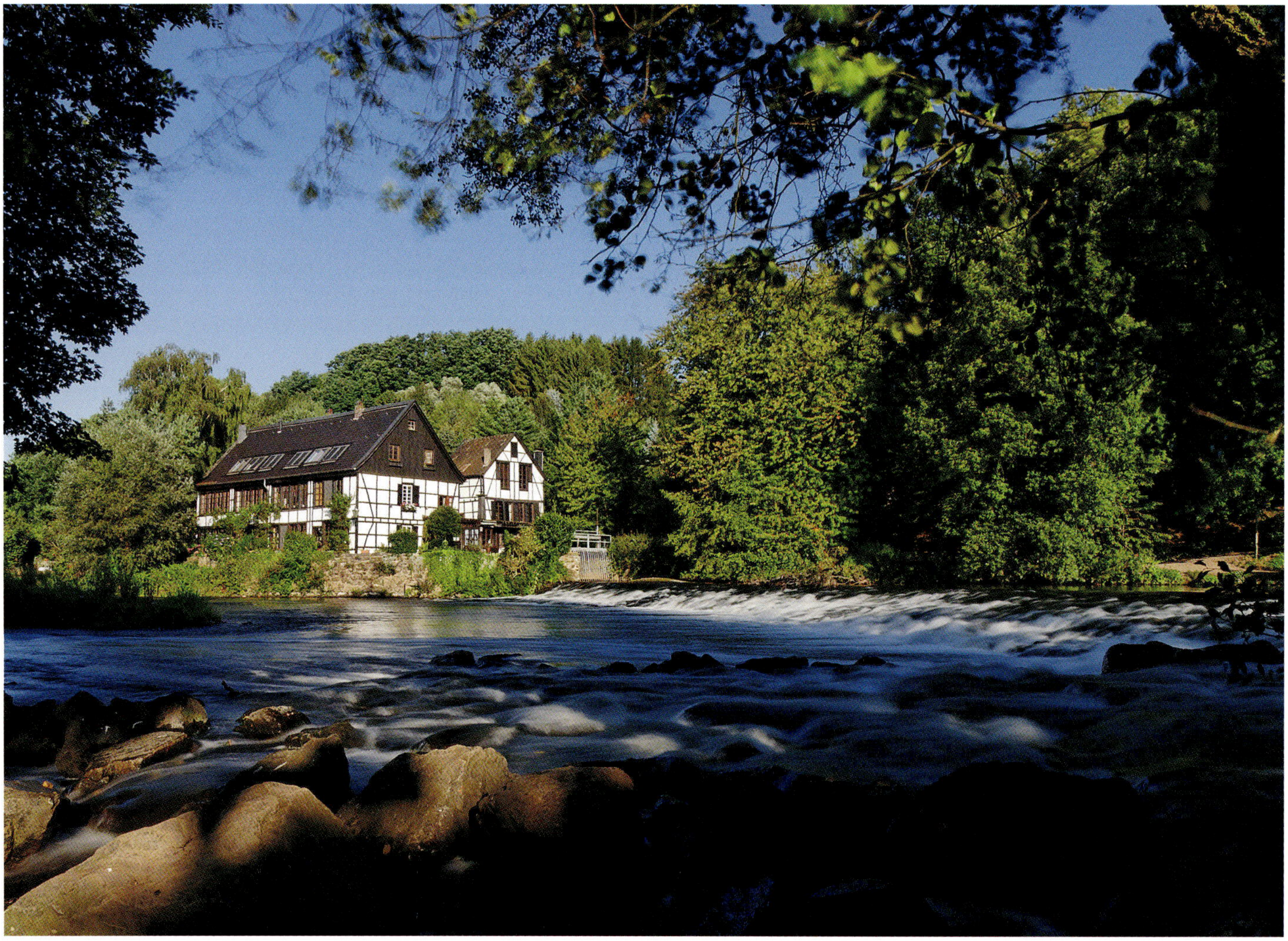

Das Wehr am Wipperkotten

Die Wupper sucht sich ihren Weg durch eine tiefe Waldschlucht, und es gibt im weiteren Verlauf einige Stellen, an denen das Wasser lauter rauscht, die aber für Paddler mit ein bisschen Erfahrung kein Problem darstellen sollten.

Aufgepasst heißt es gut einen Kilometer nach dem Passieren der Fußgängerbrücke in Friedrichsaue, und voraus ist das laute Rauschen des Wehrs in Wipperkotten zu vernehmen. Es muss kurz am linken Ufer umtragen werden; um den Kotten zu besichtigen oder sich im Restaurant »Wipperaue« zu stärken, legt man besser zunächst oberhalb des Wehres am rechten Ufer an.

Nachdem wir den Wipperkotten hinter uns gelassen haben, öffnet sich das Tal; an den Ufern ziehen Wiesen vorüber, und von den Weiden blicken uns neugierige Kühe hinterher. Vorbei an der Juckelbrücke – der ungewöhnliche Name der Fußgänger- und Radfahrerbrücke erinnert an die ursprüngliche Holzbrücke aus dem 19. Jahrhundert, die an schwankenden Seilen aufgehängt war – erreichen wir die Stadt Leichlingen, wo wir beim Sportplatz am Ortsende unsere Tour gut beenden können.

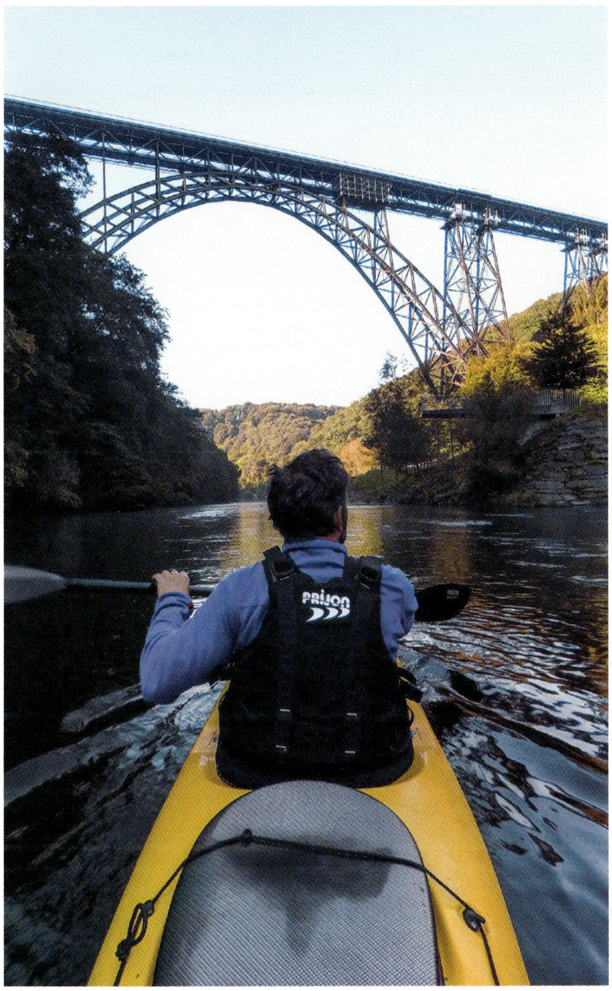

Die Müngstener Brücke ist die höchste Eisenbahnbrücke Deutschlands.

23 km	6–7 Std.	ja	nein	leicht-mittel

Charakter: Reizvoller Kleinfluss mit zahlreichen kleinen Schwällen und sanften Bögen. Schönes bewaldetes, zum Teil recht tief eingeschnittenes Tal

Befahrungsregeln: Für den Start an der Müngstener Brücke ist ein Mindestpegel von 73 cm erforderlich (24-Std.-Mittelwert des Pegels Opladen vom Vortag), für den zweiten Teil ab Wupperhof reichen 60 cm. Infos zum aktuellen Wasserstand beim Pegeldienst des Kanu-Verbands NRW (www.kanu-nrw.de) sowie unter fluggs.wupperverband.de/web/fluggs/kanusport/untere-wupper. Es sind nur Boote bis zu vier Personen und ein Ein- und Ausstieg nur an gekennzeichneten Stellen erlaubt. Weiterhin erforderlich ist mindestens ein Paddler pro Gruppe mit »Wupper-Führerschein FFH-Gebiet«. Er kann in einem eintägigen Lehrgang mit Theorie- und Praxisteil zum naturbewussten Paddeln an besonders sensiblen Flussabschnitten erworben werden. Die Kurse kosten 20 € und werden angeboten von der biologischen Station Mittlere Wupper (www.bsmw.de).

Einstieg: Parkplatz L 74 direkt am Wupperufer in Müngsten (nicht zu verwechseln mit dem großen Parkplatz des Müngstener Brückenparks)

Ausstieg: Sportzentrum Balker Aue in Leichlingen (Oskar-Erbslöh-Straße)

Hindernisse: Insgesamt vier Wehre; am längsten ist die Portage hinter dem Wehr Auerkotten (ca. 500 m auf einem Wanderweg), bei der ein Bootswagen gute Dienste leistet.

Unterkunft: Campingplatz in Glüder, Tel. 0212/24 21 20, www.camping-solingen.de

Einkehr: Haus Müngsten im Müngstener Brückenpark; Waldschänke »Wiesenkotten«; Biergarten am Camping Glüder; Gaststätte »Rüdenstein«; Restaurant »Wipperaue«, breites gastronomisches Angebot in Leichlingen

Kanuverleih: WupperKanuTouren Thomas Becker, Tel. 0212/264 27 05, www.wupperkanutouren.de; Kanuverleih TeamKraft, Tel. 0202/51 58 33 88, www.wupper-kanuverleih.de

Info: Bergische Struktur- und Wirtschaftsföderungsgesellschaft, Tel. 0212/88 16 06 60, www.bergisch-mal-drei.de

Zurück zum Auto: Mit Bus und Bahn möglich, aber sehr aufwendig (ca. 1 Std.): Zug von Leichlingen mit Umstieg in Solingen nach Remscheid-Güldenwerth und weiter mit dem Bus 658 zum Müngstener Brückenpark, Fahrpläne unter www.vrsinfo.de

23

Sieg: Von Au nach Siegburg

Spritzige Gepäckfahrt zwischen Bergischem Land und Westerwald

Die Sieg entspringt im Rothaargebirge und bringt ihr klares Wasser am Rande des Bergischen Landes mit flotter Strömung über etwa 130 Kilometer bis zur Mündung in den Rhein nahe Bonn. Die Sieg zählt zwar nicht zu den Kanuwanderklassikern, hat aber ihre Liebhaber unter den Kanuten. Und das zu Recht, ist sie doch ein herrlicher Mittelgebirgsfluss durch dichte Wälder und natürliche Auen, bei dem das Naturerlebnis nicht durch große Städte getrübt wird.

Bereits kurz nach unserem Start macht die Sieg deutlich, was sie zu bieten hat. Hinter praktisch jeder der unzähligen Straßen- oder Eisenbahnbrücken bilden sich, je nach Wasserstand, mehr oder weniger ausgeprägte Stromschnellen. Die Wellen der Schwälle funkeln in der Sonne, und auch der erste Eisvogel lässt nicht lange auf sich warten.

Über Imhausen geht es zum Wasserfall in Schladern. Er ist die Folge einer Sparmaßnahme aus der Mitte des 19. Jahrhunderts. Um beim Bau der Eisenbahn mit Brücken geizen zu können, verlegte man das Flussbett, und es entstand eine 84 Meter breite, vier Meter hohe Felsstufe über die Sieg, die je nach Wasserstand als kleines Rinnsal oder imposanter Wasserfall plätschert bzw. rauscht.

Am rechtsufrigen Anleger montieren wir die Bootswagen, denn die folgende Portage ist rund einen Kilometer lang. Unterwegs lässt sich im Biergarten »Elmores« auf dem Gelände der ehemaligen Kupferwerke von der anstrengenden Portage verschnaufen, und nebenan informiert die Ausstellung im Besucherzentrum der Naturregion Sieg über die Natur am Fluss und die Geschichte des Siegtals.

Am kleinen Parkplatz vor dem Seniorenheim geht es zurück aufs Wasser, und vor uns liegen fünf hindernisfreie Kilometer bis zum Wehr in Dattenfeld. Es kann ganz links über die Bootsrutsche befahren werden. Ein kurzes, aber spritziges Vergnügen!

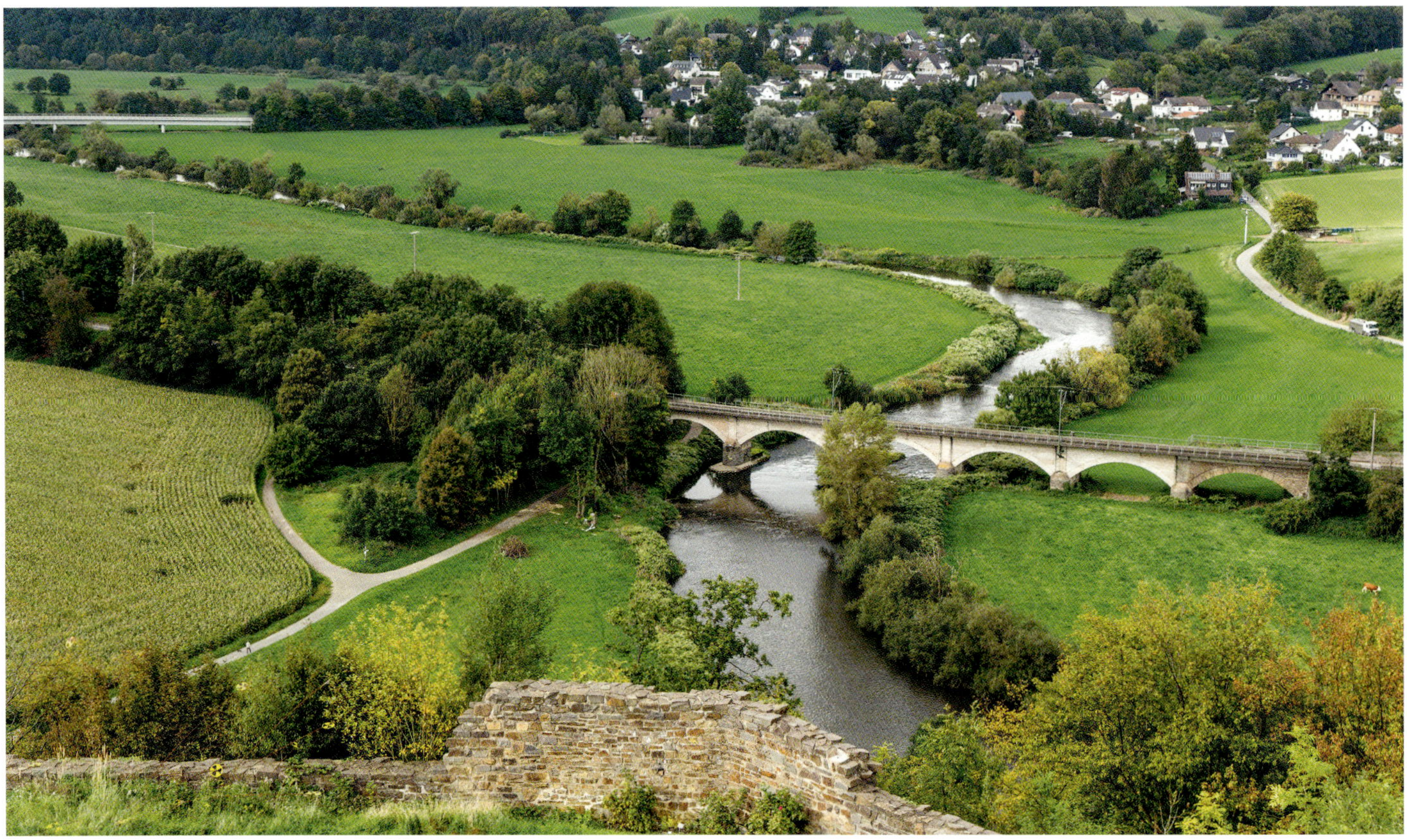

Panoramablick von der Burg Blankenberg

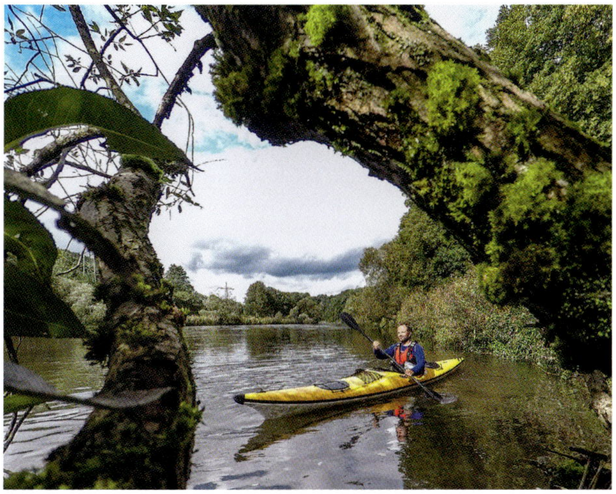

Die Sieg bei Stromberg

Auch das hinter Herchen folgende Wehr an der Unkelmühle ist mit einer Bootsrutsche ausgestattet, die in Form einer flachen, S-förmigen Betonrinne ganz links zu finden ist. Bei niedrigerem Wasserstand lassen sich die Boote auch treideln.

Bis Eitorf weitet sich das Siegtal und in einer großen Linkskurve am linken Ufer liegt der Campingplatz Happach, der mit seinem sehr schönen Uferstreifen wie gemacht ist für Paddler. Auf der Kiesbank davor dürfen wir sogar ein Feuer entfachen. So klingt der Paddeltag zünftig aus, und nicht einmal die nahe gelegene Bahnstrecke kann die Idylle merklich stören.

Nach der nächsten großen Siegschleife thront hoch über dem linken Ufer die alte Stadt Blankenberg mit einer imposanten Burganlage, die im Mittelalter den Zugang zum Siegtal kontrollierte. An den Ausläufern des Siebengebirges entlang strömt die Sieg vorbei an Hennef und weiter nach Nordwesten. Hinter der Autobahnbrücke erreichen wir am rechten Ufer das Vereinsheim der Kanuten des STV Siegburg, wo wir die Tour auf der Sieg gut beenden können, bevor sie etwa 300 Meter weiter über das nächste Wehr rauscht.

EXTRA: Die Große Nister

Die große Nister ist ein spannender und anspruchsvoller Kleinfluss im Westerwald. Der schnelle Wasserabfluss macht die Strömung rasant; neben der herrlichen Landschaft in der Kroppacher Schweiz mit Wald, Wiesen und Felsen sorgen viele fahrbare Wehre dafür, dass eine Tour auf der Nister einen bleibenden Eindruck hinterlässt. Die große Nister ist nur bei gutem Wasserstand im Frühjahr fahrbar. Der erforderliche Mindestwasserstand am Pegel Betzdorf für eine Tour auf der Nister beträgt 90 cm für die Fahrt ab Langenbach und 80 cm bei einem Start in Heimborn.

---

60 km	2–3 Tage	ja	nein	leicht

Charakter: Spritzig-sportlicher Wanderfluss mit diversen Schwällen und kleinen Gefällstrecken aber ohne lästige Baumhindernisse. Naturnahes Auental, umgeben von mal bewaldeten, mal schroffen Hügeln

Befahrungsregeln: Ganzjähriges Uferbetretungsverbot mit Ausnahme der gekennzeichneten Anleger. Mindestpegel Betzdorf: 55 cm für den ersten Streckenabschnitt bis Eitorf, maximal 50 Boote/Tag zwischen zwei aufeinanderfolgenden Anlegern; Mindestpegel Eitorf: 30 cm für die Befahrung von Eitorf bis Wehr Siegburg (Fluss-km 41 – km 16), maximal 100 Boote/Tag. Detaillierte Hinweise unter www.rhein-sieg-kreis.de/badenundpaddeln. Mindestpegel meist nur bis Frühsommer oder nach ergiebigem Regen.

Einstieg: Straßenbrücke in Au (Anleger Nr. 0, Opsener Straße, 51570 Windeck)

Ausstieg: Bootshaus des STV Siegburg (Anleger Nr. 15, Wahnbachtalstraße 19, 53721 Siegburg)

Hindernisse: Insgesamt drei Wehre, zwei davon mit Bootsrutschen. Das Wehr in Schladern erzwingt eine längere Portage von 1000 m, ein Bootswagen ist sehr zu empfehlen.

Unterkunft: Campingplatz in Eitorf, Tel. 02243/35 33, www.campingplatz-happach.de; mehrere Campingplätze in Hennef-Lauthausen, www.siegtal-camping.de, www.camping-janssen.de, www.siegpark-hennef.de; Zeltplatz am Bootshaus des STV Siegburg, Tel. 02241/632 20, siegburgertv.de/abteilungen/kanu/; Hotel Auermühle unweit des Einstiegs in Au, Tel. 02682/251, www.hotel-auermuehle.de

Einkehr: Zahlreiche Gasthöfe direkt am Ufer, u. a. Landgasthof »Zur Post« in Windeck-Rosbach, Biergarten »Elmores« am Wasserfall Schladern; Gaststätte »Siegperle« in Dreisel; Imbiss am Bootsverleih und Restaurant »Da Nino« am Wehr in Dattenfeld; Biergarten im Kurpark Herchen; Landgasthaus »Siegstrand« in Hennef-Lauthausen; Gasthaus »Sieglinde« bei Hennef; »The Laredo« und »Wirthaus zur Sieg« am Bootshaus des STV Siegburg

Kanuverleih: WupperKanuTouren Thomas Becker (geführte Touren), Tel. 0212/264 27 05, www.wupperkanutouren.de; Kanu-Sport Schulte, Tel. 02644/35 88, www.kanu-sport-schulte.de; Outdoorstation Markus Wimmer, Tel. 02293/93 97 79, www.outdoorstation.de; Aktiv Events Bredthauer, Tel. 0228/908 49 73, www.kanu-sieg.de

Info: Naturregion Sieg, www.naturregion-sieg.de; Touristik-Service Eitorf, Tel. 02243/194 33, www.eitorf-erleben.de

Zurück zum Auto: Regelmäßige Bahnverbindung mit der S12 aus Köln von Siegburg nach Au, Fahrtzeit 30–40 Min.; Fußweg vom STV Siegburg zum Bahnhof ca. 2,5 km/30 Min., alternativ alle 30 Min. Bus 502 zum Hauptbahnhof (www.rsvg.de)

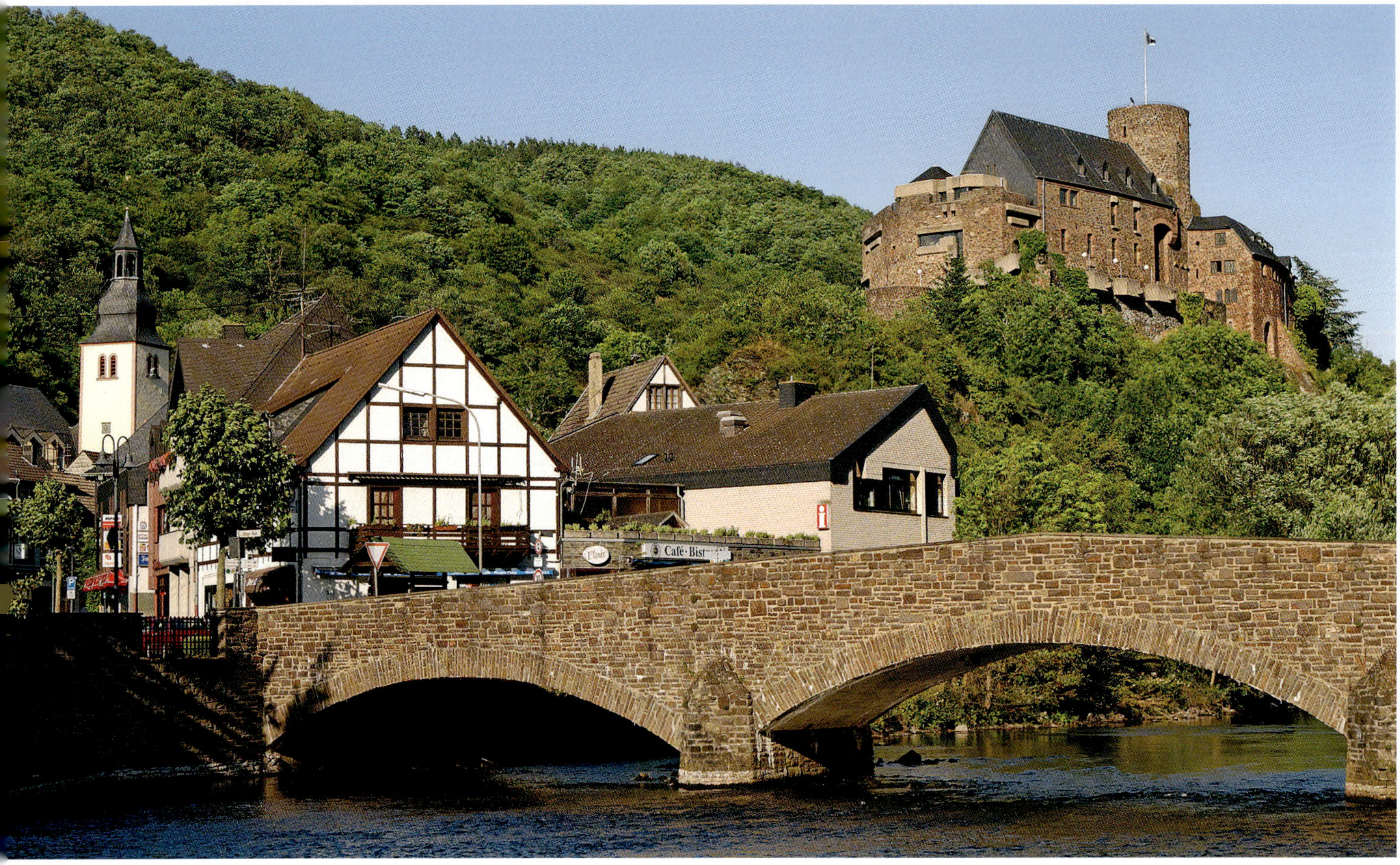

In Heimbach wacht Burg Hengenbach über der Rur.

24

Rur: Von Heimbach nach Zerkall

Mit flotter Strömung durch die Rureifel

Die Rur zählt zu Recht zu den schönsten Flüssen in Westdeutschland. Mit durchgehend flotter Strömung und zum Teil ausgeprägten Prallhängen trägt sie den Paddler durch ein landschaftlich reizvolles Tal. Neben einer urwüchsigen Waldlandschaft beeindrucken vor allem die steilaufragenden Buntsandsteinfelsen.

Am frühen Morgen heben wir an der Holzbrücke in Heimbach unter dem Blick der Burg Hengenbach unsere Kajaks vom Autodach. Da in Heimbach nur ein gebührenpflichtiger Parkplatz zu finden ist, setzen wir das Auto vor dem Start nach Zerkall um. Mit der Rurtalbahn kehren wir problemlos von Zerkall nach Heimbach zurück. Sofort nach dem Ablegen erfasst uns die flotte Strömung und befördert uns als Expressfracht unter der Straßenbrücke durch, vorbei an Freibad und den beiden Campingplätzen in Heimbach und anschließend durch eine schöne Waldlandschaft.

Doch Vorsicht ist angebracht, und die Augen sollten immer ein paar Meter voraus gerichtet sein. Äste und Steine im Flussbett und die zum Teil sehr engen Kurven der Rur mit ausgeprägten Prallhängen, an denen der Stromzug auf das Ufer drückt, erfordern das ein oder andere beherzte Manöver und einen sicheren Steuerschlag. Hinter der Straßenbrücke in Hausen folgt eine besonders schöne S-Kurve, und hoch am rechten Ufer recken sich die ersten imposanten Buntsandsteinfelsen gen Himmel, bevor die Straßenbrücke und Anlegestelle in Blens und ein weiterer Campingplatz vorbeirauschen.

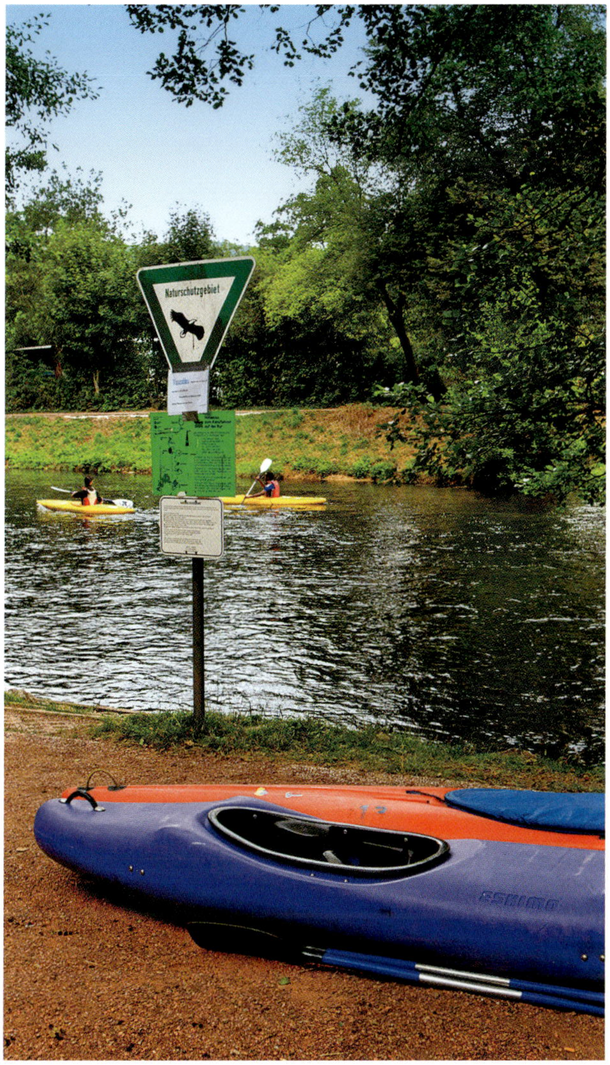

Für die Befahrung der Rur gelten strenge Regeln.

An der nächsten Straßenbrücke ist Abenden erreicht, wo sowohl links als auch rechts die Anleger von Biergärten und Restaurants um die Gunst der Paddler buhlen.

An der Straßenbrücke in Brück erheben sich Buntsandsteinfelsen und die Burg Nideggen über dem rechten Ufer, links wartet ein Restaurant.

Fast zu schnell ist die Eisenbahnbrücke der Rurtalbahn in Zerkall erreicht, unter der am linken Ufer die Aussatzstelle liegt.

EXTRA: Weiter bis Obermaubach

Wer in Zerkall noch Kondition hat und weiterpaddeln möchte, kann bis zur Staumauer des Stausees von Obermaubach paddeln. Die Strecke verlängert sich so um knapp 6 km, die letzten 3 km weisen praktisch kaum noch Strömung auf.

---

14 km	3 Std.	ja	nein	mittel

Charakter: Landschaftlich reizvoller Kleinfluss mit steil aufragenden Buntsandsteinfelsen und hohen, bewaldeten Hängen entlang der Ufer. Diverse Kurven und eine ordentliche Strömung lassen keine Langeweile aufkommen. Ungeübte Fahrer sollten sich nur in Begleitung erfahrener Paddler auf den Weg machen.

Befahrungsregeln: Befahrung nur vom 15. Juli–28. Feb. und bei ausreichendem Wasserablass (mindestens 7 m^3/sec) am Staubecken Heimbach, Pegel unter www.kanu-nrw.de. Außerdem ist eine Anmeldung erforderlich (www.kanu-nrw.de/Bootsres/). Vom 1. Nov.–28. Feb. ist die Befahrung kostenfrei, in der übrigen Zeit ist eine Gebühr fällig (z. B. 7 € für ein Kanu 1–2 Personen). An der Holzbrücke in Heimbach ist während der Saison ein DKV-Mitarbeiter vor Ort, der die Gebühr kassiert und die Kennzeichnungskarte ausgibt, die für die gesamte Fahrt gut sichtbar am Boot befestigt werden muss. Anlegen ist ausschließlich an den Kanuanlegern in Blens, Abenden und Zerkall gestattet.

Einstieg: Treppe hinter der Holzbrücke in Heimbach (fürs Navi: über Rur, 52396 Heimbach)

Ausstieg: Treppe unter der Eisenbahnbrücke in Zerkall am Nationalpark-Infopunkt (fürs Navi: Auel 1,52393 Hürtgenwald)

Hindernisse: Die durchgehend gute Strömung, weit in den Fluss ragende Äste und der ein oder andere aus dem Wasser ragende Stein erfordern aufmerksames Paddeln.

Unterkunft: Nationalpark Gästehaus in Heimbach-Herrgarten, www.nationalpark-gaestehaus.de; Heimbacher Campingplatz, Tel. 02446/437, www.heimbacher-campingplatz.de; Campingplatz Felsenblick, Tel. 02446/805 00 30, www.campingplatz-felsenblick.de und Rurthal von Abercron, Tel. 02446/33 77, www.campingplatz-rurthal.de in Hausen; Campingplatz Haus Friedenstal in Abenden, Tel. 02427/66 84, www.camping-abenden.de; Campingplatz Hetzingen in Nideggen-Brück, Tel. 02427/508, www.campingplatz-hetzingen.de

Einkehr: Café Rur gegenüber vom Bahnhof in Heimbach und diverse Cafés und Restaurants im Ortszentrum; Restaurant »Friedenstal« und »Haus Mühlbach« in Abenden (beide mit Biergarten)

Kanuverleih: Kanuschule Wolfgang Petry, Tel. 0157/50 17 57 56, www.kanu-petry.de

Info: Rureifel Tourismus, Tel. 02446/80 57 90, www.rureifel-tourismus.de; Nationalpark Infopunkt Zerkall, Tel. 02427/90 90 26

Zurück zum Auto: Schnell und problemlos mit der Rurtalbahn, Fahrplan unter www.rurtalbahn.de

Blick von der Burgruine Polle ins Wesertal

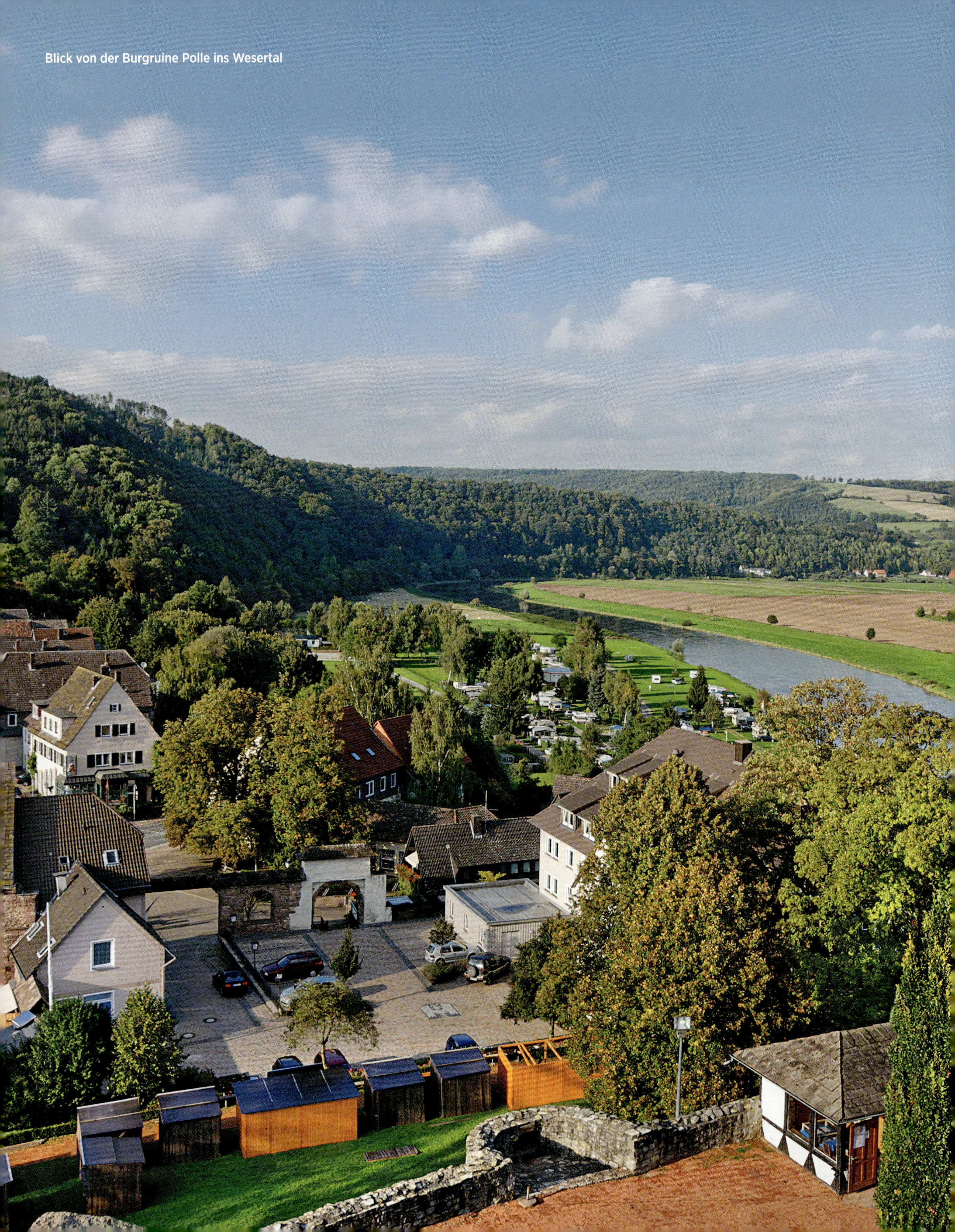

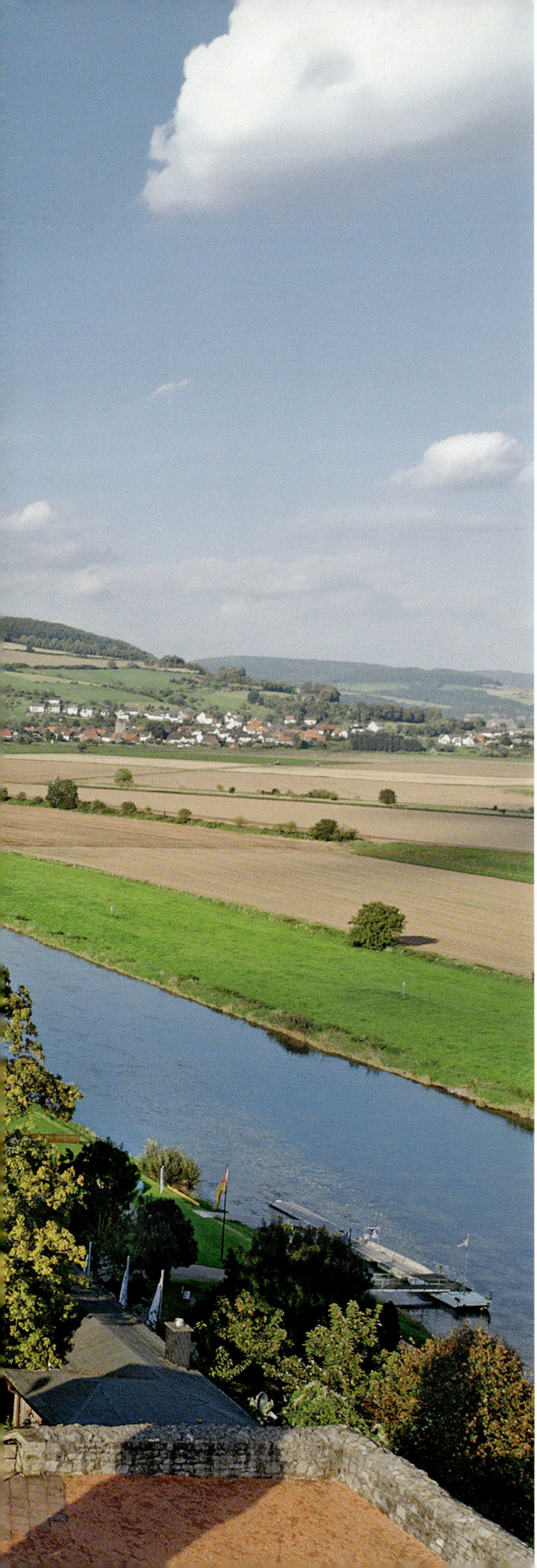

In der Mitte: Die klassischen Wanderflüsse

»Wo Werra sich und Fulda küssen …« steht auf dem Stein in Hann. Münden, der den Beginn der Weser markiert. Kanuten schätzen die Flüsse in der Mitte Deutschlands wegen der vielen, abwechslungsreichen Paddelkilometer ohne nennenswerte Hindernisse. Flüsse, die wie gemacht sind für Kanuwanderungen oder »Flusstrekking«, wie es auf Neudeutsch heißt.

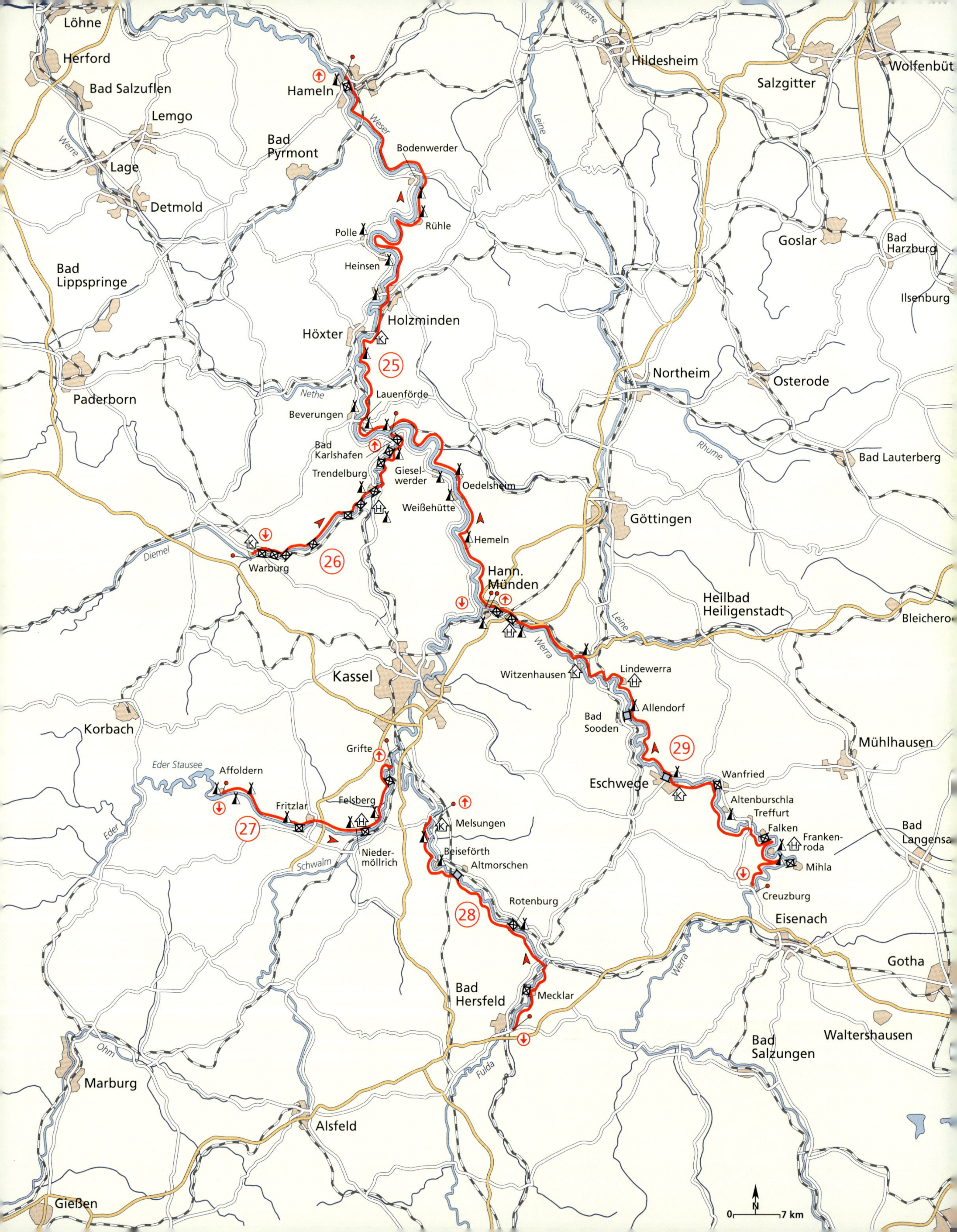

Löhne
Herford
Bad Salzuflen
Lemgo
Werre
Lage
Detmold
Bad Pyrmont
Hameln
Weser
Bodenwerder
Hildesheim
Innerste
Salzgitter
Wolfenbüt
Leine
Rühle
Polle
Heinsen
Goslar
Bad Harzburg
Ilsenburg
Bad Lippspringe
Holzminden
Höxter
25
Paderborn
Nethe
Lauenförde
Beverungen
Northeim
Osterode
Bad Karlshafen
Trendelburg
Gieselwerder
Oedelsheim
Weißehütte
Rhume
Bad Lauterberg
Göttingen
Hemeln
Diemel
Warburg
26
Hann. Münden
Heilbad Heiligenstadt
Bleichero
Werra
Kassel
Witzenhausen
Lindewerra
Allendorf
Bad Sooden
29
Korbach
Grifte
Eder Stausee
Affoldern
Fritzlar
Felsberg
27
Eder
Niedermöllrich
Schwalm
Melsungen
Beiseförth
Altmorschen
Eschwege
Wanfried
Altenburschla
Treffurt
Falken
Frankenroda
Mihla
Creuzburg
Mühlhausen
Bad Langensa
Rotenburg
28
Eisenach
Gotha
Bad Hersfeld
Mecklar
Fulda
Ohm
Marburg
Bad Salzungen
Waltershausen
Alsfeld
Gießen
N
0
7 km

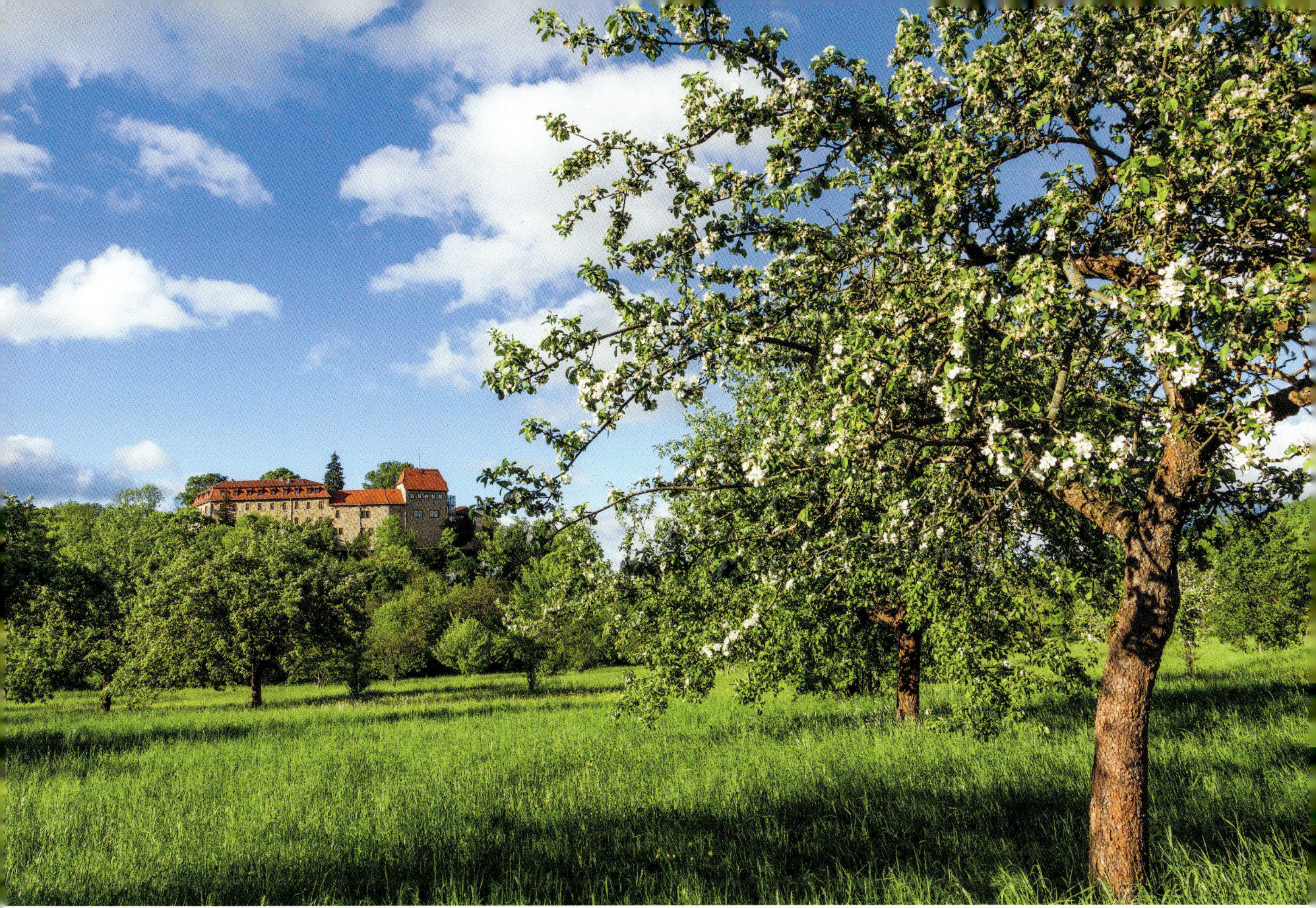

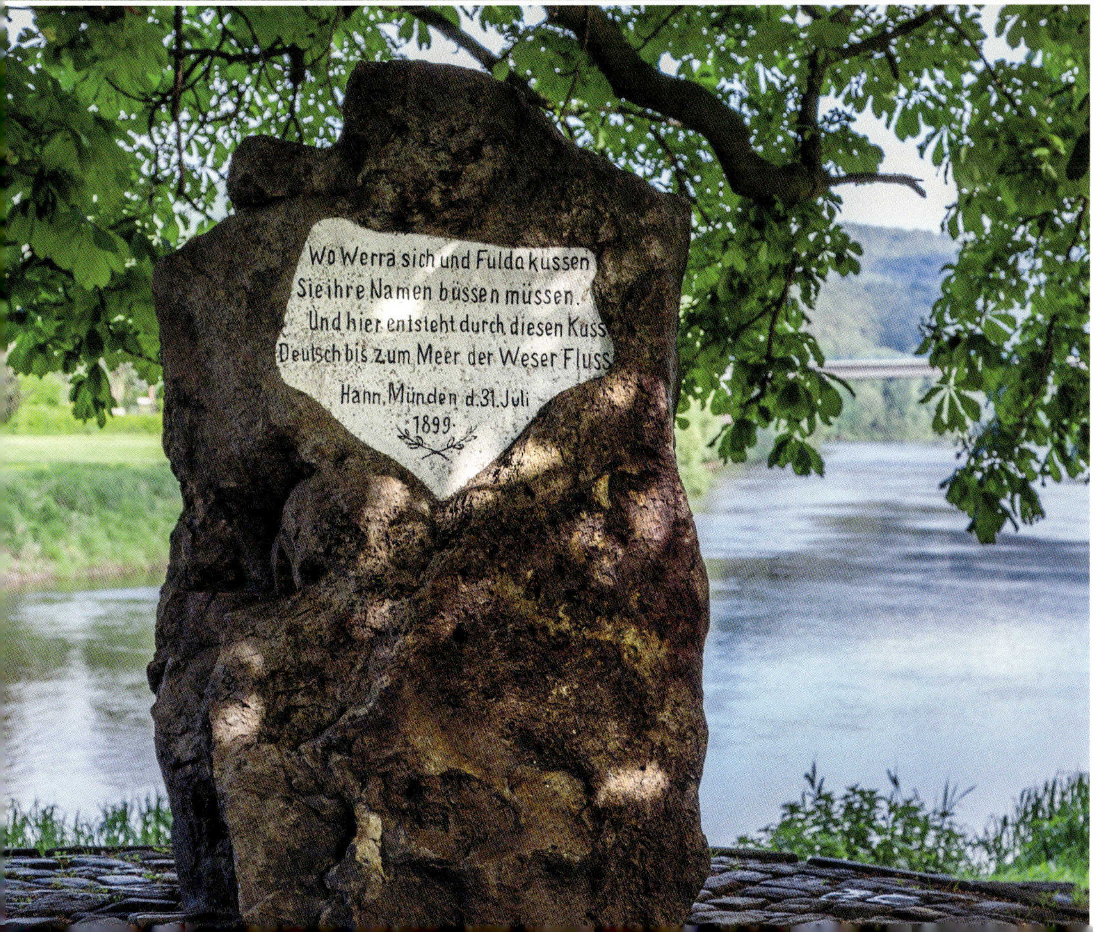

Oben: Burg Creuzburg
Unten: Der Weserstein
in Hann. Münden

25

Weser: Von Hann. Münden nach Hameln

Durchs märchenhafte Weserbergland

Die Weser ist nach dem Main der zweitlängste Fluss, der ausschließlich auf deutschem Staatsgebiet fließt. Sie entsteht durch den Zusammenfluss von Fulda und Werra in Hann. Münden. Dort finden wir auf dem Tanzwerder neben einem großen, kostenlosen Parkplatz einen Campingplatz und den Weserstein, der den Beginn von Weser und unserer Paddeltour auf der Weser markiert.

Sofort trägt uns die gut laufende Weser nach Norden. Ohne viel Zutun ziehen die Jugendherberge in Hann. Münden und der Ortsteil Gimte vorüber. Bald erheben sich entlang der Ufer die hohen, bewaldeten Hänge des Reinhardswaldes.

In Hemeln blicken vom rechten Ufer die Gäste vom Biergarten des rustikalen Gasthofs auf das Geschehen auf dem Wasser. Für uns heißt es aufgepasst, denn eine Gierseilfähre kreuzt den Weg. Diese an einem Seil verankerte Fähre wird nur durch die Kraft der Strömung angetrieben.

Zwischen Hemeln und Bursfelde liegt am rechten Ufer die im 11. Jahrhundert errichtete Bramburg, von der noch Burgturm und Fundamente erhalten geblieben sind. Vorbei an Gottstreu, Oedelsheim und Gieselwerder erreichen wir Bad Karlshafen, das 1699 von Landgraf Carl von Hessen gegründet wurde, um hugenottische Glaubensflüchtlinge anzusiedeln.

Hinter Bad Karlshafen hat sich die Weser im Laufe von Jahrtausenden tief in den Buntsandstein gegraben. Am imposantesten sind die 75 Meter hoch aufragenden Hannoverschen Klippen. Im weiteren Verlauf der Kanutour ändert sich das Landschaftsbild. Während uns nach dem Start in Hann. Münden die Hügelkuppen von Reinhardswald und Bramwald an den Ufern begleiten, wird die Landschaft nun offener.

Am linken Ufer ziehen die Fachwerkgiebel der Häuser in Beverungen und der Biergarten am Restaurant »Altes Fährhaus« vorüber, und von einem Ausflugsdampfer der Oberweserdampfschifffahrtsgesellschaft winken uns die Passagiere freundlich zu.

Vor der Einmündung der Nethe thront hoch über der Weser das Renaissanceschloss Fürstenberg, und bald haben wir die

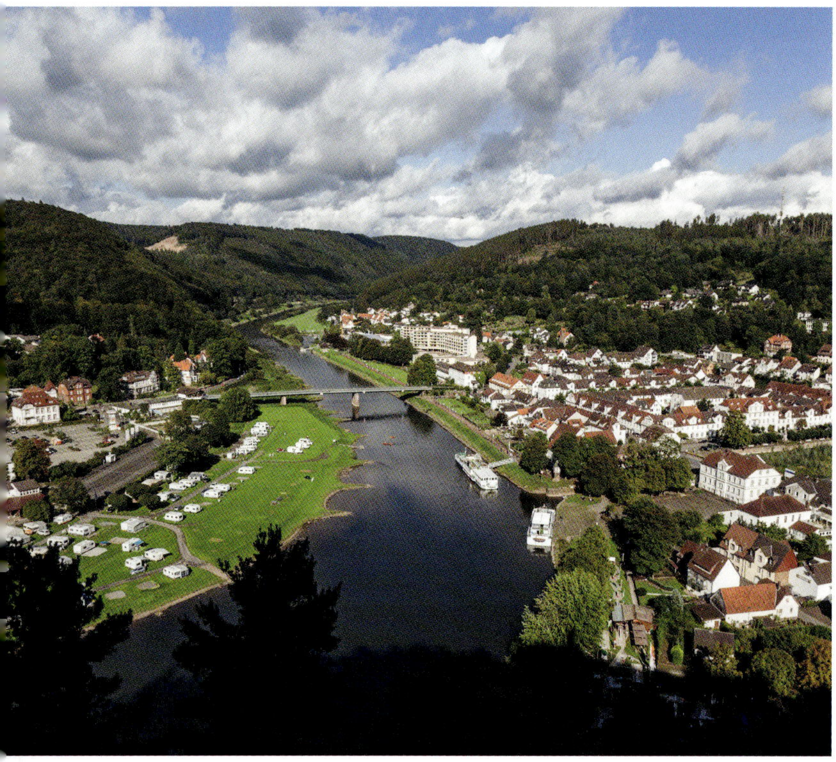

Blick auf Bad Karlshafen

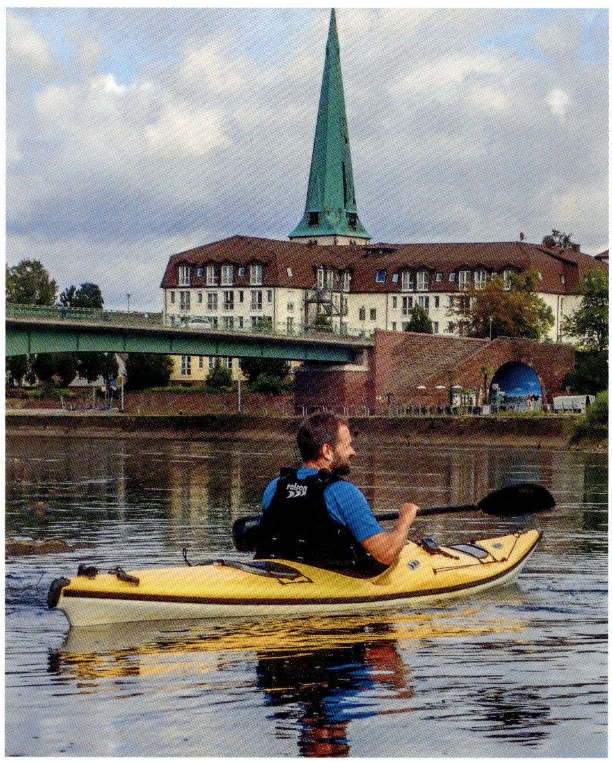

Die Weser in Holzminden

mittelalterliche Stadt Höxter erreicht. Etwa zwei Kilometer nördlich von Höxter überblickt am rechten Ufer Schloss Corvey, die älteste Abtei Norddeutschlands, wie sich das Wesertal langsam weitet. Etwa eine Paddelstunde später kündigt der grüne Kirchturm Holzminden an.

Nächster markanter Punkt entlang des Weserufers ist die Ruine der im 13. Jahrhundert errichteten Burg Everstein in Polle. Direkt hinter der Fähre und unterhalb des Burgbergs liegen direkt am linken Weserufer Gasthof und Campingplatz. Nachdem das Zelt aufgebaut ist, klettern wir auf den Burgberg und genießen das Panorama vom restaurierten Burgturm.

Am nächsten Tag schlängelt sich die Weser einsam durch eine sanft gewellte Landschaft vorbei an den Orten Brevörde, Reileifzen, Dölme und Rühle nach Bodenwerder. In der verschlafenen Kleinstadt dreht sich alles um Freiherr Karl Friedrich Hieronymus von Münchhausen. Vor seinem Geburtshaus am Münchhausen-Platz, das heute das Rathaus beherbergt, symbolisiert ein Brunnen den Ritt des Lügenbarons auf einem halben Pferd. Hier erzählte der Gutsherr seinen Abendgesellschaften von seinen (in der Fantasie aufgeblasenen) Abenteuern in Russland, die ohne sein Wissen veröffentlicht wurden und ihn berühmt machten. Ein weiterer Münchhausen-Brunnen steht in der Fußgängerzone, und wer mehr über die Person und seine Lügengeschichten erfahren will, stattet dem Münchhausen-Museum einen Besuch ab.

Auf Höhe des Kernkraftwerks Grohnde nimmt die Strömung ab, denn der Rückstau des Wehres in Hameln macht sich bemerkbar. Hameln ist die größte Stadt der Oberweser und hält mit seinem Wehr das einzige Hindernis für Wassersportler bereit. Ganz links finden wir die Bootsgasse, und nachdem der grüne Knopf gedrückt ist, können wir in die Bootsgasse einfahren. Wir nehmen das Paddel hoch, denn die Strömung führt uns sicher mittig zwischen den Seitenwänden durch. Anschließend sind es nur noch ein paar Paddelschläge, bis wir am linken Ufer an der Rampe des Campingplatzes in Hameln die Boote aus dem Wasser nehmen und unser Zelt aufbauen.

EXTRA: Nethe und Emmer

Für schöne Tagestouren lohnen die Weser-Nebenflüsse Nethe und Emmer. Die Nethe ist ein zügig fließender Wiesenfluss mit engen Kurven und schönen Schwällen. Ein Teil der Wehre ist befahrbar, es ist außerdem mit dem einen oder anderen umgestürzten Baum zu rechnen. Eine gänzlich unbeschwerte Paddeltour mit zahlreichen Sehenswürdigkeiten entlang der Ufer bietet die Emmer zwischen Schieder und Emmern.

---

136 km	4–5 Tage	ja	ja	leicht

Charakter: Landschaftliche schöne Kulisse des Weserberglandes mit vielen Sehenswürdigkeiten. Idealer Wanderfluss mit geringem Bootsverkehr, zügiger Strömung und zahlreichen Einkehr- und Übernachtungsmöglichkeiten. Alle kanufreundlichen Anlegestellen sind gut sichtbar mit der »Gelben Welle« markiert.

Befahrungsregeln: Keine Einschränkungen, es gilt die Binnenschifffahrts-Ordnung.

Einstieg: Kanuanleger am Fuldaufer auf der Insel Tanzwerder in Hann. Münden

Ausstieg: Kanuanleger am Campingplatz in Hameln

Hindernisse: Wehr in Hameln am Ende der Tour, über die Bootsrutsche problemlos befahrbar

Unterkunft: Zahlreiche Campingplätze und Kanuvereine direkt am Weserufer. Empfehlenswerte Zeltmöglichkeiten für eine 4-Tages-Tour von Hann. Münden bis Minden mit gut zu bewältigenden 30- bis 40-km-Tagesetappen sind z. B.: 1. Tag: Camping Oedelsheim, Tel. 05574/9 45 99 60, www.campingplatz-wesertal.eu oder in Gieselwerder, Tel. 0151/70 90 09 28, www.camping-gieselwerder.de; 2. Tag: Wesercamping Höxter, Tel. 05271/25 89, www.wesercamping-hoexter.de oder Wassersport Höxter, Tel. 05271/21 64, www.wassersport-hoexter.de; 3. Tag: Campingplatz Rühler Schweiz, Tel. 05533/28 27, www.brader-ruehler-schweiz.de oder Campingplatz Himmelspforte, Tel. 05533/49 38, www.camping-weserbergland.de; 4. Tag: Kanu Club Hameln, Tel. 05151/40 81 31 (Bootshaus), www.kanu-club-hameln.de oder Campingplatz Hameln, Tel. 05151/674 89, www.campingplatz-hameln.de.

Einkehr: In zahlreichen Orten gibt es Einkehrmöglichkeiten direkt am Wasser, z. B. in Vaake, »Gasthaus zur Fähre« in Hemeln, »Klostermühle« in Bursfelde, Gasthaus »Zum grünen Kranz« in Wahmbeck, Restaurant »Zum Weserdampfschiff« in Bad Karlshafen, Gasthaus »Zur Fähre« in Herstelle, Hafenbar in Minden, »Forstwirtschaft« in Forst, Gasthaus »Zur Weserterrasse« in Polle, Strandcafé in Rühle, mehrere Restaurants an der Uferpromenade in Bodenwerder, Gasthaus »Grohner Fährhaus« in Grohnde, Gasthaus »Tündernsche Warte« in Hameln

Kanuverleih: Hann. Münden: Busch Freizeit & Touristik GmbH, Tel. 05541/122 57, www.camping-und-kanu.de; Corvey (Höxter): Krome Kanu, Tel. 05271/694 68 66, www.krome-kanu.de; Bad Karlshafen: Kanu Schumacher, Tel. 05675/72 59 05, www.kanu-schumacher.de; Hameln: Hamelner Kanuverleih, Tel. 05151/262 23, www.kanu-hameln.de

Info: Weserbergland Tourismus, Tel. 05151/930 00, www.weserbergland-tourismus.de

Zurück zum Auto: Problemlos mit der Bahn in knapp 3 Std. bei zweimaligem Umsteigen von Hameln nach Hann. Münden

26

Diemel: Von Warburg nach Bad Karlshafen

Wochenendabenteuerromantik

Am Bootshaus des Warburger Kanuvereins unter der Straßenbrücke der Bundesstraße herrscht betriebsamer Trubel. Vor der Kanutour auf der Diemel werden die Boote vom Trailer gehoben, Handys und Fotoapparate wasserdicht verpackt, und der Proviant wird in den Kanus verstaut.

Nach der kurzen Portage am Wehr Kuhlemühle zieht leicht gewelltes Hügelland an uns vorbei. Das Schrägwehr an der Diemelmühle ist bei gutem Wasserstand für geübte Paddler fahrbar, kann aber ohne großen Aufwand auch am rechten Ufer umtragen werden.

Danach hüllt uns der grüne Blättertunnel in angenehmen Schatten; am Wehr in Haueda sind wir froh, den Bootswagen im Gepäck zu haben. Kürzer und auch ohne Bootswagen gut zu überwinden ist das Wehr in Liebenau. Ganz am linken Ufer paddeln wir am Schwimmbalken vorbei und legen am Ende des Grabens rechts am Steg an, um kurz über die Insel zu umtragen.

Anschließend genießen wir die Paddelidylle, in der Stille des dichten Waldes sind nur vielstimmiges Vogelgezwitscher und das Plantschen der Paddel zu hören. Nach der Einsatzstelle an der Straßenbrücke in Lamerden kündigt Rauschen das nächste Wehr in Eberschütz an. Mit kurzen Wildwasserbooten kann man über die schräge Kante rutschen, vollgeladene Wanderboote werden besser am rechten Ufer umtragen.

Das Diemeltal weitet sich, und die ersten Häuser des Dorfes Sielen kommen ins Blickfeld, wo das nächste Wehr eine lange Portage erfordert. Wir halten uns rechts und steigen an der kleinen Eisenbrücke aus. Die Boote müssen nun entlang des Sportplatzes bis zur Straße getragen werden. Auf der Straße geht es nach links zurück, und erst am Ende der Insel unterhalb des Wehres dürfen wir die Boote wieder zu Wasser lassen.

Ohne weitere Probleme geht es vorbei am Hofgut Stammen mit schöner Zeltwiese und Biergarten direkt am Ufer nach Trendelburg. Der Steg für den Campingplatz ist im Obergraben

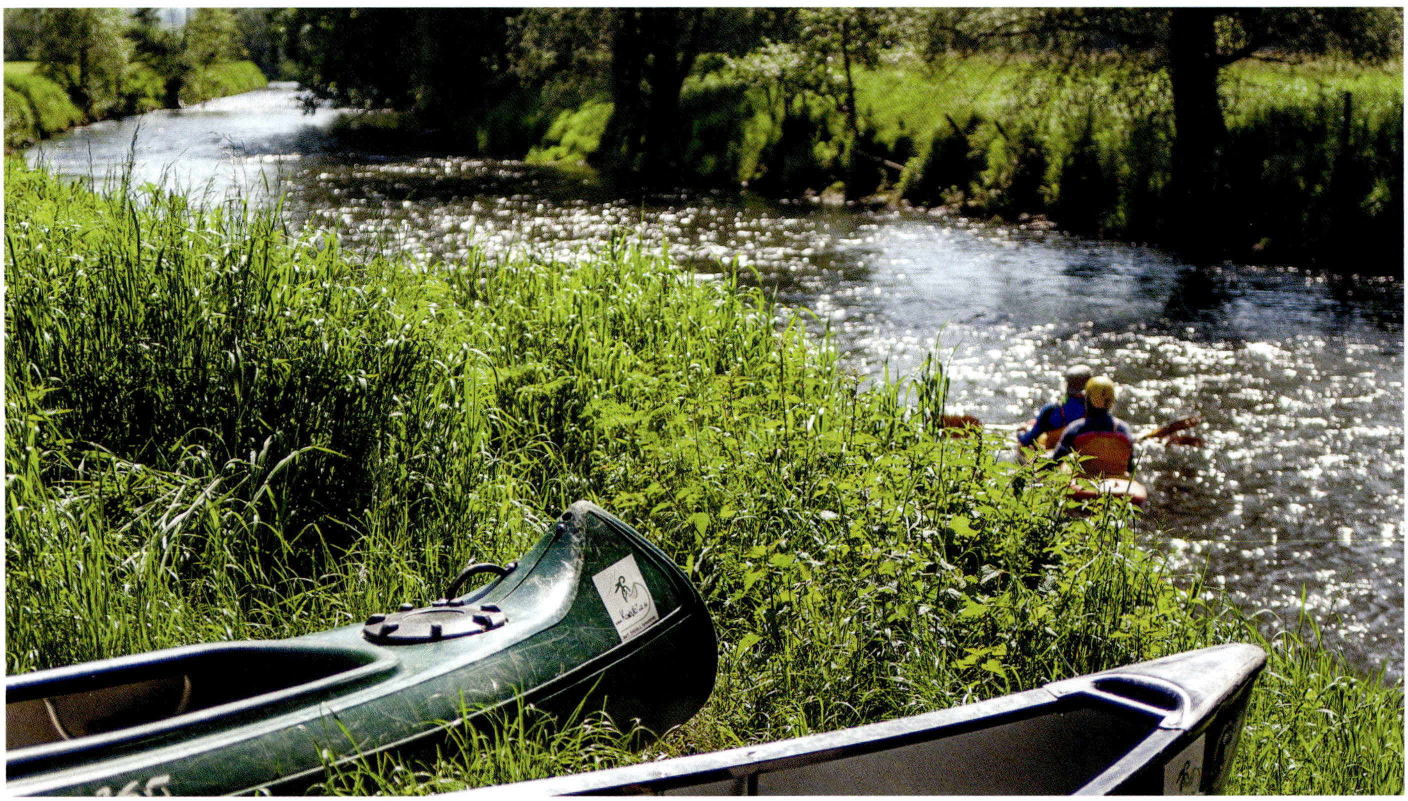

An der Einsatzstelle in Warburg

des Wehres zu finden, die Portage dagegen erfolgt am rechten Ufer.

Die Diemel schlägt nun einen beachtlichen Bogen um Trendelburg und erfreut uns mit einer fünf Kilometer langen, umtragefreien Strecke bis zum Wasserschloss in Wülmersen, eine Gutsanlage deren Ursprünge bis in das 12. Jahrhundert zurückreichen. Hier muss das Wehr am Kraftwerk am rechten Ufer umtragen werden.

Die Diemel wird breiter, und die fortwährend abnehmende Strömung kündigt das Wehr in Helmarshausen zu Füßen der Krukenburg an. Zwischen dem Wehr und der folgenden Straßenbrücke rauscht die Diemel über vier erwähnenswerte, aber völlig harmlose Stufen. Hinter einer kleinen Brücke ist das letzte Wehr der Tour in Bad Karlshafen erreicht. Wir paddeln nach rechts in den Obergraben und ziehen die Boote bis zum Ende der Insel.

Kurz hinter der Brücke mündet die Diemel in die Weser, am gegenüberliegenden Ufer spiegeln sich Wohnwagen, -mobile und Zelte des Campingplatzes in Bad Karlshafen im Wasser. Wir steuern unsere Kajaks von der Mündung schräg nach rechts zu der Betonrampe, von wo es nur ein paar Schritte bis zur Rezeption sind.

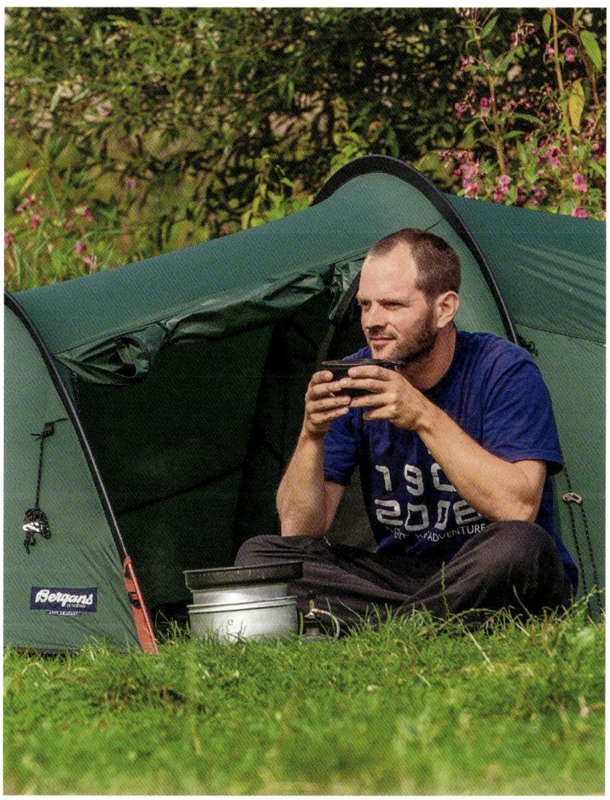

Zeltwiese am Hofgut Stammen

47 km	2 Tage	ja	nein	leicht

Charakter: Schönes Wanderflüsschen in Nordhessen mit zügiger Strömung und engen Kurven in einem engen Auental mit Erlen und Weiden. Ab Haueda mediterranes Flair mit Trockenrasen und Wacholderheiden auf den steilen Hängen entlang der Ufer. Viele Vermieter und in der Hochsaison dichter Bootsverkehr. Wer es einrichten kann, plant seine Paddeltour so, dass er nicht am Wochenende, an Feiertagen oder in den Sommerferien unterwegs ist.

Befahrungsregeln: Befahrung nur vom 15. April–15. Okt. erlaubt. Paddelzeit von 9–19.30 Uhr. Ein-/Ausstieg nur an gekennzeichneten Stellen. Rot-Grün-Pegel an den Einssatzstellen; Start nur erlaubt, wenn Wasserstand im grünen Bereich. Begrenzte Anzahl von Booten pro Tag, daher obligatorische Anmeldung beim Hofgut Stammen oder Campingplatz Trendelburg (siehe Übernachtung)

Einstieg: Am Bootshaus des KC Warburg unter der Brücke der B 7

Ausstieg: Am Campingplatz in Bad Karlshafen

Hindernisse: Insgesamt zehn Wehre; zwei davon eventuell fahrbar, zwei mit längerer (max. 500 m) Umtragestrecke. Mitnahme eines Bootswagens sinnvoll

Unterkunft: Zeltmöglichkeiten beim KC Warburg, www.kanuclub-warburg.de und am Hofgut Stammen (siehe Kanuverleih). Campingplätze in Trendelburg: Tel. 05675/301, www.campingplatz-trendelburg.de und in Bad Karlshafen, Tel. 05672/710, www.camper-karli-event.de

Einkehr: Keine Einkehrmöglichkeiten direkt am Fluss, Gasthöfe in Warburg, Trendelburg, Sielen, Helmarshausen und Bad Karlshafen

Kanuverleih: Hofgut Stammen, Tel. 05675/72 50 94, www.hofgut-stammen.de; Gerda Schumacher, Tel. 05675/72 59 05, www.kanu-schumacher.de; Kombinatour, Tel. 05251/180 96 22, www.kombinatour.de

Info: GrimmHeimat NordHessen, Tel.0561/97 06 22 40, www.grimmheimat.de

Zurück zum Auto: Mit dem Bus von Bad Karlshafen nach Hofgeismar und weiter mit der Bahn nach Warburg. Aktuelle Fahrpläne unter www.nvv.de

EXTRA: Weiter auf der Weser

Die Wochenendfahrt auf der Diemel lässt sich auf der Weser zu einer langen Ferienfahrt ausdehnen. Die Beschreibung der Paddeltour auf der Weser von Hann. Münden bis Hameln finden Sie bei Tour 25.

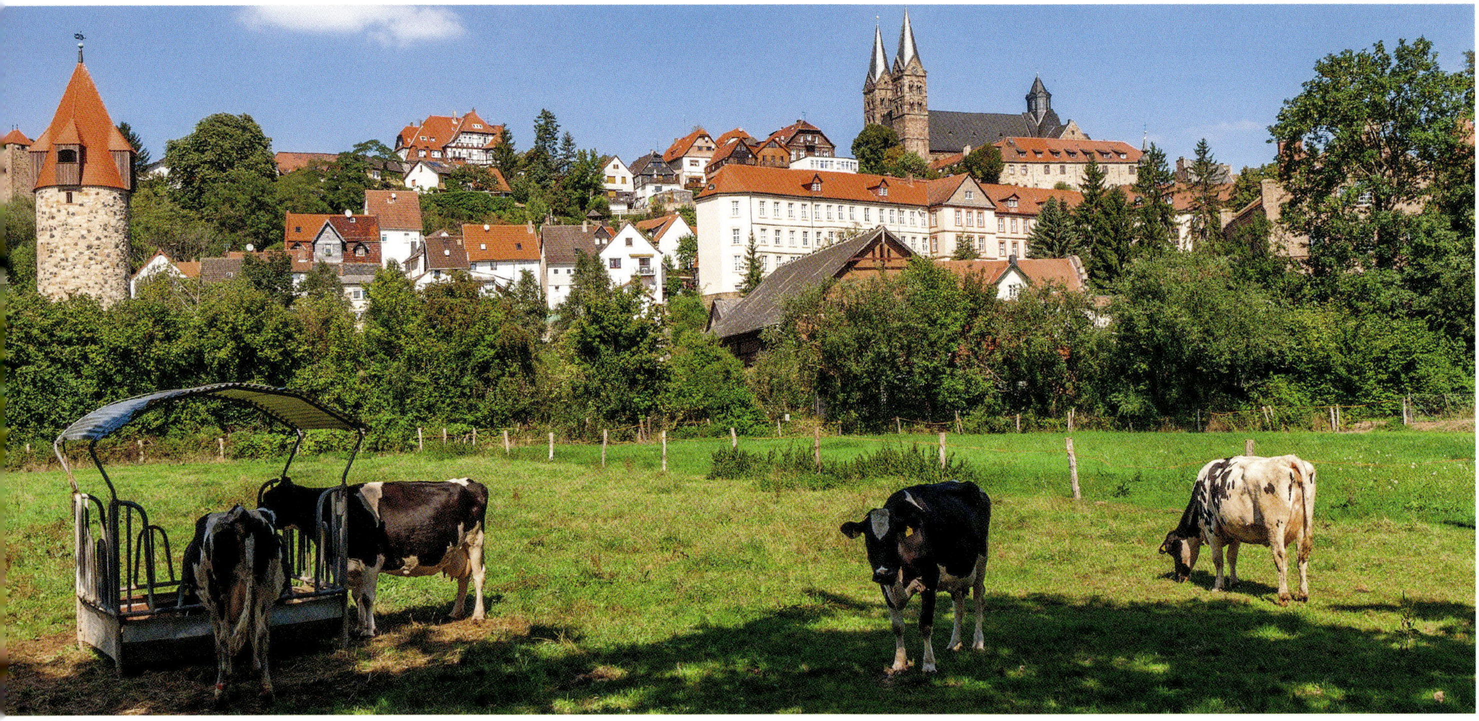

Fritzlar

27

Eder: Von Affoldern nach Edermünde

Flussjuwel im Waldecker Land

Von der Quelle im Rothaargebirge fließt die Eder als rasanter Mittelgebirgsfluss bis nach Herzhausen, wo der 1914 errichtete, 27 Kilometer lange Edersee beginnt. Nach einer Staustufe von 47 Metern Höhe beginnt in Affoldern die beschriebene Tour. Hier fließt die breite, aber flache Eder durch einen dichten grünen Auensaum, der von einem vielstimmigen Vogelgezwitscher erfüllt wird und unzählige Schwäne beherbergt.

Vor der Brücke in Anraff lädt ein schöner Rastplatz mit zünftigen Holzbänken und -tischen zu einer Pause ein. Im folgenden Abschnitt bis zur nächsten Straßenbrücke in Wega sollen zwei künstliche Sohlgleiten die Auenlandschaft verbessern und sie in ihren natürlichen Zustand zurückversetzen. Die etwa 1,50 Meter breite Bootsgasse an der ersten Sohlgleite beschert erfahrenen Paddlern ein spritziges Vergnügen, das zweite Hindernis muss aus Sicherheitsgründen umtragen werden.

Nach einer weiteren Brücke passieren wir den Campingplatz in Ungedanken, und zu unserer rechten Seite rücken die Eisenbahnschienen und die Straße zeitweise bis auf wenige Meter ans Ufer. Am Fritzlarer Wehr legen wir zum Umtragen am rechten Ufer an.

Hinter dem Wehr folgen mehrere Fußgänger- und Straßenbrücken. Vorerst letzter Kontakt mit der Zivilisation ist die Autobahnbrücke der A 49, und es wird wieder idyllisch. Rund um Niedermöllrich gibt sich die Flussaue besonders ursprünglich, und der ein oder andere umgefallene Baumstamm verlangt eine gute Steuertechnik.

Im weiteren Verlauf kündet die langsamer werdende Strömung das zweite Wehr der Tour an, und plötzlich streckt sich links auf einem kleinen Hügel die Ruine Altenburg in den Himmel. Zu ihren Füßen setzen wir oberhalb der Wehrkrone am rechten Ufer aus, umtragen auf einem schmalen Pfad und setzen die Boote in die Schwalm ein, die nach wenigen Metern in die Eder mündet.

Das Städtchen Felsberg wird überragt von der auf einem mächtigen Bergkegel thronenden Felsenburg. Eine Möglichkeit zum Zeltaufschlagen auf einer idyllischen Uferwiese unter

Buchen und Eichen bietet die Kanu-Raststation beim Kanuanleger an der blauen Fußgängerbrücke.

Nach dem Passieren des Kanuanlegers hinter der Straßenbrücke in Altenbrunslar weitet sich das Edertal, und die Auenwälder lichten sich. Die Lücken zwischen den Bäumen ermöglichen uns den Blick in die Landschaft auf mal dicht am Ufer, mal in einiger Entfernung vorbeiziehende kleine Hügel mit Wiesen und Weiden.

In Wolfershausen erzwingt das letzte Wehr der Tour einen abschließenden Landgang. Wir legen direkt rechts neben der Wehrkante an und bugsieren das voll beladene Boot über Steine und Baumwurzeln am Wehr vorbei. Wer es komfortabler möchte, muss weitläufiger umtragen und schiebt seinen Bootswagen auf dem Pfad neben dem Wehr zunächst bergan und dann parallel zur Eisenbahnstrecke weiter.

Die letzten Meter bis zum Wehr in Grifte fordern unsere Kondition und unser Durchhaltevermögen: Die Eder ist breit aufgestaut und ziemlich gerade. Schon lange, bevor wir rechts vor dem Wehr unsere Tour beenden, tauchen vor uns am Horizont die Häuser des Dorfes auf. Von der Ausstiegsstelle ist der Bahnhof am gegenüberliegenden Ufer in etwa zehn Minuten zu Fuß erreicht.

EXTRA: Weiter auf Fulda und Weser

Der Wochenendtrip auf der Eder lässt sich leicht zu einem Kanuurlaub der Extraklasse verlängern. Gut 1 km hinter dem Wehr in Grifte mündet die Eder in die Fulda. Nach 45 km oder zwei Tagesetappen ist der Weserstein in Hann. Münden und damit der Beginn der Weser erreicht. Die Wesertour von Hann. Münden nach Hameln finden Sie bei Tour 25.

43 km	2 Tage	ja	nein	leicht

Charakter: Problemlose Kanutour durch schöne Auenwälder. Herrlich ruhig, da für Motorboote gesperrt und fehlende durchgehende Straßenbegleitung. Zwar relativ breiter Fluss, aber nicht sehr tief und Wasser mit Trinkwasserqualität. Die perfekte Wanderfahrt, nicht nur für Anfänger und Familien

Befahrungsregeln: 1.1.-20.2. Befahrungsverbot, vom 1.3.-31.3. und 1.11.-31.12. max. 20 Boote tägl.

Einstieg: Gegenüber vom Campingplatz in Affoldern

Ausstieg: Am Wehr in Grifte

Hindernisse: Drei Wehre, die kurz umtragen werden müssen (das dritte in Altenburg auf recht schwierigem Terrain); zwei künstliche Sohlgleiten, mit Bootsgasse

Unterkunft: Campingplätze in Affoldern: Tel. 05623/42 90, www.campingplatz-affoldernersee.de; Mehlen, Tel. 05623/21 90, www.campingplatz-ideal.de; Ungedanken, Tel. 0171/315 77 74 www.campingplatz-ederblick-decher.de; Biwakplatz in Felsberg, Tel. 05662/45 87, www.edertal-kanu.de

Einkehr: Keine Einkehrmöglichkeit direkt am Ufer, Gasthöfe in Fritzlar und Felsberg

Kanuverleih: Erlebnistouren Odenhardt, Tel. 05621/743 91, www.eder-kanu.de; Eder-Fulda-Tour, Tel. 05603/16 22, www.kanutour.com; Räderei oh Nass is, Tel. 05623/29 44, www.edertal-kanu.de

Info: Touristik Service Waldeck-Ederbergland GmbH, Tel. 05631/95 43 59, www.waldecker-land.de

Zurück zum Auto: Zugverbindung von Grifte über Wabern nach Bad Wildungen, weiter mit dem Bus nach Affoldern

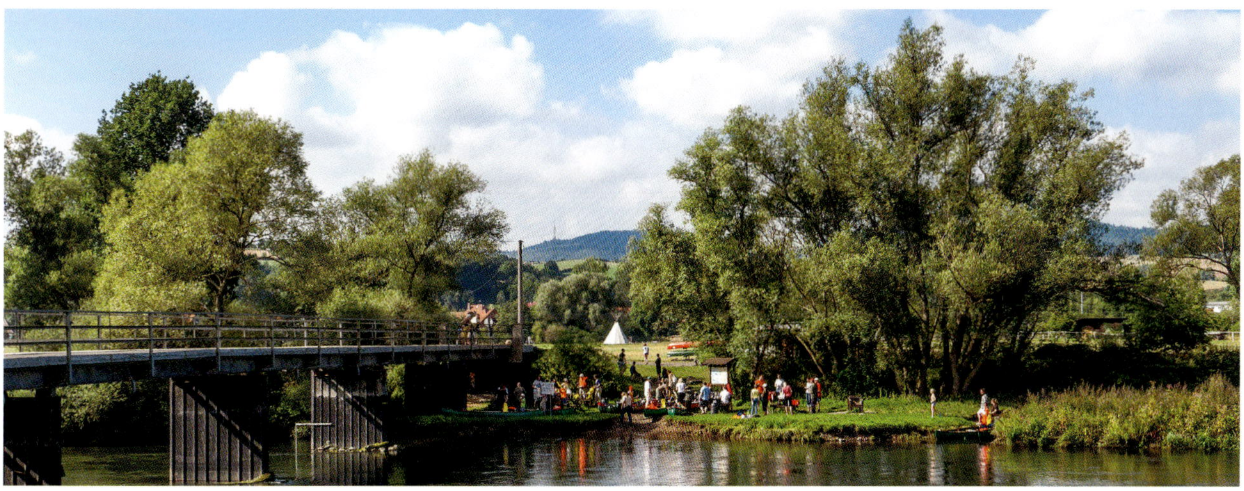

Rastplatz in Anraff

28

Fulda: Von Bad Hersfeld nach Melsungen

Klassische Wanderfahrt mit viel Natur und Kultur

Bevor wir die Boote in Bad Hersfeld zu Wasser lassen, schlendern wir vom Marktplatz vorbei an den Patrizierhäusern zur Stiftsruine. Vom Katharinenturm genießen wir das Panorama mit der Stadtkirche, dem Wahrzeichen der Stadt, bevor wir am Rathaus den Stadtrundgang beenden.

Gleich nach dem Start ist die Fulda trotz der Nähe zur Stadt idyllisch grün und schlängelt sich in sanften Schleifen über Friedlos nach Mecklar. Hier steuern wir die Kajaks ans linke Ufer, da das Wehr umtragen werden muss.

An der nächsten Straßenbrücke grüßt vom rechten Ufer die Kirche des Ortes, und im weiteren Verlauf wird die Fulda zur Bundeswasserstraße. Vorbei an Bebra-Blankenheim geht es unter der Straßenbrücke der B 27 hindurch nach Breitenbach. Hinter der kurz darauf folgenden Straßenbrücke bietet der Schwimmsteg am rechten Ufer Gelegenheit, sich auf dem gemütlichen Rastplatz die Beine zu vertreten. Wer eine Abkühlung oder warme Speisen benötigt, findet hinter dem Damm den Breitenbacher Badesee mit SUP-Verleih und Imbiss.

Ab Lispenhausen beginnt die Staustrecke vor dem Wehr in Rotenburg. Die 11-km-Tafel läutet das Ende der Tagesetappe ein, und wir landen für die Übernachtung am Steg des Campingplatzes an. Von hier ist es nur ein kurzer Spaziergang in die malerische Altstadt mit vielen hübschen Fachwerkhäusern, wo wir am mittelalterlichen Marktplatz den Tag ausklingen lassen.

Am nächsten Morgen sind es nur wenige Paddelschläge bis zum Wehr, das wir am linken Ufer umtragen. Auf den nächsten Kilometern wird es sehr beschaulich, und entlang von leichten, bewaldeten Hängen gleiten wir durch eine grüne Landschaft. Nur die Brücken im Braach und Baumbach erinnern uns daran, dass die Zivilisation nicht weit ist.

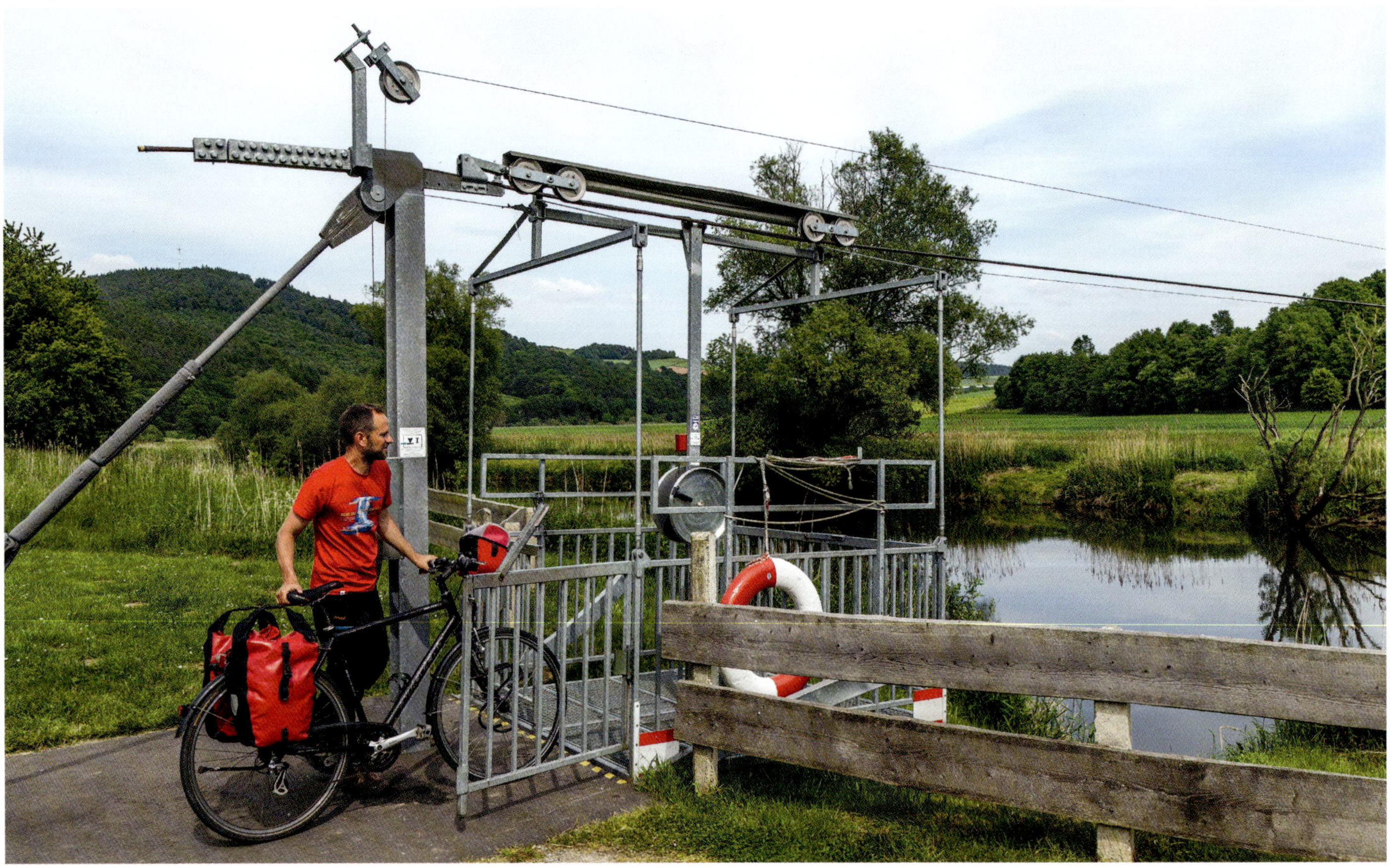

Fuldaseilbahn für Fußgänger und Radfahrer in Beiseförth

Hinter der Straßenbrücke zwischen Alheim am linken und Heinebach am rechten Ufer schläft die Strömung nahezu vollständig ein. Zu Füßen der Häuser und Getreidespeicher von Morschen liegt das dritte Wehr der Tour. Ganz am linken Ufer ist die Selbstbedienungsschleuse Neumorschen zu finden. Von der Ein- und Aussatzstelle an der Straßenbrücke hinter dem Wehr machen wir einen kurzen Landgang zum nahen Kloster Haydau in Altmorschen, einem gut erhaltenen Zisterzienserkloster aus dem Jahre 1235.

Markante Punkte des folgenden Abschnittes sind die ICE-Trasse der Verbindung Hannover-Würzburg und die Fahrradseilbahn, mit der Radler auf dem Fuldaradweg in Selbstbedienung ans gegenüberliegende Ufer wechseln können. Etwa 30 Meter hinter der Straßenbrücke von Beiseförth liegt am rechten Ufer das gemütliche Schwimmbadcafé mit Campingplatz am Badesee.

Abschießend sind es noch acht Kilometer bis Melsungen, wo wir, noch vor dem dorttigen Wehr am Bootshaus der Melsunger Kanuten anlegen, um die Tour zu beenden. Von hier sind es nur ein paar Schritte zum Bahnhof, um das Auto nachzuholen.

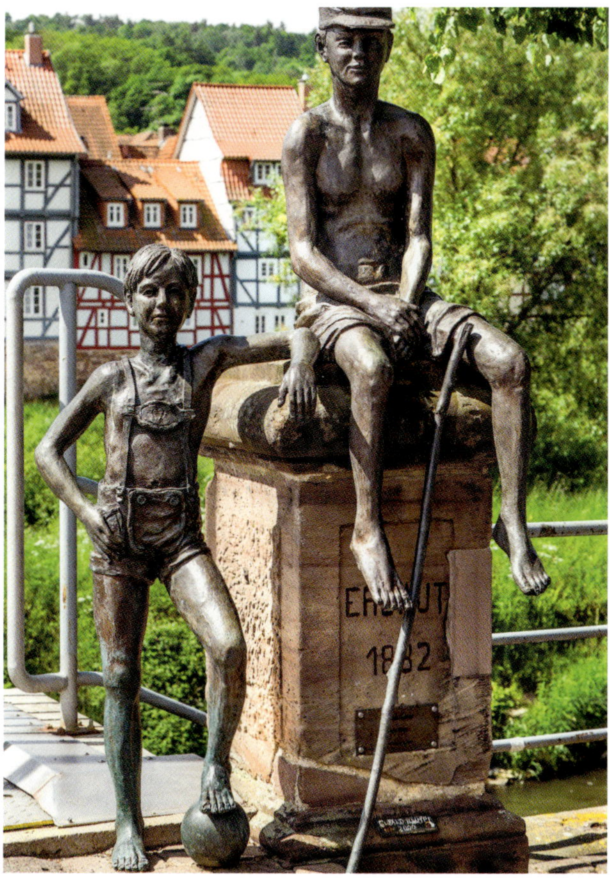

Rothenburg an der Fulda

53 km	2–3 Tage	ja	ja	leicht

Charakter: Klassischer Wanderfluss ohne besondere Schwierigkeiten, ab Mecklar Bundeswasserstraße. Breites Tal in der beschaulichen Mittelgebirgslandschaft Waldhessens mit sanft gewellten Wiesen und steilen Waldhängen. Mehrere sehenswerte Fachwerkstädte laden zu einem Landgang ein.

Befahrungsregeln: Im beschriebenen Abschnitt keine Einschränkungen

Einstieg: Am rechten Ufer hinter dem Wehr in Bad Hersfeld (Schleusenweg, 36251 Bad Hersfeld)

Ausstieg: Kanuverein in Melsungen (Nürnberger Straße 2, 34212 Melsungen)

Hindernisse: Wehre in Mecklar und Rotenburg, beide problemlos zu umtragen; Selbstbedienungsschleuse in Altmorschen

Unterkunft: Zeltmöglichkeit beim Kanuverein in Bad Hersfeld, www.kanuwanderer-hersfeld.de; DJH-Jugendherberge in Bad Hersfeld, Tel. 06621/40 77 50; Campingplatz in Rotenburg, Tel. 06623/55 56, www.campingplatz-rof.de; Campingplatz in Beiseförth, Tel. 05664/770 98 85 www.camping-beiseförth.de

Einkehr: Imbiss am Breitenbacher See, breites gastronomisches Angebot in Rotenburg, Schwimmbadcafé in Beiseförth

Kanuverleih: Erlebnistouren Odenhardt, Tel. 05621/743 91, www.eder-kanu.de; Eder-Fulda-Tour, Tel. 05603/16 22, www.kanutour.com; Kanutouristik Mitte, Tel. 05504/94 93 35, www.kanutouristik-mitte.de

Info: Tourismusservice Erlebnisregion Mittleres Fuldatal, Tel. 06623/913 64 42, www.mittleres-fuldatal.de

Zurück zum Auto: Gute Bahnverbindung von Melsungen nach Bad Hersfeld, Fahrtzeit mit der Regionalbahn nur gut 30 Min.

EXTRA: Wanderfahrt auf der Fulda

Die Fulda hat ihren Ursprung in der Rhön. Zwischen der Quelle an der Wasserkuppe und dem Zusammenfluss mit der Werra in Hann. Münden liegen knapp 220 km. Im Oberlauf ist die Befahrung aufgrund einiger Naturschutzgebiete verboten. Als Startpunkt für eine durchgehende Befahrung empfiehlt sich daher die gleichnamige Stadt Fulda. Von hier bis zum Weserstein in Hann. Münden sind es noch 180 Paddelkilometer.

29

Werra: Von Creuzburg nach Hann. Münden

Zu Fluss zum Weserkuss

An der historischen Brücke in der Kleinstadt Creuzburg lassen wir die Boote zu Wasser und haben etwa zehn hindernisfreie Kilometer bis zum Wehr in Mihla vor uns. Wir umtragen es am rechten Ufer und paddeln durch ein einsames Tal vorbei am Landgasthof »Probstei Zella« bis zum Wehr am Kraftwerk in Falken, das am linken Ufer umtragen wird. Nächste Station ist der ehemalige Grenzort Treffurt. Über dem rechten Ufer thront die Burg, am linken Ufer finden wir hinter der Brücke einen Rastpavillon.

Die Ufer der Werra sind recht flach, in einiger Entfernung zum Ufer erheben sich leicht bewaldete Kuppen. Hinter einer größeren Rechtskurve treten die Berge näher ans rechte Ufer. Erst zieht am rechten Ufer Heldra, dann am linken Großburschla vorüber. Die nächsten hübschen Fachwerkhäuser am rechten Ufer gehören zu Altenburschla mit einem paddlerfreundlichen Zeltplatz.

Hinter Völkershausen kündigt der Stau das Wehr in Wanfried an, das wir kurz am linken Ufer umtragen. Wenige Paddelschläge später spiegeln sich im Wasser die eindrucksvollen Fachwerk-Lagerhäuser von Wanfried, das bis 1850 ein wichtiger Umschlagsplatz am Endpunkt der Weser-Werra-Schifffahrt war.

Das Werratal weitet sich, und voraus weist uns die Hügelkuppe des Leuchtenbergs mit dem Bismarckturm den Weg nach Eschwege. Vorbei am Biergarten »Felsenkeller« und der Leuchtenbergbrücke erreichen wir den Steg des Kanuvereins in Eschwege. Wer in der Jugendherberge übernachten will oder nur einen kurzen Stadtspaziergang machen möchte, kann einige hundert Meter hinter dem Vereinssteg beim Anleger am Minigolfplatz anlanden.

Vom Vereinsgelände ist es nur ein Katzensprung ins Zentrum der schönen Altstadt mit mittelalterlichem Stadtkern, alten

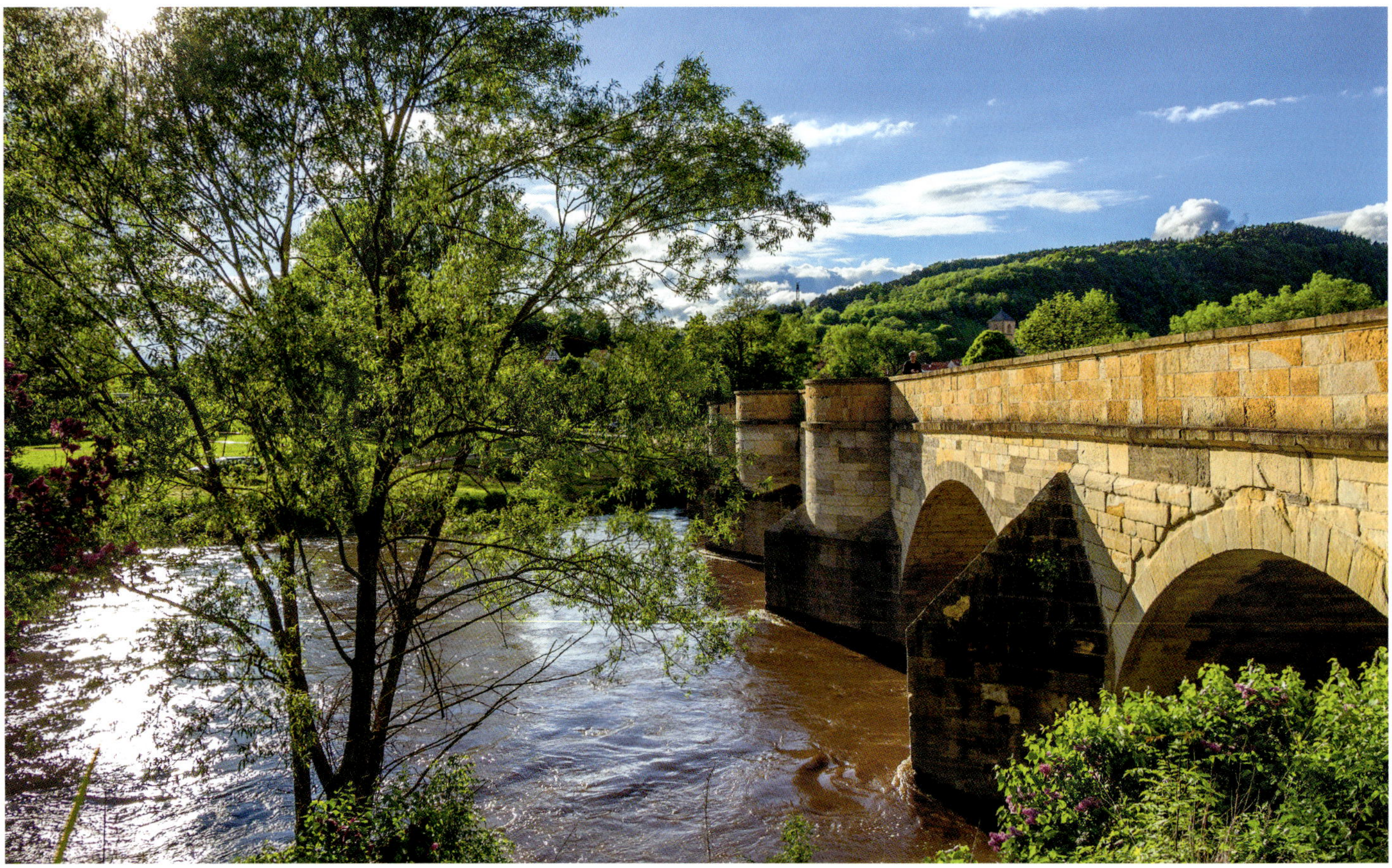

Natursteinbrücke von 1223 in Creuzburg

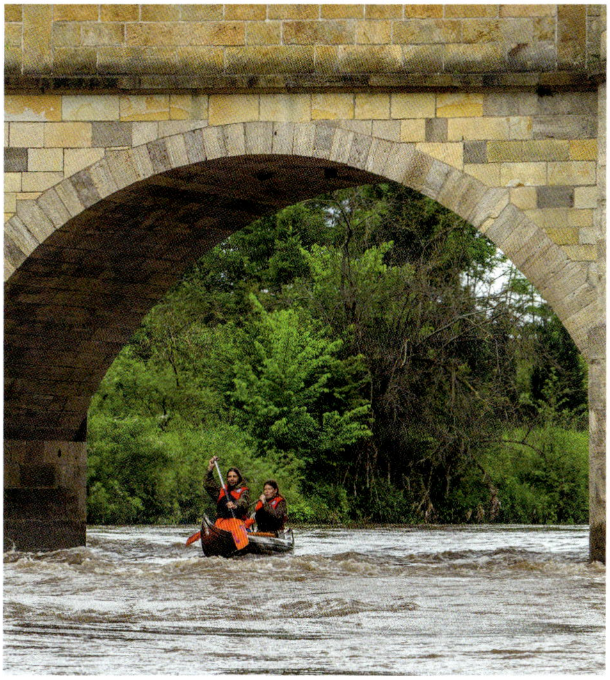

Das mittelalterliche Kleinstädtchen ist ein guter Ausgangspunkt für Kanutouren

Türmen, einem Landgrafenschloss, mehr als 1000 Fachwerkhäusern und vielen Cafés und Restaurants.

Bei der Weiterfahrt am nächsten Tag halten wir uns links, paddeln am ersten Wehr vorbei und erreichen Wehr und Schleuse in Eschwege. Wer keine Lust auf die recht aufwendige Schleusung hat, kann das Wehr kurz rechts umtragen.

Hinter der Straßenbrücke von Jestädt wird das Werratal hügeliger, hinter Albungen thront hoch auf dem rechten Ufer Burg Fürstenstein. Ein paar Kilometer weiter zwängen sich Straße und Eisenbahn dicht ans Ufer in das Werratal, vor uns leuchtet die gelbe Fassade von Schloss Rothestein zur Linken der über 500 Meter hohen Hornekuppe. In der nächsten Kurve lädt das Landcafé in Kleinvach zur Pause ein, bevor wir Bad Sooden-Allendorf erreichen. Wir folgen dem Werrahauptlauf vorbei an Kirchturm, Fachwerkhäusern, Steinbogenbrücke und einem Biergarten. Etwa 150 Meter hinter der Brücke biegen wir nach links in den Kanal zur Selbstbedienungsschleuse. Wir können uns entweder selbst als Schleusenmeister betätigen oder den vorhandenen Bootswagen nutzen, um die Boote auf dem Weg links an der Schleuse vorbeizuschieben.

Nächste Ortschaft am Ufer ist bei Kilometertafel 50 Wahlhausen mit dem Anleger des Campingplatzes und der Gaststätte. Etwa fünf Kilometer weiter erreichen wir die nahezu hufeisenförmige Schleife bei Lindewerra mit einer geschichts-

90 km	3–4 Tage	ja	ja	leicht

Charakter: Erlebnisreiche Wandertour für die ganze Familie mit historischen Städten, Burgen und Schlössern in einem Flusstal mit mal bewaldeten Bergrücken, mal steilen Felshängen. Die Werra ist auf dem beschriebenen Abschnitt zwar Bundeswasserstraße, aber davon merkt man nichts, denn die Werra ist fest in der Hand von Paddlern.

Befahrungsregeln: Abgesehen von einem ganzjährigen Betretungsverbot der Ufer auf einer Länge von 2 km hinter Treffurt und 4 km hinter Witzenhausen keine Einschränkungen

Einstieg: An der historischen Brücke in Creuzburg

Ausstieg: Kanuanleger am Fuldaufer beim Weserstein in Hann. Münden auf der Insel Tanzwerder

Hindernisse: Fünf Wehre (in Mihla, Falken, Wanfried und zweimal am Ende der Tour bei bzw. in Hann. Münden) und zwei Selbstbedienungsschleusen (in Eschwege und Bad Sooden-Allendorf). Sowohl die Wehre als auch die Schleusen sind einfach zu umtragen.

Unterkunft: Campingplätze in Creuzburg, Tel. 036926/724 64; Altenburschla, www.camping-altenburschla.eu; Eschwege am Werratalsee, Tel. 05651/33 88 83, www.knaus-camp.de; Wahlhausen, Tel. 036087/986 71, www.camping-oase.de; Witzenhausen, Tel. 05542/14 65; Hann. Münden-Zella (Spiegelburg Camping und Motel, Tel. 05541/90 47 11; Hann. Münden, Tel. 05541/122 57, www.busch-freizeit.de. Landgasthof »Probstei Zella« in Frankenroda (mit Zeltmöglichkeit), Tel. 036924/419 76; Jugendherberge in Eschwege, Tel. 05651/600 99; Pension »Alte Brücke« in Lindewerra, Tel. 036087/983 98; Flux Biohotel im Werratal in Hann. Münden, Tel. 05541/99 80, www.flux-biohotel.de. Kanu-/Wassersportvereine in Mihla (Übernachtung und Zeltmöglichkeit), Tel. 036924/421 13; Eschwege, www.eschweger-kanuclub.de und Witzenhausen, www.wkc-witzenhausen.de

Einkehr: Zahlreiche Einkehrmöglichkeiten vom Biergarten über Landgasthof bis hin zum Restaurant in Mihla, Großburschla, Eschwege, Kleinvach, Bad Sooden-Allendorf, Wahlhausen, Lindewerra, Gertenbach und Hann. Münden

Kanuverleih: Werratal-Tours (Stationen in Creuzburg und Treffurt), Tel. 036926/724 64; Kanurado in Eschwege, Tel. 0172/106 01 13; Campingplatz Werratal in Witzenhausen (siehe Unterkunft); Busch Freizeit GmbH in Hann. Münden (siehe Unterkunft)

Info: Werratal Touristik e.V., Tel. 03695/86 14 59, www.werratal.de

Zurück zum Auto: Mit Zug und Bus möglich, aber sehr langwierig (Fahrzeit rund 3 Std.). Aktuelle Fahrpläne unter www.nvv.de

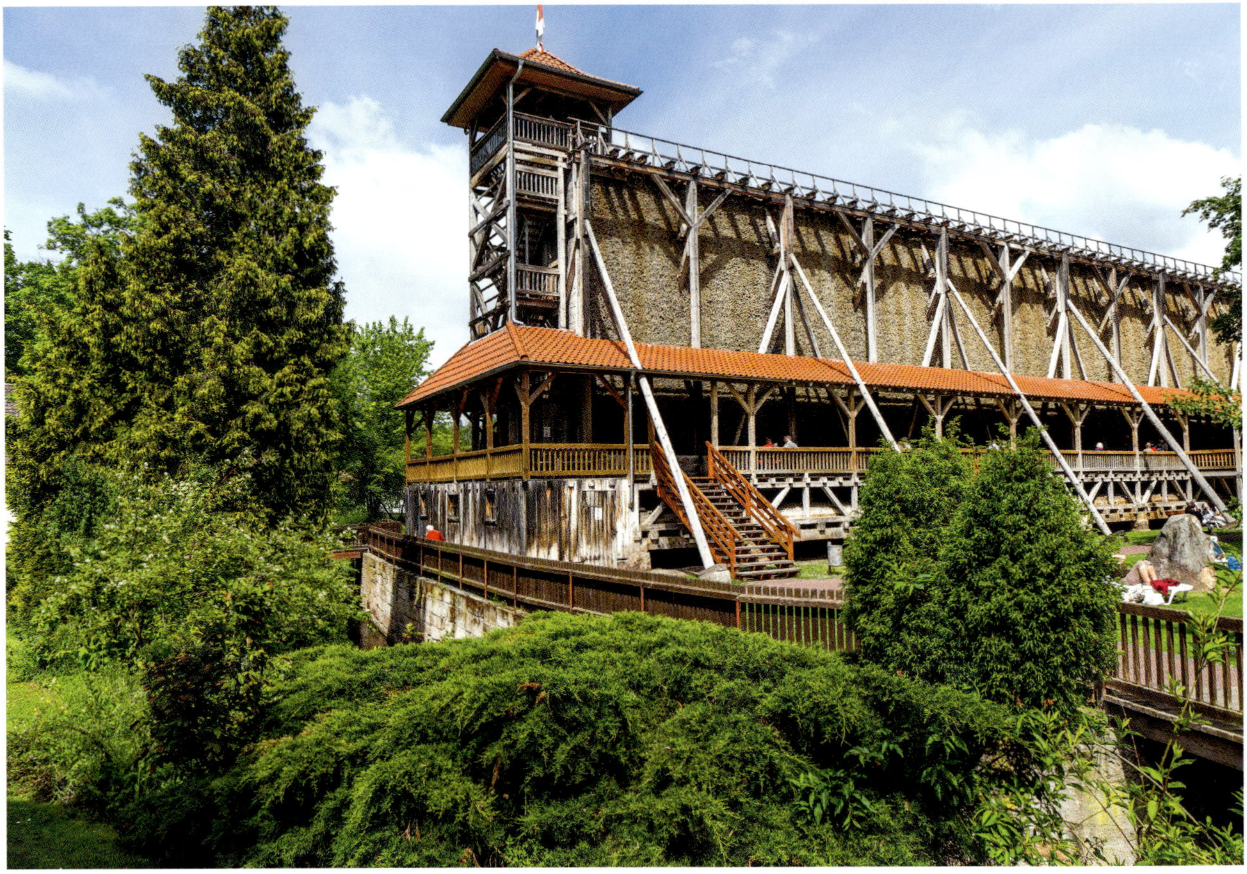

Bad Sooden-Allendorf

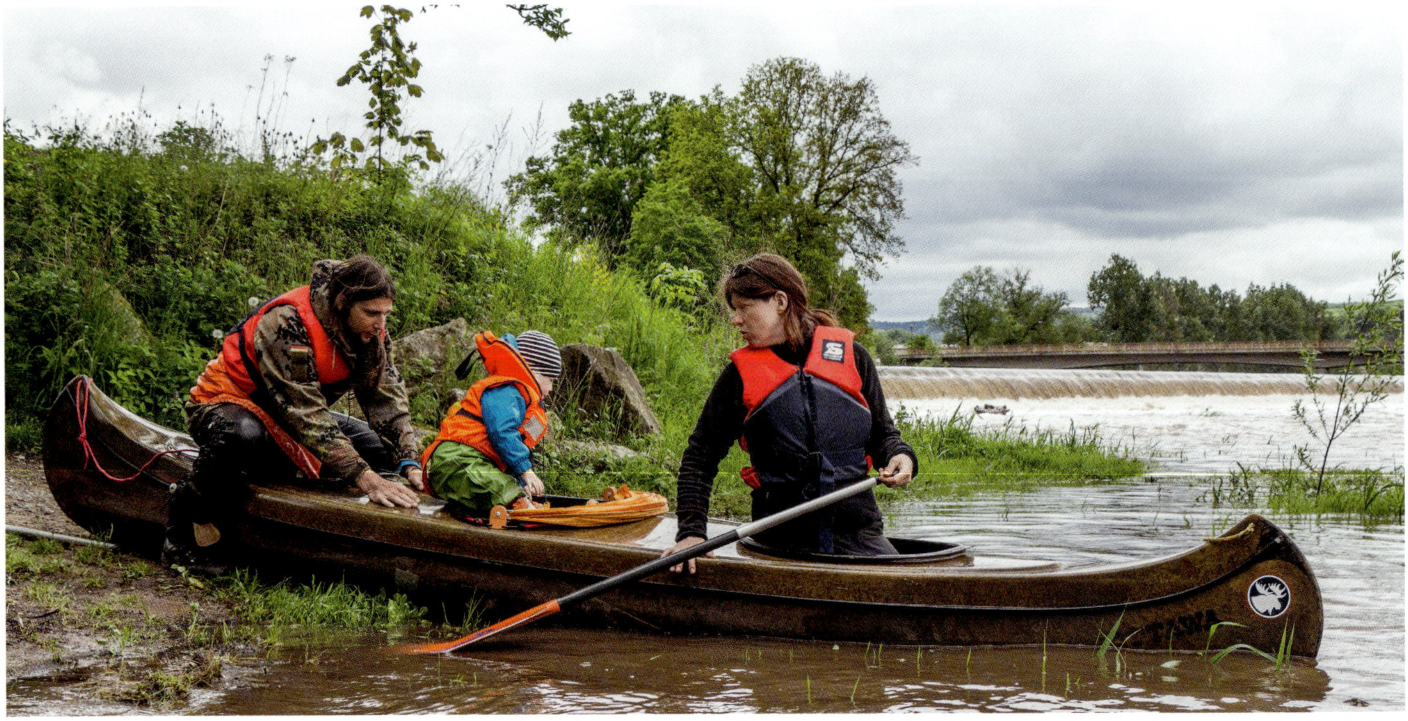

Am Wehr Mihla

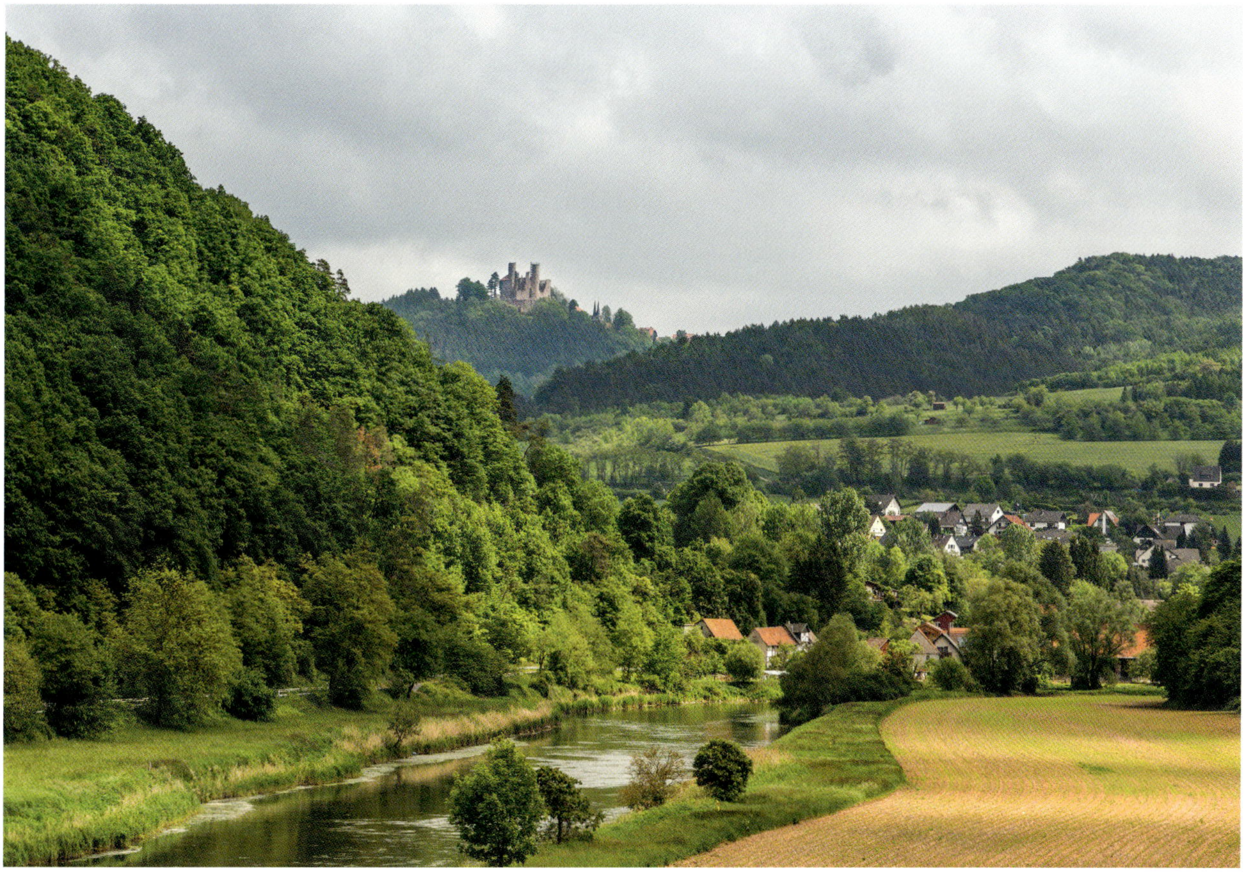

Das Werratal bei Werleshausen

trächtigen Brücke. Die Brücke wurde beim Rückzug der Wehrmacht am 8. April 1945 gesprengt, und die Überreste blieben bis 1989 Symbol der deutschen Teilung.

Nachdem wir Oberrieden und Werleshausen hinter uns gelassen haben, blicken wir über die Schulter zurück, um den berühmten Zweiburgenblick auf die Burgen Ludwigstein und Hanstein nicht zu verpassen. Erste Zeichen von Witzenhausen sind am linken Ufer der Steg des Witzenhäuser Kanu-Clubs und kurz dahinter der des Campingplatzes.

Am nächsten Tag warnt etwa zwei Kilometer hinter der Brücke in Gertenbach ein Hinweisschild vor der Schöpfbuhne in 400 Meter Entfernung. Wir halten uns links und fahren vor dem Wehr in den Seitenarm. Wir schließen die Spritzdecken, denn unter der Straßenbrücke am Ende wartet ein recht starker Schwall. Vorbei geht es am Campingplatz, Motel und Restaurant in Zella zum Hotel und Restaurant »Bioflux«. Zwischen der Eisenbahn- und Autobahnbrücke ist eine Wasserski-Strecke eingerichtet, sodass wir uns am rechten Ufer halten. Das nächste Wehr am Kraftwerk »Letzter Heller« wird dagegen links umtragen.

Eingezwängt zwischen der Eisenbahn am linken und der Straße am rechten Ufer geht es nun gen Hann. Münden. Hinter dem Brückenensemble von drei Brücken teilt sich die Werra, allerdings versperren in beiden Armen Wehre die Weiterfahrt. Zur Bootsumtrage folgen wir dem Hinweisschild in den rechten Arm, wo wir das Wehr kurz umtragen, um dann direkt auf die Treppe unterhalb des Parkplatzes am Weserstein zu stoßen. Wer weiter zum Campingplatz will, kann um die Insel herum ein kleines Stück gegen die Strömung auf der Fulda bis zum Wehr weiterpaddeln und dort die Tour beenden.

EXTRA: Wasserwanderweg Werra

Die Werra entspringt im Thüringer Wald und fließt zwischen diesem und der Rhön nach Nordwesten, um beständig zwischen Hessen und Thüringen zu pendeln, bevor sie sich im niedersächsischen Hann. Münden mit der Fulda zur Weser vereinigt. Die Werra ist ab dem thüringischen Themar als Wasserwanderstrecke ausgebaut. Die Orte sind mit Bootsanleger ausgestattet, Umtragestellen erleichtern die Portagen an den Wehren, und Tafeln informieren über die nähere Umgebung.

Oderbruch bei Letschin

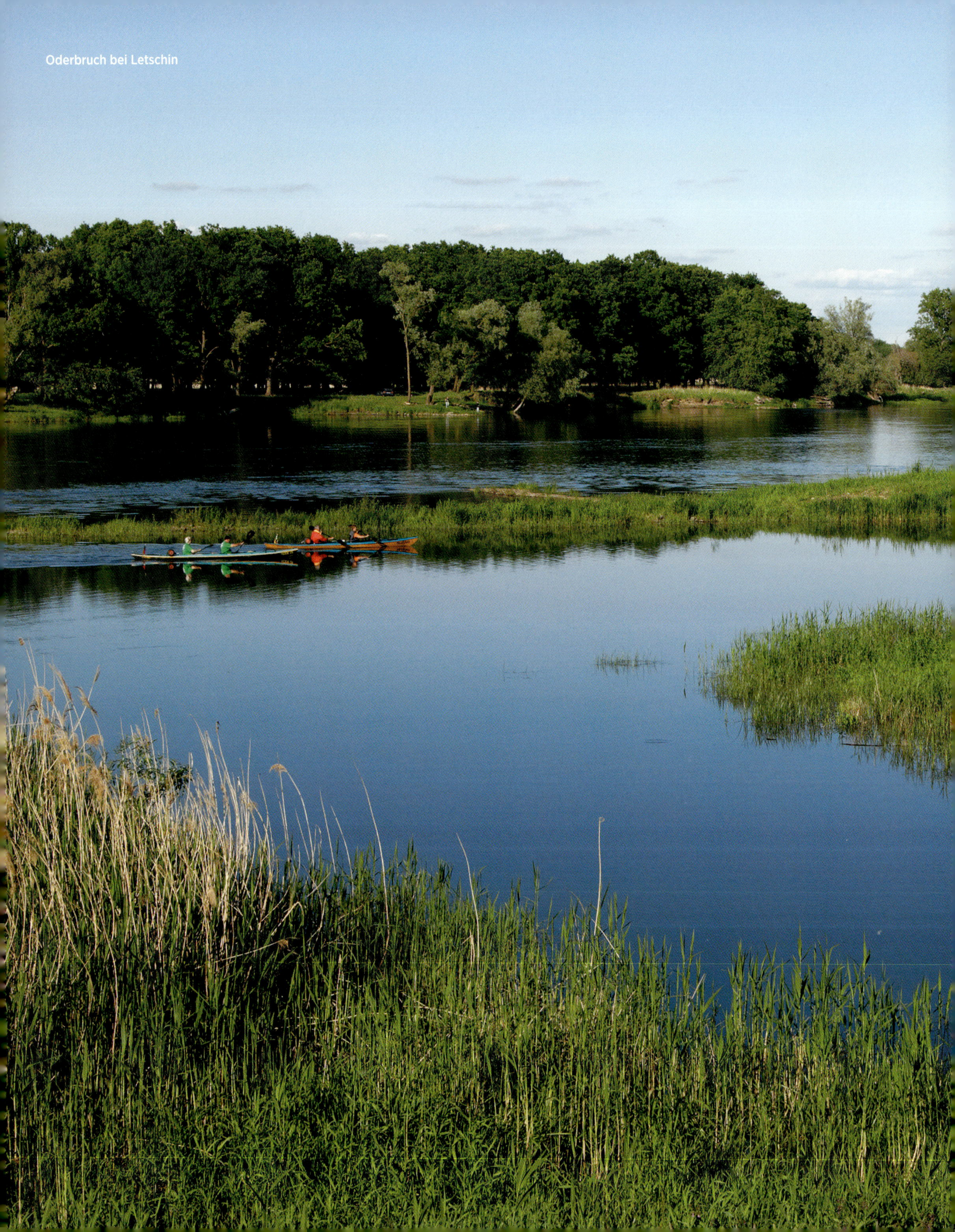

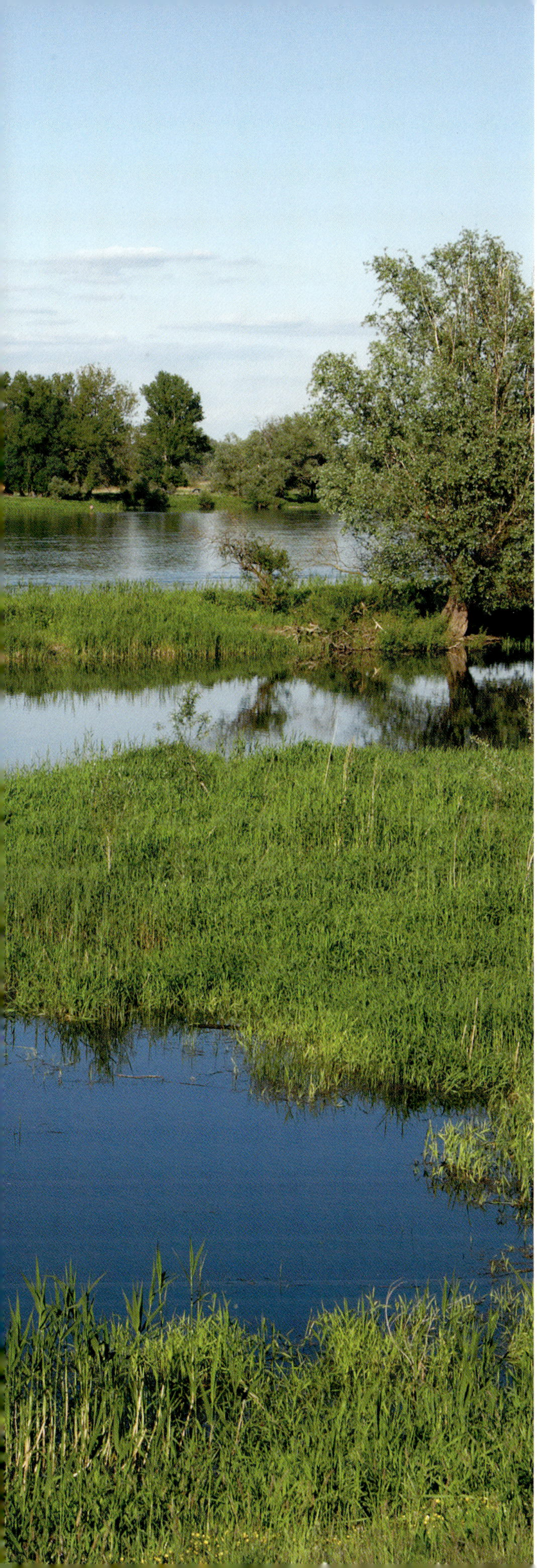

Der südliche Osten: Brandenburg, Sachsen-Anhalt, Thüringen und Sachsen

Ordnet man Deutschlands Kanureviere in einer Rangliste, so ist der Spreewald ganz vorne mit dabei. Etwa 100 Kilometer südöstlich von Berlin fächert sich die Spree zu einem feingliedrigen Binnendelta auf, das seinesgleichen sucht. Aber auch die unberührte Auenlandschaft der Oder an der Grenze zu Polen sowie die traumhafte Kulisse des Elbsandsteingebirges entlang der noch jungen Elbe sind eine Kanu-Reise wert.

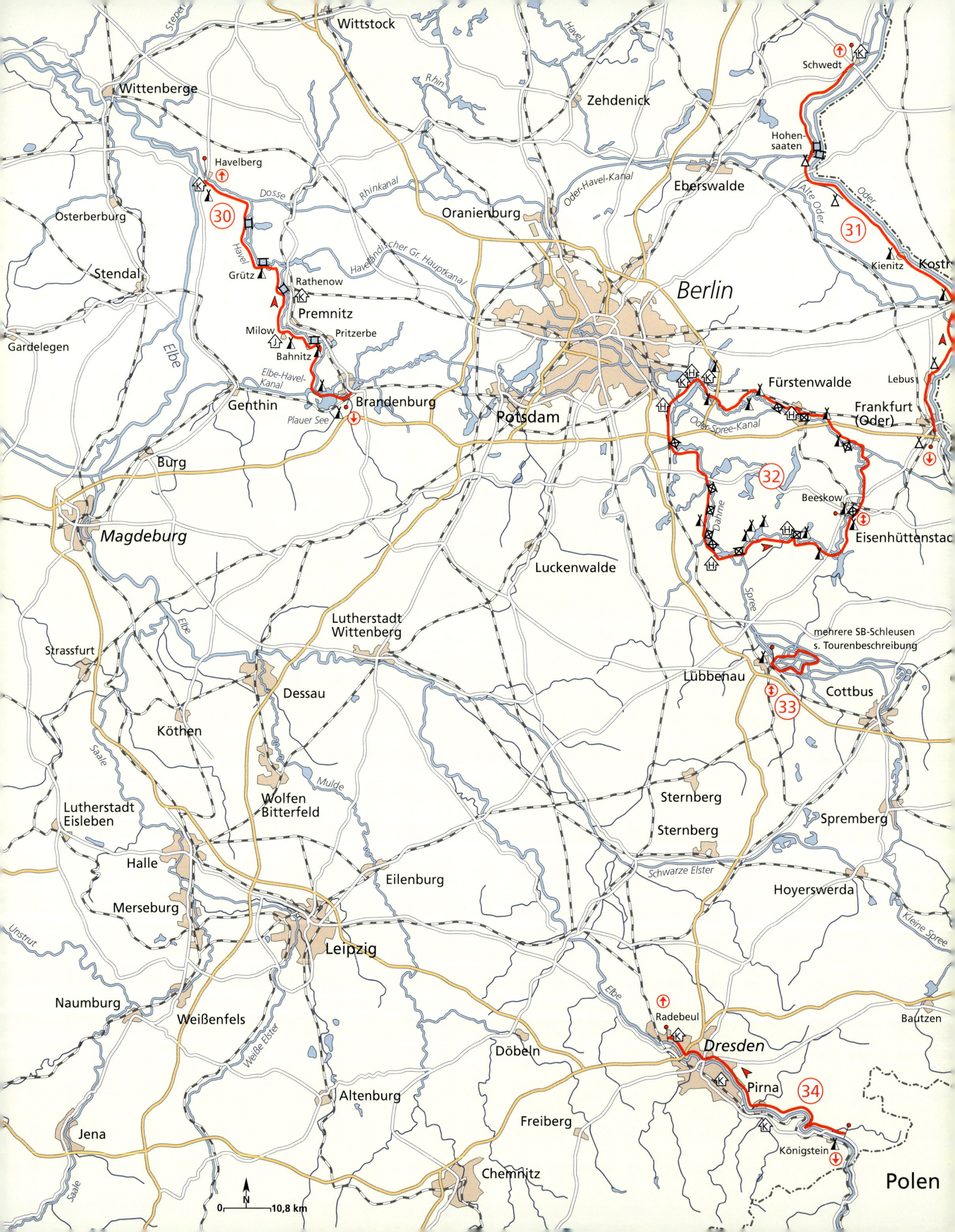

Wittstock
Wittenberge
Zehdenick
Schwedt
Hohen-saaten
Havelberg
Eberswalde
Oder-Havel-Kanal
Rhinkanal
Dosse
Oranienburg
Osterberburg
30
31
Havelländischer Gr. Hauptkanal
Alte Oder
Oder
Stendal
Grütz
Rathenow
Kienitz
Berlin
Premnitz
Gardelegen
Milow
Pritzerbe
Bahnitz
Elbe
Havel
Rhin
Steper
Elbe-Havel-Kanal
Genthin
Brandenburg
Plauer See
Potsdam
Fürstenwalde
Lebus
Frankfurt (Oder)
Oder-Spree-Kanal
Burg
32
Beeskow
Magdeburg
Dahme
Eisenhüttenstad
Luckenwalde
Spree
Lutherstadt Wittenberg
mehrere SB-Schleusen s. Tourenbeschreibung
Strassfurt
Lübbenau
Cottbus
Dessau
33
Köthen
Saale
Mulde
Sternberg
Lutherstadt Eisleben
Wolfen Bitterfeld
Spremberg
Sternberg
Halle
Schwarze Elster
Eilenburg
Hoyerswerda
Merseburg
Unstrut
Kleine Spree
Leipzig
Elbe
Naumburg
Radebeul
Weißenfels
Bautzen
Weiße Elster
Dresden
Döbeln
Pirna
34
Altenburg
Freiberg
Jena
Königstein
Chemnitz
Polen
Saale
N
0
10,8 km

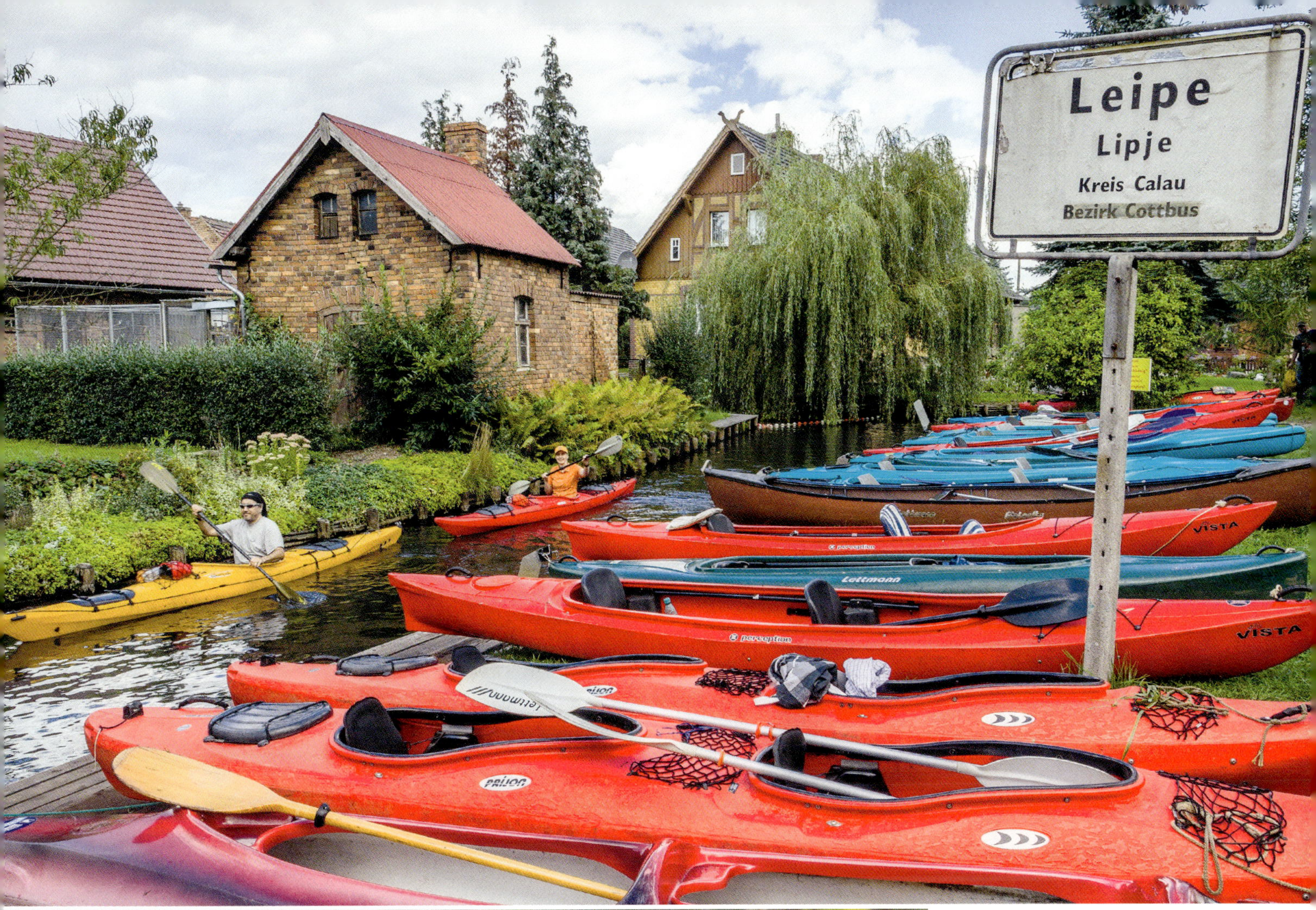

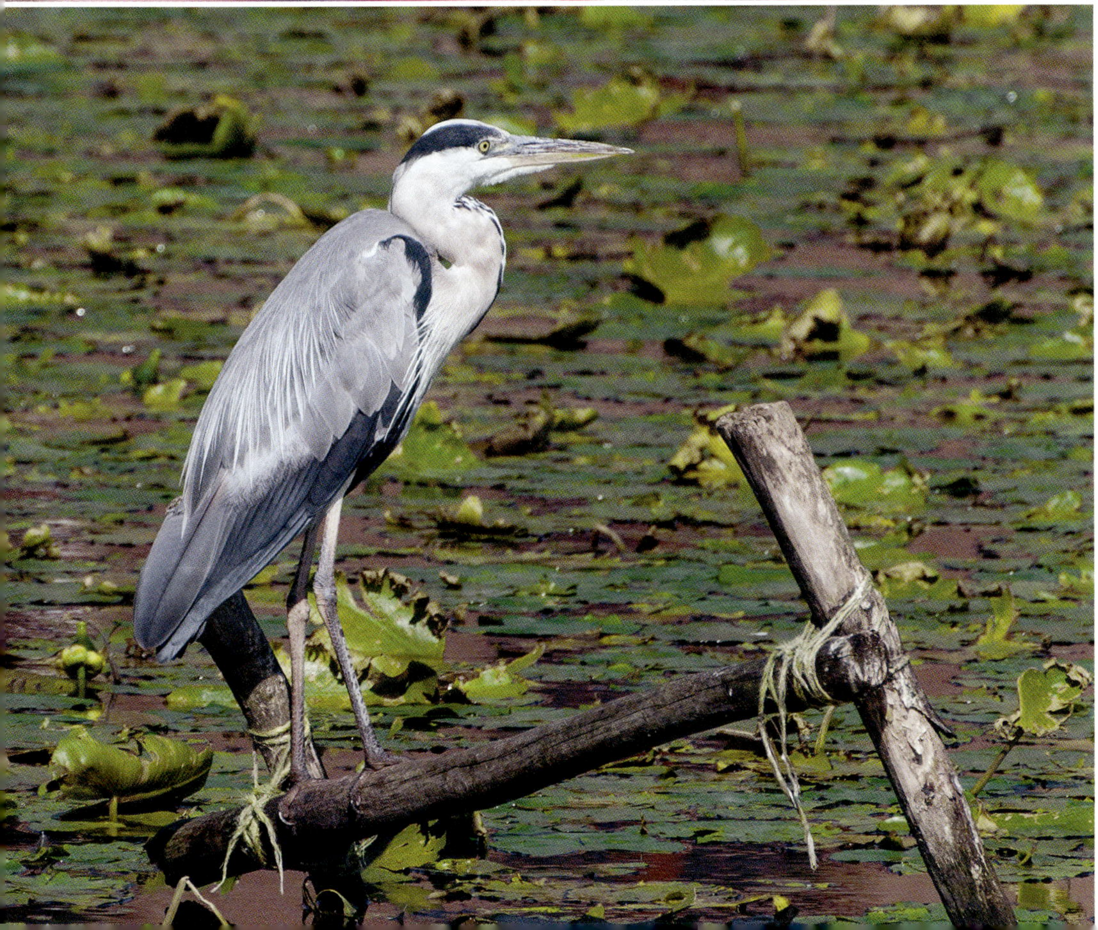

Oben: Paddeln ist im Spreewald sehr beliebt.
Unten: Deutlich ruhiger geht es auf der Havel zu.

30

Untere Havel: Von Brandenburg nach Havelberg

Im Naturparadies Westhavelland

Der Naturpark Westhavelland ist das größte zusammenhängende Feuchtgebiet im westlichen Mitteleuropa. Im Frühjahr und Herbst rasten hier Zehntausende nordische Gänse, Schwäne, Kraniche und Schnepfenvögel, um ihre Energiereserven für die langen Zugrouten aufzufüllen.

In Brandenburg, der Stadt, die dem Land den Namen gab, beginnen wir unsere Tour am öffentlichen Anleger in der Straße Beetzseeufer zwischen den Häusern mit der Nummer 7 und 8. Über die Brandenburger Niederhavel paddeln wir zum Breitlingsee. Dort lenken wir die Bootsspitzen nach Norden, umrunden die Inseln in der Seenmitte entgegen dem Uhrzeigersinn und erreichen den Plauer See. Als Wegweiser dienen uns die Schornsteine am nordwestlichen Ufer. Vorbei am Campingplatz finden wir die Einfahrt in die Havel, die sich nach Norden wendet.

Über eine Kette von schmalen Seen erreichen wir Pritzerbe, wo eine Fähre zwischen den beiden Ufern pendelt. Die Havel knickt nach Nordwesten ab und teilt sich nach knapp drei Kilometern. Die Schleuse in Bahnitz geradeaus voraus ist größeren Booten vorbehalten, wir wenden uns nach rechts und nutzen die Kahnschleuse.

Nach der Straßenbrücke Milow mündet von links die Stremme in die Havel. An der Mündung liegt der Gasthof Milow. Direkt nebenan informiert die kleine, aber feine Ausstellung über den Naturpark Westhavelland und die Renaturierung der Havel. 300 Meter stremmeaufwärts finden wir Biwakplatz und Jugendherberge.

Nach zehn einsamen Paddelkilometern durch norddeutsches Flachland kündigt der Kirchturm Rathenow an. Wir halten uns rechts, um die Stadtschleuse zu nutzen, anschließend folgt ein

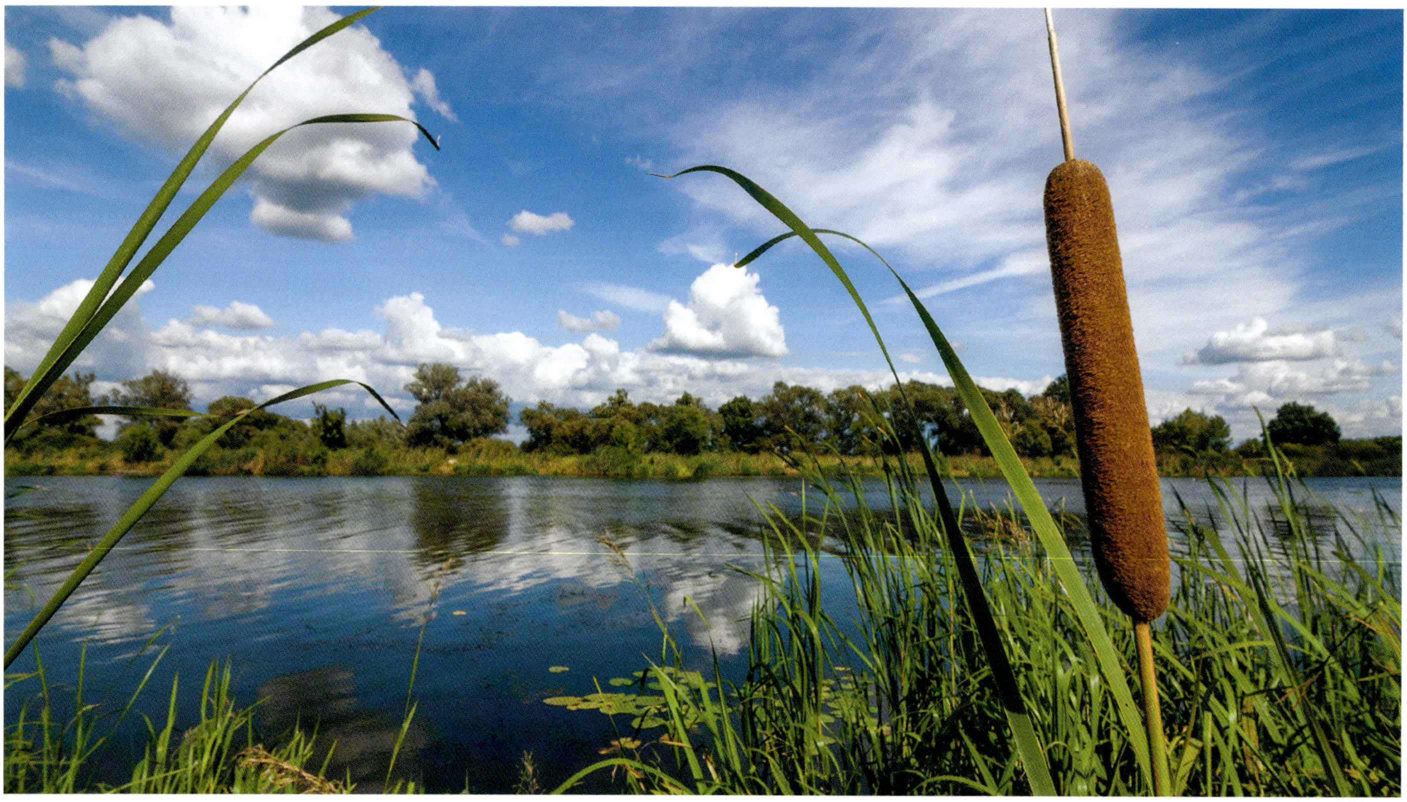

Die Havel bei Grütz

idyllischer Flussabschnitt: Die Uferbefestigungen wurden mit der Eröffnung des Naturparks 1998 zum Teil zurückgebaut. Nachdem die Hohennauener Wasserstraße abgezweigt ist, erreichen wir zuerst einen privaten Zeltplatz und dann den Biwakplatz in Grütz.

Hinter Grütz versperrt im linken Arm ein Nadelwehr die Weiterfahrt. Wir fahren daher geradeaus zur Schleuse weiter. In Molkenberg bieten sich zwei Varianten an, um die Tour fortzusetzen. Gegenüber der Kirche zweigt nach rechts die Gülper Havel ab, die mit Kanus problemlos zu befahren ist. Über zwei Selbstbedienungsschleusen erreichen wir so den Wasserwanderrastplatz in Gülpe. Da die Befahrung der Gülper Havel vom 1. März bis 15. Juni untersagt ist, muss man im Frühjahr in Molkenberg geradeaus weiterpaddeln und dem Hauptlauf der Havel folgen; so erreicht man über eine Schleuse den Hafen von Garz.

In Strodehne vereinigen sich die beiden Wasserläufe, und auf der letzten Etappe geht es ohne weitere Hindernisse oder Schleusen nach Havelberg, das sich schon von Weitem durch den auf einem kleinen Hügel erbauten Dom ankündigt. In Havelberg können wir die erste Insel rechts oder links umfahren und erreichen die Spülinsel, wo wir am Steg des Campingplatzes oder des Wassersportvereins anlegen, um die Tour zu beenden.

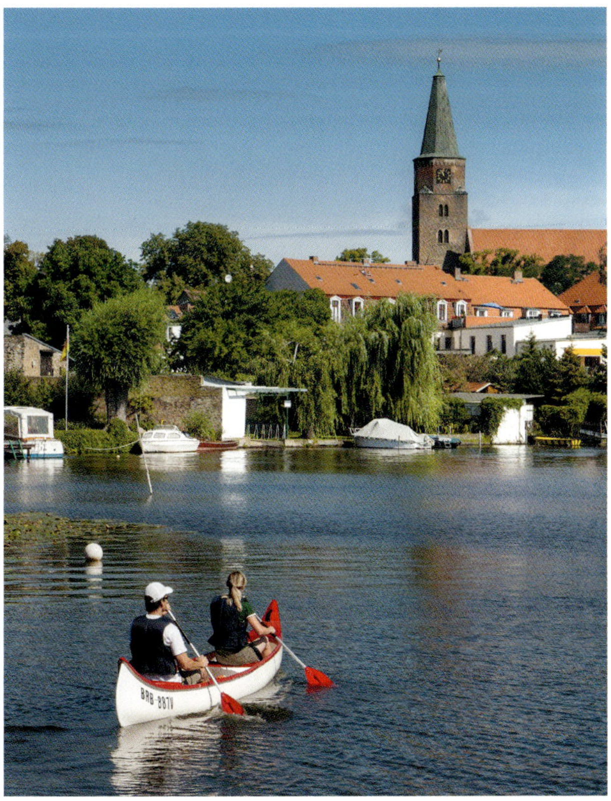

Am Neustädtischen Wassertor in Brandenburg

95 km	3–4 Tage	ja	nein	leicht

Charakter: Naturnahe Flusslandschaft mit guter Infrastruktur für Paddler. Ruhige Wandertour ohne nennenswerte Strömung bei geringem bis akzeptablem Motorbootaufkommen

Befahrungsregeln: In einigen Naturschutzgebieten ist Anlegen und Zelten verboten – bitte die Hinweisschilder an den Schleusen beachten. Die Gülper Havel zwischen Molkenberg und Strodehne ist vom 1. März–15. Juni gesperrt.

Einstieg: Öffentlicher Kanuanleger in Brandenburg (Beetzseeufer 7, 14770 Brandenburg an der Havel)

Ausstieg: Anleger am Campingplatz in Havelberg

Hindernisse: Kahn-/Sportbootschleuse Bahnitz, Stadtschleuse Rathenow, Schleuse Grütz, Schleuse Garz. Die großen Schleusen werden nach der Anforderung an der Sprechanlage aus der Zentrale in Rathenow (Tel. 03385/53 98 71) ferngesteuert. Schleusenzeiten im Sommer Mo–Sa 7–21 Uhr, So und feiertags 8–20 Uhr. An den kleineren Anlagen erfolgt das Schleusen durch Personal oder in Selbstbedienung.

Unterkunft: Wasserwanderrastplätze mit Zeltmöglichkeit in Brandenburg, Gülpe, Grütz, Göttlin, Mögelin, Milow (an der Jugendherberge) und Bahnitz. Campingplätze am Plauer See, Tel. 03381/80 45 44, www.camping-plauersee.de; in Kützkow, Tel. 033834/5 13 09 und Havelberg, Tel. 039387/ 206 55, www.campinginsel-havelberg.de. Kanuvereine in Rathenow, www.kanu-rathenow.de und Havelberg, www.havelberger-wassersportverein.de

Einkehr: Gasthöfe in Plaue, Kützkow, Milow, Grütz, Schollene, Garz und Havelberg

Kanuverleih: Bootsvermietung Wassersportzentrum Alte Feuerwache in Brandenburg, Tel. 03381/22 20 18; Kanustation Pritzerbe, Tel. 033834/405 10; Kanuvermietung & Bootsservice Milow, Tel. 0172/565 57 10

Info: Tourismusverband Havelland, Tel. 033237/85 90 30, www.havelland-tourismus.de

Zurück zum Auto: Busverbindung von Havelberg nach Glöwen, weiter mit dem Zug über Berlin nach Brandenburg, Fahrtzeit etwa 2,5 Std.

EXTRA: Auf dem Emsterkanal zum Kloster Lehnin

Nordöstlich von Brandenburg zweigt der Emsterkanal von der Havel ab. Dieser etwa 18 km lange Wasserweg erinnert nur entfernt an einen künstlichen Kanal; er führt über Rietzer See und Netzener See zum Klostersee, wo in Lehnin ein ehemaliges Zisterzienserkloster einen Landgang lohnt.

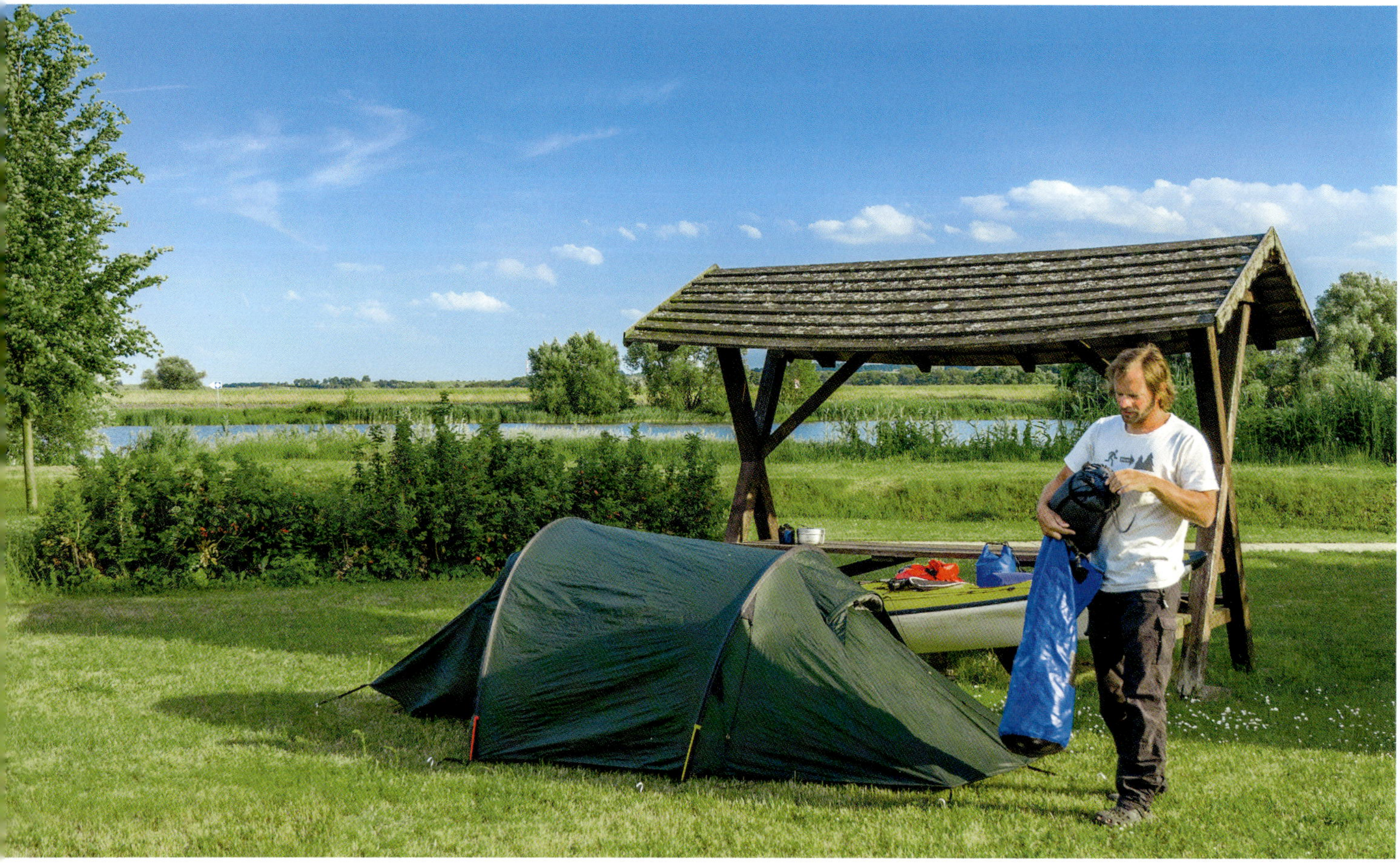

Zelten beim Kanuverein in Schwedt

31

Oder: Von Frankfurt/Oder nach Schwedt

Stiller Grenzfluss am Rand der Uckermark

Von der Neißemündung bei Ratzdorf bildet die Oder für 162 Kilometer die Grenze zwischen der Bundesrepublik Deutschland und der Republik Polen. Wir beginnen unsere Tour auf der Insel Ziegenwerder, die wir mit einem Bootswagen über die Fußgängerbrücke erreichen. Kurz nach dem Ablegen passieren wir die Grenzbrücke, die Frankfurt/Oder mit der Nachbarstadt Slubice verbindet.

Nach etwa zehn Kilometern zieht am linken Ufer Lebus vorüber, dann wird es einsam auf der Oder. Gemütlich lassen wir uns von der leichten Strömung durch die herrliche Auenlandschaft treiben. Lediglich Angler sind am Ufer zu sehen. Auf den Sandbänken entlang der Ufer sitzen Möwen, Kiebitze, Graureiher und Weißstörche, sogar den vom Aussterben bedrohten Schwarzstorch können wir entdecken. Fraßspuren an vielen Bäumen entlang der Ufer künden von hier lebenden Bibern, und an einigen höheren Uferabschnitten nisten Uferschwalben.

In Kostrzyn/Küstrin paddeln wir an der roten Backsteinmauer der Festung vorbei. Hinter der Stadt mündet von rechts die Warta/Warthe in die Oder. So um Wasser bereichert, sucht sich die Oder ein breites Flussbett in der von vielen Altwässern durchzogenen Niederung des Oderbruchs.

In Groß Neuendorf können wir anlanden und im Landfrauencafé eine Pause einlegen. Nächste Rastmöglichkeit bietet 15 Kilometer weiter das Gasthaus Zollbrücke. In Hohensaaten verlassen wir die Oder und setzen über Ost- und Westschleuse in die Hohensaaten-Friedrichsthaler-Wasserstraße um. Ein Um-

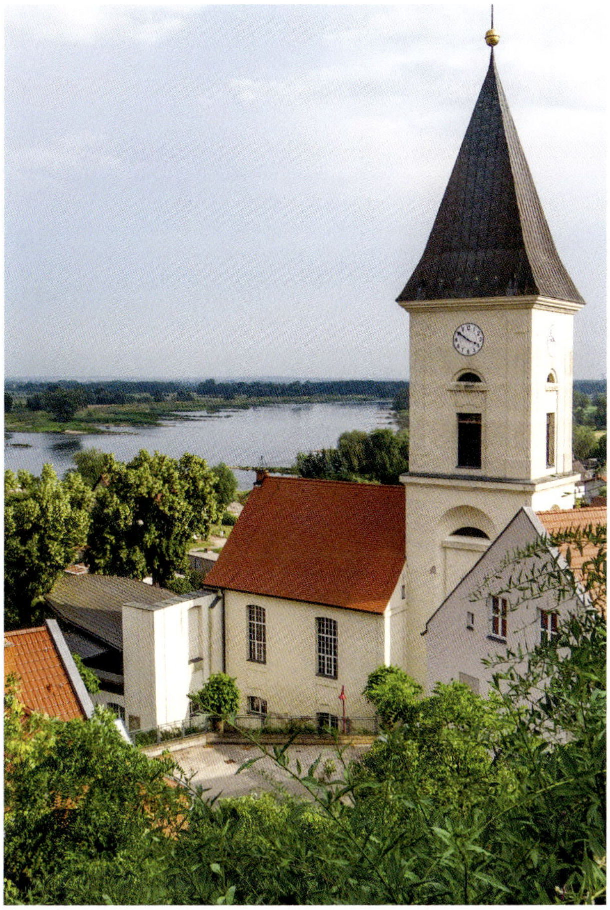

Kirche in Lebus

tragen ist über den Damm vor der Ostschleuse möglich, allerdings sind die Ufer steil und steinig.

Die Hohensaaten-Friedrichsthaler-Wasserstraße führt parallel zur Oder entlang des Nationalparks Unteres Odertal nach Norden. Dieses 1995 als zwölfter deutscher Nationalpark gegründete Großschutzgebiet umfasst ab Hohensaaten nordwärts die zwei bis vier Kilometer breite, von vielen Altwassern durchzogene Flussaue. Im Gegensatz zu anderen Flüssen darf die Oder hier noch ungestört über die Ufer treten, sodass jährlich Wiesen, Weiden, Auwälder und Moore überflutet werden und sich eine einzigartige, artenreiche Auenlandschaft erhalten hat.

Stolpe kündigt sich schon von Weitem mit einem wuchtigen Turm an. Er ist der einzige Überrest einer einst mächtigen Burganlage aus dem 12. Jahrhundert. Im Örtchen Criewen können wir das 1820 erbaute, in einem Lenné-Landschaftspark gelegene Schloss besichtigen und uns im dortigen Nationalparkzentrum über die Flusslandschaft der Oder informieren, bevor wir die letzten, etwas eintönigen Kilometer bis Schwedt bewältigen.

110 km	4–5 Tage	ja	nein	leicht

Charakter: Hindernisfrei zu befahrender Wanderfluss durch einsame Auenlandschaft mit mäßiger Strömung und geringem Bootsverkehr. Die Oder ist unter normalen Umständen ein friedlicher Fluss, allerdings ist der Wasserstand starken Schwankungen unterworfen. Neben dem regulären Frühjahrshochwasser kann es zum Beispiel nach heftigen Niederschlägen im Odergebirge zu einem rasanten Wasserspiegelanstieg kommen.

Befahrungsregeln: Keine Einschränkungen, Ausweisdokument mitführen

Einstieg: Sandstrand auf der Insel Ziegenwerder in Frankfurt/Oder (Leopoldufer, 15230 Frankfurt/Oder)

Ausstieg: Beim Kanuverein in Schwedt

Hindernisse: Ost- und Westschleuse in Hohensaaten zwischen Oder Hohensaaten-Friedrichsthaler-Wasserstraße

Unterkunft: Biwakplätze in Lebus und Lunow-Stolzenhagen an der Hohensaaten-Friedrichsthaler Wasserstraße. Camping und Pension »Wagenrad« in Bleyen, Tel. 033479/537 90; Pension und Zeltmöglichkeit am »Naturerlebnishof Uferloos« in Kienitz, Tel. 033478/389 76, www.uferloos.de. Kanuvereine PCK Schwedt (Gästezimmer und Zeltplatz), www.wassersport-schwedt.de

Einkehr: Gasthöfe in Lebus, Bleyen, Groß Neuendorf, Kienitz, Zollbrücke, Hohensaaten, Stolpe und Schwedt

Kanuverleih: Kanuverleih am Oderdeich, Tel. 033475/575 48, www.kanu-oderbruch.de; »Naturerlebnishof Uferloos« (Adresse siehe Unterkunft)

Info: Touristinformation Unteres Odertal, Tel. 03332/255 90, www.unteres-odertal.de

Zurück zum Auto: Zugverbindung von Schwedt nach Frankfurt/Oder im 2-Std.-Takt, Fahrzeit etwa 3 Std.

EXTRA: Paddeln im Nationalpark Unteres Odertal

Die Flussauen zwischen Oder und Hohensaaten-Friedrichsthaler-Wasserstraße bilden das Kernstück des Nationalparks Unteres Odertal. Kanutouren in dieser von zahlreichen Altwässern durchsetzten Wildnis dürfen nur in Begleitung von Kanuführern, die durch die Nationalparkverwaltung zugelassen sein müssen, unternommen werden. Angeboten werden geführte Touren zwischen dem 15. Juli und 15. November. Es kann in eigenen Booten gepaddelt werden oder es können Kanus vor Ort gemietet werden. Weitere Informationen zu den Kanuführungen unter Tel. 03332/255 90 oder www.unteres-odertal.de.

32 Dahme und Spree: Märkische Umfahrt

Traumrunde zwischen Spreewald und Berlin

In Beeskow, etwa 30 Kilometer westlich von Eisenhüttenstadt, lassen wir unsere Boote ins Wasser, und nachdem wir den Anforderungsknopf betätigt haben, werden wir wie von Geisterhand automatisch geschleust (Ostern bis Ende Oktober tgl. 7 bis 20.30 Uhr).

Mit leichter Strömung schiebt uns die Spree vorbei an ihren idyllischen baumgesäumten Ufern bis zum Wergensee. Gleich am Anfang biegen wir links ab und erreichen über die nächste Schleuse die Drahendorfer Spree. Vorbei an Neubrück geht es bis zum Wehr bei Drahendorf und mit einer Portage (Bootsschleppe vorhanden, aber sehr schwer) in den Oder-Spree-Kanal.

Diese breite, schnurgerade Wasserstraße, auf der wir für die nächsten knapp 20 Kilometer unterwegs sind, ist erwartungsgemäß etwas eintönig. In der Schleuse Fürstenwalde werden Paddler bei etwas Glück zusammen mit der Berufsschifffahrt geschleust (ansonsten ist eine Bootsschleppe vorhanden), fünf Kilometer weiter findet die Kanalpaddelei am Wehr Große Tränke ihr Ende.

Nach der Portage erwartet uns ein idyllisches Kontrastprogramm in Form der windungsreichen, romantischen Müggelspree. Hier schlängelt sich die Spree in ihrem alten Flussbett zum Dämeritz-See. Dort lohnt sich ein Abstecher nach Erkner (u. a. Gerhart-Hauptmann-Museum) am Nordostufer. Für die direkte Fortsetzung der Tour halten wir uns links und kommen durch den idyllischen, für Motorboote gesperrten Gosener Graben zum Seddinsee.

Die Nähe zur Metropole Berlin ist an Sommerwochenenden nicht zu übersehen, denn alles, was schwimmt, ist auf dem Wasser unterwegs: von großen Segeljachten über Motorboote bis hin zu Jetski und Luftbooten. Am Südwestende, dem Wasserstraßenkreuz bei Schmöckwitz, kehren wir dem Trubel den Rücken und folgen dem Unterlauf der Dahme, der uns über mehrere Seen nach Königs Wusterhausen führt.

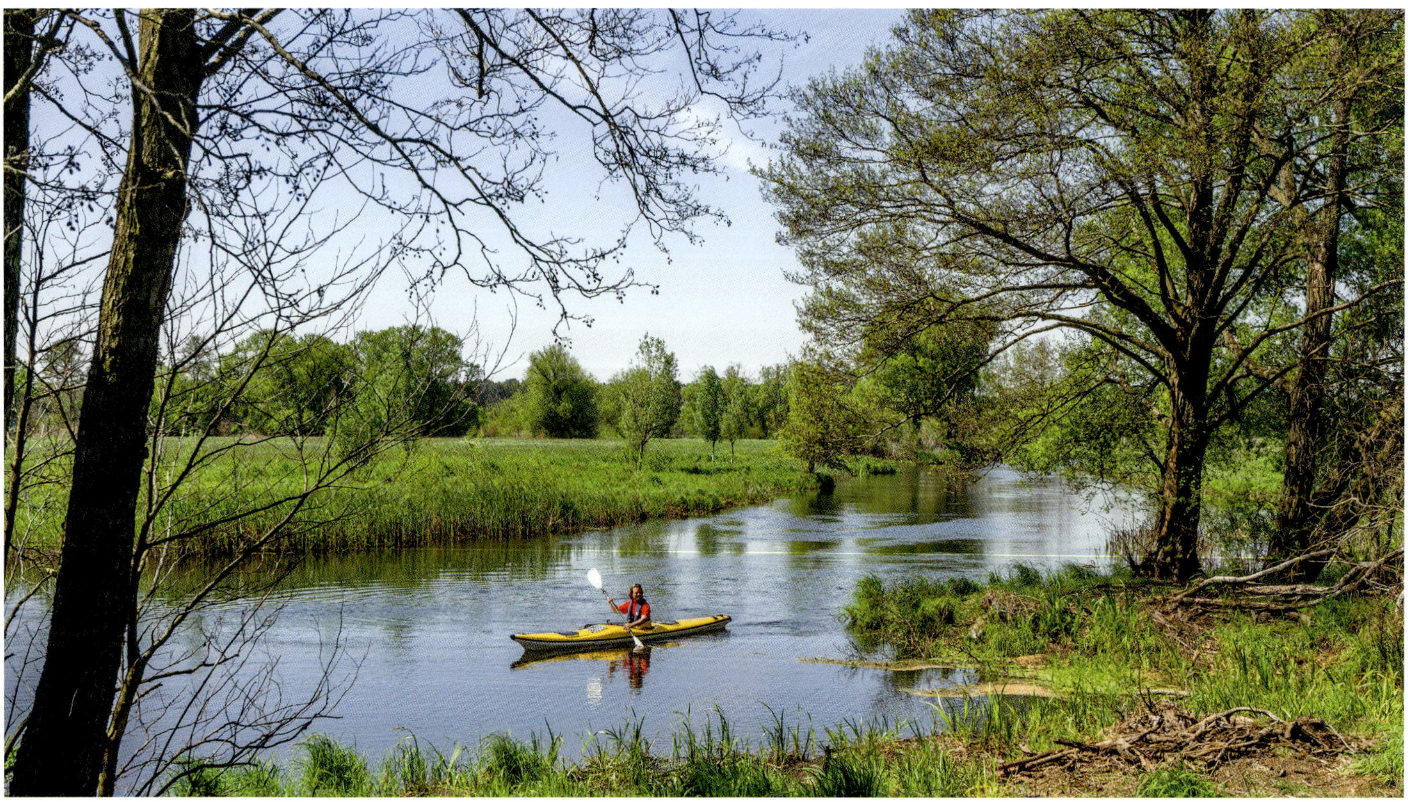

Idyllische Müggelspree

EXTRA: Tagestour auf der Müggelspree

Wem die ganze Rundtour zu lang ist, kann natürlich auch einzelne Etappen paddeln. Besonders schön ist die Etappe von Hangelsberg über Müggelspree und Dämeritzsee nach Erkner. In unzähligen Windungen mäandert der Fluss durch die einsame brandenburgische Landschaft, vorbei an Schilfufern mit Libellen, Bibern und Eisvögeln. Für die rund 27 km braucht man je nach Paddelerfahrung und Kondition etwa 5 Std. Und auch wenn man unterwegs von der Metropole Berlin kaum etwas mitbekommt, sind sowohl Hangelsberg wie auch Erkner problemlos mit der Bahn zu erreichen.

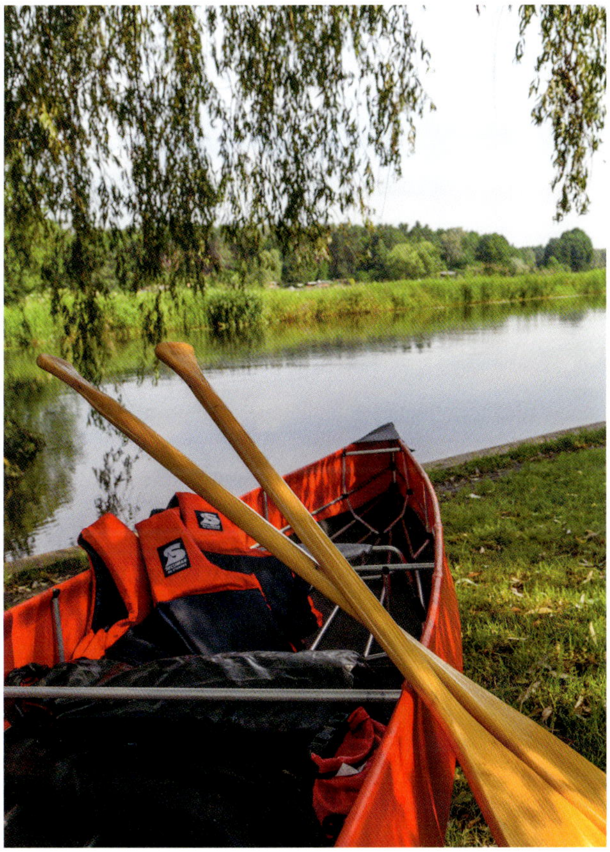

Am Wasserwanderrastplatz in Märkisch Buchholz

180 km	5–10 Tage	ja	ja	leicht

Charakter: Die Märkische Umfahrt verbindet die Spree zwischen Spreewald und Berlin, den Oder-Spree-Kanal und die seenreiche Dahme im Naturpark Heideseen zu einem Rundkurs der Superlative. Stärkeren Motorbootverkehr gibt es lediglich im nördlichen Abschnitt, wo man der Metropole Berlin sehr nahe kommt. Ansonsten überwiegen sich malerisch dahinwindende Flusslandschaften und kleine oder größere Seen.

Befahrungsregeln: Keine Einschränkungen

Einstieg: Beliebig, da Rundtour; sehr gut geeignet ist z. B. der Spreepark in Beeskow (großer Parkplatz zum Abstellen des Autos für die Dauer der Tour)

Ausstieg: Wie Einstieg

Hindernisse: Insgesamt zehn Schleusen (Beeskow (SB-Automatik), Neubrück (SB), Fürstenwalde, Königs Wusterhausen, Prieros, Hermsdorfer Mühle, Doppelschleuse Leibsch (Selbstbedienung), Alt Schadow, Kossenblatt (SB-Automatik) und vier Wehre (Nadelwehr in Drahendorf, Wehr Große Tränke hinter Fürstenwalde, zwei Wehre in kurzem Abstand hinter Märkisch Buchholz)

Unterkunft: Wasserwanderrastplätze mit Zeltmöglichkeit (Achtung, nicht überall ist Trinkwasser vorhanden!) in Beeskow, Neubrück, Drahendorf, Berkenbrück, Ruderclub Fürstenwalde, Mönchwinkel, Erkner, Märkisch Buchholz, Neuendorf, Werder, Kossenblatt, Trebatsch und Kummerow. Wer es lieber komfortabler mag, findet aber auch ausreichend Hotels und »richtige« Campingplätze in Wassernähe.

Einkehr: Gasthöfe in Beeskow, Neubrück, Berkenbrück, Fürstenwalde, Erkner, Gosen, Senzig, Bindow, Dolgenbrodt, Prieros, Märkisch-Buchholz, Neuendorf, Kossenblatt und Briescht

Kanuverleih: Albatros Outdoor in Beeskow, Tel. 033675/ 72 89 61, www.albatros-outdoor.de; Kanusport Spree (Stationen in Hangelsberg und Erkner), Tel. 033632/67 97 14, www.kanu-spree.de

Info: Tourismusverband Seenland Oder-Spree e.V., Tel. 033631/86 81 00, www.seenland-oderspree.de

Zurück zum Auto: Entfällt, da Rundtour

Über die Schleuse Neue Mühle geht es in den Krimmicksee und weiter über Krüpel- und Dolgensee zur Schleuse in Prieros. Die Weiterfahrt auf dem Oberlauf der Dahme nach Märkisch-Buchholz wird unterbrochen von der Schleuse Hermsdorfer Mühle.

Märkisch-Buchholz markiert den südwestlichen Zipfel der Rundtour, wir folgen nun dem Dahme-Umflutkanal nach Osten, und es sind zwei Wehre zu umtragen. Nachdem wir den Köthener See nur am Nordostufer gestreift haben, bringt uns die Doppel-Schleusengruppe in Leibsch (Selbstbedienung) zurück auf die Spree.

Nun nehmen wir Kurs Nordost, und der Neuendorfer See, die Schleusen Alt Schadow und Kossenblatt sind unsere weiteren Stationen auf dem Weg zum Schwielochsee. Hier steuern wir die Bootsspitzen nach Norden und legen nach zehn weiteren, ruhigen Paddelkilometern auf der Spree nach einer erlebnisreichen Rundtour wieder in Beeskow an.

33 Spreewald

Venezianisches Wasserlabyrinth in Brandenburg

Etwa 100 Kilometer südöstlich von Berlin fächert sich die Spree zu einem einzigartigen Binnendelta auf. Der Name legt nahe, dass die Region von dichtem Wald bestanden wird. Dabei ist der Spreewald alles andere als ein Ur-Wald. Schon seit langer Zeit prägt der Mensch die Landschaft. Erst durch Wiesen und Felder entstand die hohe Artenvielfalt und die idyllische, parkartige Landschaft, die jährlich 2,5 Millionen Touristen in das Gebiet lockt.

Auf einer Fläche von 20 000 Hektar wird diese einzigartige Kulturlandschaft seit 1990 als Biosphärenreservat geschützt, gepflegt und entwickelt. Heimliche »Hauptstadt« des Spreewaldes ist die Stadt Lübbenau mit ihrem großen Kahnhafen. Von hier aus starten im Hochsommer die bierseligen Rundfahrten. Begleitet von folkloristischen Anekdoten des Fährmanns und manchmal auch Gesang drängeln sich die Kähne zum Freilichtmuseum in Lehde und zu den zahlreichen Ausflugsgaststätten vorbei an Gurken- und Schmalzbrotverkäuferinnen, die lautstark ihre Ware feilbieten.

Paddler, die diesen Trubel vermeiden wollen, reisen daher im zeitigen Frühjahr an und starten ihre Tour am frühen Morgen. Dann zeichnet das Paddel leise plätschernd bedächtig seine Wellenmuster auf die Wasseroberfläche und zerschneidet die Spiegelbilder von weißen Birkenstämmen und gelben Schwertlilien. Feingliedriger Adlerfarn schimmert hellgrün, und in schwirrenden Bahnen ziehen Libellen am Uferrand ihre Kreise.

Ein guter Ausgangspunkt für eigene Paddeltouren ist der paddlerfreundliche Campingplatz in Lübbenau, von dem aus drei markierte Rundtouren starten. Wir entscheiden uns für

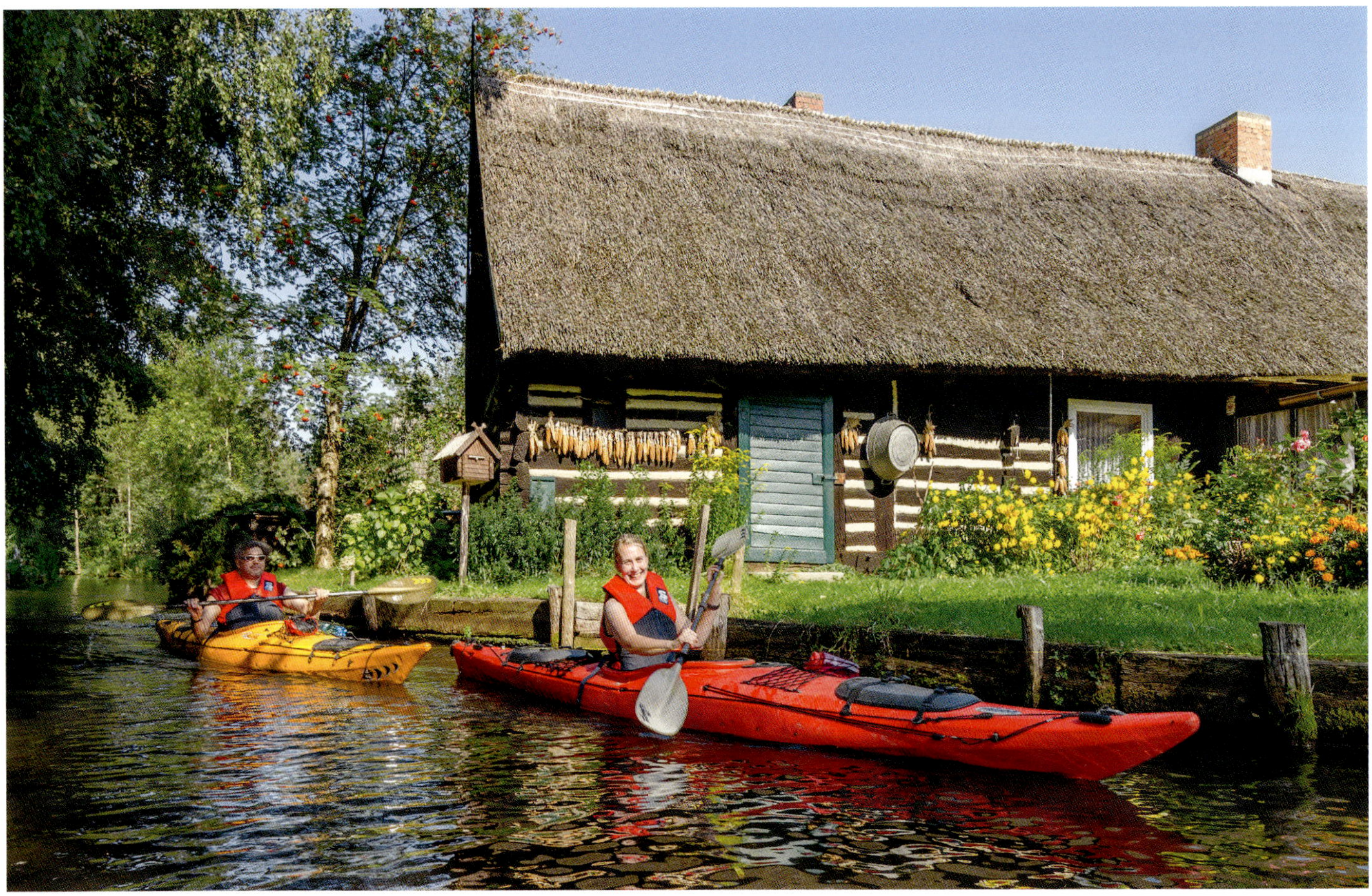

Das Spreewalddorf Lehde

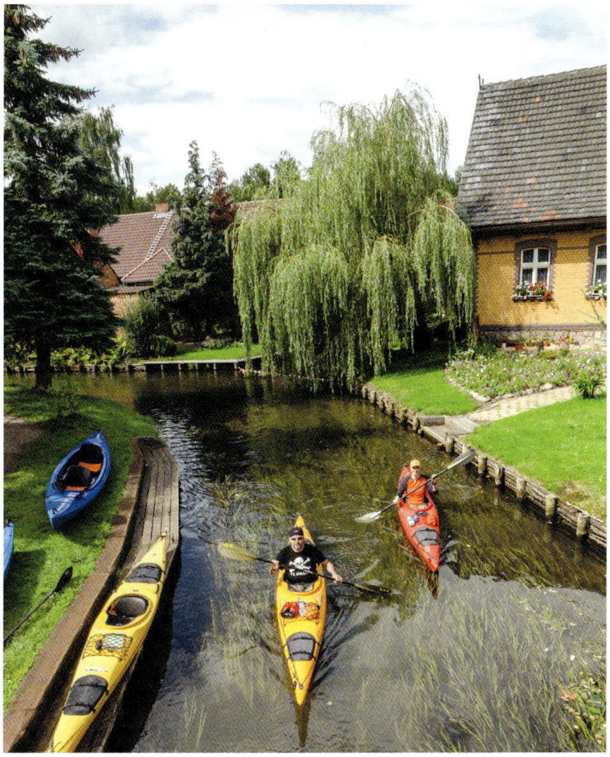

Unterwegs in Leipe

die Hochwaldtour, die mit blauem Dreieck auf weißem Grund markiert ist.

Vom Campingplatz paddeln wir auf dem Lehder Fließ nach rechts und müssen nach zwei Brücken und wenigen Metern links an der Kahnschleuse vorbei auf einer Bootsrolle in den Lehder Graben umsetzen. Vorbei an alten Blockhäusern paddeln wir auf der Hauptspree in südöstliche Richtung nach Lehde. Hier entführt uns das Freilandmuseum ins 19. Jahrhundert und zeigt, wie sorbische Bauern in der Vergangenheit wohnten, arbeiteten und lebten. Über den Lehder Graben und Wehrkanal gelangen wir zur beliebten Ausflugsgaststätte »Wotschofska«.

Danach lassen wir den Trubel hinter uns und brauchen die engen Fließe nicht mehr mit Kähnen und anderen Paddlern zu teilen. Über die Fortsetzung des Wehrkanals, Dittmar-Kanal und Zerra paddeln wir durch einen einsamen Hochwald und erreichen das Nordfließ. Hinter der Kreuzung mit dem Peterkanal wartet eine Schleuse auf uns. Anschließend paddeln wir in südöstliche Richtung weiter bis zum Nordfließ.

An der »Polenzschänke« kommen wir wieder in den belebteren Teil des Spreewalds und erreichen über Leiper Graben, Jurks Fließ und Leiper Dorffließ das Dorf Leipe. Über eine Schleuse gelangen wir auf die Spree und vollenden unsere Rückfahrt nach Lübbenau über den Südumfluter.

23 km	6 Std.	ja	ja	leicht

Charakter: Einmaliges Binnendelta mit rund 300 Kanälen und Fließen. Die vorgestellte Tour ist markiert und eignet sich daher gut für das problemlose Erkunden des Wasserlabyrinths im Spreewald. Eine gute Wasserwanderkarte (1 : 50 000) ist zusätzlich auf jeden Fall zu empfehlen. Aufgrund der Distanz am besten für sportliche Paddler geeignet. Anfänger wählen besser eine kürzere Variante, z. B. die mit schwarzem Kreis auf gelbem Grund markierte Kleine Leiper Tour.

Befahrungsregeln: Kahnkapitäne haben immer Vorfahrt. Besonders in der Hochsaison ist rücksichtsvolles Fahren angesagt, da es auf den kleinen Fließen sehr eng werden kann. Aus Naturschutzgründen sind einige Fließe (zeitweise) gesperrt. Schilder vor Ort informieren über die aktuellen Regelungen. Achtung: Kennzeichnungspflicht für Boote im Biosphärenreservat Spreewald.

Einstieg: Campingplatz in Lübbenau

Ausstieg: Campingplatz in Lübbenau

Hindernisse: Kahnschleuse in Lübbenau, eine Bootsrolle ist vorhanden. Im weiteren Verlauf mehrere Selbstbedienungsschleusen

Unterkunft: Spreewald-Natur-Camping in Lübbenau, Tel. 03542/35 33, www.spreewaldcamping.de

Einkehr: »Wotschofska« und »Polenzschänke« sind die beiden klassischen Ausflugslokale im Spreewald, die direkt an der Paddelroute liegen. Weitere Gasthöfe in Lübbenau, Lehde und Leipe.

Kanuverleih: Lübbenau: Bootsverleih Franke, Tel. 03542/27 22, www.bootsverleih-franke.de; Bootsverleih Richter/Kajaksports, Tel. 03542/37 64, www.bootsverleih-richter.de; Bootshaus Kaupen, Tel. 03542/27 50. Leipe: Paddelboote auf Jürgens Freizeithof, Tel. 0172/4 65 68 07; Bootsverleih Konzack, Tel. 03542/435 59. Lehde: Bootsverleih Dolzke-Insel, Tel. 03542/40 59 88, www.spreewaldboote.de

Info: Tourismusverband Spreewald, Tel. 035433/722 99, www.spreewald.de

Zurück zum Auto: Entfällt, da Rundtour

EXTRA: Auf der Spree nach Berlin

Wer sich in Lübbenau nach Norden wendet, verlässt den Spreewald und kommt über Schlepzig, Leipsch, Schwielochsee, Beeskow, Oder-Spree-Kanal und Müggelspree nach Erkner am Ostrand Berlins. Diese etwa 140 km lange Route eignet sich perfekt für einen einwöchigen Kanuurlaub. Die Tour ist auch gut für Anfänger geeignet, dann sollten allerdings mindestens zehn Tage eingeplant werden. Eine weitere schöne Mehrtagestour zwischen Spreewald und Berlin ist die Märkische Umfahrt (siehe Tour 32).

34

Obere Elbe

Mit dem Kanu durch die Sächsische Schweiz

In der Tschechischen Republik vereinigen sich bei Spindlermühle im Riesengebirge mehrere Quellbäche und speisen so einen der großen mitteleuropäischen Ströme. Zunächst als ungestümer Wildbach, später als ruhiger, zahmer Wanderfluss sucht sich die Elbe ihren Weg zur deutsch-tschechischen Grenze. Wenige Kilometer vor der Grenze beginnt bei Děčín das landschaftlich reizvolle Elbsandsteingebirge. Seit Millionen von Jahren fräsen Elbe und Nebenflüsse ihre Furchen in den Quarzsandstein. In der Böhmischen Schweiz auf tschechischer bzw. der Sächsischen Schweiz auf deutscher Seite fließt die Elbe in einem beeindruckenden Canyon durch das im Mittel 400 Meter hohe Tafelbergland, welches sie bei Pirna wieder verlässt.

Wir beginnen unsere Kanutour am Campingplatz in Königsstein. Der Ort schmiegt sich eng an das linke Ufer eines weiten Bogens der Elbe, über dem majestätisch die namensgebende Festung auf einem Tafelberg thront. Die um 1200 von böhmischen Königen angelegte Festung wurde dank der exponierten Lage nie von Feinden eingenommen.

Die Elbe empfängt uns mit flotter Strömung, und selbst wenn wir keinen einzigen Paddelschlag täten, wären wir nach einer Stunde etwa fünf Kilometer weiter. So trägt uns die Elbe in einer Flussschleife um die Festung Königstein zur Bastei. Doch bevor wir uns von dem einzigartigen Schluchtenlabyrinth verzaubern lassen, werfen wir erst noch einen prüfenden Blick auf die Fähre, die das linkselbische Oberrathen mit dem rechtselbischen Niederrathen verbindet.

Diese Gierseilfähre ist die erste von zahlreichen Fähren, die entlang der Elbe ihren Dienst tun und nur durch die Kraft des fließenden Wassers angetrieben werden. Nur durch Veränderung der Länge der beiden Halteseile wird die Fahrtrichtung

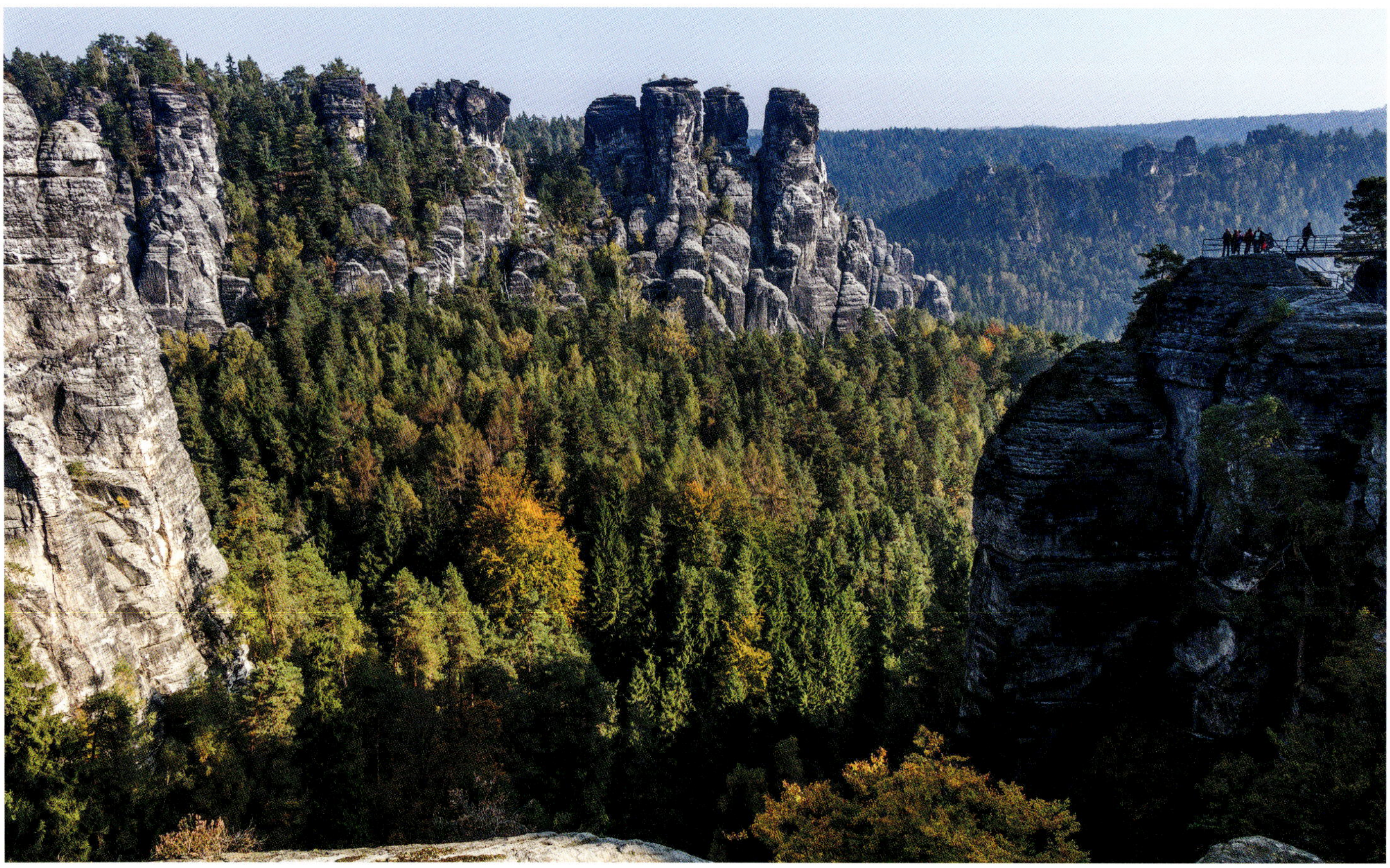

Schroffe Felsformationen prägen das Gesicht der Sächsischen Schweiz.

EXTRA: Ferienfahrt nach Dessau

Das Elbsandsteingebirge ist sicherlich die spektakulärste Kulisse, die die Elbe zu bieten hat. Die Elbe ist aber auch der längste hindernisfrei zu befahrene Wanderfluss in Mitteleuropa. Die Staustufe in Geesthacht nahe der Elbmündung in die Nordsee ist das einzige Bauwerk, das den Elblauf versperrt. Eine abwechslungsreiche Tour für eine etwa einwöchige Kanuwanderung ist die Weiterfahrt von Radebeul über Meißen, Torgau und Wittenberg nach Dessau.

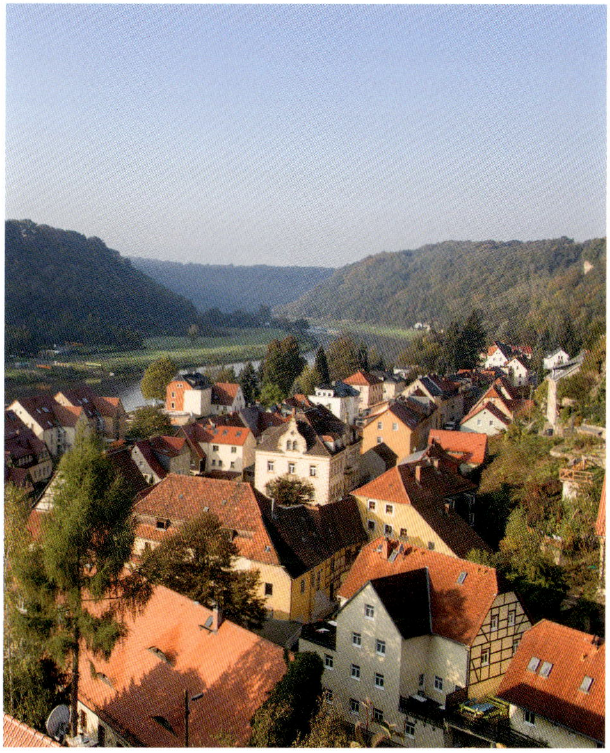

Stadt Wehlen

53 km	1-2 Tage	ja	nein	leicht-mittel

Charakter: Idealer Wanderfluss mit guter Strömung. Vielfältige Urlaubsmöglichkeiten in Verbindung mit den vielen geschichtsträchtigen Städten entlang der Ufer und dem Nationalpark Sächsische Schweiz

Befahrungsregeln: Keine Einschränkungen

Einstieg: Am Campingplatz in Königsstein

Ausstieg: Am Kanuverein in Radebeul

Hindernisse: Vorsicht an den Gierseilfähren; in Stadtnähe zum Teil recht aufdringlicher Sportbootverkehr

Unterkunft: Königstein: Campingplatz, Tel. 035021/682 24, www.camping-koenigstein.de; Naturfreundehaus, Tel. 035022/994 80. Kanuvereine in Pirna, Tel. 0351/52 74 94; Dresden, 0351/252 56 13 (Laubegast Dresden), Tel. 0351/311 99 63 (Kanuclub Dresden) und Radebeul, www.kanu-radebeul.de. Pension am Elberadweg in Radebeul, Tel. 0351/656 36 51

Einkehr: Gasthöfe in Oberrathen und Rathen (km 22,7), Pirna (km 32,9), Pillnitz (km 42,6), Laubegast (km 45,5), Seglerhafen Wachwitz (km 47,3), Loschwitz (km 49,7) und am Fährgarten Johannstadt (km 53,4)

Kanuverleih: Kanu Aktiv Tours, Tel. 035021/59 99 60, www.kanu-aktiv-tours.de; Kanu Dresden, Tel. 0351/160 52 23, www.kanu-dresden.de

Info: Tourismusverband Sächsische Schweiz e.V., Tel. 03501/47 01 47, www.saechsische-schweiz.de; Tourismusverband Elbland Dresden, Tel. 03521/763 50, www.dresden-elbland.de

Zurück zum Auto: Gute Bahnverbindung von Radebeul über Dresden nach Königsstein

bestimmt. Das durch gelbe Tonnen gekennzeichnete Verankerungsseil der Fähren dürfen wir in keinem Fall überfahren. Für einen Aufstieg zur Bastei könnten wir am Schiffsanleger am rechten Ufer anlegen, um dann auf dem markierten Wanderweg den über 300 Meter hohen Aussichtspunkt der Bastei mit einem prächtigen Panorama über die Elbe zu finden. Aufgrund der Etappenlänge entscheiden wir uns, den Gipfelsturm im Anschluss an die Paddeltour in Angriff zu nehmen.

Ab Pirna werden die Hänge niedriger. Vom Steg des Kanuverein SV Grün-Weiß Pirna ist es nur ein Katzensprung bis zum schönen, von Renaissance und Barock geprägten Zentrum mit Rathaus und Dom rund um den Marktplatz.

Nach dem Landgang schiebt uns die Elbe vorbei an Weinhängen nach Pillnitz an den östlichen Stadtrand von Dresden. Was auf den ersten Blick wie ein nobles Chinarestaurant wirkt, ist das von August dem Starken in der ersten Chinoiseriewelle erbaute Schloss. An der Elbtreppe des Wasserpalais können wir anlegen wie einst die kurfürstlichen Gondeln und die vielfältigen chinesischen Formen und Motive der Schlossanlage sowie des Parks bewundern.

Unter der Brücke »Blaues Wunder« hindurch erreichen wir die Innenstadt und lassen die historischen Bauten der Altstadt am linken Ufer an uns vorbeigleiten. Direkt an Dresdens westliche Stadtgrenze stoßend erreichen wir Radebeul, wo wir am Steg des Kanuten des SV Radebeul unsere Tour beenden. Winnetou-Fans können die abwechslungsreiche Kanutour mit einem Besuch des Karl-May-Museums beenden, das im ehemaligen Wohnhaus des Abenteuerschriftstellers untergebracht ist.

Paddelpause am Lahnufer

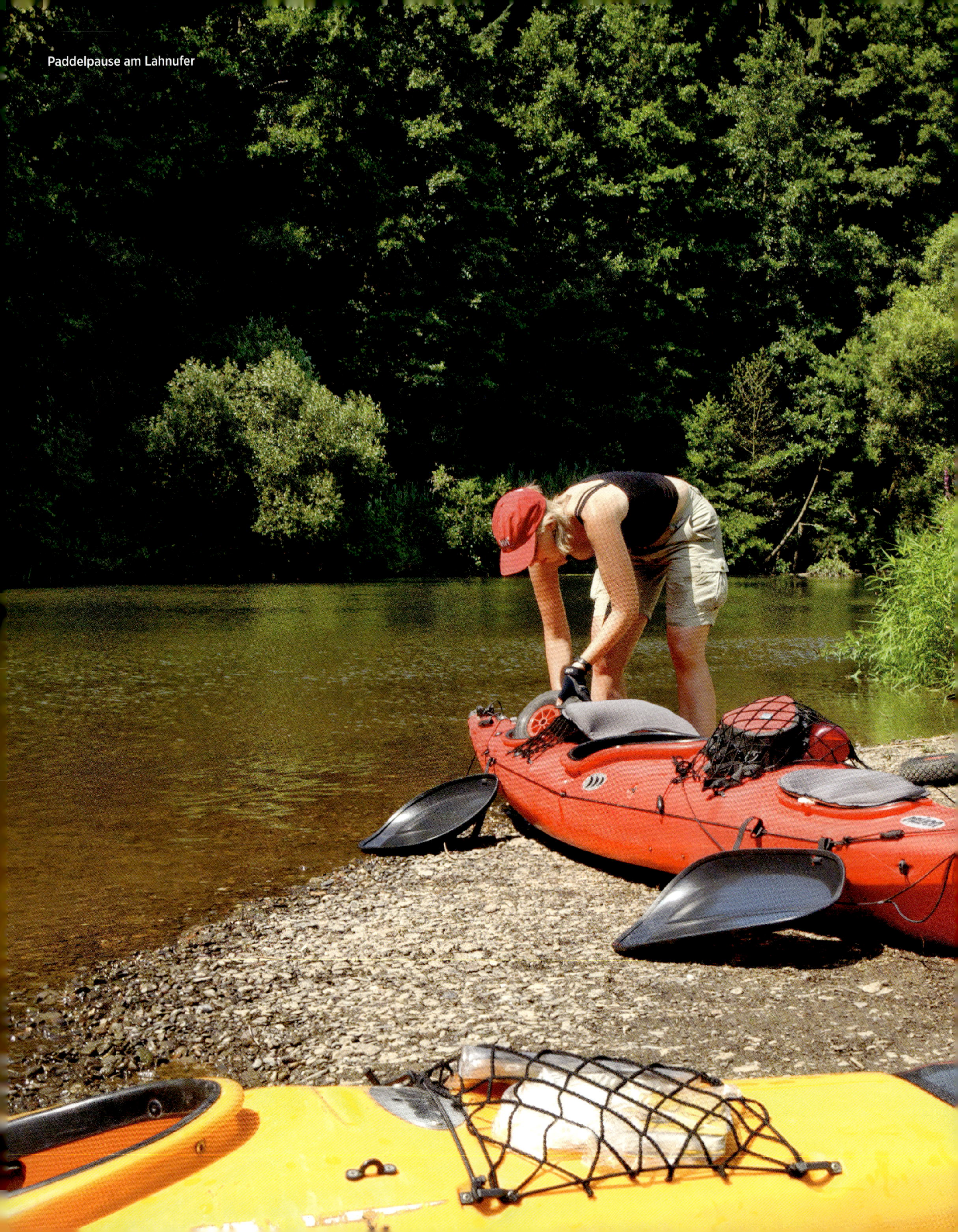

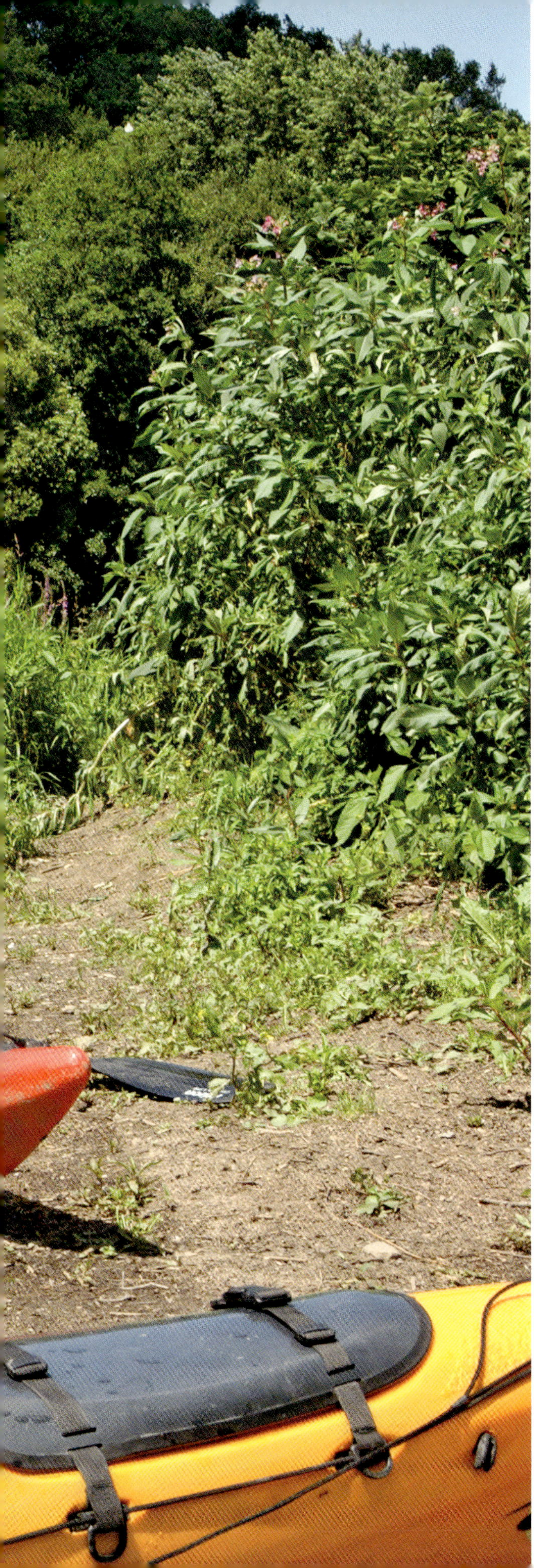

Rheinland-Pfalz und Saarland

Die Lahn ist der wohl am besten organisierte Kanufluss in Deutschland: mit handbetriebenen Schleusen, schönen Zeltplätzen und hübschen Burgen entlang der Ufer. Auch die Mosel ist als Kanuweg ausgebaut und eignet sich perfekt für eine mehrtägige Kanutour. Die Sauer ganz im Westen an der Grenze zu Luxemburg bietet sich vor allem für einen ruhigen Tagestrip an. Ein abwechslungsreiches Kleinflusserlebnis finden sportliche Paddler im Frühjahr dagegen auf der Ahr.

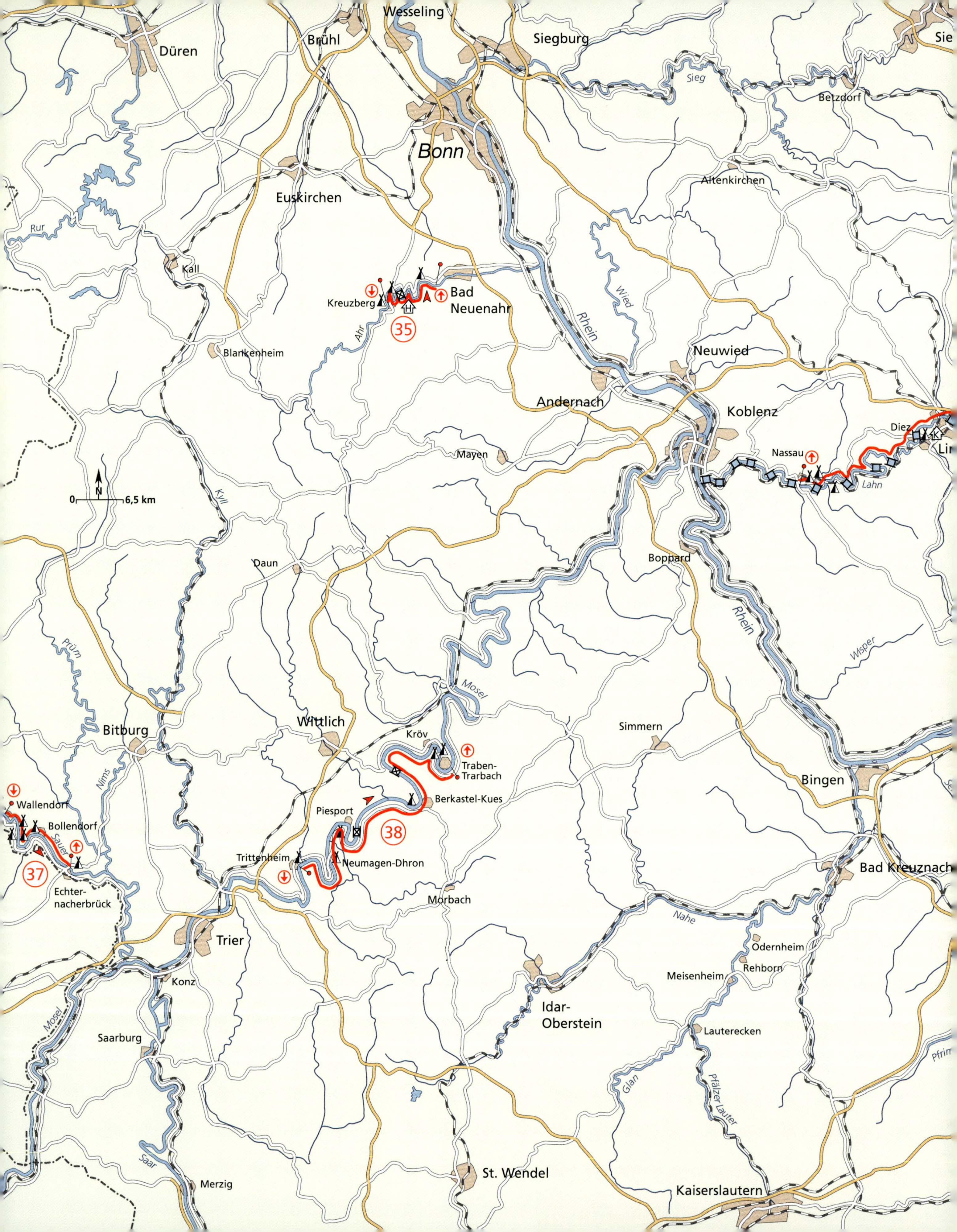
Wesseling
Brühl
Düren
Siegburg
Sieg
Betzdorf
Bonn
Euskirchen
Altenkirchen
Rur
Kall
Kreuzberg
Bad Neuenahr
35
Ahr
Wied
Rhein
Blankenheim
Neuwied
Andernach
Koblenz
Diez
Nassau
Lahn
Mayen
0
6,5 km
N
Kyll
Daun
Boppard
Rhein
Wisper
Prüm
Mosel
Bitburg
Wittlich
Kröv
Simmern
Traben-
Trarbach
Bingen
Nims
Wallendorf
Bollendorf
Sauer
Piesport
Berkastel-Kues
38
37
Trittenheim
Neumagen-Dhron
Echter-
nacherbrück
Morbach
Bad Kreuznach
Nahe
Trier
Odernheim
Konz
Rehborn
Meisenheim
Idar-
Oberstein
Mosel
Saarburg
Lauterecken
Glan
Pfälzer Lauter
Saar
St. Wendel
Merzig
Kaiserslautern

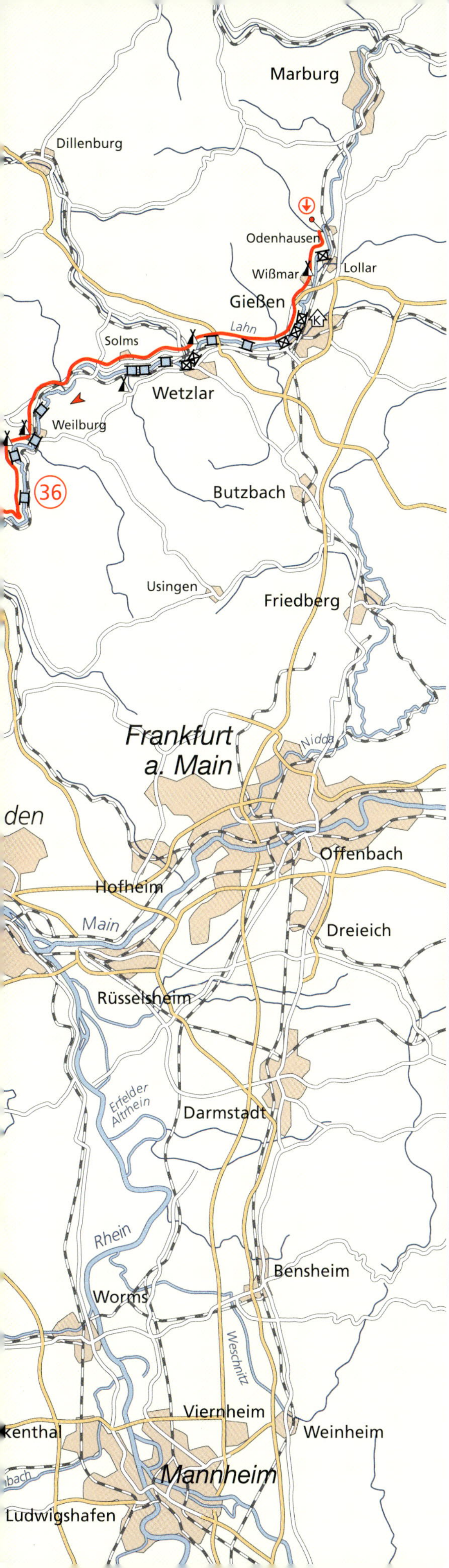

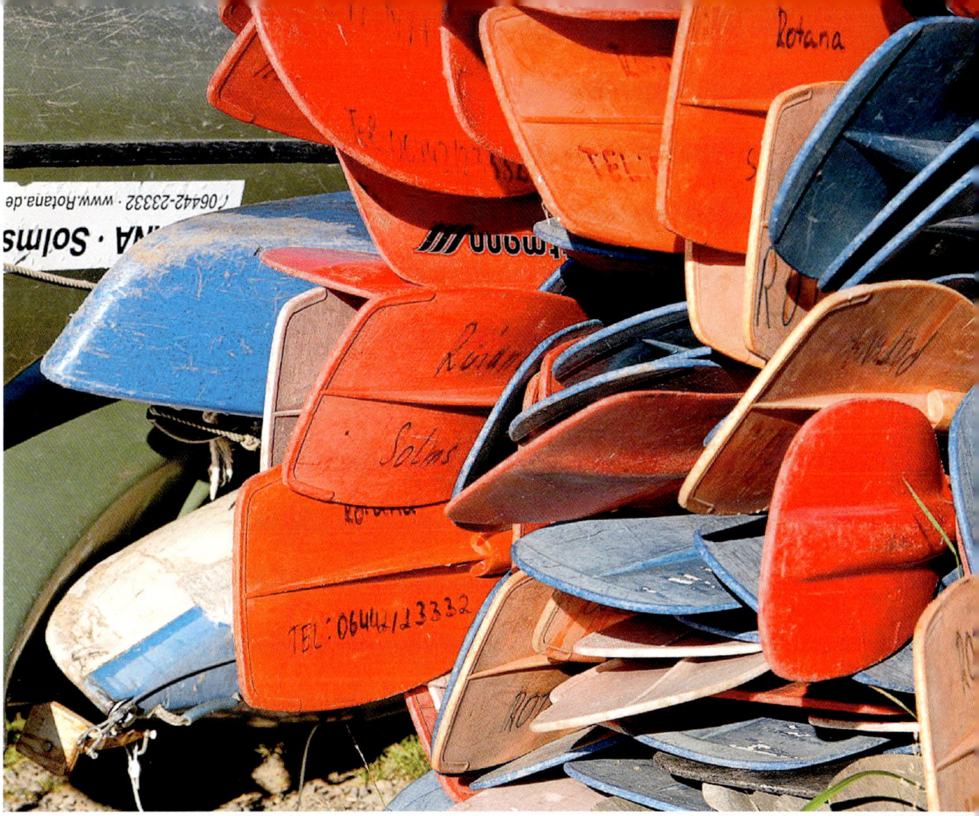

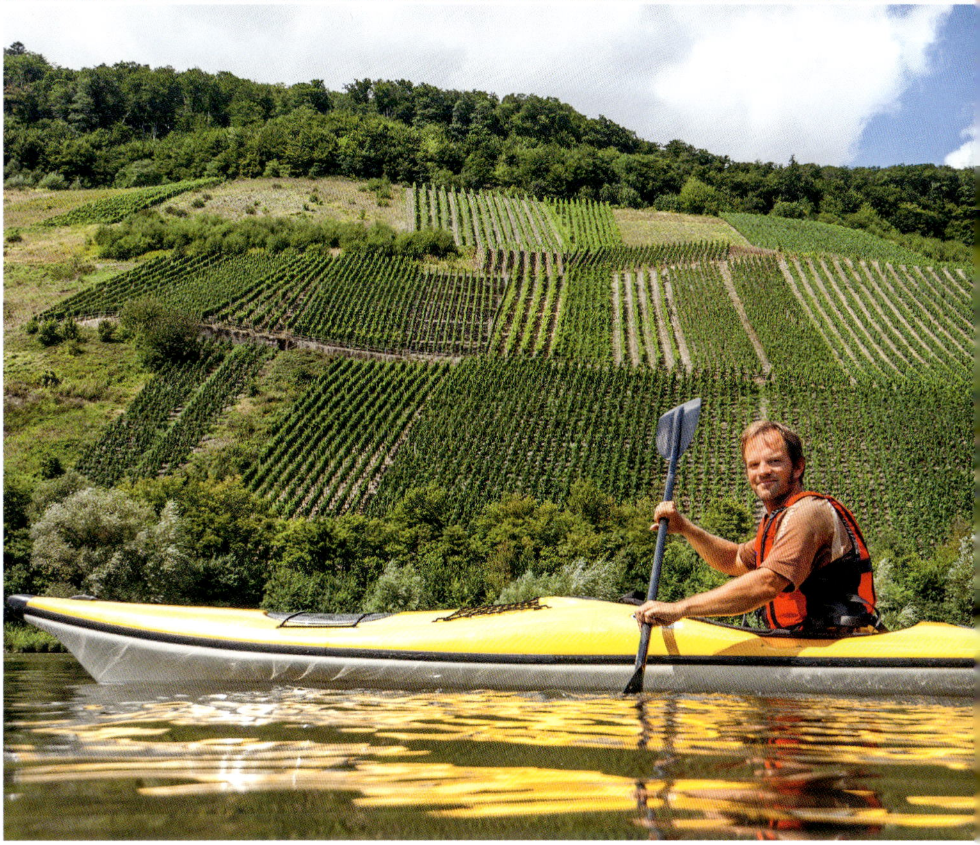

Oben: Kanuverleiher gibt es an der Lahn wie Strandkörbe am Meer.
Unten: Auf der Mosel bietet sich hinter jeder Kurve ein neuer Blick auf die Weinberge.

35

Ahr: Von Kreuzberg nach Walporzheim

Schroffe Felswände und steile Weinhänge

Von hoch oben auf dem Berg schaut die altehrwürdige Kreuzburg auf uns herab, als wir auf der Uferwiese neben der Straßenbrücke in Kreuzberg die Boote vom Autodach heben und startklar machen. Sollten vor oder nach der Tour die Mägen knurren, ist das Gasthaus »Wurstkessel« an der Bahnhofstraße genau die richtige Adresse.

Kaum ist die Burg aus dem Sichtfeld verschwunden, mündet von links der Sahrbach, und die Ahr biegt scharf nach rechts ab. Anschließend schiebt uns die kräftige Strömung unter der Brücke der Bundesstraße durch; an der Insel hinter der nächsten Eisenbahnbrücke können wir sowohl links wie auch rechts vorbeifahren.

Vor Altenahr ziehen am linken Ufer erst die Kapelle Altenburg und dann die Wohnwagen auf dem Campingplatz vorüber, und bald sind die ersten Hotels, Gasthäuser und Weinstuben in Altenahr erreicht. Das 2000-Einwohner-Dorf ist einer der beliebtesten Ausflugsorte an der Ahr. Kein Wunder, wird doch für jeden Geschmack etwas geboten: Weinstuben, Weinfeste und -proben locken Liebhaber edler Tropfen an, Wanderer können eine Tour auf dem Rotweinwanderweg starten, und die Sommerrodelbahn oberhalb des Ortes bietet Spaß für die ganze Familie. Wer sich dagegen für »klassisches« Sightseeing interessiert, kann der Burg Are einen Besuch abstatten, die seit dem 11. Jahrhundert hoch über den Dächern und Gassen der Gemeinde wacht.

Zurück auf dem Wasser erwartet uns die sowohl landschaftlich wie auch kanusportlich interessante Ahrschleife von Altenahr. Ein Schild weist rechtzeitig im Voraus auf die gefährliche »Brücke« in 400 Meter Entfernung hin. Gemeint ist die umgebaute und unfahrbare Wegefurt an der Jugendherberge Altenahr, die kurz umtragen werden muss.

Gleich hinter der nächsten Kurve stellt sich ein Schrägwehr in den Weg. Es ist bei ausreichend Wasser in der rechten Hälfte fahrbar, allerdings bildet sich im Unterwasser ein kräftiger Schwall. Alternativ kann man mit der Bootsspitze auch ganz nach rechts zielen, denn rechts von dem Mauerrest hat die Ahr das Wehr umspült und fließt in einer engen, S-förmigen Kurve mit ordentlich Wellen daran vorbei. Wer das Wehr lieber auf dem Landweg umgehen möchte, kann gut am flachen rechten Ufer umtragen.

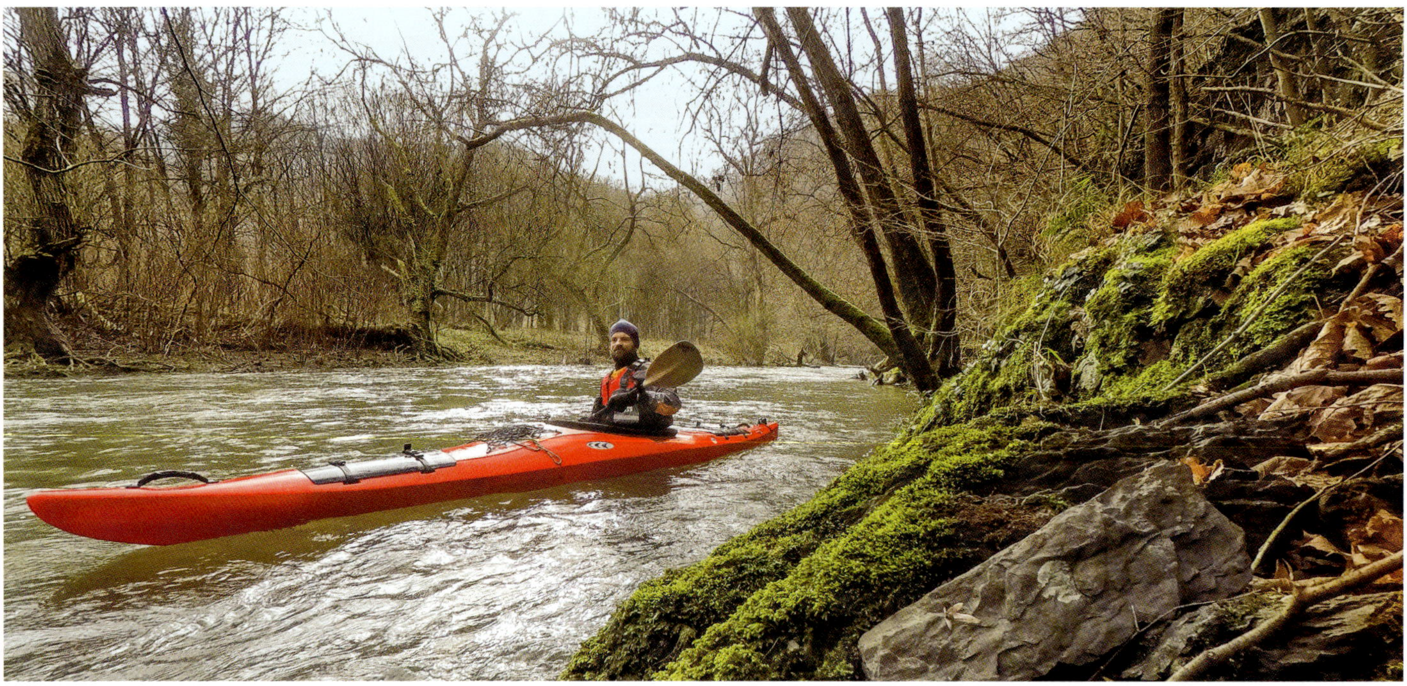

Ein ausreichender Wasserstand wird meist nur in der kühlen Jahreszeit erreicht.

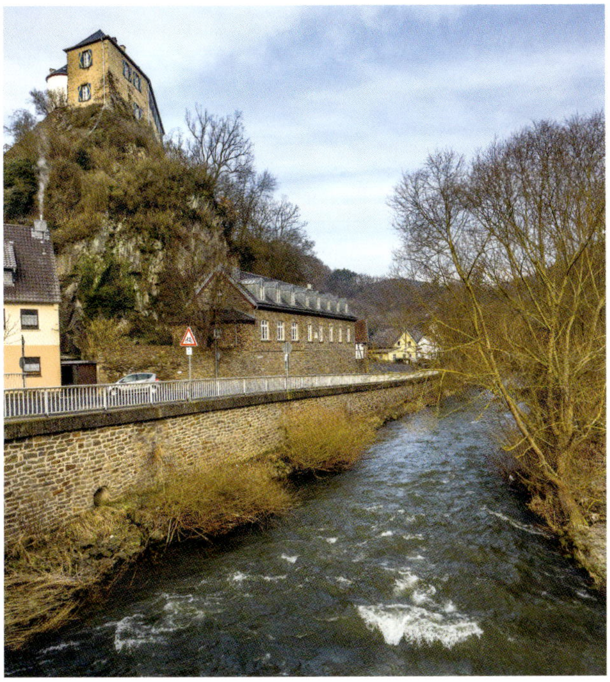

Burg Kreuzberg

Nun geht es mit guter Strömung in einer weiten Schleife durch ein einsames, tief in den Felsen geschnittenes Tal. Nach etwa 3,5 Kilometern markiert das hohe Eisenbahnviadukt unterhalb der Burg Are das Ende der Flussschleife.

Im weiteren Verlauf werden die Boote immer wieder von schönen, aber letztlich harmlosen Schwällen durchgeschaukelt, und die ersten Weinhänge säumen die Ufer. Mit flotter Strömung trägt uns die Ahr in einer Kurve um den Berg mit der Saffenburg-Ruine zur eindrucksvollen Nepomuk-Brücke in Rech.

Hinter dem verfallenen Wehr an der Steinbergsmühle, einer gut zu fahrenden Blockstufe, erreichen wir erst den Weinort Dernau und dann den Marienthaler Trotzenberg. In der zweiten Hälfte des 20. Jahrhunderts wurde im Berg oberhalb des kleinen Weinorts, der auf die Gründung eines Augustinerklosters im 12. Jahrhundert zurückgeht, mit dem Bau des atombombensicheren Regierungsbunkers begonnen, in dem im Notfall die Verfassungsorgane der nahen Bundeshauptstadt Bonn hätten unterkommen sollen. Mit dem Umzug nach Berlin wurde die Anlage stillgelegt, erhalten geblieben ist ein etwa 200 Meter langes Stück der Anlage, die als Dokumentationsstätte des Regierungsbunkers bei Walporzheim besichtigt werden kann.

Auf dem abschließenden Abschnitt bis Walporzheim ist ein weiteres verfallenens Wehr zu bezwingen, dann legen wir beim Wanderparkplatz am rechten Ufer an. Über die Brücke ist es nur ein kurzer Fußweg zum Bahnhof im Ort.

19 km	5 Std.	ja	ja	mittel

Charakter: Erst wildromantisches, fast schluchtartiges Felsental, später säumen leuchtend grüne, steil emporragende Weinberge die Ufer. Kanusportlich interessanter Kleinfluss mit guter Strömung, engen Kurven und zahlreichen, je nach Wasserstand mehr oder weniger spritzigen Sohlschwellen. Das leichte Wildwasser in Kombination mit einigen Baumhindernissen, die in der Regel aber gut zu umfahren sind, prädestinieren die Ahr für alle Paddler mit etwas Erfahrung. Absolute Anfänger sollten sich für den Beginn aber ein anderes Ziel suchen.

Befahrungsregeln: In der Regel reicht der Wasserstand nur in den Wintermonaten sowie nach ergiebigen Niederschlägen. Erforderlich sind mindestens 60 cm am Pegel Müsch (km 67,4) oder mindestens 80 cm am Lattenpegel in Altenahr (km 31,8).

Einstieg: Straßenbrücke in Kreuzberg (fürs Navi: Kreuzberger Auel, 53505 Altenahr)

Ausstieg: Wanderparkplatz vor der Straßenbrücke in Walporzheim (fürs Navi: Josefstraße, 53474 Bad Neuenahr-Ahrweiler)

Hindernisse: Unfahrbare Wegefurt an der Jugendherberge Altenahr und Wehr Altenahr; im gesamten Verlauf leichtes Wildwasser mit engen Kurven und Stufen, Schnellen und Schwällen, bei höherem Wasserstand kann es recht spritzig werden; für Anfänger nicht zu empfehlen

Unterkunft: In Folge der verheerenden Flutkatastrophe 2021 im Ahrtal ist es noch immer nicht abzusehen, wann die Campingplätze und die Jugendherberge in Altenahr sowie die Einkehrmöglichkeiten entlang der Ufer ihren Betrieb wieder wie gewohnt aufnehmen können.

Kanuverleih: Es gibt keinen Kanuverleih an der Ahr.

Info: Ahrtal-Tourismus Bad Neuenahr-Ahrweiler e.V., Tel. 02641/91710, www.ahrtal.de

Zurück zum Auto: Problemlos mit der Ahrtalbahn in ca. 20 Min. von Walporzheim nach Kreuzberg

EXTRA: Nachschlag für sportliche Paddler

Wer noch Lust auf ein paar Surf- oder Kerzeinheiten hat, kann die Tour um etwa 6 km verlängern. Im weiteren Verlauf weitet sich das enge Tal etwas auf, und die Ahr fließt zu Füßen des Klosters Calvarienbergs weiter nach Nordwesten und auf mehreren Kilometern durch die Stadt Bad Neuenahr-Ahrweiler mit diversen Sohlschwellen in kurzen Abständen und einigen Schrägwehren.

36 Lahn: Von Lollar nach Nassau

Deutschlands wohl bestorganisierter Kanufluss

An der Einsatzstelle in Odenhausen herrscht bunter Trubel, und auf den ersten Metern ist auf dem Wasser einiges los. Bald aber verteilt sich der Ansturm, und die weit von den Ufern in den Fluss ragenden Trauerweiden hüllen uns in ein dichtes Grün.

Für eine Pause an der Gaststätte hinter der nächsten Straßenbrücke ist es noch zu früh, und auch der Campingplatz Lahnblick in Ruttershausen ist schnell passiert, dann zwingt uns das Wehr in Lollar zur einzigen echten Portage der Tour. Wir landen am rechten Ufer an und tragen die Boote für etwa 250 Meter auf einem Trampelpfad am Wehr vorbei.

Vorbei an den Bootshäusern mehrerer Kanuvereine, dem Campingplatz Wißmarer See und der Badenburg, einem Herrensitz aus dem 14. Jahrhundert, nähern wir uns Gießen. Im Zentrum buhlen mehrere Restaurants, Biergärten und Hotels um die Gunst der Paddler. Wir steuern das Vereinsheim des SKC Gießen mit dem Vereinslokal »Lahnterrasse« an, um den ersten Paddeltag zu beschließen.

Am nächsten Morgen halten wir uns an das linke Ufer und paddeln bis zur Einfahrt der Bootsgasse vor. Nach dem Zug am Schalter warten wir ab, bis die Ampel Grün zeigt. Dann geht es sehr schnell. Mit flotter Strömung, leichten Wellen und einem Heidenspaß, der viel zu schnell vorbei ist, rauschen wir durch den zwei Meter breiten Betonkanal.

Auch die nächsten Wehre in Gießen sind mit Bootsgassen ausgestattet. Sie befindet sich beim nächsten Wehr zwei Straßenbrücken später an der linken Seite bzw. am dritten Wehr hinter der Autobahnbrücke auf der rechten Seite.

Die Lahn führt nun in einem begradigten, kanalartig ausgebauten Abschnitt mit recht flotter Strömung vorbei am Rast-

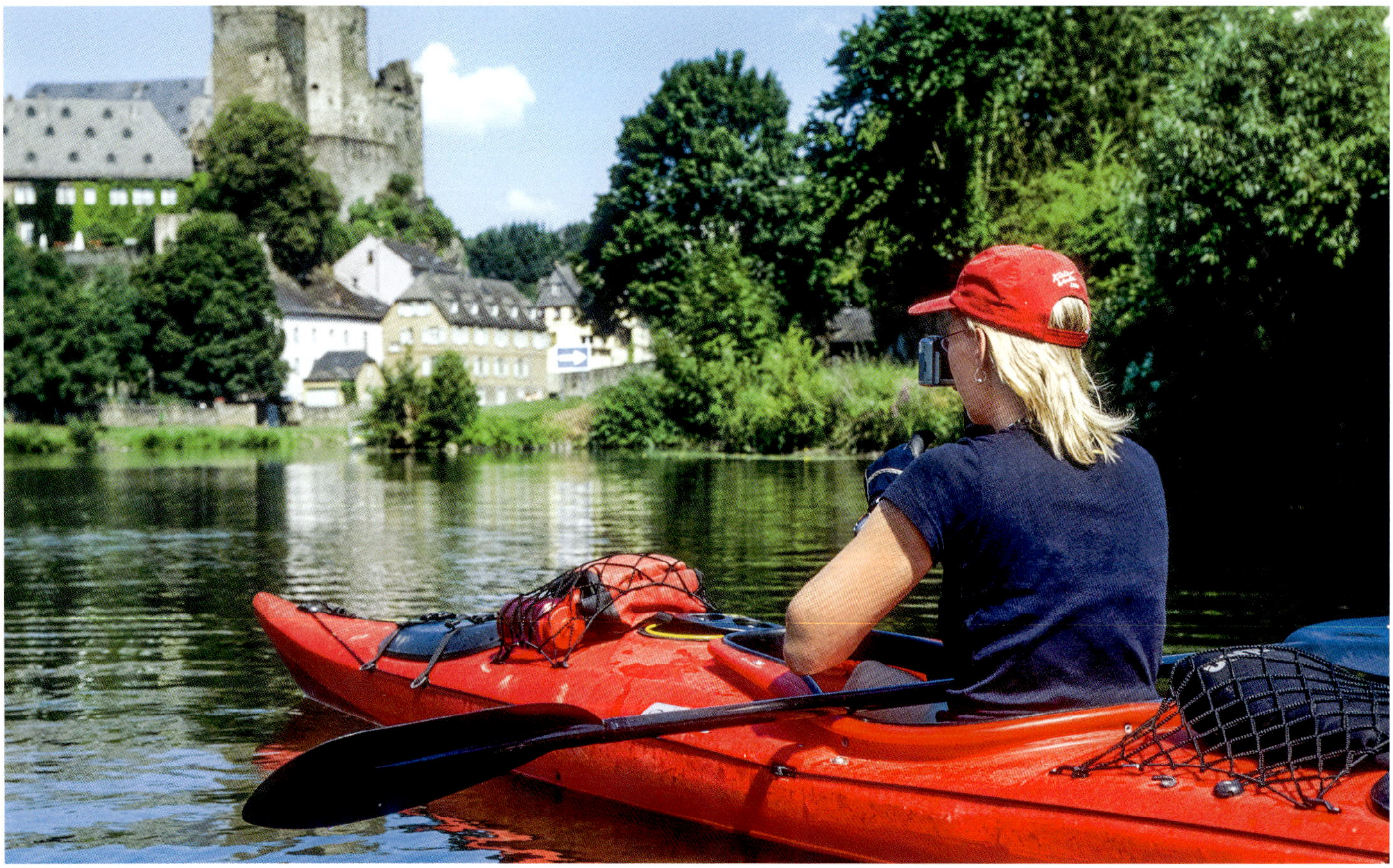

Burg Runkel ist ein beliebtes Fotomotiv im Lahntal.

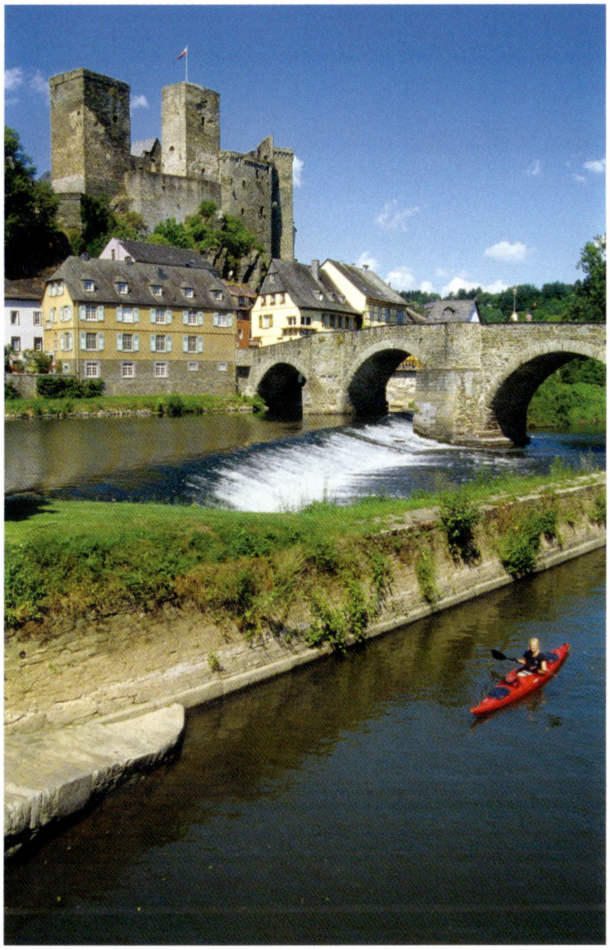

Burg Runkel

platz Atzbach zunächst zur Schleuse Dorlar, dann zur Schleuse Naunheim, mit einem schönen Biergarten direkt nebenan.

Nächste Zwischenstation der Tour ist Wetzlar. Erster Vorposten ist der Campingplatz im Ortsteil Niedergirmes und die Fassade einer großen Shoppingmall. Die Wetzlarer Wehre verfügen zwar nicht über eine Bootsgasse, bereiten aber keine Probleme. Am ersten Wehr können wir die Boote vom Holzsteg aus treideln, am zweiten erleichtert eine Rollenbahn am rechten Ufer das Umsetzen.

Nach den ersten Paddelschlägen hinter dem Wehr lohnt der Blick über die Schulter zurück auf die mächtige Silhouette des Doms. Hinter der folgenden Eisenbahnbrücke halten wir uns weit ans rechte Ufer, um den Wasserskifahrern nicht in die Quere zu kommen.

Das Ende der Wasserskistrecke markiert das altehrwürdige Kloster Altenberg am rechten Ufer, zu dessen Füßen wir in die nächste Schleuse einfahren. Nun sind nur noch zwei Schleusen in kurzem Abstand in Oberbiel zu bewältigen, dann geht es

135 km	6–7 Tage	ja	ja	leicht

Charakter: Rundherum unproblematischer Kanuspaß mit hervorragender Infrastruktur an Verleihern, Unterkunfts- und Einkehrmöglichkeiten. Die ideale Mehrtageswandertour (nicht nur) für Anfänger und Familien mit Kindern

Befahrungsregeln: Diverse Schutzgebiete, vom Wasser aus gut sichtbare Informationstafeln markieren die Ein- und Ausstiegsstellen sowie Rastplätze. Bitte nur an diesen Stellen anlanden. Bei Hochwasser darf die Lahn nicht befahren werden. Es gilt ein höchster Schifffahrtswasserstand von 360 cm für die Pegel Leun (Tel. 06473/194 29) und Kalkofen (Tel. 06439/194 29).

Einstieg: Festplatz in Lollar an der Straßenbrücke über die Lahn

Ausstieg: Steg nach der Brücke in Nassau

Hindernisse: Insgesamt 22 Wehre, was sich schlimmer anhört, als es ist. Nur das erste Wehr der Tour muss selbstständig umtragen werden. Ansonsten machen im ersten Abschnitt Bootsgassen oder Rollenbahnen und im weiteren Verlauf in der Hauptsache Schleusen aufwendige Portagen überflüssig. Bis Limburg erfolgt das Schleusen in Selbstbedienung, ab Limburg übernehmen Schleusenwärter die Regie (Schleusenzeiten vom 1. April–31. Okt. von 10–18.30 Uhr, Mittagspause von 12–12.30 Uhr).

Unterkunft: Vom einfachen Biwakplatz bis zur Hotelübernachtung ist an der Lahn alles möglich. Etappenvorschlag für eine einwöchige Tour: Einstieg: Lollar; 1. Nacht: SKC Gießen (15 km, www.skc-giessen.de); 2. Nacht: Zeltplatz Schohleck (27 km); 3. Nacht: Camping Odersbach (22 km, Tel. 06471/76 20, www.camping-odersbach.de); 4. Nacht Camping Runkel (20 km, Tel. 06482/91 10 22, www.lahntours.de); 5. Nacht: Diez (16 km, Campingplatz »Das neue Mühlchen«, Tel. 06432/69 06 90, www.camping-in-diez.de oder Camping Oranienstein, Tel. 06432/21 22, www.camping-diez.de), 6. Nacht: Gasthaus »Zum Lahntal« (Hotel und Campingplatz) (20 km, Tel. 06439/76 20); Ausstieg: Nassau (15 km)

Einkehr: Gute Einkehrmöglichkeiten in diversen Restaurants, Cafés und Biergärten direkt am Ufer entlang der gesamten Strecke

Kanuverleih: Krumos Kanuvermietung, Tel. 06442/921 18, www.krumos.de; Lahntours-Aktivreisen GmbH, Tel. 06426/928 00. Eine vollständige Übersicht aller Anbieter erhalten Sie beim Fremdenverkehrsverein (siehe unten).

Info: Lahntal Tourismus Verband, Tel. 06441/30 99 80, www.daslahntal.de

Zurück zum Auto: Gute Nachholbedingungen mit dem Zug (nicht nur für die vorgestellte Tour). Die Eisenbahnstrecke verläuft im gesamten Lahntal, und in vielen Orten ist es nur ein Katzensprung von der Ausstiegsstelle bis zum Bahnhof.

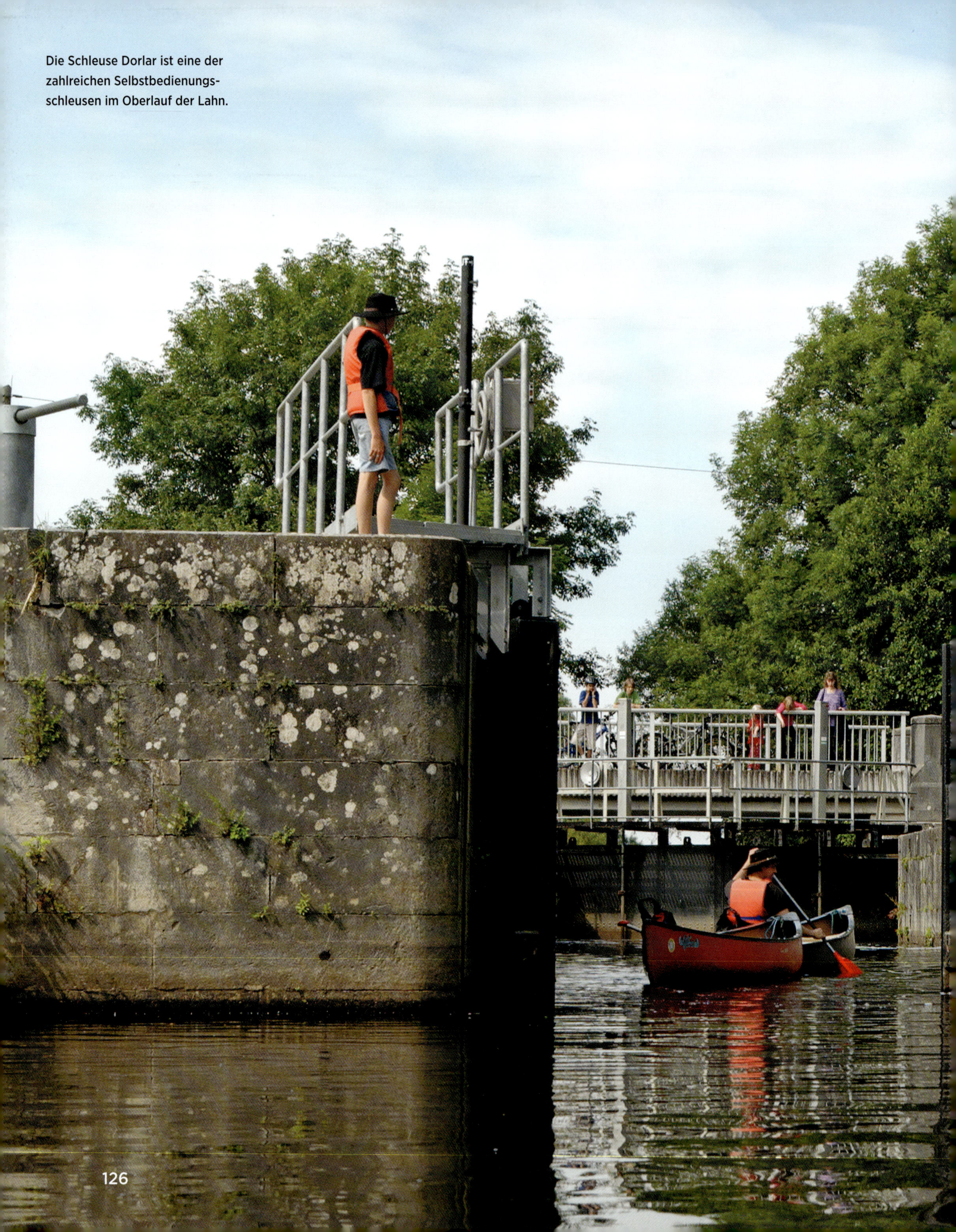

Die Schleuse Dorlar ist eine der zahlreichen Selbstbedienungsschleusen im Oberlauf der Lahn.

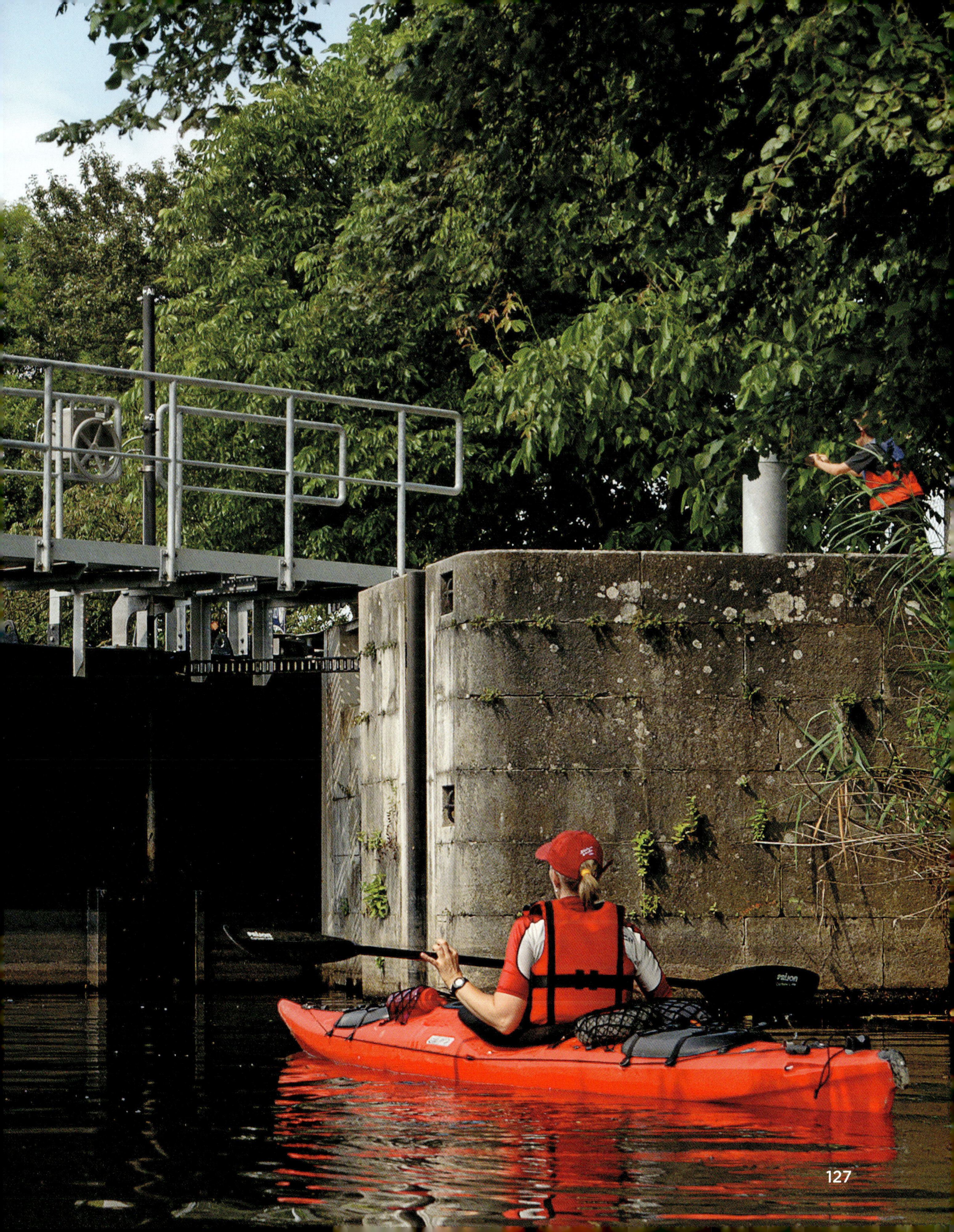

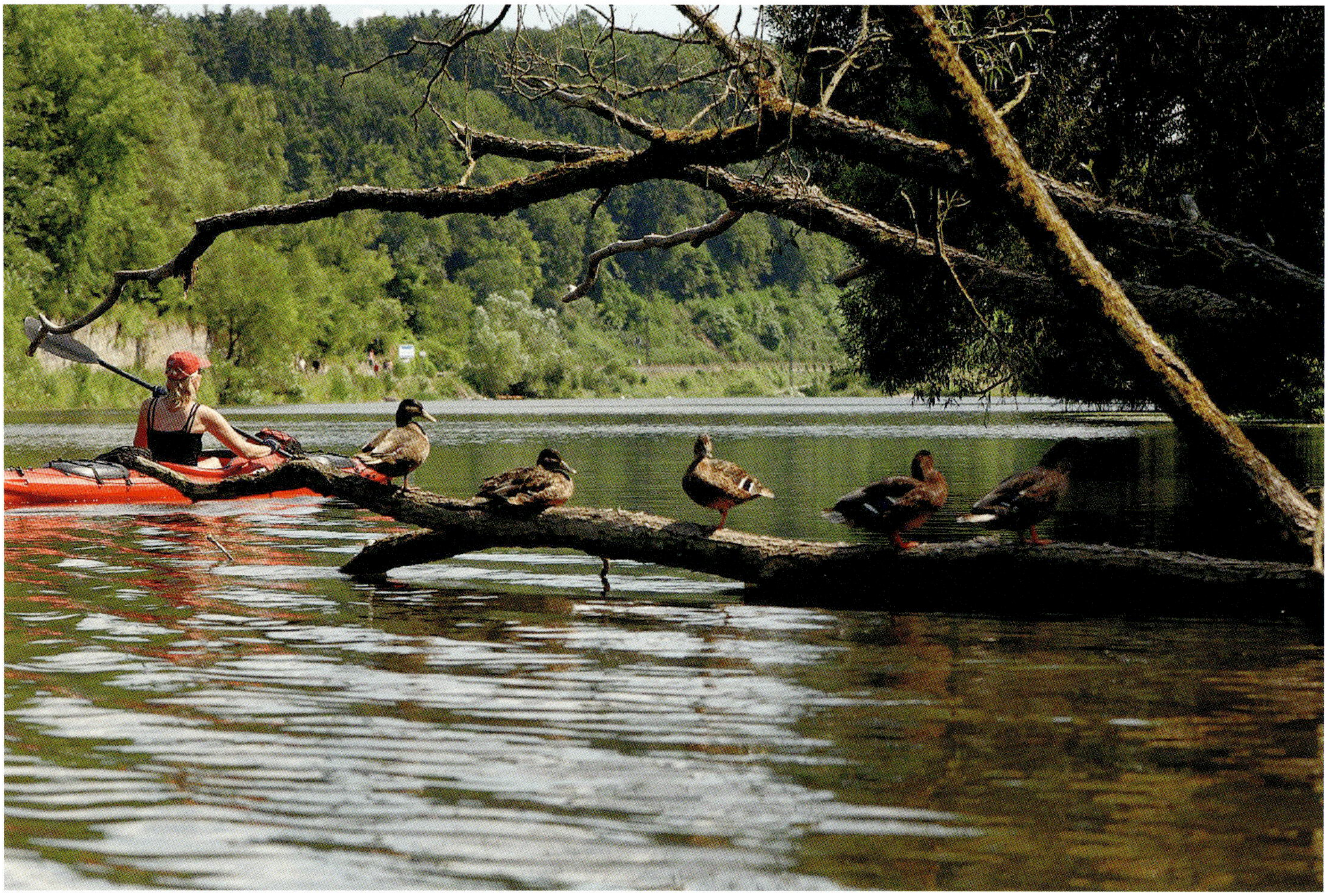

Die Lahn bietet ein herrliches Naturerlebnis.

mit flotter Strömung und einigen kleinen Schnellen zum Campingplatz Schohleck in Solms.

Hinter Solms schwingt die Lahn in einem großen Bogen nach Norden. Kurz vor Selters halten wir uns rechts, da die Lahn hier wieder als Wasserskistrecke dient. Für den Anleger im Ort mit einem schönen Biergarten am linken Ufer überlegen wir kurz, die Seiten zu wechseln, entscheiden uns dann aber, weiter zur Schleuse Löhnberg zu paddeln.

Die Silhouette der Kirche von Weilburg markiert die nächste Station. Vor der Brücke biegen wir nach links ab und verschwinden im etwa 200 Meter langen, stockdunklen Schiffstunnel, der eine große Schleife der Lahn abkürzt. Am Ende entlässt uns eine Doppelkammerschleuse wieder ans Tageslicht, und bald ist der Endpunkt der heutigen Etappe, der Campingplatz in Odersbach, erreicht.

Über die Schleusen Kirschhof und Fürfurt und vorbei am Campingplatz Gräveneck gelangen wir zum Anleger von Aumenau mit zahlreichen Hotels und Gaststätten. Eine weitere nette Übernachtungsmöglichkeit bietet wenige Kilometer weiter das Jugend- und Wanderheim des ESV Limburg am rechten Ufer. Hier darf man das Zelt im Vorgarten der Wirtschaft aufstellen oder kann in Betten im Bootshaus übernachten.

Hinter der Schleuse in Villmar taucht bald die eindrucksvolle Silhouette mit der mächtigen Burg von Runkel vor uns auf. Im Ort selbst geleiten uns schöne Fachwerkhäuser zur Schleuse, danach geht es unter einer malerischen Steinbogenbrücke hindurch zum Campingplatz der Firma Lahntours.

Die markanten Punkte bis Limburg sind der Burgturm von Dehrn, die romanische Pfeilerbasilika in Dietkirchen und die riesigen Brückenkonstruktionen von ICE-Trasse und Autobahn. Voraus erhebt sich der imposante Dom von Limburg. Am Ende des Campingplatzes hinter der Autobahnbrücke halten wir uns rechts. An der Schleuse in Limburg werden wir zum ersten Mal auf dieser Tour nicht selbst aktiv, sondern folgen den Anweisungen des Schleusenwärters. Nun ist es nicht mehr weit bis zum heutigen Tagesziel. Am linken Ufer schimmern durch die

Baumwipfel die Türmchen von Schloss Oranienstein. Dahinter legen wir links am Wassersportzentrum »Zum Mühlchen« an. Alternativ kann man auf dem benachbarten Campingplatz übernachten.

Zu Beginn der nächsten Etappe liegt hinter der Straßenbrücke zwischen Dietz und Aull das nächste Wehr. Die Schleuse finden wir ganz links, außerhalb der Schleusenzeiten können wir am rechten Ufer umtragen.

In Balduinstein laden mehrere Restaurants und Hotels zum Landgang ein. Praktischerweise hat der örtliche Getränkemarkt direkt hinter dem Steg ein paar Stühle aufgestellt, sodass wir uns ein kaltes Hefeweizen schmecken lassen, bevor wir uns in der Schleuse Cramberg (Bootsumtrage rechts) ein paar Meter absenken lassen.

Die Lahn beschreibt nun einen großen Bogen und hat sich tief in das bewaldete Tal eingeschnitten. Über die Schleuse Scheidt (Bootsumtrage rechts) nähern wir uns dem Ende der Tagesetappe. Eine erste Campingmöglichkeit bietet kurz hinter der 100-Kilometer-Tafel der Campingplatz am Rupbach. Etwa einen Kilometer weiter zu Füßen der Laurenburg wartet der paddlerfreundliche Gasthof »Zum Lahntal«, wo wir auf der Terrasse direkt am Ufer unser Zelt aufschlagen.

Etwa fünf Kilometer hinter der Schleuse Kalkhofen ist Obernhof mit Gaststätten, Cafés, einem Bootsverleih und einem Campingplatz erreicht. Hoch über dem linken Ufer überblickt das weiß leuchtende Kloster Arnstein das Geschehen auf der Lahn. In der nächsten Rechtskurve zieht am rechten Ufer der Campingplatz Schloss Langenau vorbei, und wir lassen uns in Hollerich ein letztes Mal auf dieser Tour schleusen (Bootsumtrage links).

Die letzten drei Kilometer sind schnell bewältigt. Schon ragt vor uns der große Turm der Burg in Nassau in den Himmel. Beim Näherkommen verschwinden Burg und Turm aus dem Blickfeld. Vorbei an Wohnwagen und Motorbooten des Campingplatzes kommen wir zur Kettenbrücke, hinter der wir links an der Anlegestelle unsere Tour beenden.

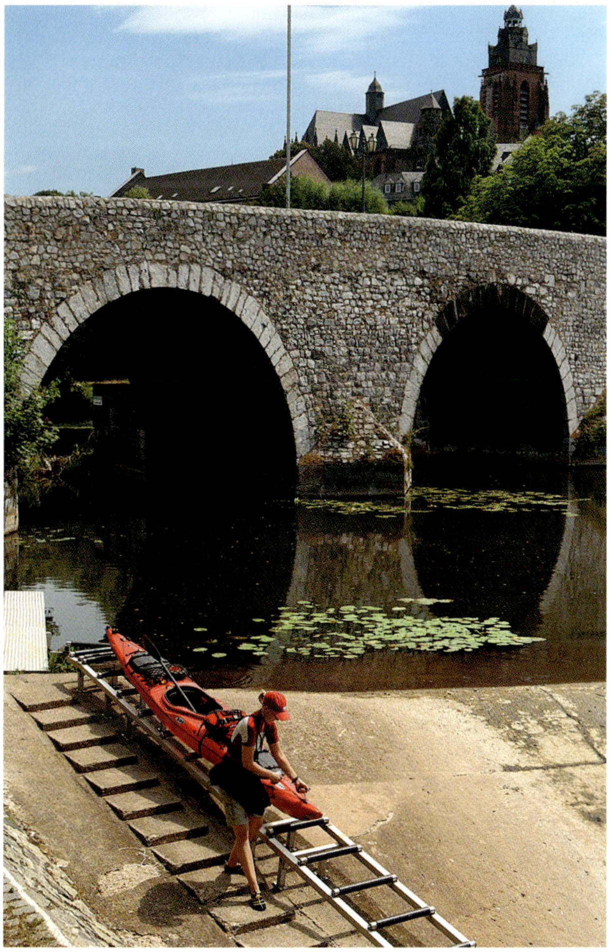

Eine Rollenbahn erleichtert die Portage am Wehr in Wetzlar.

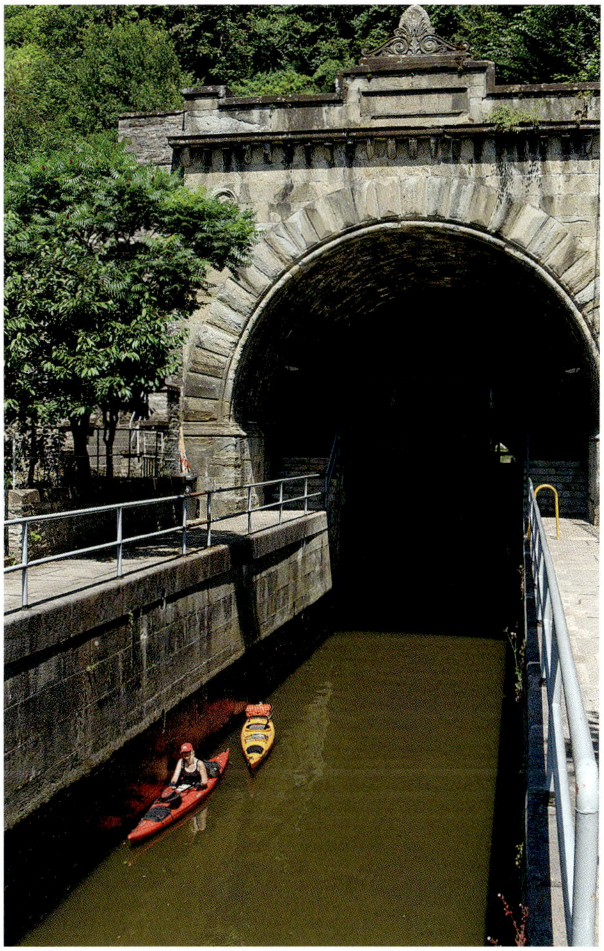

Am Ende des Tunnels in Weilburg wartet eine Schleuse.

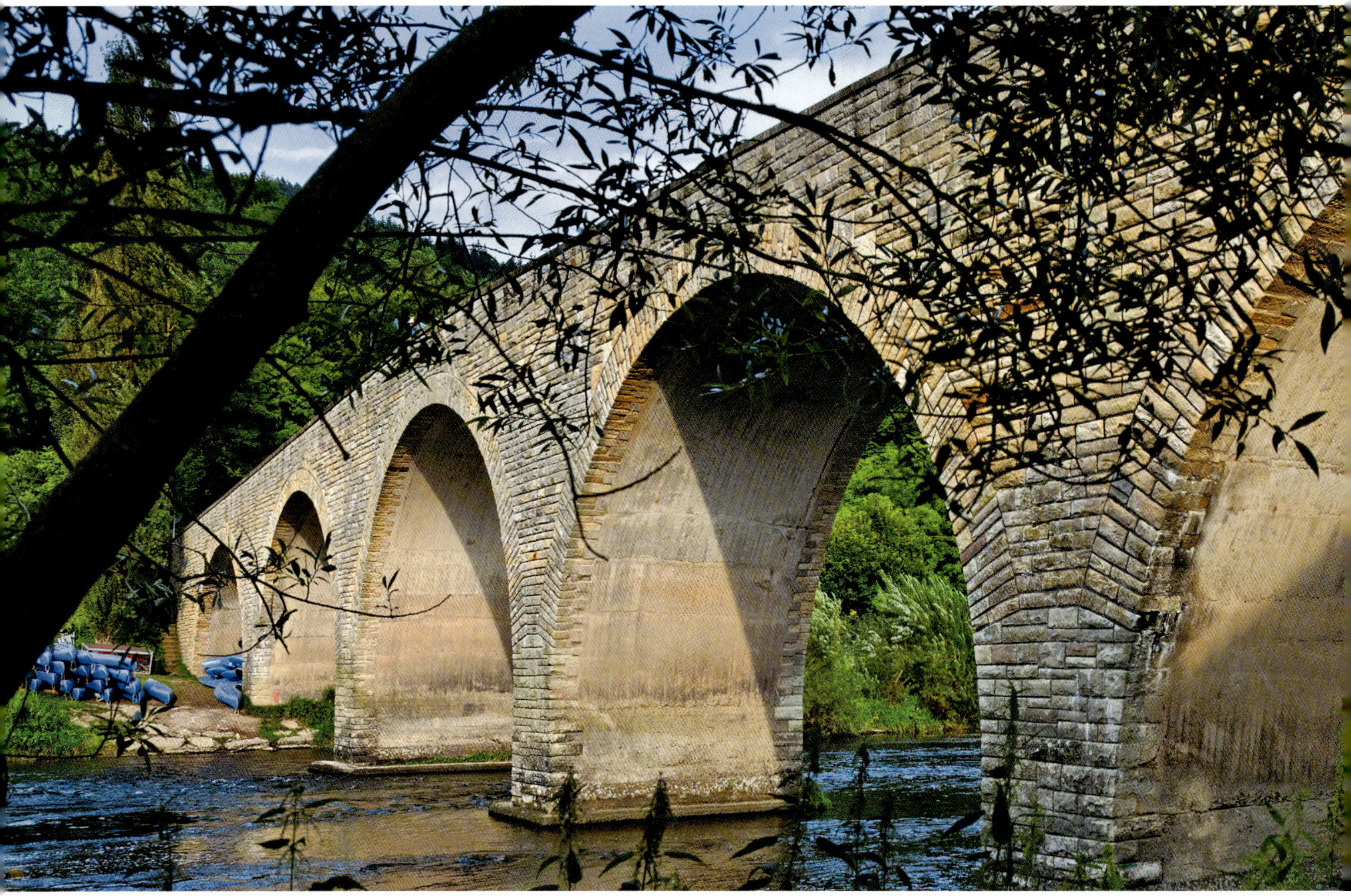

In Dillingen überspannt eine malerische Steinbogenbrücke die Sauer.

37

Sauer: Von Wallendorf nach Echternacherbrück

Spritzige Fahrt an der Grenze zu Luxemburg

Die Sauer entspringt in den belgischen Ardennen und fließt in ihrem Oberlauf durch Luxemburg. Ab Wallendorf bildet die Sauer die Grenze zwischen Luxemburg und Deutschland. Oberhalb der Brücke in Wallendorf finden wir am Campingplatz Sauer-Our eine gute Einsatzstelle für unsere Tagestour. Wer einen Abstecher nach Luxemburg machen möchte, findet am gegenüberliegenden Ufer den »Camping du Rivage« und das Hotel »Dimmer« in Wallendorf-Pont.

Direkt hinter der Brücke halten wir uns für etwa 500 Meter am rechten Ufer, um ein altes Wehr zu umfahren. Die Sauer verzaubert uns mit steil abfallenden, bewaldeten Hängen. Lediglich die durchgehende Straßenbegleitung am rechten Ufer ist etwas störend.

Nächster markanter Punkt ist die Steinbogenbrücke in Dillingen. Am linken Ufer türmen sich die Kajaks des Bootsvermieters auf, der am gegenüberliegenden Campingplatz

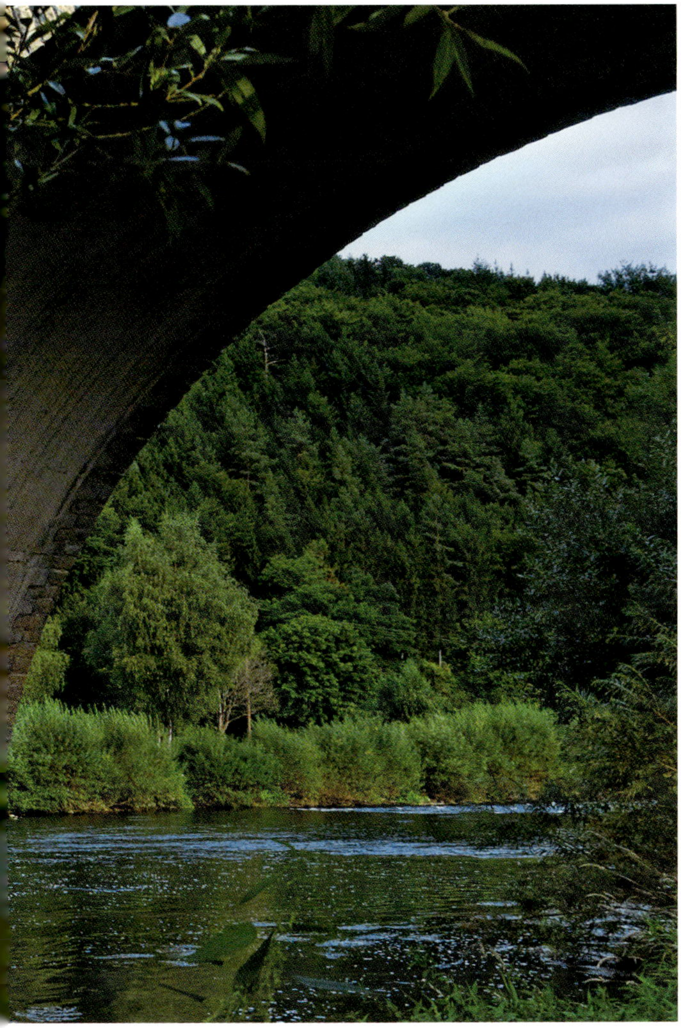

17 km | 3-4 Std. | ja | ja | leicht

Charakter: Ab Wallendorf 20–30 m breiter Bach mit flotter Strömung und vielen Windungen in reizvoller Landschaft im Deutsch-Luxemburgischen Naturpark. Kleine Schwälle, keine Schwierigkeiten, gut für Anfänger geeignet

Befahrungsregeln: Befahrungsverbot von der Mündung der Our bis zur Mündung der Prüm vom 1. März bis vor Fronleichnam (längstens bis zum 14. Juni, Ausnahmen für Christi Himmelfahrt und Pfingstwochenende). Befahrung im übrigen Zeitraum nur bei Pegel Bollendorf mind. 56 cm. Ein- und Ausstieg nur an genehmigten Stellen.

Einstieg: Am Campingplatz in Wallendorf

Ausstieg: Am Campingplatz in Echternacherbrück

Hindernisse: Keine

Unterkunft: Campingplätze in Wallendorf, Tel. 06566/352, www.eifelidyll.de; Bollendorf, Tel. 06526/375, www.camping-altschmiede.de und Echternacherbrück, Tel. 06525/340

Einkehr: Gasthöfe in Wallendorf, Bollendorf, Echternach

Kanuverleih: Ronn's Bikes and Kajaks in Wallendorf-Pont (Luxemburg), Tel.00352/83 65 16, www.kanuverleihaufder-sauer.de; Outdoor Freizeit in Dillingen (Luxemburg), Tel. 00352/86 91 39, www.outdoorfreizeit.lu

Info: Naturpark Südeifel, www.naturpark-suedeifel.de

Zurück zum Auto: Gute Busverbindung auf der luxemburgischen Seite von Echternach nach Wallendorf-Pont (Fahrzeit etwa 15 Min.). Aktuelle Fahrpläne unter www.mobiliteit.lu

seinen Sitz hat. Wir paddeln die Brücke im zweiten Joch von links und halten uns dann in der Flussmitte, um die kleine Stufe, die am Ende des Campingplatzes wartet, ohne Grundberührung zu meistern.

Begleitet von vielen Enten und einem Eisvogel passieren wir den Campingplatz Altschmiede am linken Ufer als ersten Vorposten von Bollendorf. An der folgenden Insel fahren wir rechts vorbei und erreichen die Brücke in Bollendorf, wo am Ufer mehrere Gasthäuser zu einer Pause einladen.

Wieder in den Booten grüßt uns am Ortsende die ehemalige Burg, die heute ein Hotel beherbergt. Die Sauer wird wieder idyllisch, und große und kleine Felsen ragen aus dem Wasser. Es folgt ein verfallenes Wehr, dann schiebt uns die Sauer schon unter der überdachten Alfred-Töpfer-Brücke bei Weilerbach hindurch. Nach vier Kilometern und ein paar Sohlschwellen ist Echternach erreicht. Etwa 150 Meter hinter der Steinbrücke beenden wir links am Campingplatz Echternacherbrück unsere Tagestour auf einem der schönsten Eifelflüsse.

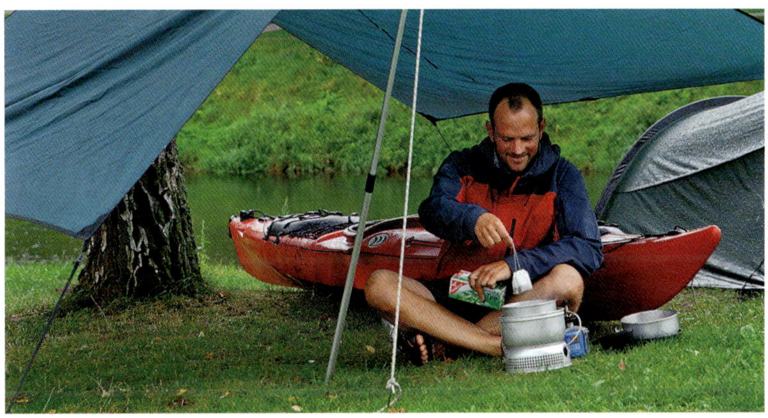

Am Campingplatz in Echternacherbrück

38

Mosel: Von Trittenheim nach Traben-Trarbach

Wasserwandern zwischen Weinstöcken

Die Mosel ist der größte Nebenfluss des Rheins und entspringt als Moselle am Col de Bussang in den südlichen französischen Vogesen. 545 Kilometer legt die Mosel bis zur Mündung in den Rhein zurück, und überall gibt es viel zu sehen. Für Kanuten am schönsten ist das mittlere und untere Moseltal hinter Trier. Hier windet sich die Mosel in weiten Schleifen durch ein tief eingeschnittenes Tal mit schroffen Felshängen und unendlichen Weinterrassen.

Als Startpunkt für unsere Wochenendfahrt haben wir Trittenheim gewählt. Am linken Moselufer lassen wir am Campingplatz unter der Straßenbrücke unsere Kanus zu Wasser. Die Mosel wendet sich gen Norden und führt uns in einer weiten Schleife vorbei an Neumagen-Dhron, dem ältesten Weinort Deutschlands, und den malerischen Ortschaften Piesport und Minheim zur Staustufe Wintrich. Die Bootsgasse finden wir links vom Wehr. Nach kurzem Studium der Informationstafel betätigen wir den Knopf, um die Einfahrt in die Gasse freizugeben. Nach einem kurzen Augenblick senkt sich die Klappe, und das grüne Licht gibt den Weg für die rasante, aber ungefährliche Talfahrt frei.

Links und rechts von Weinbergen begleitet führt uns die Mosel vorbei an den Orten Brauneberg, Mühlheim und Lieser nach Bernkastel-Kues, wo wir am Anleger des Campingplatzes aussetzen und das Zelt direkt am Ufer aufbauen können.

Der recht weite Spaziergang vom Campingplatz in die Innenstadt wird mit schönen Fachwerkhäusern und vielen Weinstuben belohnt. Besonders beeindruckend ist der Marktplatz, der von mittelalterlichen Fachwerkhäusern umringt wird.

Nach dem Start am nächsten Morgen reiten wir die Wellen der vorbeifahrenden Ausflugsdampfer ab. Die Mosel ist zwar nach dem Rhein die zweitwichtigste Schifffahrtsstraße in Deutschland, es geht aber deutlich ruhiger zu als auf dem

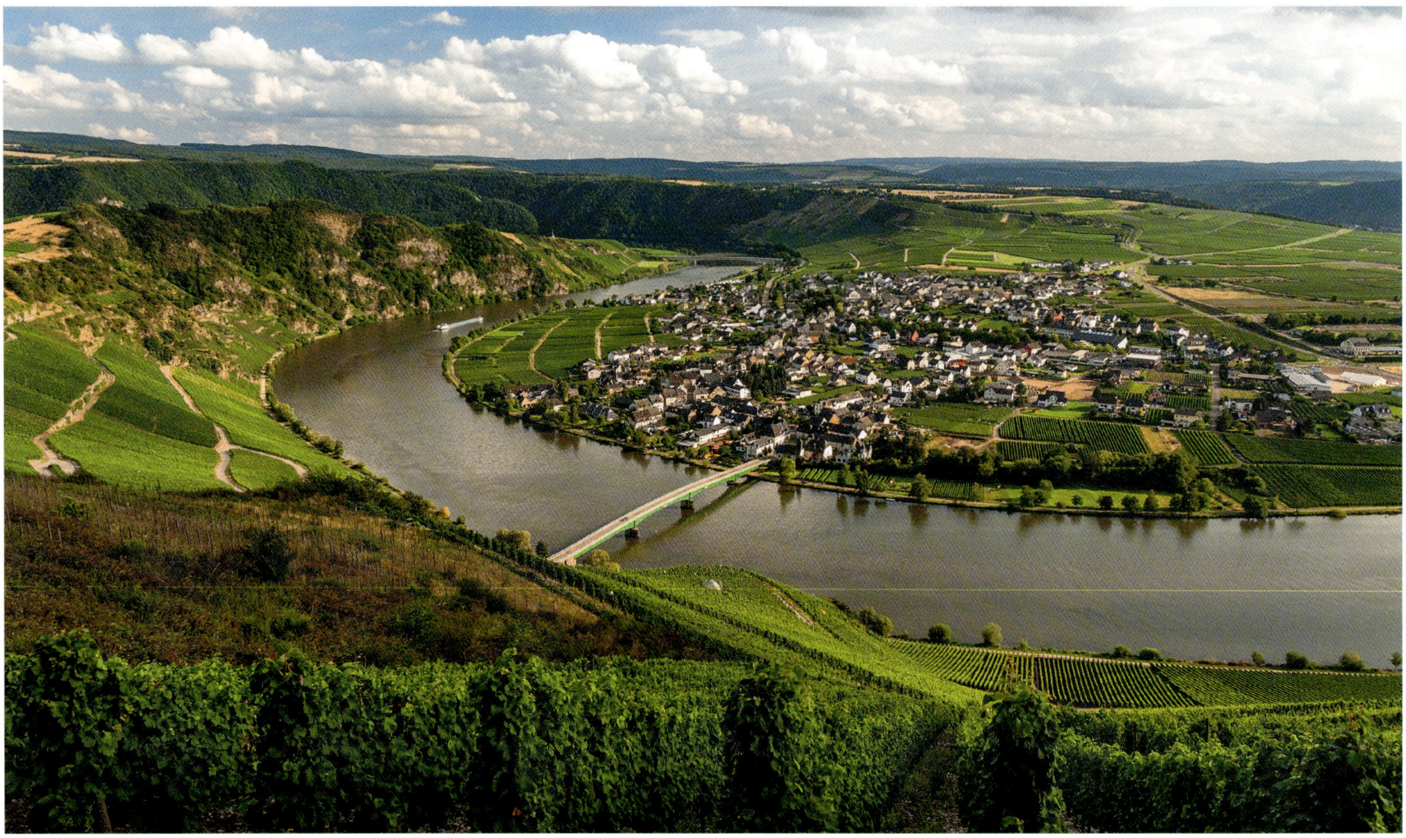

Moselschleife bei Piesport

EXTRA: Wasserwanderroute Mosel

Die mittlere und untere Mosel ist zwischen Konz bei Flusskilometer 200 und der Mündung in den Rhein bei Koblenz als offizieller Wasserwanderweg ausgebaut. Insgesamt wurden über 50 Ein- und Ausstiegsstellen sowie Rastplätze angelegt, um die Weinorte und mittelalterlichen Städte links und rechts am Fluss bequem zu entdecken. Je nach Kondition und Wasserstand benötigt man für die gesamte Strecke 8–10 Tage.

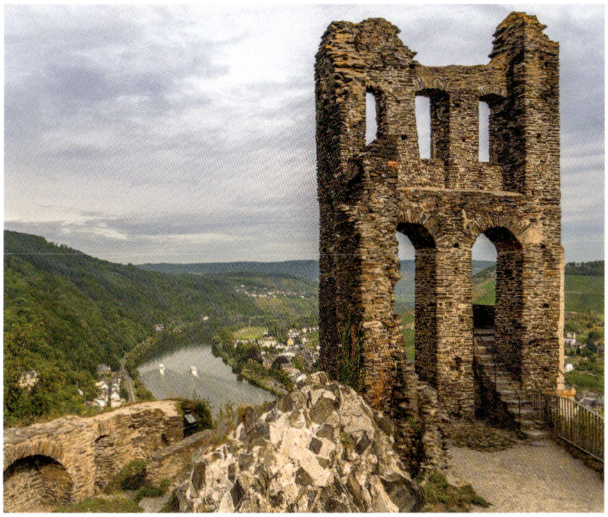

Burgruine Grevenburg

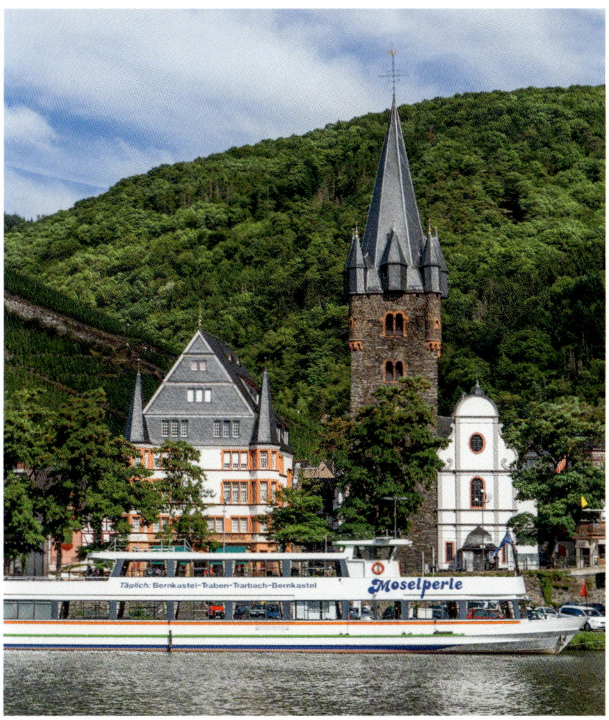

Bernkastell-Kues

48 km	2 Tage	ja	ja	leicht

Charakter: Aufgrund diverser Staustufen praktisch strömungsloser Wanderfluss. Landschaftlich reizvolles Tal mit alten Städten, malerischen Dörfern und Weinhängen, so weit das Auge blickt. Alle Ein-/Ausstiegsstellen und Rastplätze sind vorbildlich markiert.

Befahrungsregeln: Keine Einschränkungen. Die Mosel ist Schifffahrtsstraße, und Kanus müssen Großfahrzeugen ausweichen – daher am Rand fahren und die Fahrrinne frei halten!

Einstieg: Anleger am Campingplatz in Trittenheim

Ausstieg: Anleger in Traben-Trarbach

Hindernisse: Die beiden Staustufen Wintrich und Zeltingen sind über Bootsgassen problemlos befahrbar.

Unterkunft: Campingplätze in Trittenheim, Tel. 06507/21 48, www.camping-trittenheim.de; Bernkastel-Kues, Tel. 06531/82 00, www.knauscamp.de; Kröv, Tel. 06541/861 08 83, www.paradies-camp.de und Wolf, Tel. 06541/31 11, www.mosel-camping-platz.de

Einkehr: Gute und vielfältige Einkehrmöglichkeiten in allen Orten entlang der Strecke. Besonders zu empfehlen sind die typischen Straußwirtschaften, in denen die Winzer noch persönlich ihren Moselwein ausschenken.

Kanuverleih: Mosel-Kanutours in Ernst, Tel. 02671/55 51, www.mosel-kanutours.de; Mosel-Kanu-Service in Piesport, Tel. 06507/55 58; eine komplette Übersicht aller Kanuvermieter an der Mosel gibt es beim Fremdenverkehrsamt (siehe unten).

Info: Mosellandtouristik, Tel. 06531/973 30, www.visitmosel.de

Zurück zum Auto: Mit dem Bus bei mehrmaligem Umstieg in etwa 2 Std. von Traben-Trarbach nach Trittenheim. Aktuelle Fahrplaninfos unter www.vrt-info.de

Rhein. Am häufigsten begegnen uns die bereits erwähnten Ausflugsdampfer, die zwischen allen wichtigen Orten der Mosel verkehren. Richtig eng wird es nur, wenn sich ein Frachtschiffverband durch einen engen Flussbogen zwängt.

Über die Staustufe Zeltingen und vorbei an den Ortschaften Kröv und Wolf erreichen wir Traben-Trarbach, wo wir eine gute Ausstiegsstelle am Steg am Parkplatz am rechten Ufer unter der Moselbrücke finden. Im Anschluss an die Paddeltour lohnt sich ein Rundgang durch die Altstadt mit zahlreichen Jugendstilbauten. Der Aufstieg zur Ruine Grevenburg, die hoch über der Stadt thront, wird mit einem netten Ausflugslokal und einer tollen Aussicht auf das Moseltal gekrönt.

Unter Bootswanderern gilt der Regen als einer der schönsten bayerischen Flüsse.

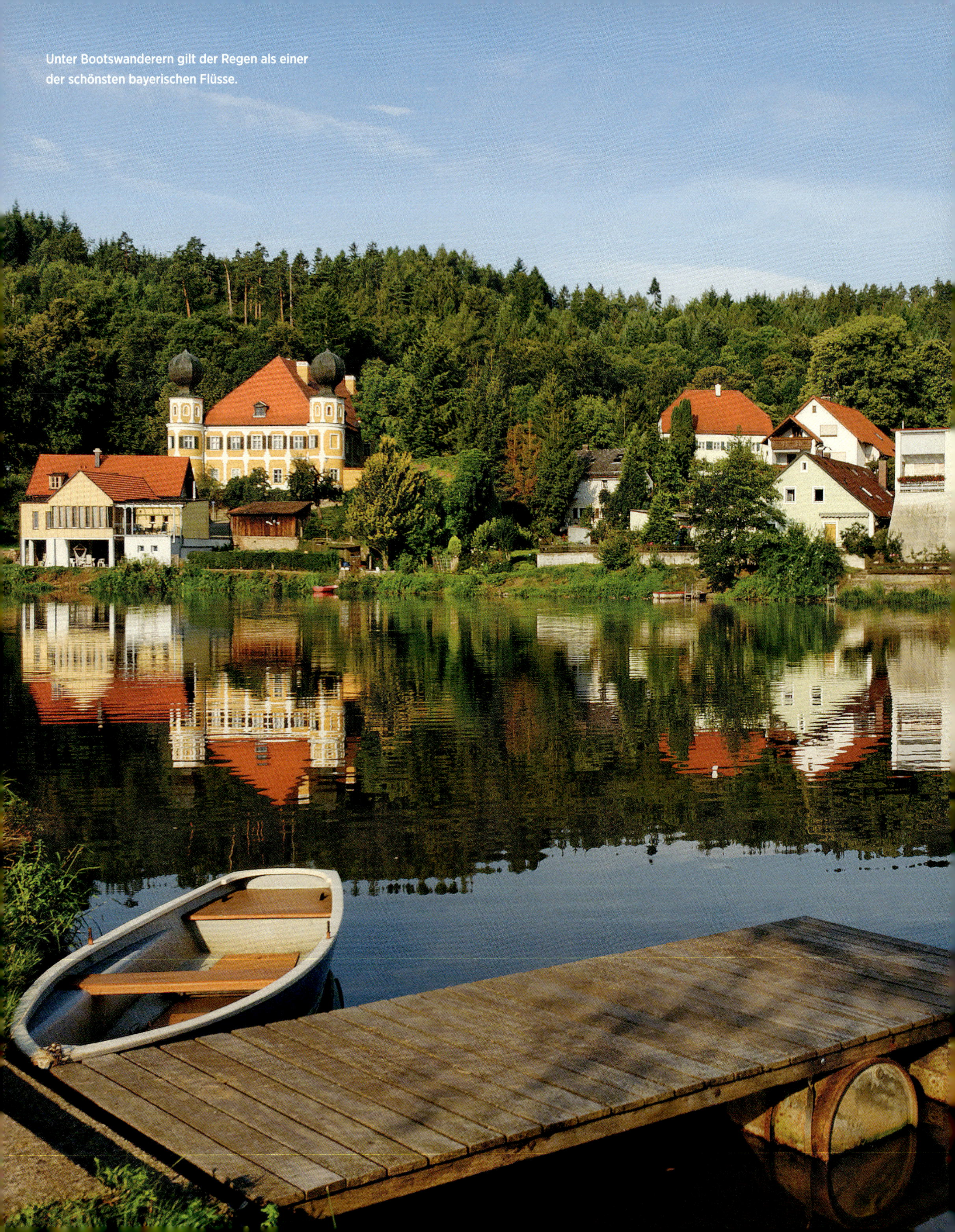

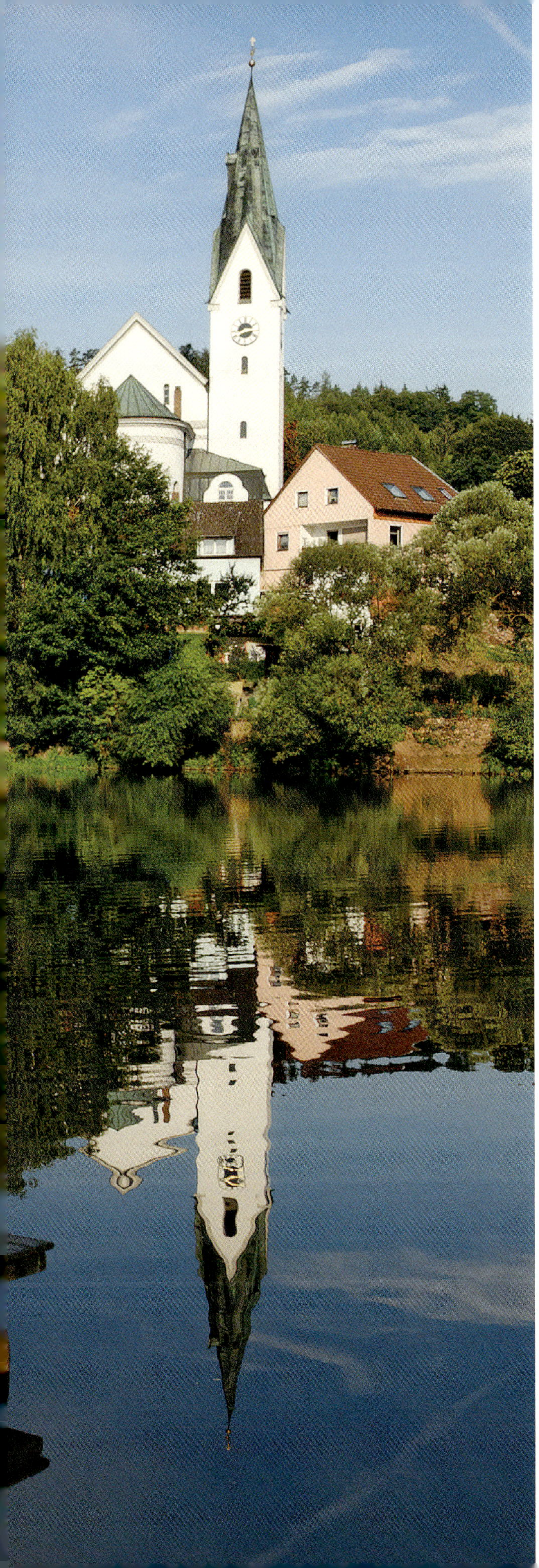

Nördliches Bayern

Gemütliche Biergärten, deftige Hausmannskost und Wasser in allen Variationen: Das nördliche Bayern ist ein wahres »Kanurado« mit spritzigem, leichten Wildwasser auf der Wisent in der Fränkischen Schweiz und ruhigen Wandertouren auf der Fränkischen Saale, dem Oberen Main, dem Regen oder der romantischen Altmühl.

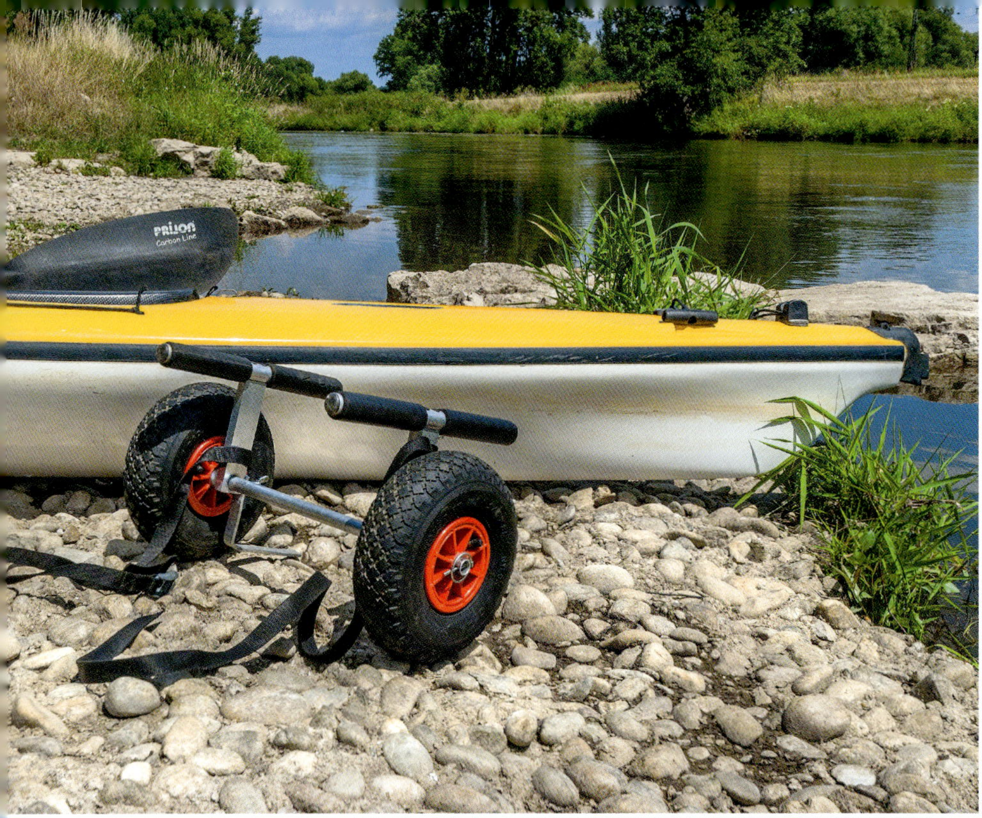

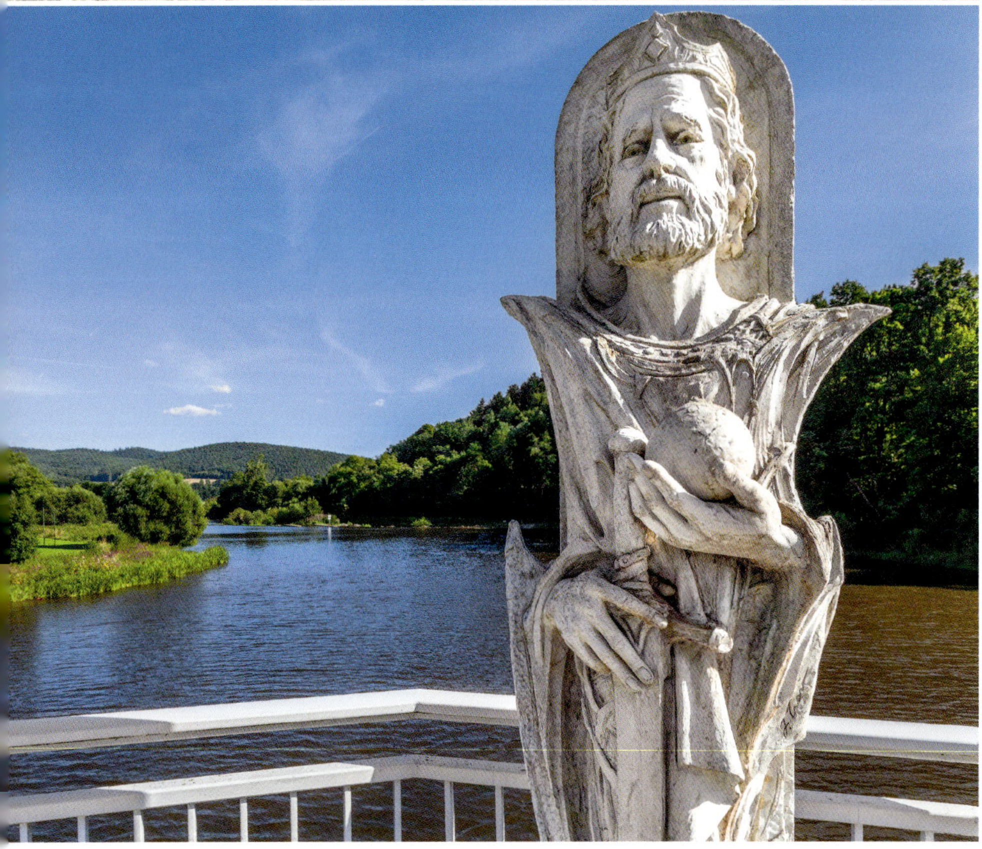

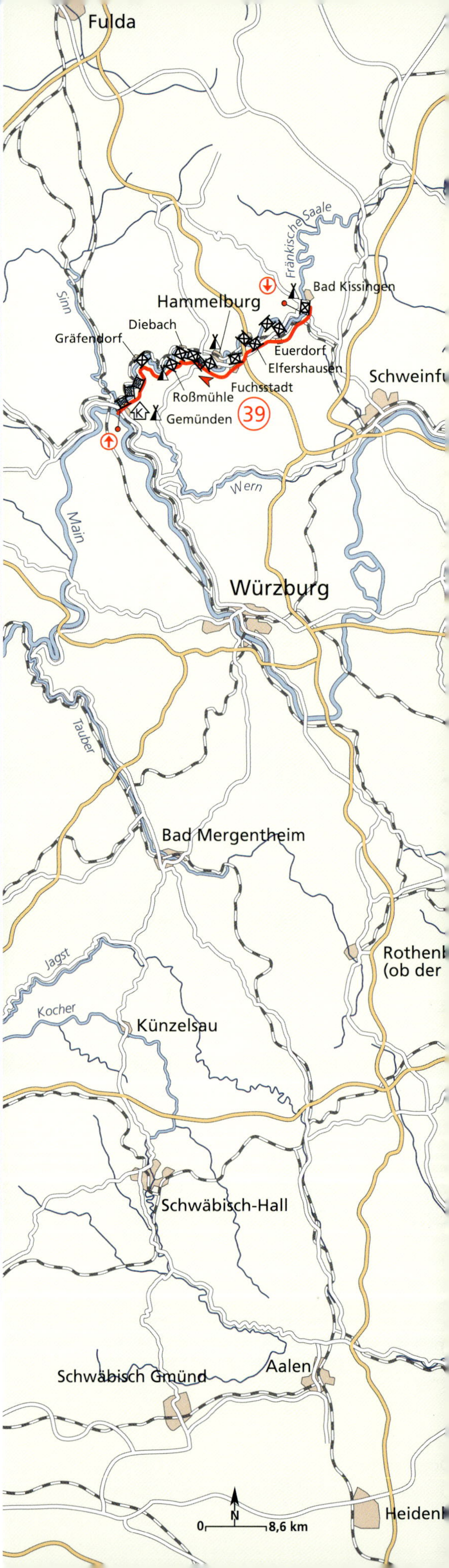

Oben: Oberer Main bei Ebing

Unten: Regen bei Ramspau

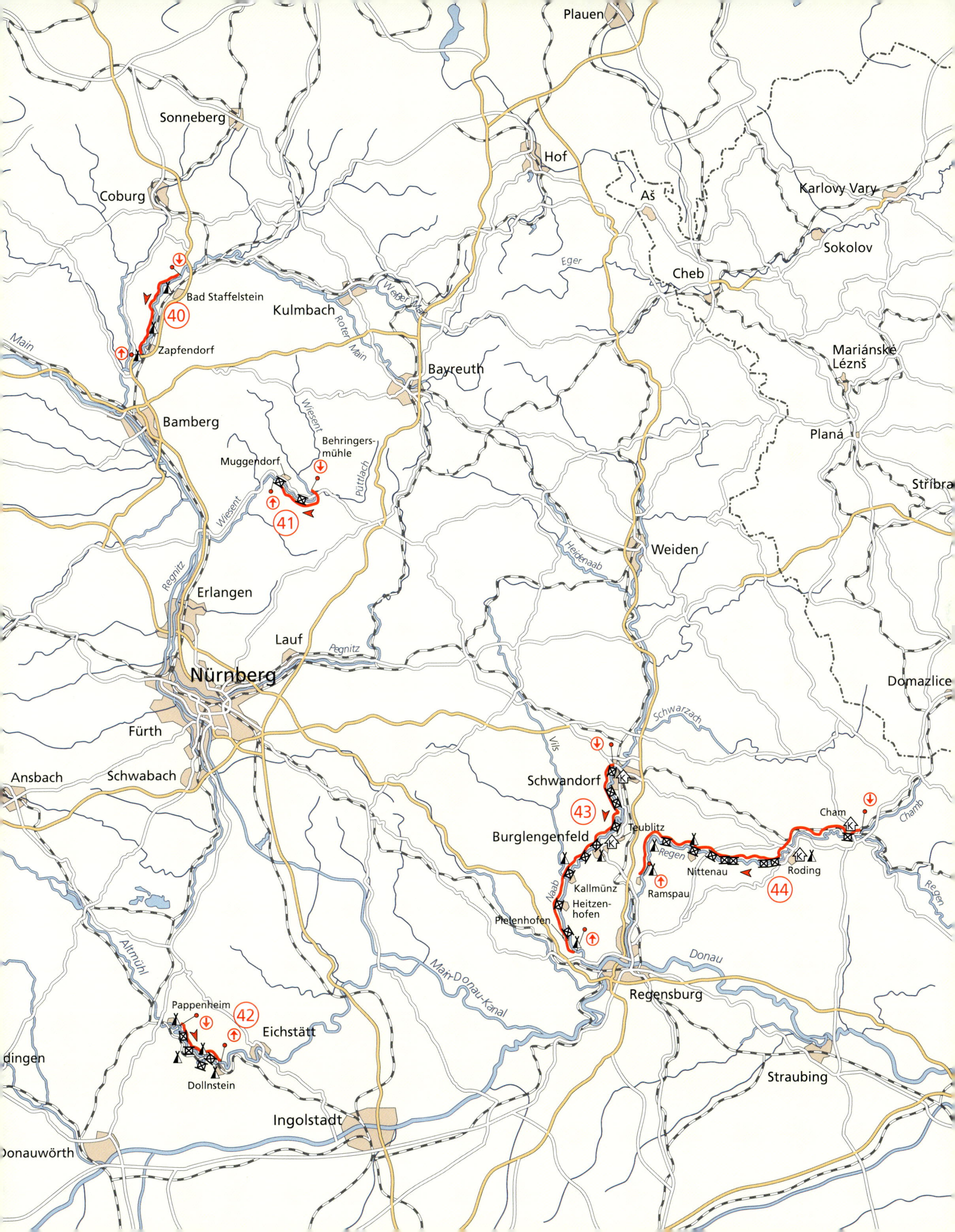

Plauen
Sonneberg
Hof
Coburg
Aš
Karlovy Vary
Sokolov
Eger
Cheb
Bad Staffelstein
40
Kulmbach
Weißer Main
Roter Main
Main
Zapfendorf
Mariánské Lézně
Bayreuth
Bamberg
Wiesent
Behringers-
mühle
Planá
Muggendorf
Püttlach
Stříbra
Wiesent
41
Weiden
Heidenaab
Regnitz
Erlangen
Lauf
Pegnitz
Nürnberg
Domazlice
Fürth
Schwarzach
Vils
Schwandorf
Ansbach
Schwabach
43
Cham
Chamb
Teublitz
Burglengenfeld
Regen
Nittenau
Roding
Naab
Kallmünz
44
Ramspau
Heitzen-
hofen
Regen
Pielenhofen
Altmühl
Donau
Main-Donau-Kanal
Regensburg
Pappenheim
42
Eichstätt
dingen
Straubing
Dollnstein
Ingolstadt
Donauwörth

39

Fränkische Saale: Von Bad Kissingen nach Gemünden

Paddeln in Unterfranken

Eine direkte Pkw-Zufahrt zum Einstieg am Lindesmühlenwehr in Bad Kissingen gibt es nicht. Wir laden die Kanus daher am großen Parkplatz an der Eissporthalle ab und bugsieren sie mit dem Bootswagen auf dem Radweg für etwa 300 Meter zur Einsatzstelle.

Nicht lange nach dem Ablegen rauschen wir über eine erste, harmlose Sohlschwelle. Felsen durchbrechen die Wasseroberfläche, sind aber leicht zu umschiffen. Bei Euerdorf überspannt eine Steinbrücke mit vier Bögen den Fluss.

Die Strömung wird zusehends behäbiger, und bald müssen wir das erste Wehr am linken Ufer umtragen. Danach werden die Ufer flacher, und nachdem rechts die Klosterruine von Aura vorbeigezogen ist, stellt sich uns das nächste Wehr in den Weg. Wir umtragen am rechten Ufer und steigen hinter der Brücke unterhalb der Wirtschaft »Zur alten Brauerei« mit schöner Biergartenterasse wieder ein.

Als Nächstes zieht rechts die Trimburg vorbei, dann will das nächste Wehr in Trimberg rechts umtragen werden. Hinter der Brücke hat ein Kanuverleiher für seine Kunden Tipizelte aufgebaut, und schon steht die nächste Portage in Elfershausen an. Wir dürfen nicht direkt hinter dem Wehr einsetzen, sondern erst hinter der Straßenbrücke.

Nun haben wir für vier Kilometer freie Fahrt, aber das nächste Wehr lässt nicht lange auf sich warten. Gegenüber der Kirche mit Zwiebelturm in Langendorf ist es so weit, und wir legen rechts zum Umtragen an. Wenige Paddelschläge weiter in Westheim wiederholt sich das Spiel, diesmal legen wir links vor der Wehrkrone an. Weil der Flachwasserbereich hinter

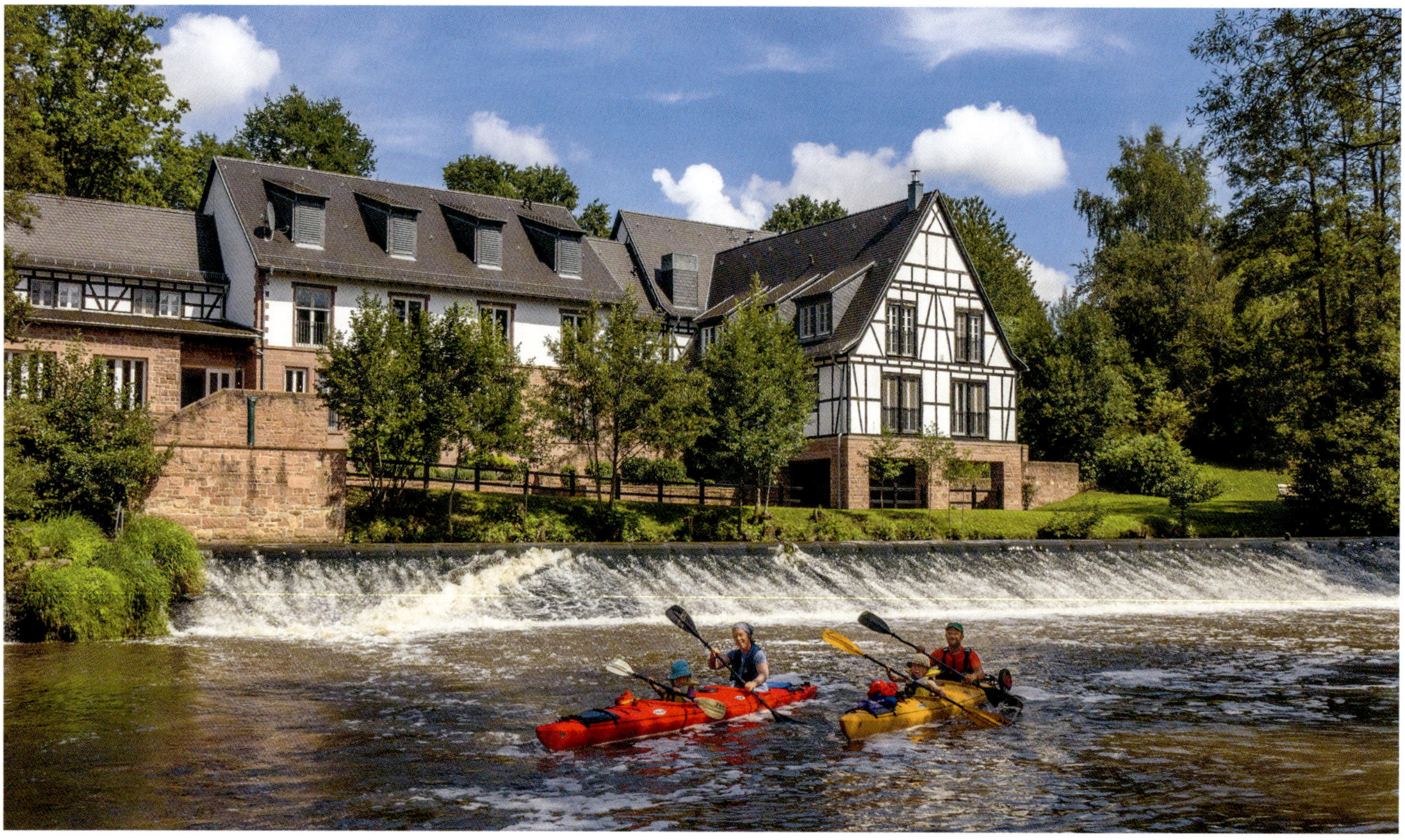

Die restaurierte Getreidemühle bei Diebach beherbergt heute ein Romantikhotel.

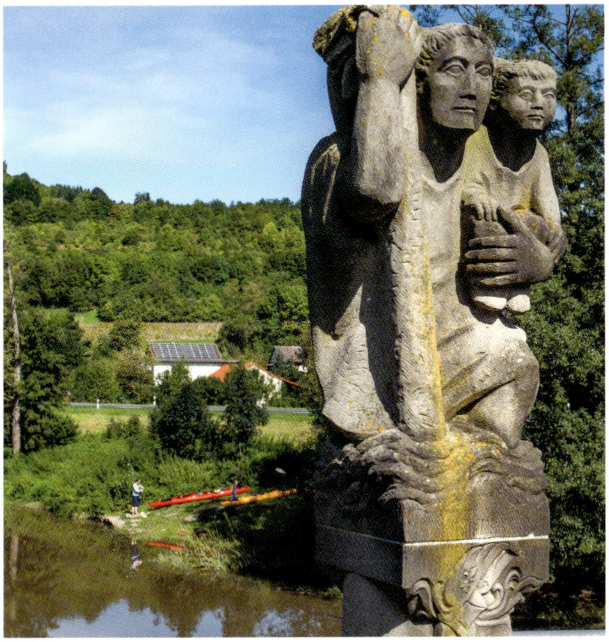

Einstieg in Elfershausen

58 km	2–3 Tage	ja	ja	leicht

Charakter: Idyllischer Wanderfluss im nördlichen Bayern. Schöne Mittelgebirgslandschaft und gute Infrastruktur für Paddler

Befahrungsregeln: Befahrung erlaubt vom 1. März–31. Juli eines Jahres in der Zeit von 7–18 Uhr (im Winter 7–21 Uhr). Nur Boote unter 6 m Länge und mit weniger als vier Plätzen bei maximal zwölf Booten. Befahrungsverbot für die meisten Wehre; Ein-/Ausstieg nur an gekennzeichneten Stellen

Einstieg: Hinter dem Wehr in Bad Kissingen (Oskar-von-Miller-Straße 9, 97688 Bad Kissingen)

Ausstieg: Am Campingplatz oder Kanuverein in Gemünden

Hindernisse: Über ein Dutzend Wehre. Nur selten befahrbar, die meisten müssen kurz umtragen werden. Mitnahme eines Bootswagens ist sehr zu empfehlen.

Unterkunft: Campingplätze in Bad Kissingen, Tel. 0971/78 51 39 66, www.knauscamp.de; Roßmühle, Tel. 09357/12 10, www.freizeitzentrum-rossmuehle.de und Gemünden, Tel. 09351/85 74, www.campingplatz-saaleinsel.de. Zeltmöglichkeit in Hammelburg. Kanuverein in Gemünden, www.ksc-gemuenden.de

Einkehr: Gasthöfe und Biergärten in Ufernähe in Aura, Hammelburg, Diebach, Morlesau und Rossmühle

Kanuverleih: Saale-Kanu in Bad Kissingen, Tel. 0971/650 33, www.saale-kanu-waldherr.de; Saale-Kanu-Tour in Elfershausen-Trimberg, Tel. 09704/60 16 02, www.uferblick.com; Hammelburger Kanuverleih, Tel. 09732/7 88 92 40, www.hammelburger-kanuverleih.de

Info: Rhön Marketing, Tel. 9 30 08 00, www.rhoen.info

Zurück zum Auto: Gute Bahnverbindung von Gemünden nach Bad Kissingen

dem Wehr als Fischlaichzone dient, müssen wir entlang des Mühlengrabens umtragen und dürfen erst auf der rechten Seite hinter der Straßenbrücke wieder ins Wasser.

Nun liegen neun hindernisfreie Kilometer bis Hammelburg vor uns. Die Stadt hat direkt neben dem Wohnmobilstellplatz einen schönen Zeltplatz für Kanufahrer angelegt. Nachdem die Zelte aufgebaut sind, ist es nur ein kurzer Spaziergang vorbei am Schloss in die schöne Innenstadt.

Am nächsten Morgen ist es nicht weit bis zum nächsten Wehr, das ausnahmsweise sogar befahren werden darf. In einer weiten Rechtskurve zu Füßen von Burg Saaleck schaukelt uns anschließend auch die ordentlich rauschende Sohlschwelle an der verfallenen Mühle durch.

An der Rödermühle setzen wir links am schönen Picknickplatz aus und umtragen über die Wiese. Das nächste Wehr wird ebenfalls am linken Ufer umtragen, dann lädt in Morlesau der Biergarten am Gasthof »Nöth« zu einer Pause ein. Am Campingplatz Roßmühle machen eine niedrige Pontonbrücke und das Wehr die Weiterfahrt unmöglich.

Danach wird die Saale breiter und schlägt weniger Haken, mit den Wehren ist es aber noch nicht vorbei. In Gräfendorf ist es wieder so weit: Wir müssen noch einmal umtragen. An der Straßenbrücke in Wolfsmünster gabelt sich der Fluss. Nach rechts führt der Kanal zur Mühle, links rauscht das Wasser über eine Stufe. Hier heißt es die Spritzdecken schließen, um einen Wassereinbruch ins Bootsinnere zu vermeiden.

Etwa vier Kilometer vor Gemünden steht am Wehr die letzte Portage über die Wiese am linken Ufer an. Hinter der grauen Bogenbrücke teilt sich die Fränkische Saale erneut. Wir halten uns rechts, rauschen über das Wehr und finden den ersten möglichen Endpunkt am Ausstieg beim Bootsverleih am Campingplatz. Alternativ lässt sich die Tour etwas weiter am Steg des KSC Gemünden beenden.

EXTRA: Die Fränkische Saale ab Bad Neustadt

Die Fränkische Saale entspringt in Bad Königshofen, eine Befahrung ist aber erst ab der Brücke der B 19 in Bad Neustadt erlaubt. Durch den Start in Bad Neustadt verlängert sich die Saalefahrt um ein bis zwei Tagesetappen auf insgesamt 94 km.

40 Oberer Main: Von Hausen nach Ebing

Flussparadies Franken

Hinter dem Kraftwerk in Hausen, einem Ortsteil von Bad Staffelstein, beginnt unsere Fahrt auf dem Obermain, der sich in einem weiten Bogen durch das Coburger Land von Kulmbach nach Bamberg schwingt. Hier ist der junge Main noch nicht schiffbar, und Kanuten haben die Idylle ganz für sich. Keine Portage trübt den Paddelspaß dieser herrlichen Tagestour auf einem renaturierten Fluss, und die flotte Strömung, garniert mit ein paar harmlosen Schwällen, sorgt immer wieder für spritzige Abwechslung.

Nach dem Start am Kraftwerk thront hoch über dem rechten Ufer Schloss Banz. Gegenüber vom Anleger in Unnersdorf liegen Caféterrasse und Gasthof »Zollhaus«, das in der Geschichte bis 1824 zurückblicken kann.

Deutlich älter ist der Lias-Prallhang, der bei Nedensdorf steil zum Main hin abfällt. Von oben hätte man eine grandiose Aussicht auf Vierzehnheiligen, Schloss Banz, den Staffelberg und Staffelstein. Wir aber genießen das idyllische Pausenplätzchen am Anleger mit schattigen Sitzbänken.

Wieder in den Booten lässt uns ein Rauschen aufhorchen. Völlig ohne Probleme manövrieren wir die Boote durch die harmlosen Sohlschwellen, denen auf der weiteren Strecke noch einige folgen. Im einstigen Fischerdorf Wiesen versteckt sich der Bootsanleger rechts im See. Die Inseln zwischen Main und See sind dagegen tabu.

Vorbei an Ebensfeld, Unterleitenbach und Zapfendorf erreichen wir bald unseren Touren-Endpunkt. Vor der Brücke legen

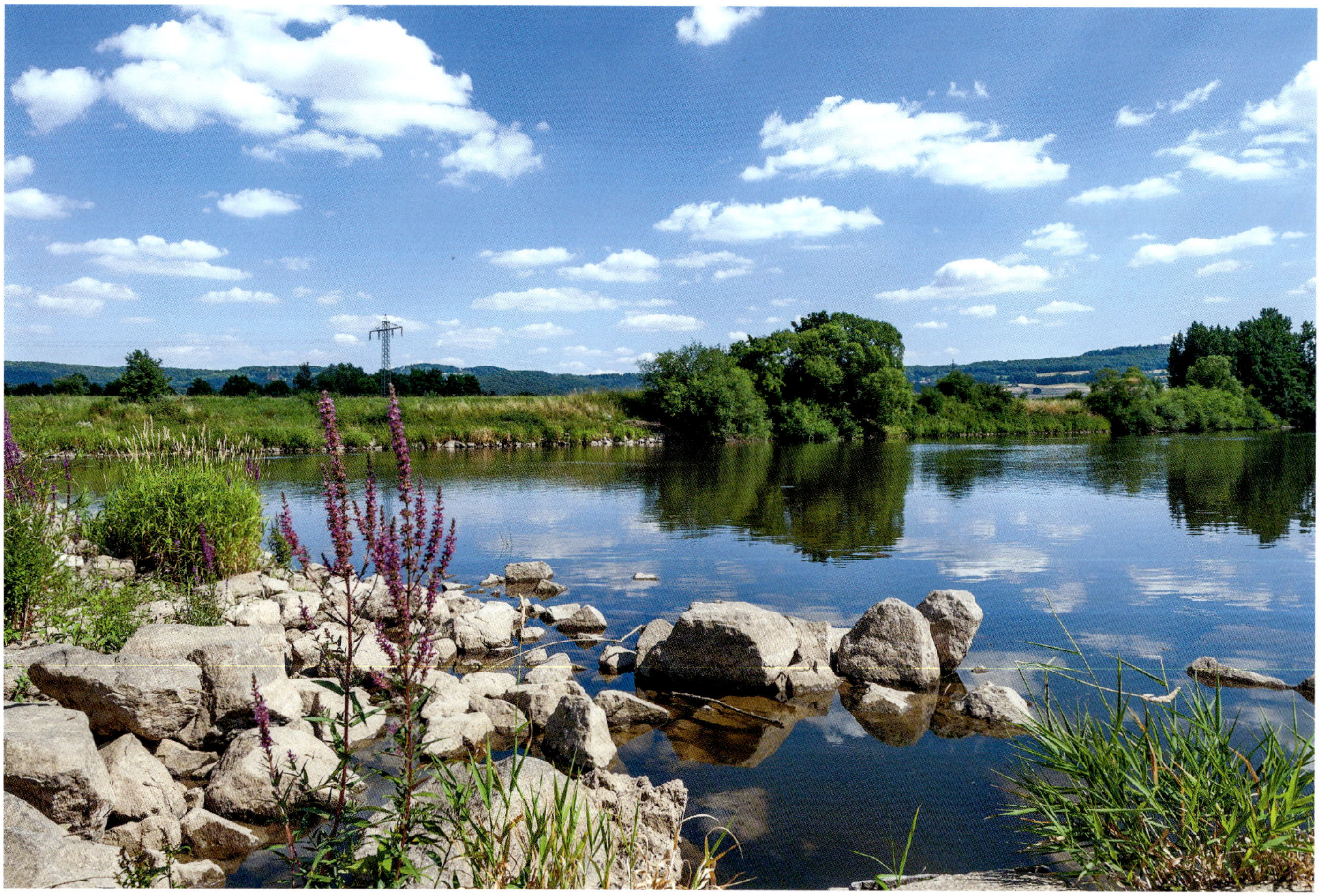

An der Einstiegsstelle in Hausen

wir am rechten Ufer an. Wenige Meter hinter dem Parkplatz beginnt der Campingplatz, nach links über die Brücke sind es nur ein paar Schritte bis zum Bahnhof, um das Auto nachzuholen.

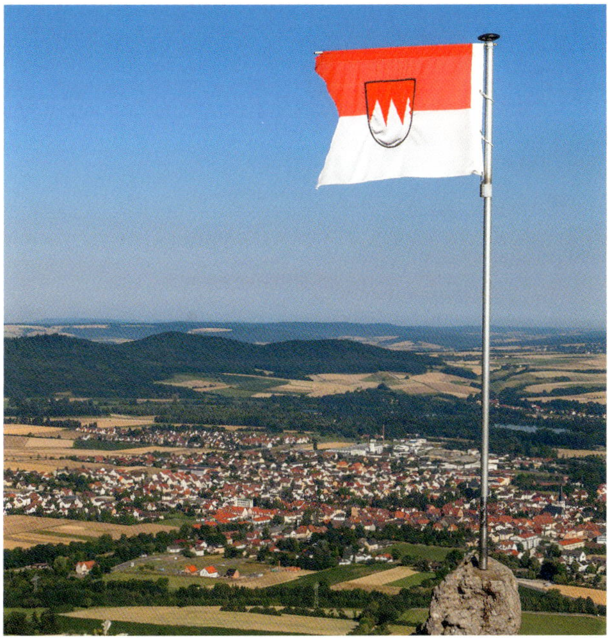

Ausblick vom Staffelberg

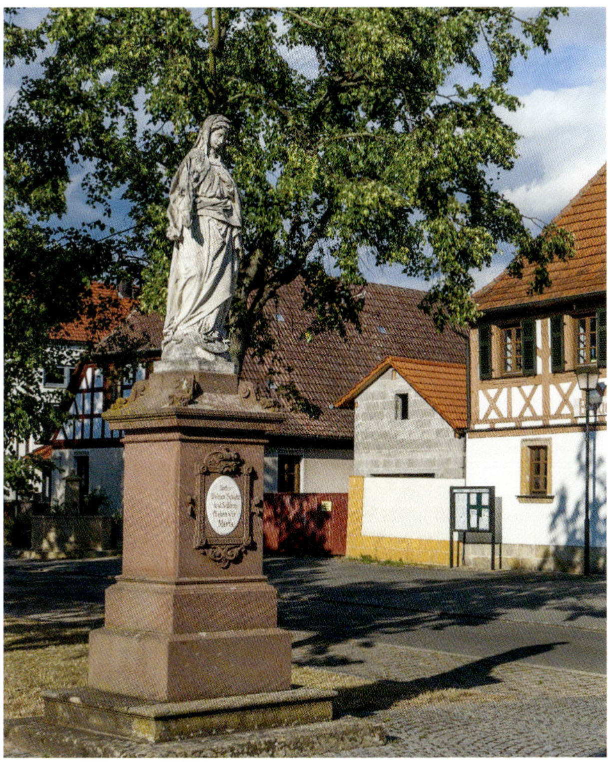

Marktplatz in Ebing

22 km	4 Std.	ja	ja	leicht

Charakter: Unbeschwerte Kanutour ohne Umtragestelle mit flotter Strömung und einigen spritzigen, aber harmlosen Stromschnellen

Befahrungsregeln: Mindestwasserstand von 2,20 m am Pegel Kemmern (Tel. 01804/370 03 75 24, 20 Ct. pro Anruf aus dem deutschen Festnetz, Mobilfunkpreise können abweichen). Ein-/Ausstieg nur an den gekennzeichneten Anlegern. Befahrung nur in Fließrichtung und in Kleingruppen von max. 10 Personen zwischen 9 und 18 Uhr

Einstieg: Hinter dem Wasserkraftwerk in Bad Staffelstein, Ortsteil Hausen (Hausen 9, 96231 Bad Staffelstein)

Ausstieg: Vor der Brücke in Ebing

Hindernisse: Keine

Unterkunft: DKV Kanustation in Lichtenfels-Reundorf der Faltbootabteilung des SV Coburg (oberhalb der Einsatzstelle), www.sv-coburg.de; Kurcampingplatz Bad Staffelstein, Tel. 09573/22 29 96, www.kur-camping.de; Camping Altmainsee in Ebensfeld, Tel. 09573/52 91; Campingplatz in Ebing, Tel. 09547/72 86, www.markt-rattelsdorf.de

Einkehr: Gasthöfe in Ufernähe in Unnersdorf, Nedensdorf, Wiesen und Zapfendorf

Kanuverleih: Lichtenfels: Albatros Kanuverleih, Tel. 09571/53 71, www.albatros-kanuverleih.de. Bad Staffelstein: Aqua-Riese, Tel. 09573/22 29 96, www.aquariese.de. Unnersdorf: Ankerkanu, Tel. 09573/50 73, www.ankerkanu.de. Rattelsdorf: Mühlenboote Rattelsdorf, Tel. 09547/17 83, www.muehlenboote.de

Info: Tourismusverband Franken e. V., Tel. 0911/94 15 10, www.frankentourismus.de, www.main-wasserwandern.de, www.flussparadies-franken.de

Zurück zum Auto: Gute Bahnverbindung zwischen Ebing und Bad Staffelstein, von da sind es knapp 4 km Fußweg nach Hausen.

EXTRA: Mehrtägige Kanuwanderung auf dem Main

Der Main ist zwischen Hochstadt und Aschaffenburg als Bootswanderstrecke ausgebaut. Die gut 350 km lange Strecke führt vom weiten Obermaintal in unzähligen Kurven durch die abwechslungsreichen fränkischen Regionen: vom Steigerwald über die Haßberge, das Fränkische Weinland, das liebliche Taubertal und die sagenumwobenen Waldgebiete des Spessart-Mainlands. Die gute Infrastruktur macht das Wasserwandern herrlich unkompliziert. Die weithin sichtbaren »Gelbe Welle«-Schilder kennzeichnen die Ein- und Ausstiegsstellen und zeigen, welche Servicemöglichkeiten es vor Ort gibt und wie weit es bis zur nächsten Anlegestelle ist.

41

Wiesent: Von Beringersmühle nach Muggendorf

Rasant-spritzige Fahrt durch die Fränkische Schweiz

Bevor wir die Boote zu Wasser lassen, ist das spektakuläre Felsdorf Tüchersfeld unweit der Einsatzstelle einen Abstecher wert. Im Ort folgen wir der B 470 durch das Püttlachtal, und schon bald schmiegen sich vor uns die Häuser des Dorfes zwischen die steil aufragenden Felsen. Im Museum des Ortes erfahren wir viel Wissenswertes zur Fränkischen Schweiz.

Zurück am Einstieg in Behringersmühle mündet schon kurz nach dem Ablegen die Püttlach in die Wiesent, und die ordentliche Strömung trägt uns schnell zu den ersten kleineren Stromschnellen. Bei der Stempfermühle steht eine alte Holzbrücke im Fluss, an der wir links vorbeifahren.

Nächstes Hindernis ist das Wehr an der Sachsenmühle. Der Anleger zum Biergarten liegt links oberhalb vom Wehr. Das Wehr selbst muss am rechten Ufer entlang des neu geschaffenen Fischaufstiegs für knapp 100 Meter umtragen werden.

In einer der nächsten Kurven ragt vor unserer Bootsspitze eine blanke Felswand auf, und die Wiesent schlängelt sich zwischen Wiesen und Bäumen dahin. Wir »bezwingen« ein paar weitere Stromschnellen und kommen an das Naturwehr Baumfurt, an dem schon so manch übermütiger Paddler gekentert ist. Wir paddeln mittig-rechts und kommen, ohne unfreiwillig baden zu gehen, gut durch die enge S-Kurve.

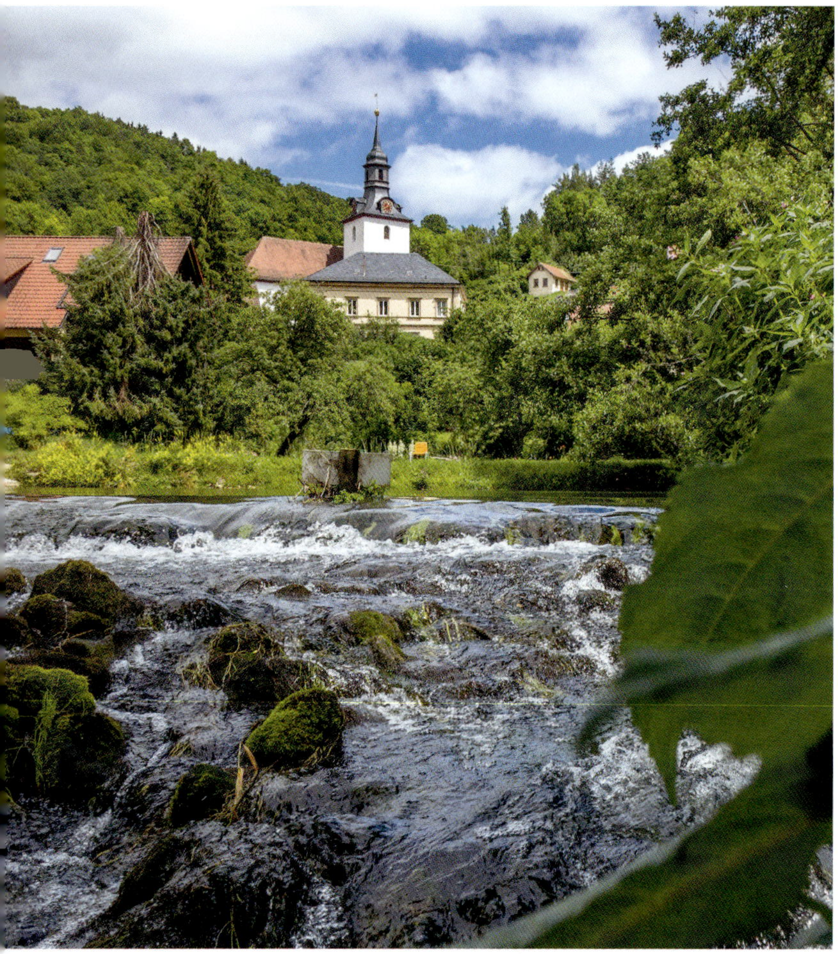

Das Wehr in Muggendorf muss umtragen werden.

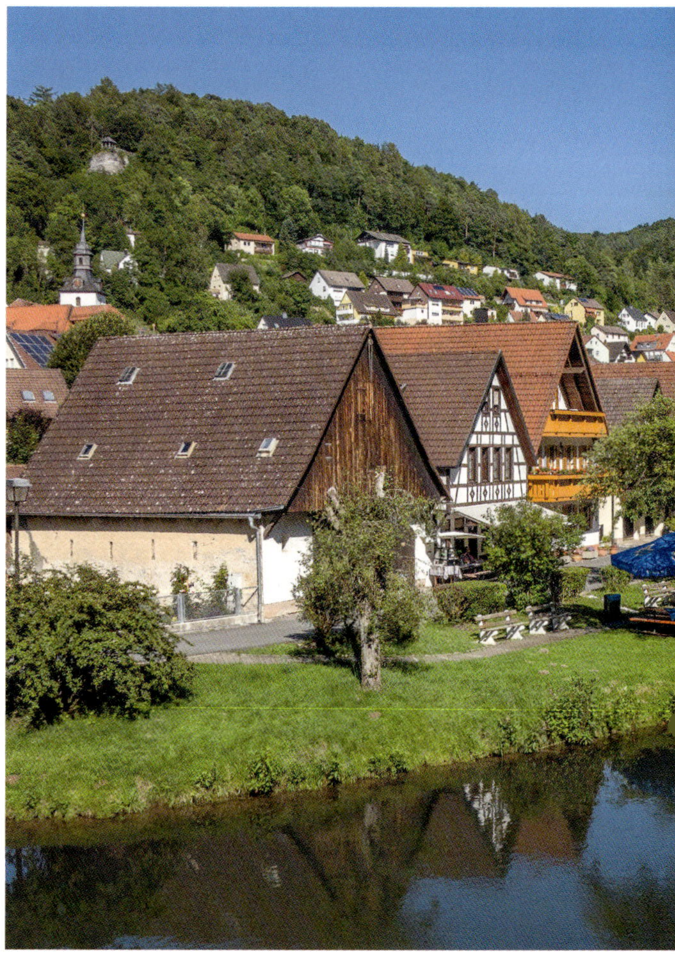

Wenige Meter weiter lädt ein Biergarten zur Stärkung ein.

Wer sich die Befahrung nicht zutraut, kann das Wehr auch ohne großen Aufwand am rechten Ufer umtragen.

Das Ziel unserer heutigen Tagestour ist nun nicht mehr weit, und das wunderschöne Tal öffnet sich ein wenig. Die Straßenbrücke der B 470 kreuzt nun die Wiesent, und bald darauf taucht hinter dem rechten Ufer die evangelische St. Laurentiuskirche von Muggendorf auf. Hinter der Fußgängerbrücke liegt am linken Ufer die Ausstiegsstelle für die Portage am Wehr, nebenan laden ein paar moderne Sitzmöbel zum Chillen am Ufer ein. Wem der Sinn mehr nach einer deftigen Brotzeit steht, erreicht über den Uferweg flussabwärts an der Fußgängerbrücke das Gasthaus »Brückla« mit einem Biergarten direkt an der Wiesent.

Auf die bereits erwähnte Fußgängerbrücke folgen in kurzem Abstand zwei Straßenbrücken, und in der nächsten Kurve warten an der linksufrigen Betontreppe auf dem Parkplatz des Beru-Werks die zahlreichen Bootsanhänger der örtlichen Vermieter auf ihre Kunden.

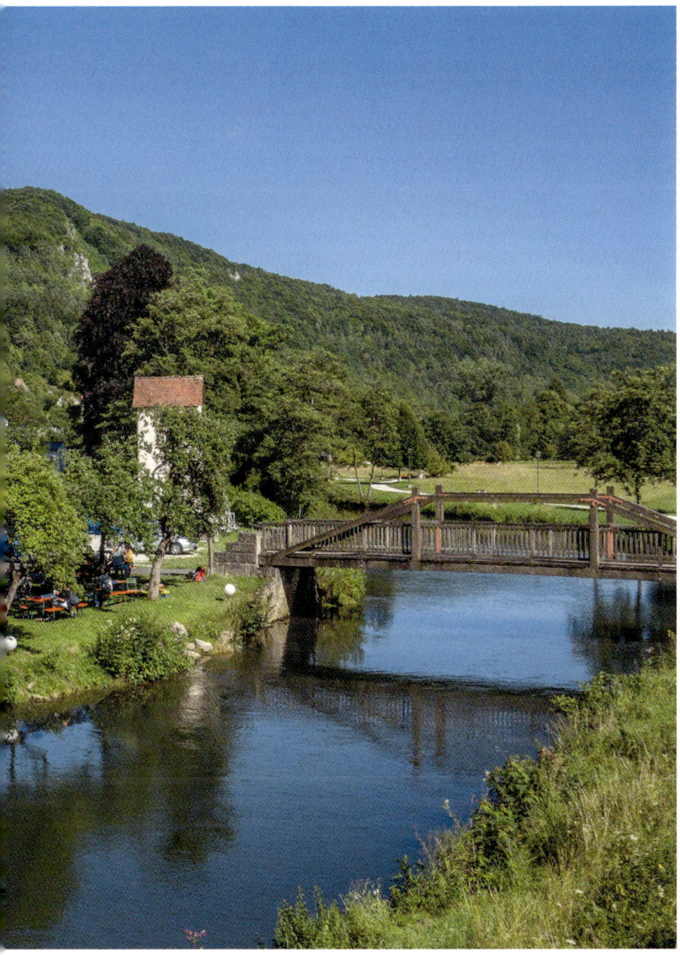

10 km	2–3 Std.	ja	ja	mittel

Charakter: Schnelle Strömung, leichte Stromschnellen und eine herrliche Landschaft – als Paddler muss man die Wiesent einfach lieben. Die Fahrt im »wilden Frankistan« ist dabei nie gefährlich und sogar anfängertauglich. Seine allerersten Fahrversuche im Kajak oder Canadier sollte man hier allerdings nicht unternehmen.

Befahrungsregeln: Vom 1. Mai–30. Sept. Befahrung mit Kanus von 9–17 Uhr in Fließrichtung gestattet. Das Befahren der Wehre und Gruppenfahrten mit mehr als zehn Booten ist verboten. Ein- und Ausstieg nur an den ausgewiesenen Stellen.

Einstieg: Hinter dem Bahnhof der Dampfbahn Fränkische Schweiz in Behringersmühle (Behringersmühle 33, 91327 Gößweinstein)

Ausstieg: BorgWarner-BERU-Parkplatz am linken Ufer hinter der zweiten Straßenbrücke in Muggendorf (Am Bahnhof, 91346 Wiesenttal)

Hindernisse: Die Wehre an der Sachsenmühle und in Muggendorf müssen kurz jeweils links umtragen werden.

Unterkunft: Hotel »Goldner Stern« in Muggendorf, Tel. 09196/ 929 80, www.goldner-stern.de; schöne Campingplätze in der näheren Umgebung sind (oberhalb der Tour): Campingplatz Fränkische Schweiz in Tüchersfeld, Tel. 09242/17 88, www.campingplatz-fraenkische-schweiz.de; Pottenstein: Bärenschlucht in Pottenstein, Tel. 09243/206 www.baerenschlucht-camping.de und Steinerner Beutel in Waischenfeld, Tel. 09202/359, www.campingplatz-waischenfeld.de

Einkehr: Biergarten an der Sachsenmühle, Gasthöfe in Muggendorf

Kanuverleih: Aktiv Reisen in Muggendorf, Tel. 09196/ 99 85 66, www.aktiv-reisen.com; Kajakverleih Beringersmühle, Tel. 0170/755 19 43, www.leinen-los.de

Info: Tourismuszentrale Fränkische Schweiz, Tel. 09191/ 86 10 54, www.fraenkische-schweiz.com

Zurück zum Auto: Die Bootsverleiher im Wiesenttal bieten einen gut funktionierenden Transportservice, ansonsten kann man an Sonntagen das Unvermeidliche mit dem Schönen verbinden. Vom 1. Mai–31. Okt. verkehrt zwischen Ebermannstadt und Behringersmühle eine Museumsbahn, auf der sogar Kanus mitgenommen werden. Dann ist allerdings eine Anmeldung erforderlich, weil der Gepäckwagen nicht immer angehängt wird. Infos unter www.dampfbahn.net

EXTRA: Wiesent

Wem die vorgestellte Etappe zu kurz ist, kann die Fahrt durch die Fränkische Schweiz zu einer sportlichen, 23 km langen Tour ausdehnen. Start ist dann am Parkplatz in Doos, der Endpunkt in Ebermannstadt.

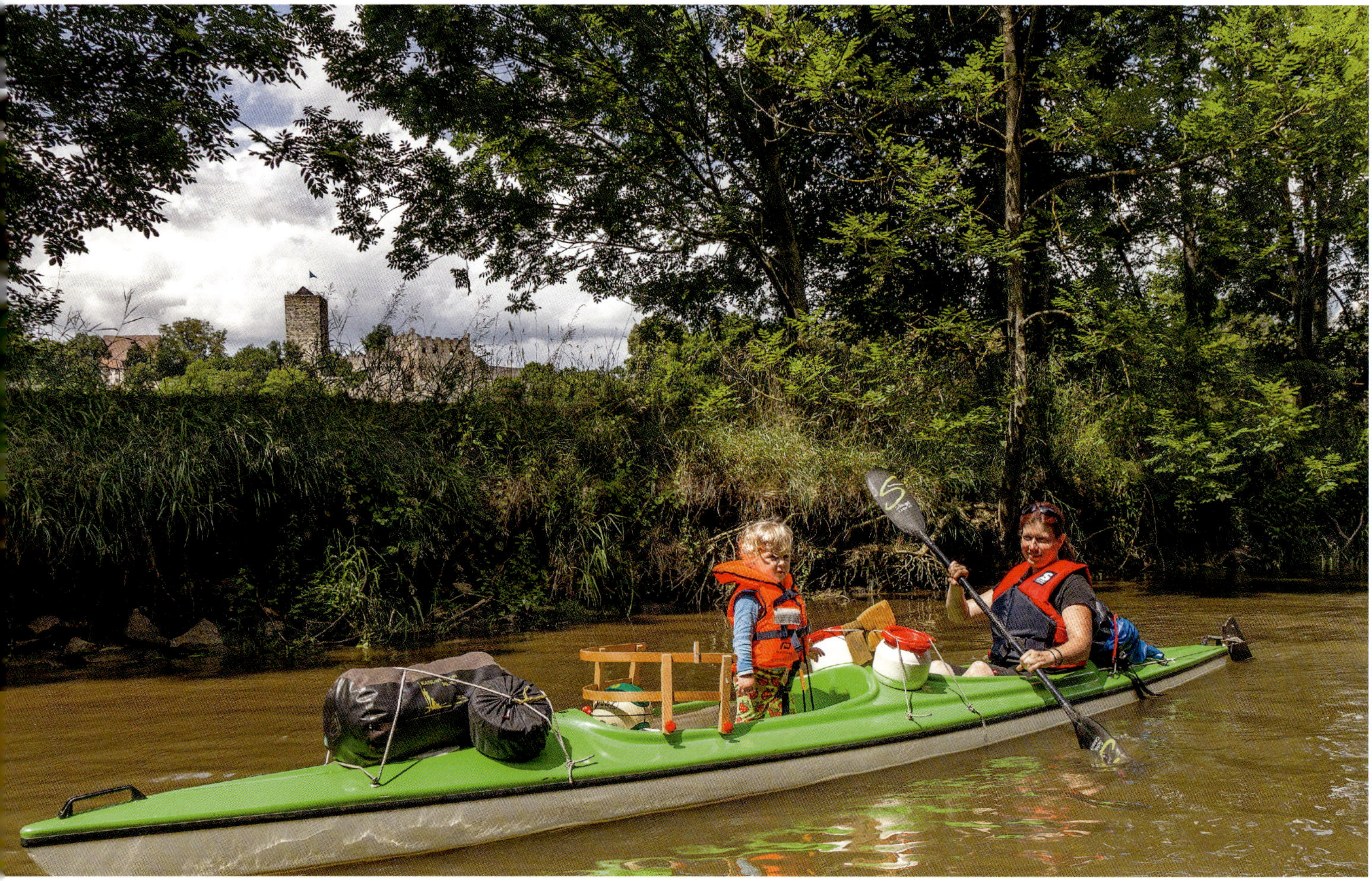

Burg Pappenheim

42

Altmühl: Von Pappenheim nach Dollnstein

Dem Archaeopteryx auf der Spur

Die Altmühl ist bei Paddlern als der »langsamste« Wanderfluss Bayerns bekannt. Und das ist gut so: So bleibt genug Zeit, um die malerischen, steil aufragenden Felsformationen zu bewundern, die die Altmühl in den gut löslichen Jurakalk gewaschen hat und die sich mit sanften, wacholderbewachsenen Hängen abwechseln.

Startpunkt unserer kurzweiligen Tagestour auf der Altmühl ist Pappenheim. Nach einem Spaziergang durch die mittelalterlichen Straßenzüge der ehemaligen Residenzstadt lassen wir unsere Boote zu Wasser. Nach dem Ablegen führt uns die Altmühl in einer Schleife um die Stadt, und die Stammburg der Grafen von Pappenheim überwacht unsere ersten Paddelschläge.

Am Scheitelpunkt der nächsten spitzen Schleife rauscht die Altmühl über das Wehr in Zimmern. Am linken Ufer lockt ein Gasthof mit Biergarten, zum Umtragen legen wir rechts an. Träge und fast ohne Strömung strebt die Altmühl nach Südosten auf Solnhofen zu. Vor über 150 Millionen Jahren breitet sich in der Gegend ein Jurameer aus, das zahlreiche Kalkschichten ablagerte. Zahlreiche Fossilien der einst hier lebenden Tiere und Pflanzen fand man später in den Steinbrüchen beim Abbau des sogenannten Solnhofener Schiefer.

Das Wehr in Solnhofen umtragen wir am linken Ufer. Auf der Insel rechts vom Wehr besteht die Möglichkeit zu zelten. Nach Solnhofen folgt der landschaftlich schönste und spekta-

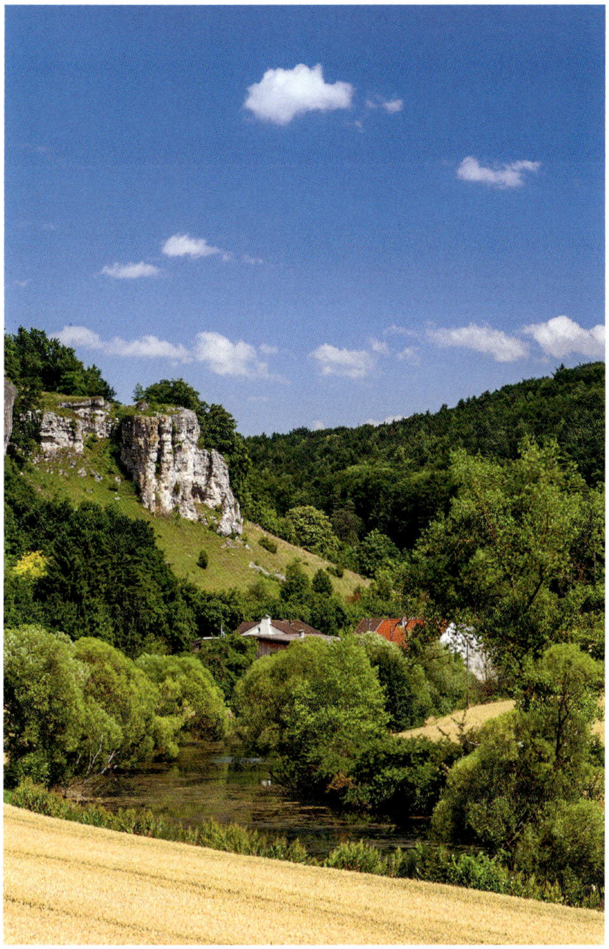

Das Altmühltal bei Hagenacker

20 km	5 Std.	ja	ja	leicht

Charakter: Problemlose Kanuwanderung auf dem »langsamsten« Fluss Bayerns. Absolut anfängertauglich, da sehr gute und zahlreiche Anlegestege, Rast- und Übernachtungsplätze sowie vorbildliche Beschilderung der Wehre

Befahrungsregeln: Keine Einschränkungen, es gelten die üblichen Naturschutzregeln.

Einstieg: Am Camping oder Steg in Pappenheim

Ausstieg: An der Straßenbrücke oder am Camping in Dollnstein

Hindernisse: Vier Wehre auf dem beschriebenen Abschnitt. Die ersten beiden müssen kurz umtragen werden, die letzten zwei Wehre sind mit Bootsrutschen ausgestattet.

Unterkunft: Campingplätze in Pappenheim, Tel. 09143/12 75, www.camping-pappenheim.de; Solnhofen, Tel. 09145/83 68 18, www.aktivmuehle.de und Dollnstein, Tel. 08422/846; Bootsrastplatz mit Zeltmöglichkeit in Hammermühle (bei Altendorf)

Einkehr: Gasthäuser und Biergärten direkt am Wasser vor dem Wehr in Zimmern und in Solnhofen

Kanuverleih: Zahlreiche Bootsvermieter entlang der gesamten Altmühl. Pappenheim: Bootsverleih Gruber, Tel. 09149/12 71, www.bootsverleih-gruber.de; Bootsverleih Altmühl, Tel. 09143/83 78 34, www.bootsverleih-altmuehl.de. Zimmern: Bootsverleih »Zur Zimmerer Mühle«, Tel. 09143/432, www.bootsverleih-zimmern.de; Gasthof »Zum Hollerstein«, Tel. 09143/753, www.hollerstein.de. Solnhofen: AktivMühle, Tel. 09145/83 68 18, www.aktivmuehle.de; Kanuuh Kanuverleih im Altmühltal, Tel. 08421/21 10, www.kanuuh.de. Dollnstein: Geggs Bootsverleih, Tel. 08422/691, www.kanuvermietung-altmuehltal.de

Info: Informationszentrum Naturpark Altmühltal in der ehemaligen Klosterkirche Notre Dame de Sacré Cœur in Eichstätt, Tel. 08421/987 60, www.naturpark-altmuehltal.de

Zurück zum Auto: Sehr gute Rückholbedingungen mit der Bahn im 30-Min.-Takt

kulärste Abschnitt der Tour, eine weit ausholende Flussschleife führt uns vorbei an der Felsformation Zwölf Apostel; majestätisch erheben sich die nackten Kalkfelsen über uns in den Himmel. Vor der nächsten Brücke können wir rechts anlegen, um dem »13. Apostel«, einem Biergarten in Eßlingen, einen Besuch abzustatten.

Nun ist es nicht mehr weit bis zum Endpunkt unserer Tour in Dollnstein. Vor uns liegen noch zwei Wehre, die beide mit einer Bootsrutsche ausgestattet sind. Für Paddler mit etwas Erfahrung stellen sie kein Problem dar, ja sind sogar eine willkommene spritzige Erfrischung. Wir schließen die Spritzdecken und halten uns am Wehr an der Hammermühle im rechten Drittel, in Hagenacker mittig. Die Bootsgassen sind jeweils etwa drei Meter breit, die Wehranlagen können aber auch problemlos umtragen werden.

In Dollnstein legen wir hinter der Brücke am rechten Ufer am Steg des Campingplatzes an, um den Abend des abwechslungsreichen Paddeltages in einem der zahlreichen, gemütlichen Biergärten ausklingen zu lassen. Wer sein Zelt nicht auf dem Campingplatz aufschlagen möchte, kann die Tour auch bereits vor der Brücke am linken Ufer beenden.

EXTRA: Mehrtagestouren auf der Altmühl

Die Altmühl ist als Bootswanderweg mit zahlreichen Übernachtungsmöglichkeiten ausgebaut. Eine schöne mehrtägige Tour ist die knapp 125 km lange Strecke von Gunzenhausen am Altmühlsee bis Töging kurz vor der Mündung in den Main-Donau-Kanal.

43

Naab: Von Schwandorf nach Pielenhofen

Einsteigeretappe in der Oberpfalz

Oberpfälzer Wald, Fichtelgebirge und Oberpfälzer Jura – gleich drei Bergregionen liefern der Naab das Wasser, damit sie den Weg bis zur Mündung in die Donau bei Regensburg bewältigt und so einen schönen Wanderfluss in der landschaftlich reizvollen Oberpfalz bildet.

Am Steg am Festplatz von Schwandorf lassen wir unter Aufsicht der Wohnmobilisten die Boote zu Wasser. Nachdem wir die Wehre in Ettmannsdorf, Dachelhofen und Stegen alle auf der rechten Seite umtragen haben, erhebt sich voraus schon das Schloss über Münchshofen. Das dortige Wehr umtragen wir am linken Ufer.

Die Naab ist nun etwa 80 Meter breit, und bald ziehen am rechten Ufer die Häuser von Premberg vorüber. Schon in der nächsten großen Linkskurve erspähen wir einen ersten Blick auf die Burg in Burglengenfeld. Die Ufer sind flach und werden über weite Strecken von Baumreihen aus Weiden und Hasel gesäumt. In der Rechtsbiegung der Naab bei Saltendorf weist ein schlichtes Holzschild mit der Aufschrift »Ausstieg« am rechten Ufer auf den Kanuclub Städtedreieck hin.

In Burglengenfeld heißen uns zahlreiche Schwäne willkommen. Um das Wehr zu umtragen legen wir am rechten Ufer, noch vor der Brücke beim Gasthaus »Burgblick« an. Die Portage auf dem Weg am rechten Ufer ist mit 500 Metern relativ lang: Bei normalem Wasserstand gibt es einen einfacheren Weg: Dann können wir ganz am linken Ufer zwischen Wehr und Stauklappe kurz über die Insel umtragen (etwa 50 Meter). Achtung bei Hochwasser: Dann wird der Sog zum Wehr zu stark!

Egal ob Portage am rechten oder linken Ufer, eine Stadtbesichtigung der mittelalterlichen Stadt mit der gut erhaltenen Wittelsbacher Burg und den Wohnhäusern mit schönen Giebelfronten gehört zum touristischen Pflichtprogramm dieser Tour.

Einige hundert Meter hinter der nächsten Straßenbrücke gabelt sich der Flusslauf. Wir halten uns links, der rechte Arm ist nur bei Hochwasser fahrbar. An der nächsten Insel dagegen können wir uns frei entscheiden, ob wir links oder rechts vorbeipaddeln. Im rechten Arm passieren wir die Häuser von Mossendorf, am Fuße des knapp 400 Meter hohen Greinbergs vereinigen sich die beiden Flussarme wieder.

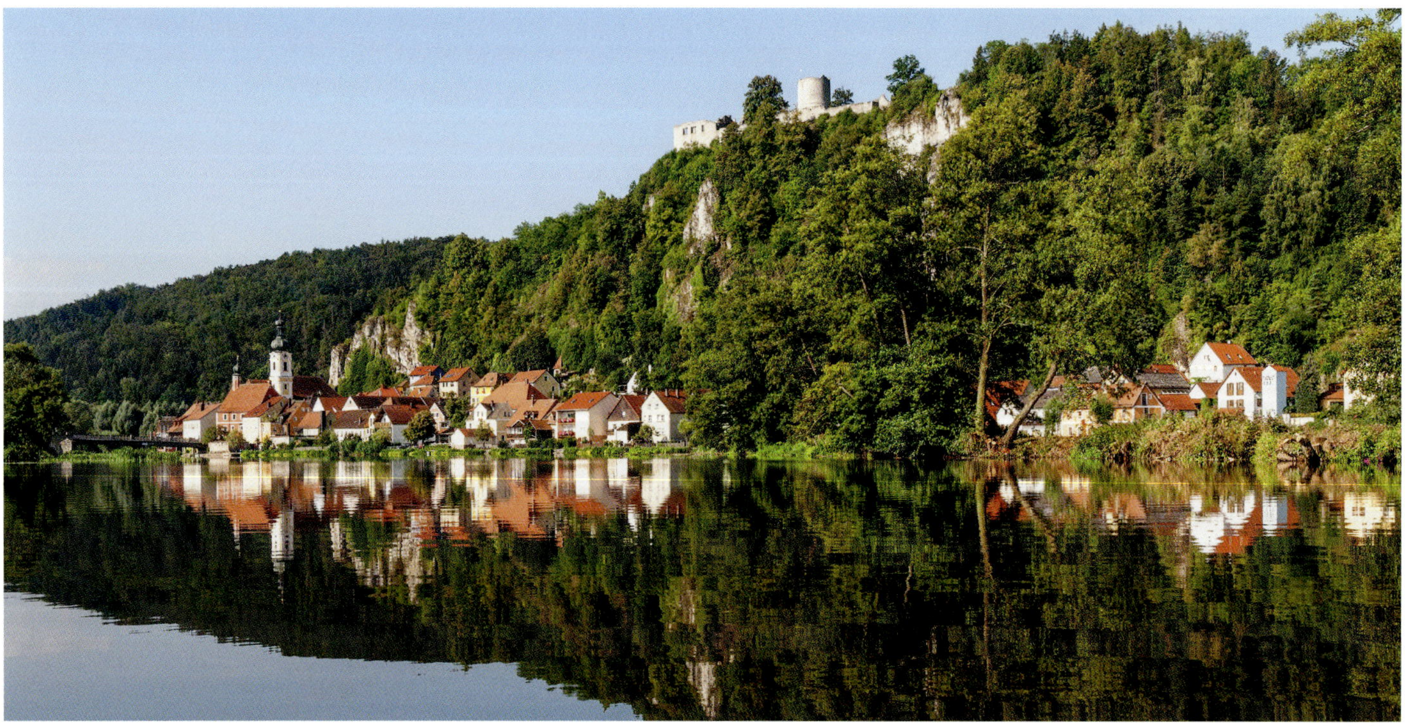

Kallmünz

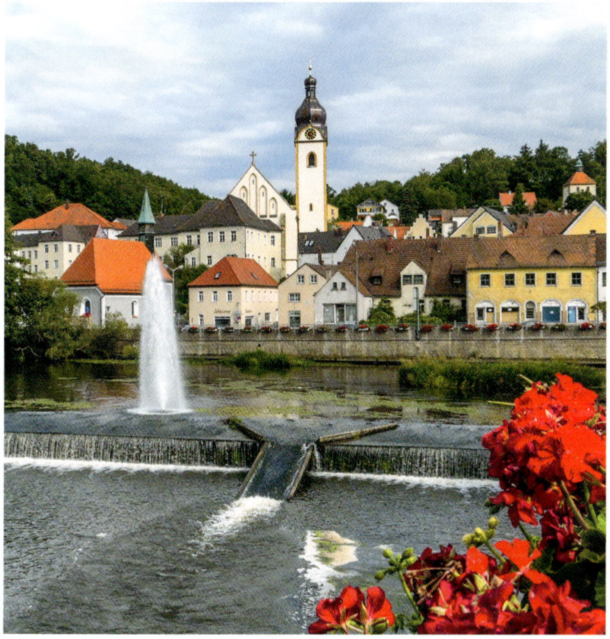

Schwandorf

Keine Straße begleitet die Naab, und einsam gleiten wir gemächlich durch die idyllische Landschaft. Das Saftgrün der Ufervegetation leuchtet hell vor den dunklen Berghängen in der Ferne. Nur ab und zu nickt uns ein Angler vom Ufer aus zu, und wir fahren einen großen Bogen, um ihm die Beute nicht streitig zu machen.

Das Rauschen des Wassers erinnert uns rechtzeitig an das Wiesenwehr in Schirndorf. Wir legen kurz davor am rechten Ufer an und ziehen die Boote über die angrenzende Wiese. Das Wiedereinsteigen gestaltet sich etwas schwierig: Das Ufer ist recht steil und etwas rutschig.

Hinter der nächsten Schleife begleitet uns eine Straße am rechten Ufer, und wir passieren die Häuser der Ortschaft Eich. Rechts von uns ragen Kalkhänge, oft von Wacholder bewachsen, hoch auf, und vor uns liegen die Inseln des Naturschutzgebietes Eichenberg, an denen wir rechts vorbeipaddeln.

Am rechten Ufer zieht der Jugendzeltplatz in Zaar vorüber, und wir nähern uns Kallmünz. Von oben grüßt schon die Burg, dann erreichen wir die ersten Häuser und umtragen das Wehr am rechten Ufer.

Nach gut zwei Kilometern lädt am linken Ufer ein Gasthof mit großem Biergarten zu einer Rast ein, nach weiteren drei Kilometern rauscht die Naab einmal mehr über ein Wehr. Wir paddeln hinter der Brücke ganz rechts in den Kanal und setzen am Ende an der Schleuse links aus, um die Boote kurz über die Insel ins Unterwasser des Wehres zu tragen.

44 km	2 Tage	ja	ja	leicht

Charakter: Die Naab mäandriert gemächlich durch die Oberpfälzer Ebene, vorbei an kleinen Orten, Burgruinen und Schlössern. Bei Burglengenfeld durchbricht sie das Juragebirge, und die Steilhänge des romantischen Flusstals rücken näher zusammen.

Befahrungsregeln: Keine Einschränkungen

Einstieg: Steg am Festplatz in Schwandorf (Angerring 35, 92421 Schwandorf)

Ausstieg: Am Wehr oder am Campingplatz in Pielenhofen

Hindernisse: Die Wehre in Ettmannsdorf, Dachelhofen, Stegen, Münchshofen, Burglengenfeld, Schirndorf, Kallmünz, Heitzenhofen und Pielenhofen müssen kurz umtragen werden, ein Bootswagen ist sehr hilfreich.

Unterkunft: Campingplätze in Teublitz, Tel. 09471/907 86; Kallmünz, Tel. 0941/400 92 39 und Pielenhofen, Tel. 09409/373. Kanuvereine in Schwandorf, www.kc-schwandorf und Teublitz, www.kc-städtedreieck.de

Einkehr: Diverse Cafés und Gasthäuser in den Orten entlang der Ufer

Kanuverleih: Nu Kanu in Schirndorf (Ortsteil von Kallmünz), Tel. 0160/343 45 45, ww.nukanu.de; Bootsverleih Pielenhofen, Tel. 09409/15 28, www.bootsverleih-pielenhofen.de

Info: Tourismusverband Ostbayern e.V., Tel. 0941/58 53 90, www.ostbayern-tourismus.de

Zurück zum Auto: Spärliche und komplizierte Busverbindung von Pielenhofen nach Schwandorf. Aktuelle Fahrpläne unter www.rvv.de

In Duggendorf finden wir ein schönes Pausenplätzchen, bevor wir den letzten Streckenabschnitt bis Distelhausen in Angriff nehmen. In Distelhausen lässt sich die Tour gut am linken Ufer gegenüber vom Kloster beenden. Wer weiter zum Campingplatz möchte, legt links oberhalb der Wehrkrone an, umträgt kurz über die Insel und paddelt noch etwa einen Kilometer bis Pielenhofen.

EXTRA: Zwei Zusatztage auf der Naab

Die Naab ist ab dem Zusammenfluss von Wald- und Heidenaab bis zur Mündung in die Donau bei Regensburg auf einer Strecke von gut 100 km befahrbar. Wer die vorgestellte Tour erweitern möchte, kann schon in Luhe-Wildenau starten. So verlängert sich die Reise um zwei Tagesetappen (Oberwildenau–Nabburg, 21 km; Nabburg–Schwandorf, 20 km).

44 Regen: Von Cham nach Ramspau

Kapitän im Bayerischen Wald

Auf der großen Zeltwiese des gastfreundlichen Kanuvereins in Cham bauen wir unseren Faltcanadier auf. Der erste Biergarten zieht gleich nach dem Ablegen am linken Ufer vorbei und kommt für unsere Etappenplanung viel zu früh.

Kurz darauf wartet vor der Biertorbrücke das erste Wehr der Tour auf uns. Da der Borstenpass aus Sicherheitsgründen nicht befahren werden darf, müssen wir am rechten Ufer umtragen; die Boote können bei den Wohnhäusern vor dem Biertor wieder zurück ins Wasser gelassen werden.

Anschließend schlängelt sich der Regen durch das Naturschutzprojekt Regentalaue. Am Rastplatz in Untertraubenbach legen wir an, um eine Pause einzulegen und den Aussichtsturm nebenan zu erklimmen.

Unter der Brücke in Pösing – wir steuern unseren Canadier durch das zweite Joch von rechts – schaukelt uns eine beachtliche Welle durch. Es sind nun noch etwa zehn Kilometer bis zum Zeltplatz in Roding. Das Ende der Tagesetappe kündigt der alles überragende Kirchturm an. Wir legen vor dem Stadtpanorama am linken Ufer an, um unser Zelt auf der großen Wiese aufzuschlagen.

Am nächsten Morgen bleiben wir auf der linken Flussseite und finden hinter der Brücke die Holzbohlenrutsche am Wehr Petermühle. Im folgenden Abschnitt brechen immer wieder große Felsen durch die Wasseroberfläche. Die Hindernisse stehen aber so weit auseinander, dass sie auch von Paddelnovizen gut zu umschiffen sind. Hinter einer weiten Linkskurve grüßt hoch vom rechten Ufer die Wallfahrtskirche Heilbrünnl, dann müssen wir das Wehr Wiesing-Regenmühle am rechten Ufer umtragen. Einige Paddelschläge später bietet ein Gasthaus am linken Ufer die Möglichkeit zur Einkehr und zum Zeltaufbau.

Am nächsten Wehr gibt es ausnahmsweise einmal keinen Hinweis auf den Ausstieg, und wir umtragen am linken Ufer. Der Einstieg gestaltet sich wider Erwarten schwierig, da die Steine sehr rutschig sind.

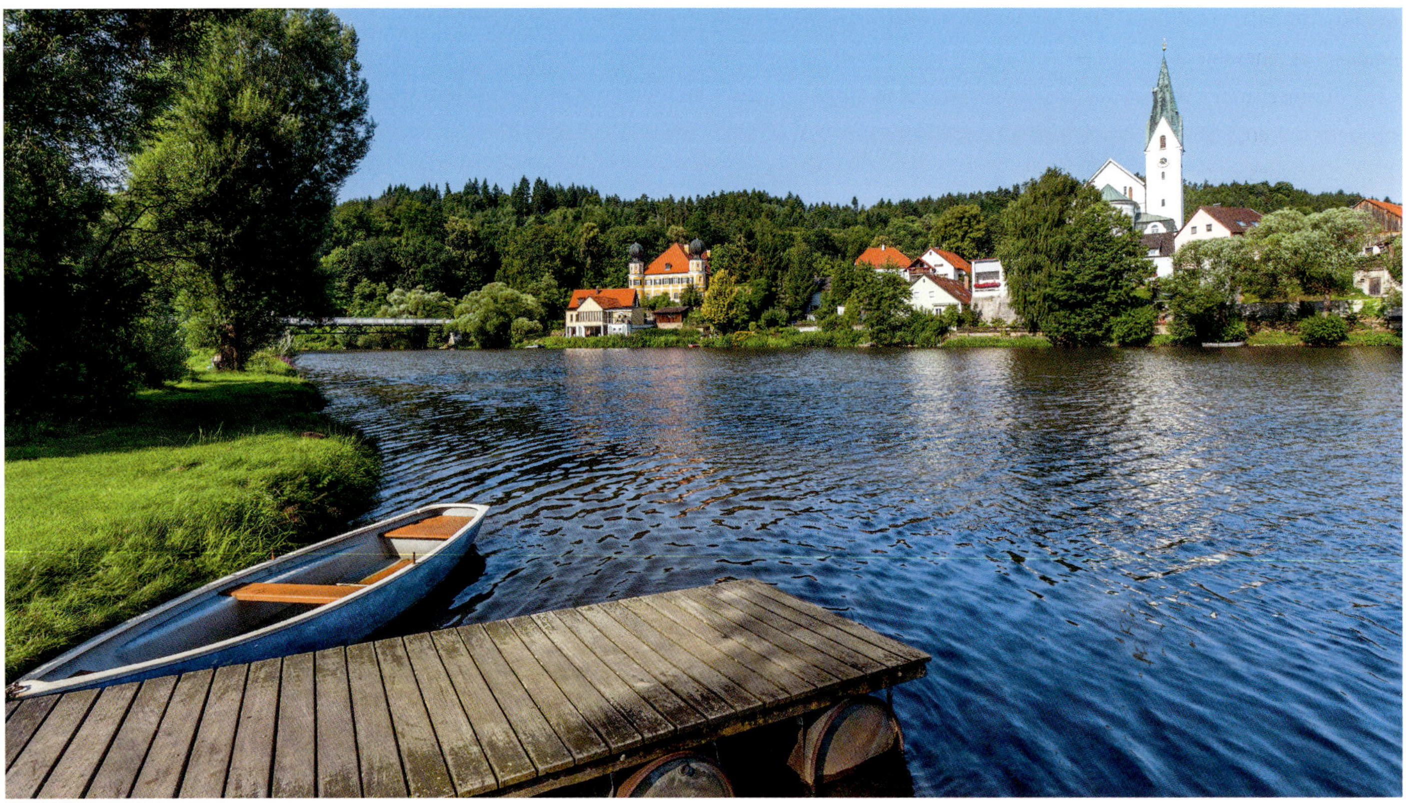

Schloss Ramspau blickt auf eine über 300-jährige Geschichte zurück.

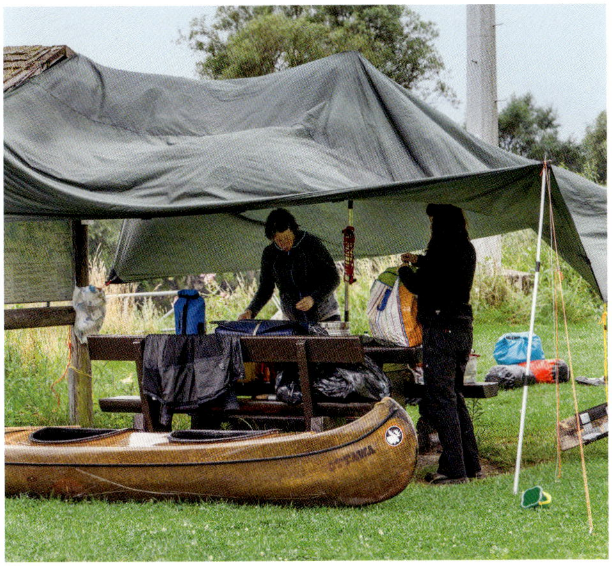

Zu Gast bei den Chamer Kanuten

Hinter der Brücke in Walderbach ist der nächste Rastplatz erreicht, gut 100 Meter weiter will das nächste Wehr bezwungen werden. Es ist mit einer unkonventionellen, aber recht praktischen Umtrageeinrichtung ausgestattet. Wir legen am linken Ufer oberhalb der Wehrkrone an und ziehen das Boot zwischen den Treppenstufen über die Bootsrutsche.

Die Ortschaft Reichenbach und die Portagen an den Wehranlagen Regenmühle (links in den Kanal einfahren und rechts über die Insel umtragen) und Tiefenbach (rechts umtragen) sind die weiteren Stationen bis Nittenau, wo uns das letzte Wehr des Tages empfängt.

Wir paddeln vor der Straßenbrücke nach links in den Kanal und legen vor dem Kraftwerk beim Imbisspavillon am linken Ufer an. Nach einer kurzen Portage setzen wir unseren Canadier wieder ins Wasser. Vorbei an mehreren Gasthöfen und Biergärten erreichen wir bald nach der Fußgängerbrücke den Anleger des Campingplatzes am rechten Ufer. Den Schlüssel für die Pforte bekommen wir an der Schwimmbadkasse.

Am nächsten Morgen empfängt uns der Regen mit sieben einsamen Kilometern bis zur Wehranlage Stefling, die am rechten Ufer für etwa 300 Meter umtragen wird und das einzige Hindernis an diesem Tag bleibt. Wer lieber treideln statt tragen möchte, kann dieses im Fischaufstieg tun. Erfahrene Kanuten mit robusten Booten können den Fischumlauf auch befahren.

Danach fahren wir besonders aufmerksam, denn immer wieder ragen Findlinge aus dem Wasser. Noch tückischer sind die etwas kleineren Felsen, die nur bis knapp unter die Wasseroberfläche reichen und erst im letzten Moment zu sehen sind.

65 km | 3 Tage | ja | ja | leicht

Charakter: Einfacher, schöner Kanufluss, der ruhig und einsam durch stille Wälder verläuft. Zwischen Marienthal und Hirschling erfordern einige Felsen und Findlinge im Fluss erhöhte Aufmerksamkeit, die Tour ist aber auch für absolute Anfänger unproblematisch zu meistern.

Befahrungsregeln: Im Naturschutzgebiet Regentalaue zwischen Cham und Pösing ist das Betreten der Ufer (Ausnahme: Rastplatz Untertraubenbach) und Kiesbänke verboten.

Einstieg: Am Kanuverein in Cham

Ausstieg: Am Kanuanleger beim Flussfreibad in Ramspau

Hindernisse: Die Wehranlagen Wiesing-Regenmühle, Dicherling, Haselmühle, Regenmühle, Tiefenbach, Nittenau, und Steffling müssen umtragen werden.

Unterkunft: Campingplatz am Freibad in Nittenau, Tel. 09436/90 27 33 oder 0172/786 07 29. Zeltmöglichkeiten in Roding, Reichenbach und Ramspau. Kanuverein in Cham, www.kc-cham.de

Einkehr: Nahe Gasthöfe/Biergärten in Cham und Nittenau

Kanuverleih: Regental-Kanu in Nittenau, Tel. 09436/27 40, www.bootwandern.de

Info: Tourismusverband Ostbayern e.V., Tel. 0941/58 53 90, www.ostbayern-tourismus.de

Zurück zum Auto: Mit Bus und Bahn in gut 1,5 Std. von Ramspau nach Cham. Aktuelle Fahrpläne unter www.rvv.de

Bei Marienthal macht der Regen eine enge Kehre und zielt hinter dem berühmten »Regenknie« nach Süden Richtung Regensburg. Über dem rechten Ufer thront die Geisterburg-Ruine Stockenfels. Auf dem Wasser erwartet uns nun eine etwa 200 Meter lange, aber harmlose Schwallstrecke. Mit flotter Strömung trägt uns der Regen zum Rastplatz und Landgasthof in Heilinghausen, und bald kündigt das Barockschloss mit seinen Zwiebeltürmchen aus dem frühen 18. Jahrhundert das Tourenende in Ramspau an. Den Zeltplatz finden wir noch vor dem Flussfreibad. Wer die Tour ohne Übernachtung beenden will, legt etwas weiter unter der Brücke an.

EXTRA: Bootswanderweg Regen

Der Regen ist einer der klassischen Wanderflüsse in Bayern. Die Strecke beginnt am Blaibacher See bei Kötzting und führt in fünf Tagesetappen nach Regensburg. Für die Tourenplanung zu empfehlen ist die Broschüre ***Bootswandern vom Blaibacher See bis Regensburg***, die u. a. bei der Touristinfo Naturpark Oberer Bayerischer Wald (Tel. 09971/784 30, www.bayerischer-wald.org) erhältlich ist.

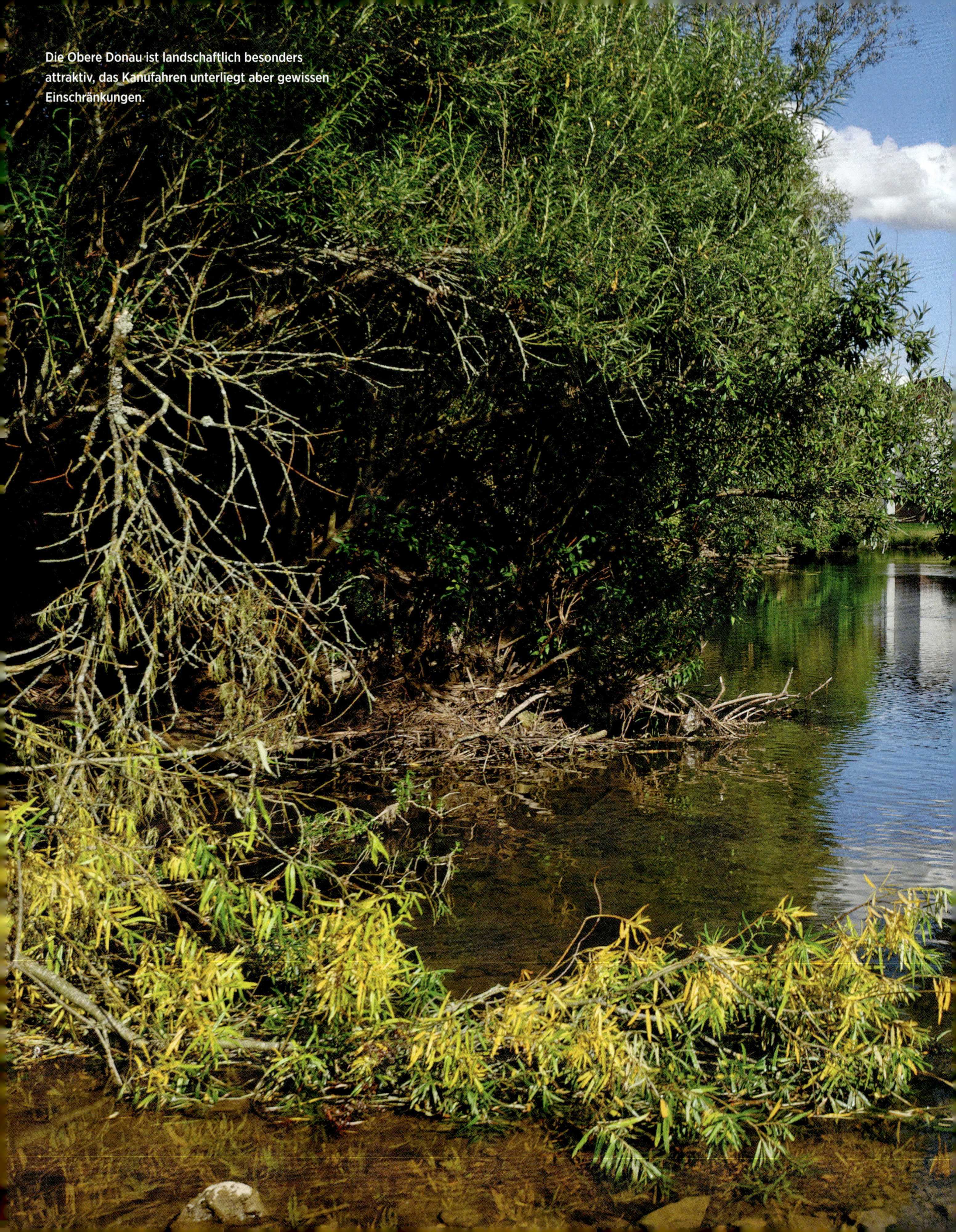

Die Obere Donau ist landschaftlich besonders attraktiv, das Kanufahren unterliegt aber gewissen Einschränkungen.

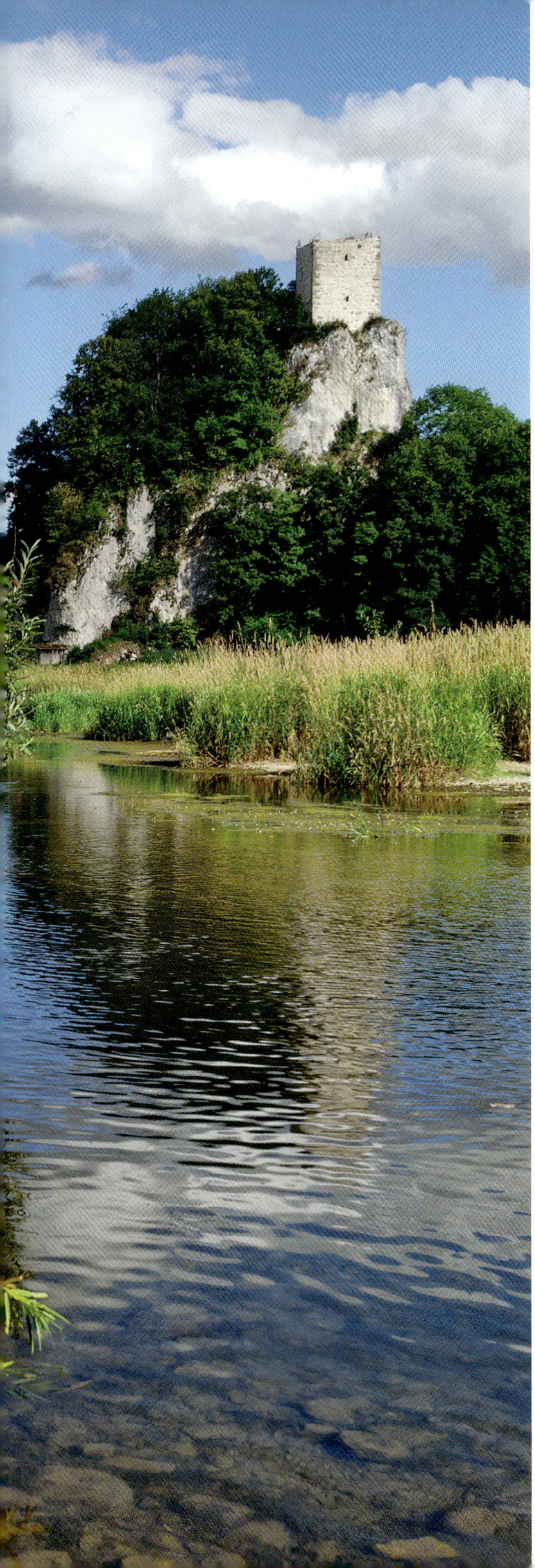

Der Süden: Bayern und Baden-Württemberg

Deutschlands Süden ist vielfältig: Der Altrhein ganz im Westen lockt mit »Natur pur«, am Neckar begeistern die romantischen Burgen. Im Alpenvorland präsentiert sich der Bodensee als Kanurevier mit unzähligen Tourvarianten. Weniger bekannt, aber ganz dem Motto »klein, aber fein« verpflichtet, ist die Wörnitz in der Donau-Ries-Region. Spritzige Paddeltouren vor beeindruckender Alpenkulisse ermöglichen Flüsse wie die Iller im Allgäu oder die Loisach in Oberbayern. Paddlerherz, was willst Du mehr?

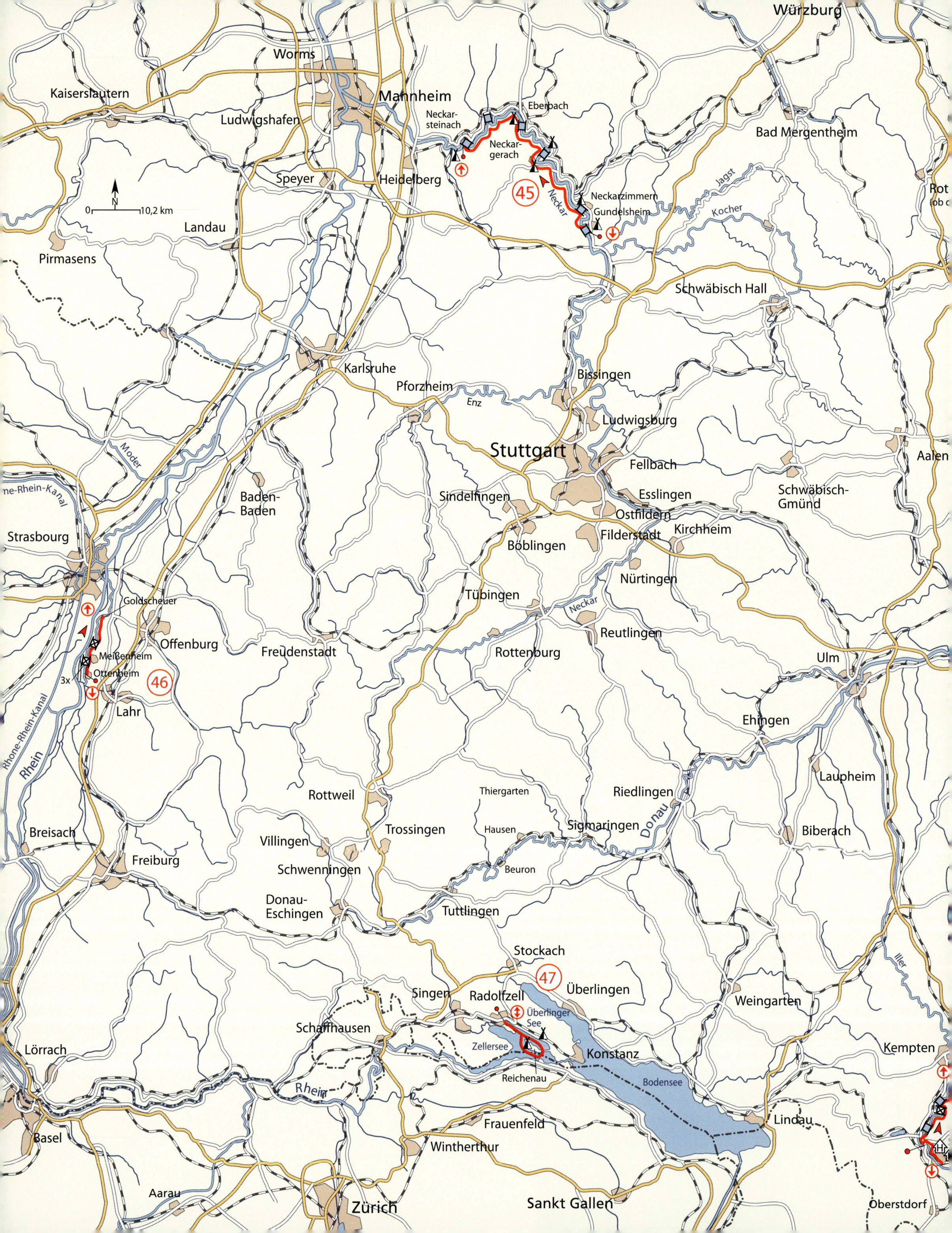
Würzburg
Worms
Kaiserslautern
Mannheim
Neckar-
steinach
Eberbach
Ludwigshafen
Bad Mergentheim
Neckar-
gerach
Speyer
Heidelberg
Jagst
45
Neckar
Neckarzimmern
Gundelsheim
Kocher
0
10,2 km
N
Landau
Pirmasens
Schwäbisch Hall
Karlsruhe
Pforzheim
Bissingen
Enz
Ludwigsburg
Moder
Stuttgart
Fellbach
Aalen
Baden-
Baden
Sindelfingen
Esslingen
Schwäbisch-
Gmünd
Ostfildern
Strasbourg
Filderstadt
Kirchheim
Böblingen
Nürtingen
Goldscheuer
Tübingen
Neckar
Offenburg
Reutlingen
Meißenheim
Freudenstadt
Rottenburg
Ulm
3x
Ottenheim
46
Lahr
Ehingen
Rhone-Rhein-Kanal
Rhein
Rottweil
Laupheim
Thiergarten
Riedlingen
Breisach
Trossingen
Hausen
Sigmaringen
Donau
Biberach
Villingen
Freiburg
Beuron
Schwenningen
Donau-
Eschingen
Tuttlingen
Stockach
47
Überlingen
Iller
Singen
Radolfzell
Weingarten
Überlinger
See
Schaffhausen
Zellersee
Lörrach
Konstanz
Kempten
Reichenau
Rhein
Bodensee
Lindau
Basel
Frauenfeld
Winthertur
Aarau
Sankt Gallen
Zürich
Oberstdorf

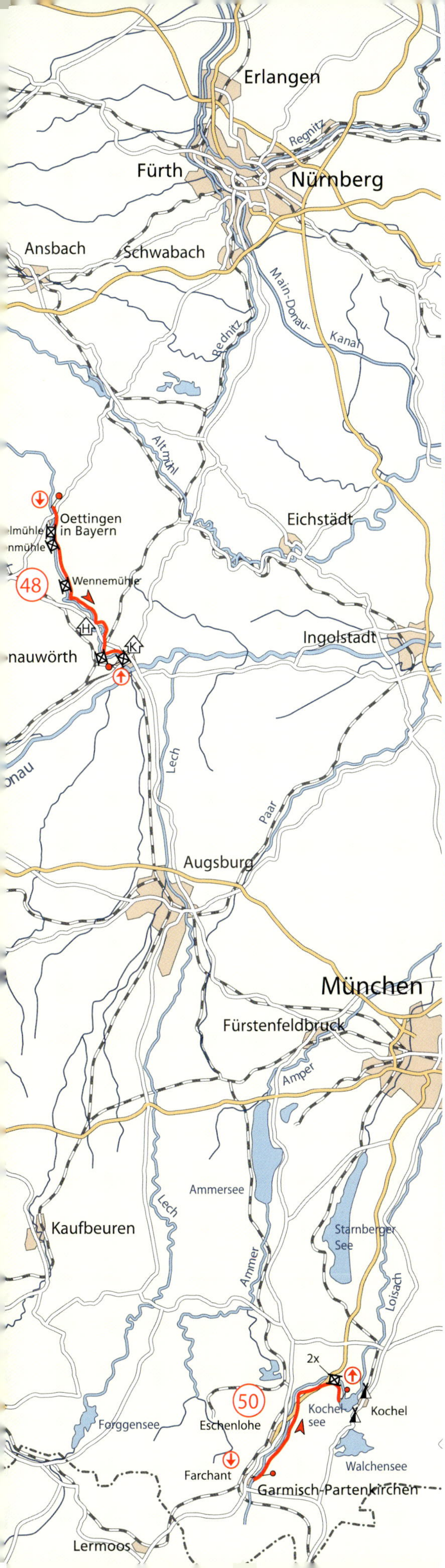

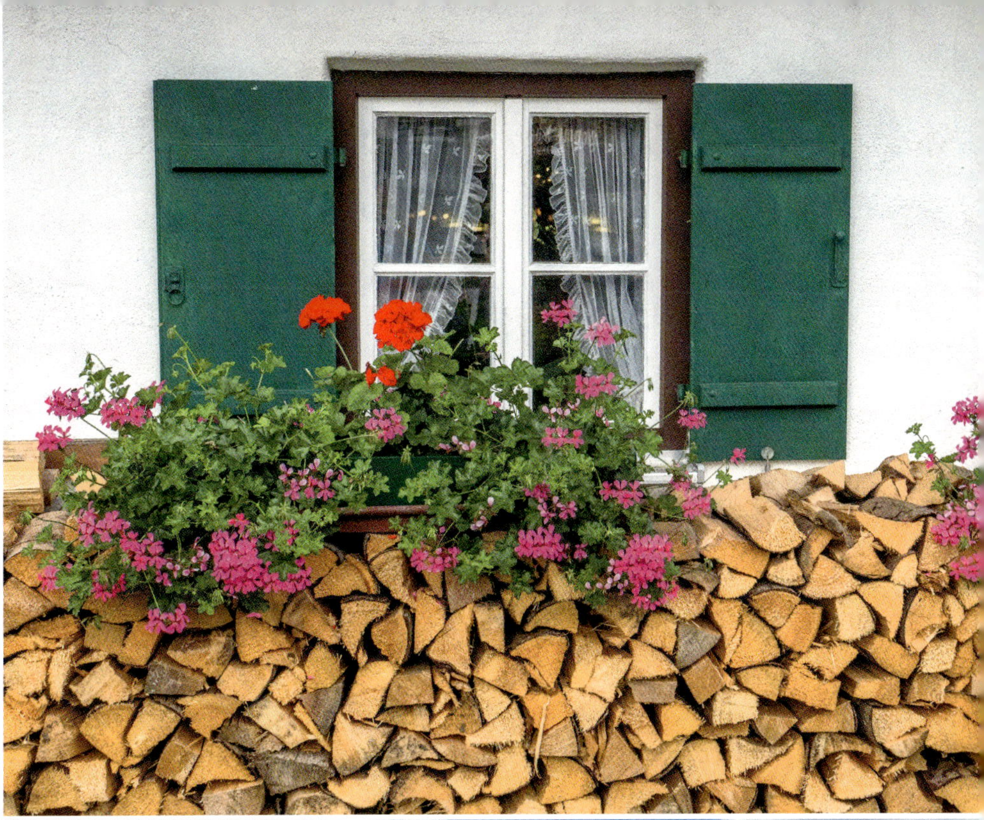

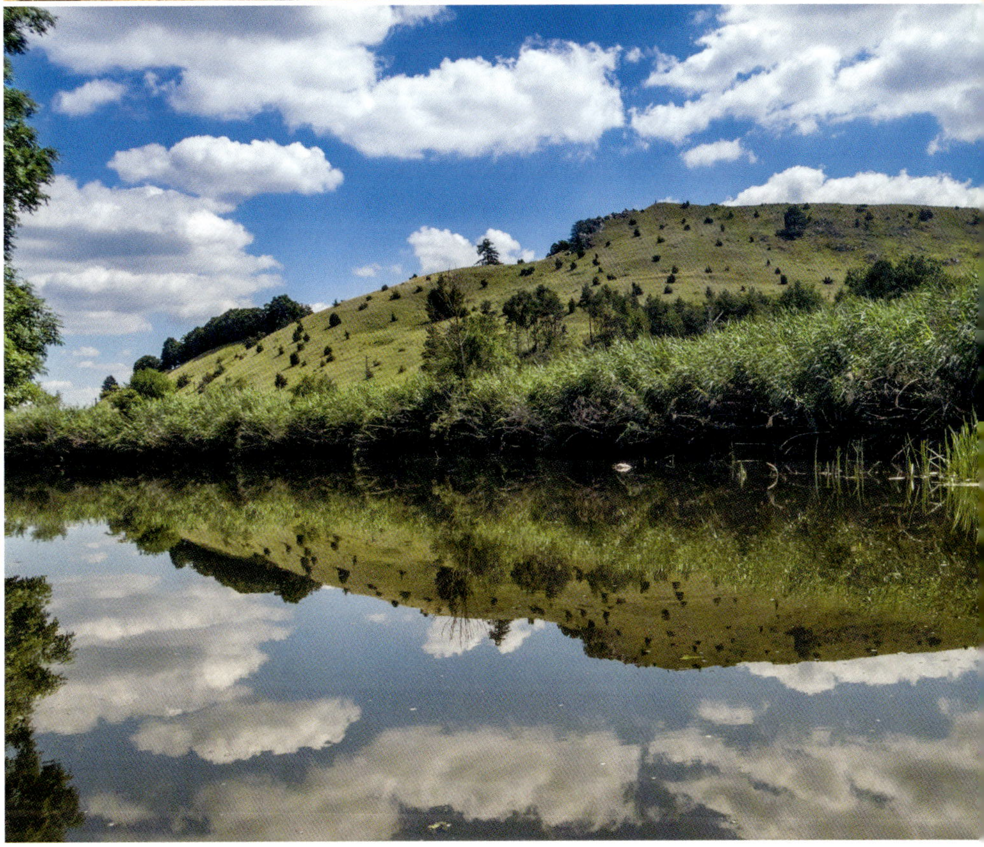

Oben: Hausfassade in Kochel am See

Unten: Wacholderheide im Donau-Ries

45

Neckar: Von Gundelsheim nach Neckarsteinach

Eine Majestät unter den Flüssen

Das Nebeneinander von Geschichte, Kultur und Natur machen den Reiz des unteren Neckartals aus. Auf den bewaldeten Uferhängen stehen Burgen, Schlösser und Ruinen Spalier für den Paddler und egal, ob Naturfreund, Feinschmecker oder Weinexperte – der Neckar bietet etwas für jeden Geschmack.

Bevor wir die Boote in Gundelsheim an den Treppenstufen gegenüber von Schloss Horneck ins Wasser lassen, lohnt sich ein Spaziergang durch die kleine Altstadt mit viel pittoreskem Fachwerk. Wer mehr über die Geschichte der Deutschordensstadt erfahren möchte, kann dem Historischen Pfad folgen. Er umfasst insgesamt 17 Stationen und startet an der Übersichtstafel in der Schlossstraße. Eine Broschüre zum Streckenverlauf und Erklärungen zu den einzelnen Stationen bekommt man kostenlos in der Tourist-Information im Rathaus.

An der Schleuse in Neckarzimmern freuen wir uns über die Lautsprecherdurchsage des Schleusenwärters, dass wir zusammen mit den gerade einlaufenden Sportbooten geschleust werden. Grundsätzlich werden Kanus am unteren Neckar nicht geschleust, mit etwas Glück und bei guter Laune des Personals bleibt einem aber die ein oder andere Portage erspart.

Vorbei am Kernkraftwerk Obrigheim erreichen wir die Schleuse Guttenbach, und dieses Mal ist Handarbeit gefragt. Die Schleusen am Neckar sind alle ähnlich aufgebaut. Die Bootsschleppe befindet sich immer auf der gegenüberliegenden Seite des Wehres. Den schweren Lorenwagen kann man bis ins Wasser fahren, um damit das Boot aus dem Wasser zu ziehen. Anschließend muss das Gefährt entlang der gesamten Schleusenkammer gezogen und das Boot am Ende wieder zu

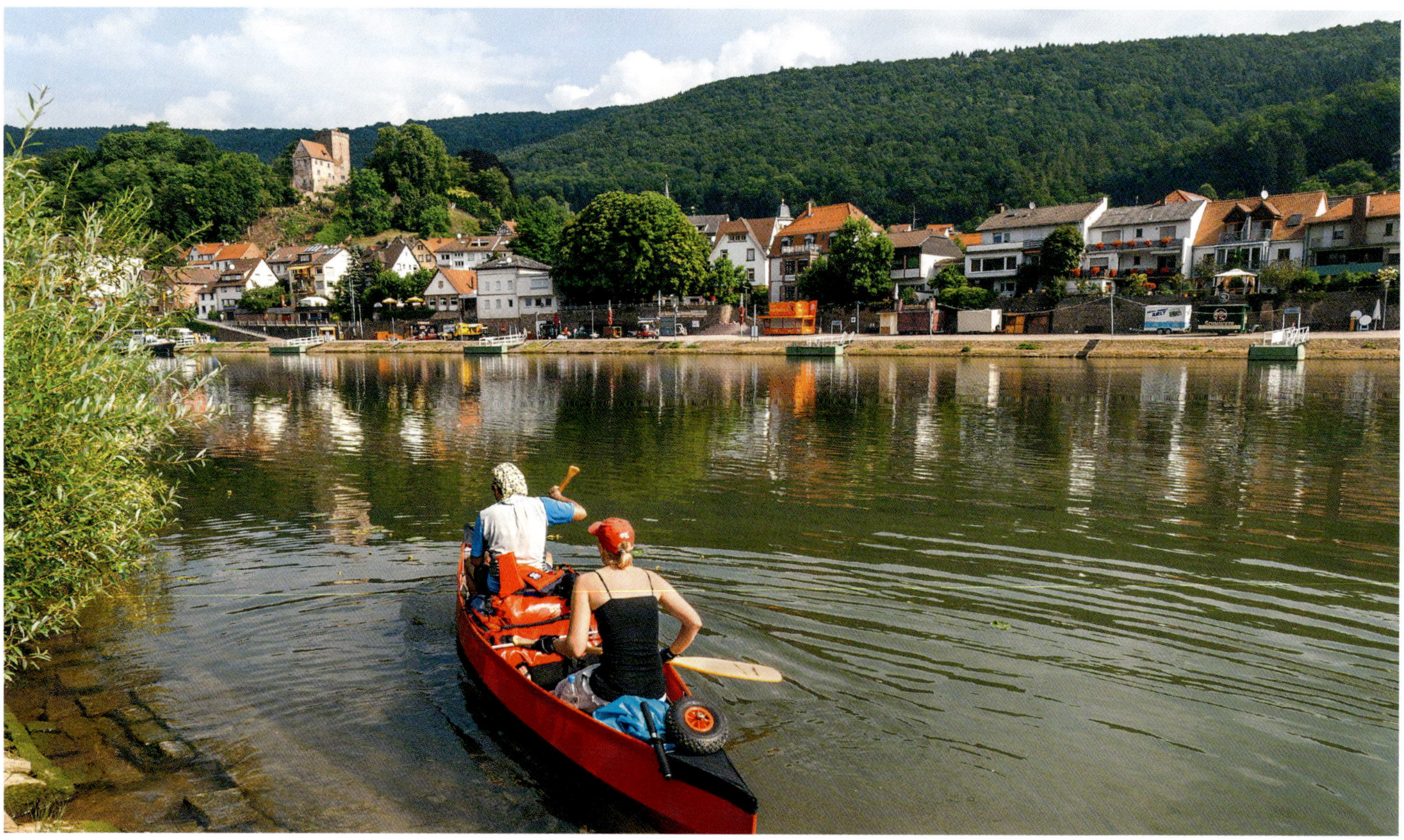

Neckarsteinach

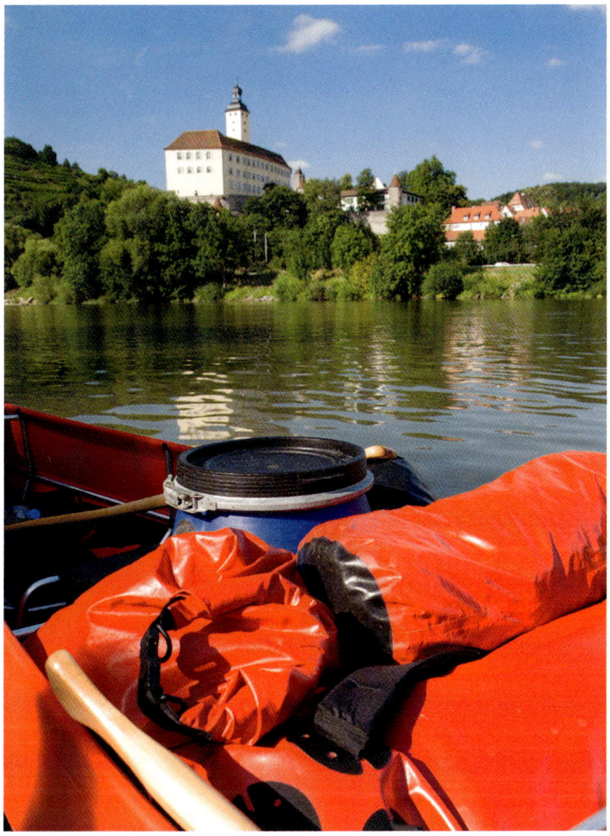

Gundelsheim

56 km	2–3 Tage	ja	ja	leicht

Charakter: Problemlose, anfängertaugliche Kanuwanderung entlang von mittelalterlichen Städten und mal schroffen, mal sanft bewaldeten Hängen. Die Anzahl großer Kähne hält sich im überschaubaren Rahmen, obwohl der Neckar Bundeswasserstraße ist.

Befahrungsregeln: Keine Einschränkungen auf dem beschriebenen Abschnitt, es gelten die Regeln der Binnenschiffahrtsstraßenordnung.

Einstieg: Am Campingplatz in Gundelsheim

Ausstieg: Am Campingplatz in Neckarsteinach

Hindernisse: Schleusen in Neckarzimmern, Guttenbach, Rockenau, Hirschhorn und Neckarsteinach. Kanufahrer werden in der Regel nicht geschleust. Für das Umsetzen sind (schwere) Gleisloren vorhanden.

Unterkunft: Campingplätze Neckarzimmern, Tel. 06261/25 62; Neckargerach, Tel. 01520/827 56 35; Zwingenberg, Motorsportbootclub www.mycn-zwingenberg.de; Eberbach, Tel. 06271/10 71 und Neckarsteinach,Tel. 06223/725 85

Einkehr: Gasthäuser in Wassernähe in Hochhausen, Binau, Neckargerach, Zwingenberg, Hirschhorn, Neckarshausen und Neckarsteinach

Kanuverleih: 100 % Kanu + Bike, Tel. 07139/933 44 11, www.kanu-bike.de

Info: Touristikgemeinschaft Odenwald e.V., Tel. 06261/84 13 90, www.tg-odenwald.de. Naturpark Neckartal-Odenwald e.V., Tel. 06271/94 22 75, www.naturpark-neckartal-odenwald.de

Zurück zum Auto: Problemlos mit S-Bahn und Zug von Neckarsteinach nach Gundelsheim

Wasser gelassen werden. Vorbei an Schloss Zwingenberg und der Schleuse Rockenau erreichen wir die Uferpromenade des Kurorts Eberbach im Herzen des Naturparks Neckar-Odenwald. Vor Hirschhorn spannt sich eine Straßenbrücke über den Neckar, und am linken Ufer verschwindet die Straße im Fels. Der Neckar beschreibt eine sehr enge Flusskehre, und nach einem Gasthof am linken Ufer liegt vor uns die Schleuse Hirschhorn.

Hinter der Schleuse spiegeln sich am rechten Ufer die Silhouette der »Perle des Neckartals« mit Kirche, Burg und Fachwerkhäusern im Wasser. Am linken Ufer lockt ein weiterer Gasthof, am rechten Ufer liegen zahlreiche Sportboote und sogar ein Flusskreuzfahrtsschiff vor Anker.

Es folgt ein besonders schöner und einsamer Abschnitt. Dichter Wald erstreckt sich über das gesamte Tal, und die Lastkähne, die uns begegnen oder überholen, können wir an den Fingern einer Hand abzählen.

Unser Tourenendpunkt, die Vierburgenstadt Neckarsteinach, kündigt sich durch einige Bootsausrüster und Werften am rechten Ufer an. Die Bootsschleppe an der Schleuse liegt ganz am linken Ufer. Nach der Portage sind es nur noch wenige Meter bis zum idyllisch gelegenen Campingplatz unterm Dilsberg.

Die Burganlage aus der Mitte des 12. Jahrhunderts in Dilsberg, einem Stadtteil Neckargmünds, thront hoch über dem linken Ufer und ist ein beliebtes Ausflugsziel. Neben den zahlreichen Fachwerkbauten, Steinhäusern, Wehranlagen und dem tiefen Burgbrunnen mit unterirdischen Stollen kommen die Touristen vor allem wegen des Aussichtsturms mit seinem grandiosen Panoramablick über das Neckartal.

EXTRA: Der Obere Neckar

Für Paddler ebenfalls sehr reizvoll ist der Oberlauf des Neckars von Sulz nach Rottenburg am Neckar. Hier fließt der junge Fluss in einem engen Tal zwischen Schwarzwald im Westen und Schwäbischer Alb im Osten. Weiterführende Informationen und Kanuanbieter unter www.neckar-erlebnis-tal.de

46

Ottenheimer Mühlbach: Von Ottenheim nach Goldscheuer

Idyllischer Altrhein

In der Rheinstraße am ehemaligen Gasthaus »Anker« in Ottenheim lassen wir die Boote an einer Treppe zu Wasser. Mit erstaunlich flotter Strömung treiben wir vorbei an Brombeersträuchern, die schwer beladen in den Fluss hängen. Überall entlang der Ufer schimmert ein blaues Libellenheer, und der erste Eisvogel lässt nicht lange auf sich warten.

Nach etwa drei Kilometern – mittlerweile hat sich der Ottenheimer Mühlbach zu einem See verbreitert – kommen wir zur ersten Umtragestelle. Wir landen rechts vom kleinen Wehr an dem Podest mit der Sitzbank an und tragen kurz ins Unterwasser um.

Es folgen einige Dammunterführungen und Wehrschütze, die in der Regel problemlos befahrbar sind. Bei Meißenheim blitzt zur Linken der Rhein auf. Wir steuern die Boote nach rechts, und es heißt aufgepasst: Die Durchfahrt wird zum Ende hin immer enger. Unbedingt vorher links anlegen und umtragen. Ein weiter Bogen bringt uns zum Anglerheim Ichenheim, wo neben einfachen Gerichten gebackener Fisch als Spezialität auf der Speisekarte steht. Nach der Pause geht es ruhig weiter, der Untergrund wird steiniger und ist manchmal sehr flach. Am Plättlewehr steht dann die letzte Portage (am rechten Ufer) der Tour an.

Hinter einer Brücke zweigt nach links die urwüchsige Rosskehle ab, die sich nach gut einem Kilometer wieder mit dem Ottenheimer Mühlbach vereinigt. Wir halten uns rechts und treiben mit flotter Strömung und recht engen Kurven gen

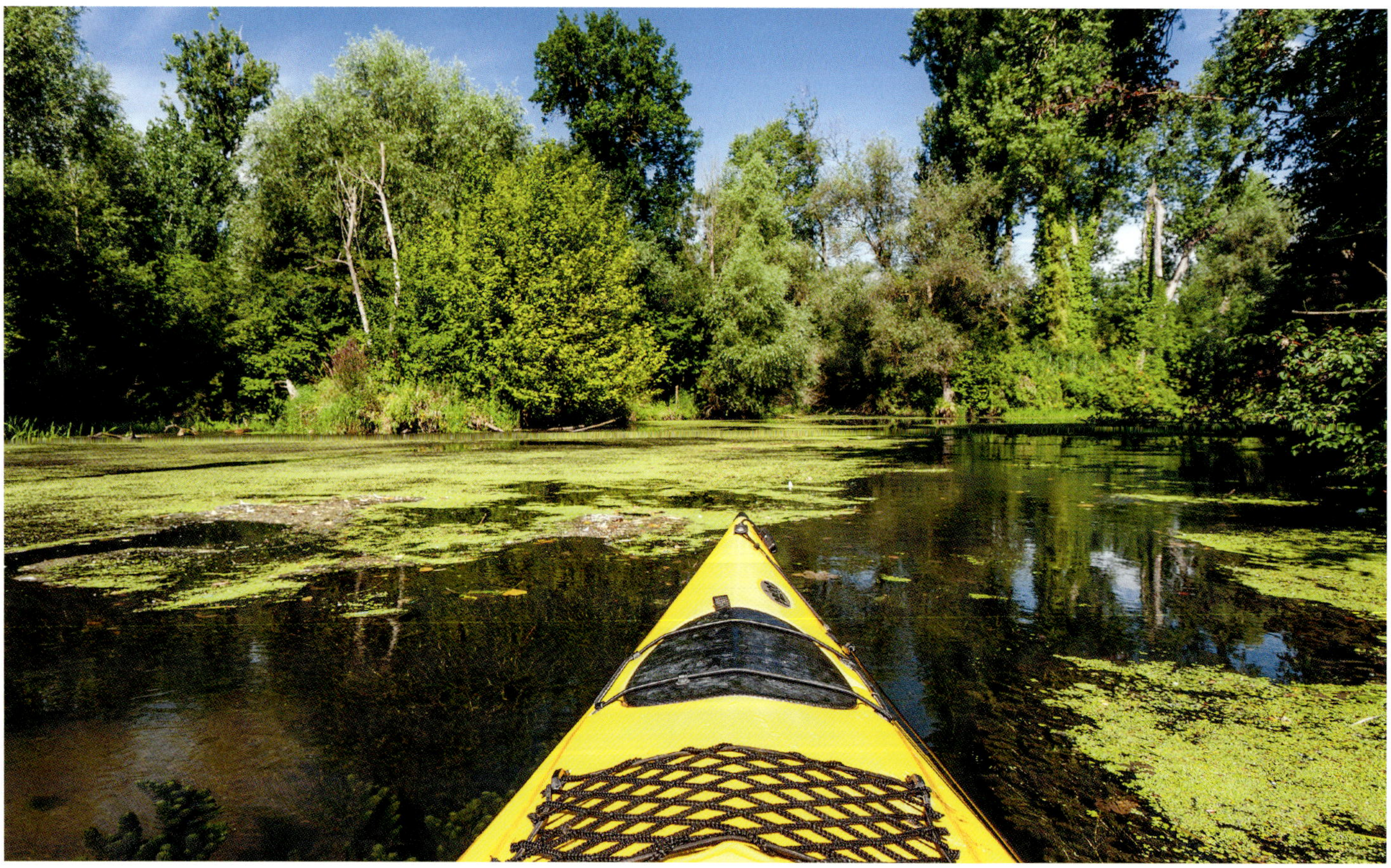

Kurz nach dem Start

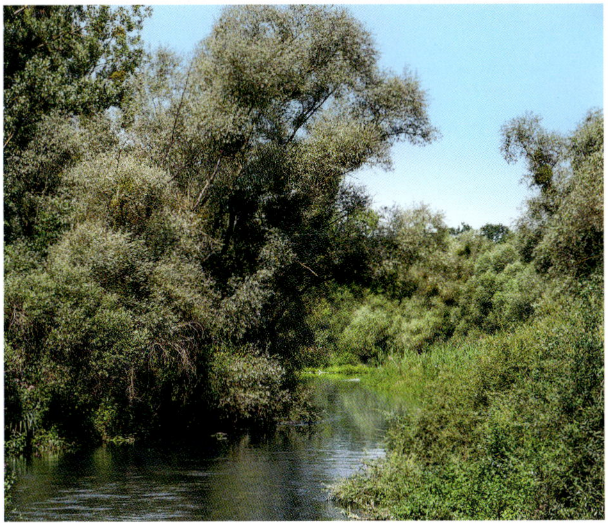

Bei Ichenheim

Norden. Der Tourenendpunkt kündigt sich durch den intensiven Lkw-Verkehr zwischen Frankreich und Deutschland an. Etwa 300 Meter hinter der Straßenbrücke finden wir an der Doppeltreppe eine gute Ausstiegsstelle.

EXTRA: Taubergießen

Das Naturschutzgebiet »Taubergießen« ist eines der größten Naturschutzgebiete in Baden-Württemberg und bietet die letzten Reste des einst mächtigen, ungebändigten Rheins mit weitläufigen Auwäldern. Eine 15 km lange Paddelstrecke führt vom Parkplatz in Weier bis zum Parkplatz Gifizbrücke im Norden.

20 km | 5 Std. | nein | nein | leicht

Charakter: Ruhige, nicht übermäßig stark befahrene Route auf stillen Altwassern. Ständiger Wechsel von kurzen Fließstrecken, seenartig verbreiterten Abschnitten, Seitenarmen und Auwäldern

Befahrungsregeln: Es ist ganzjährig nur die Befahrung des Hauptarms erlaubt. Nachtfahrten und größere Gruppen sind untersagt.

Einstieg: Steg am ehemaligen Gasthaus »Anker« in Ottenheim (Rheinstraße 11, 77963 Schwanau)

Ausstieg: Rheinübergang bei Goldscheuer

Hindernisse: Mehrere kurze Portagen an Wehren und Dammunterführungen. Die Brücken- und Dammdurchfahrten sind je nach Wasserstand harmlos bis gefährlich. Unbedingt Hinweisschilder beachten und im Zweifelsfall besser umtragen! Im zweiten Teil der Strecke, ab dem Anglerheim Ichenheim, kann der Wasserstand durch ökologische Flutungen beeinträchtigt werden, und die Durchfahrt unter den Brücken wird unmöglich. Pegel-Telefon (Bandansage) 07854/98 57 52: Ist der »Zufluss Polder Altenheim« größer als null, so wird geflutet, und eine Befahrung sollte unterbleiben.

Einkehr: Anglerheim in Neuried-Ichenheim

Kanuverleih: Christian Fäßler in Neuried (Ichenheim), Tel. 0176/44 43 49 55, www.ried-apachen.de; Kanutours-Meissenheim, Tel 0160/94 70 42 49, www.kanutours-meissenheim.de

Info: Schwarzwald Tourismus, Tel. 0761/89 64 60, www.schwarzwald-tourismus.info

Zurück zum Auto: Nur mit zweitem Pkw oder Fahrrad möglich

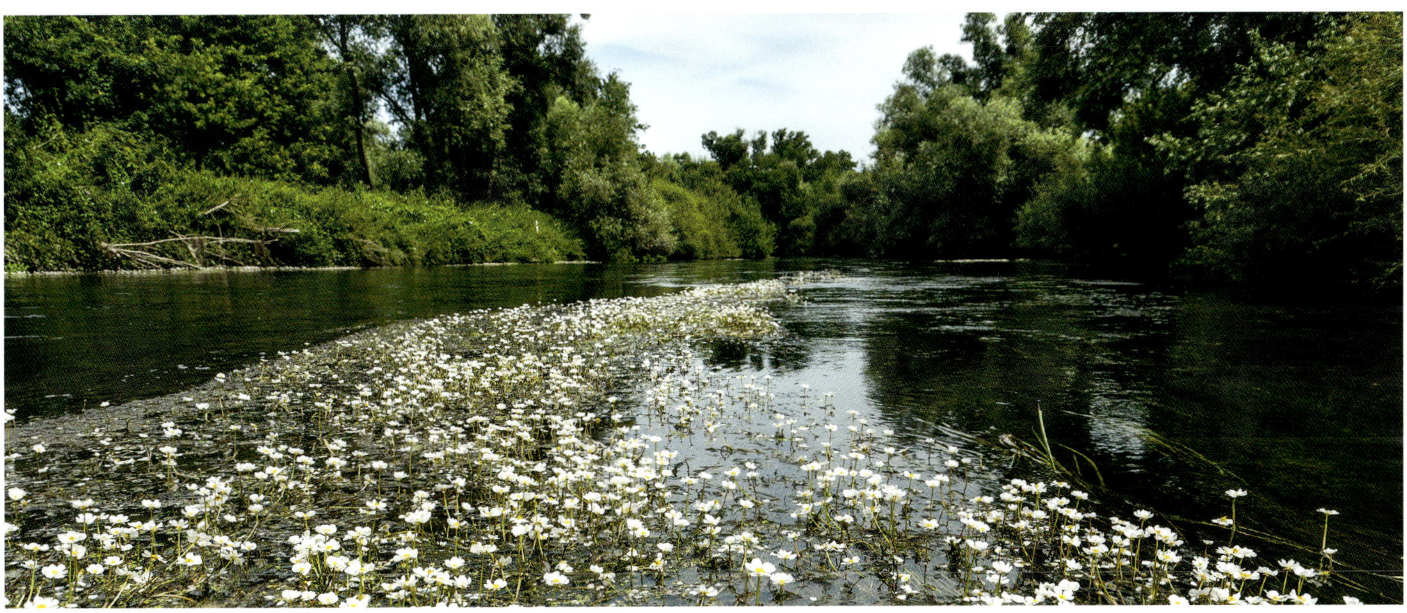

Flutender Hahnenfuß

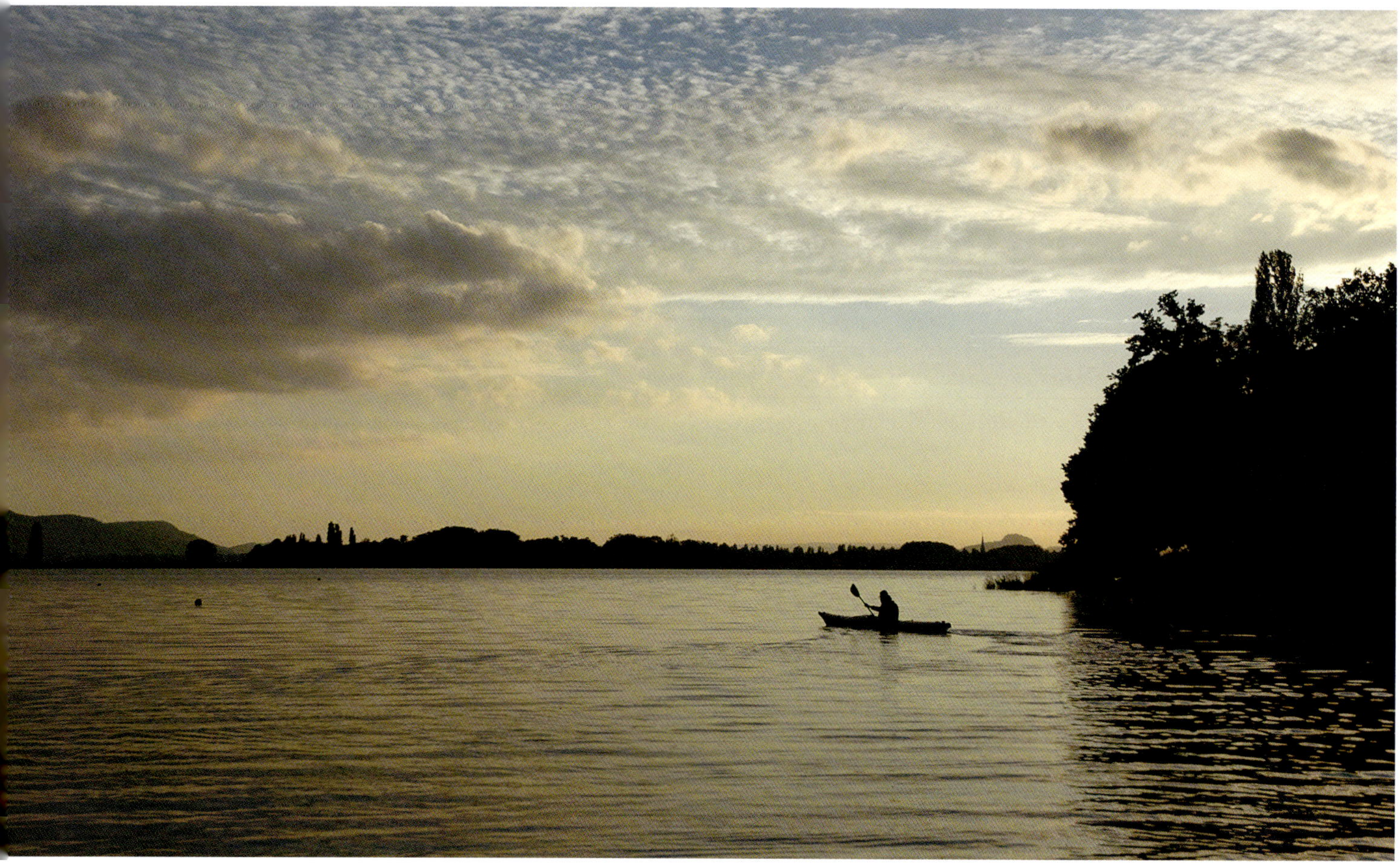

Abendstimmung im Markelfinger Winkel

47

Bodensee: Inselumrundung Reichenau

Mit dem Kanu unterwegs auf dem Untersee

Den größten Teil des Bodensees im Dreiländereck Österreich, Schweiz und Deutschland nimmt der riesige Obersee ein. Bei Konstanz stellt der Seerhein die Verbindung zum Untersee dar. Geprägt durch die Moränen verschiedener Gletscherzungen ist er stark gegliedert und daher ein abwechslungsreiches Paddelrevier.

Am Steg der Kanustation Markelfingen lassen wir unsere Boote zu Wasser und starten die Überfahrt zur Insel Reichenau. Wir paddeln in südöstliche Richtung aus dem engen Markelfinger Winkel vorbei am Campingplatz Willam. Sichererer Wegweiser ist der Doppelkirchturm von St. Peter und Paul, der sich am Nordwestzipfel der Insel Reichenau erhebt und weithin sichtbar ist.

Wir entscheiden uns für eine Umrundung im Uhrzeigersinn und steuern die Boote zunächst über die ruhigen Wasserflächen des Gnadensees. Hier, wie auf der gesamten Tour, gibt es nur begrenzte Anlandemöglichkeiten. Einen ersten Pausenplatz bietet der Hafen Münster.

Im weiteren Verlauf verengt sich der Gnadensee zum Bruckgraben, der uns unter dem Inseldamm hindurch zum Südufer von Reichenau führt. Zu unserer Linken liegt mit dem Wollmatinger Ried eines der wichtigsten Vogelschutzgebiete Europas. Die Befahrung ist verboten, die Absperrungen sind unbedingt zu beachten.

Sobald wir entlang des Südufers gen Nordwesten paddeln, wird sofort deutlich, dass die größere Wasserfläche des Untersees dem Wind mehr Angriffsfläche bietet, und wir werden von den Wellen ordentlich durchgeschaukelt. Nächste Zwischenstationen sind der Anleger der Kanustation Reichenau und etwas weiter der Campingplatz mit einem schönen Biergarten.

Vorbei an einer etwas größeren Bucht kommen wir zurück nach Niederzell im Nordwestzipfel der Insel Reichenau mit der bekannten Silhouette von St. Peter und Paul. Hier legen wir noch einmal an, um uns im Restaurant »Georgs Fischerhütte« zu stärken und uns bei einem der zahlreichen Verkaufsstände der »Gemüseinsel« Reichenau je nach Jahreszeit mit günstigen und frischen Zucchini, Gurken, Kohlrabis, Salatköpfen oder Peperonis für das Abendbrot einzudecken. Danach nehmen wir Kurs Nordwest und paddeln zurück zum Ausgangspunkt im Markelfinger Winkel.

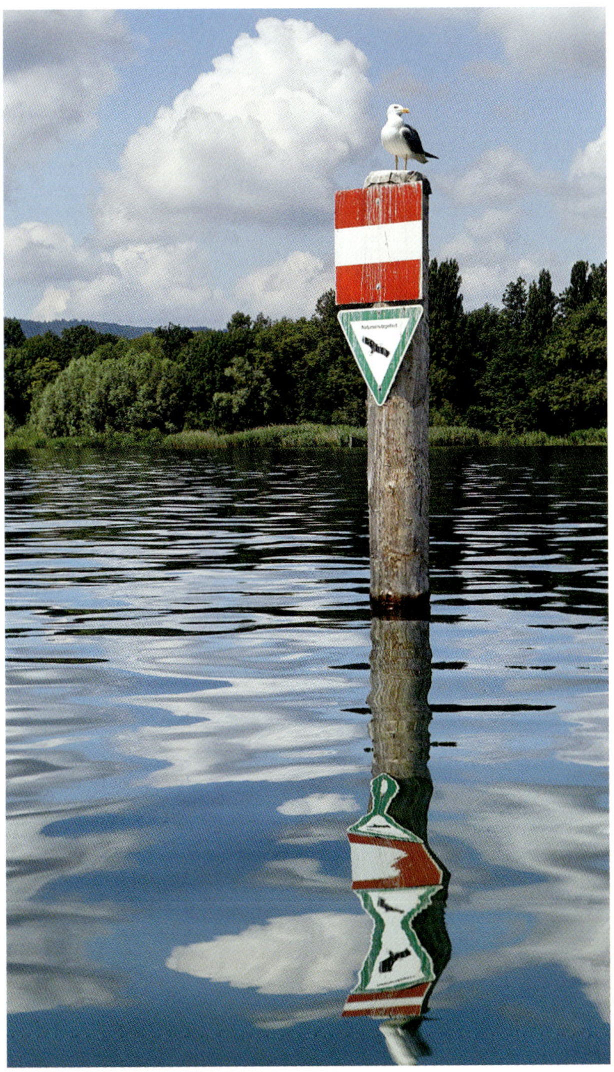

Naturschutzgebiete sind auch im Paddelboot tabu.

17 km	4-5 Std.	ja	nein	leicht-mittel

Charakter: Der Bodensee ist ein perfektes Kanurevier mit vielfältigen Routen- und Übernachtungsmöglichkeiten. Eine schöne Tagestour ist die Umrundung der Insel Reichenau. Im Ostteil geschützter Gnadensee, das der Schweiz zugewandte Südufer ist offene Wasserfläche mit entsprechendem Wellengang. Viele Sehenswürdigkeiten auf der Weltkulturerbeinsel Reichenau, u. a. Museum und drei bedeutende romanische Kirchen.

Befahrungsregeln: Naturschutzgebiete und Strandbäder dürfen nicht mit Kanus befahren werden. Sie sind durch rot-weiß-rote Schilder und/oder Bojen markiert.

Einstieg: An einer der Kanustationen (siehe Kanuverleih) oder am Brückendamm am Südostufer der Insel Reichenau

Ausstieg: Wie Einstieg

Hindernisse: Besonders am offenen Südufer türmen sich bei Wind schnell hohe Wellen auf. Außerdem reger Schiffsverkehr. Kurs- und Berufsschifffahrt hat immer Vorfahrt. Segelschiffe haben Vorfahrt, wenn sie ohne Motor unter Segeln laufen. Kanufahrer haben zwar Vorfahrt vor privaten Motorbooten, sollten diese aber nicht erzwingen.

Unterkunft: Campingplatz Markelfingen, Tel. 07732/9 42 07 31, www.campingplatz-markelfingen.de; Camping »Willam« zwischen Allensbach und Markelfingen, Tel. 07533/62 11, www.campingplatz-willam.de; Camping Allensbach, Tel. 07533/997 65 65, www.campingamsee.com; Camping »Hegne«, Tel. 07533/949 39 13, www.camping-hegne.de;Camping »Sandseele« auf Reichenau, Tel. 07534/73 84, www.sandseele.de

Einkehr: Biergarten am Camping »Sandseele«, Restaurant »Georgs Fischerhütte« in Niederzell

Kanuverleih: Neben der Kanustation von La Canoa an der Schiffslände (Tel. 0178/8 43 70 23, www.lacanoa.com) bieten auch viele der genannten Campingplätze eine Bootvermietung.

Info: Touristinformation Reichenau, Tel. 07534/920 70, www.reichenau-tourismus.de

Zurück zum Auto: Entfällt, da Rundtour

EXTRA: Der Bodensee-Kanuweg

Die Reichenau-Umrundung ist nur eine von vielen Etappen des Bodensee-Kanuweges, der zahlreiche Höhepunkte des Bodensees verbindet. An insgesamt 22 Stationen können Sie Boote ausleihen und zurückgeben und so äußerst komfortable Kanuferien verbringen. Dabei ist von der Tagestour bis zur mehrtägigen Urlaubsfahrt alles möglich. Weitere Informationen gibt es bei den »Erfindern« des Bodensee Kanuwegs vom KanuZentrum Konstanz, Tel. 07531/95 95 95, www.lacanoa.com.

48 Wörnitz: Von Oettingen nach Donauwörth

Kanukleinod im Ferienparadies Donau-Ries

Im Gegensatz zur benachbarten Altmühl trifft man auf der Wörnitz nur wenige Paddler. Das liegt aber in erster Linie am erbitterten Widerstand von Naturschutzverbänden, Jägern und Anglern, die sich vehement gegen die touristische Erschließung der Wörnitz stark machen, und weniger an der fehlenden Eignung als Paddelfluss. Ganz im Gegenteil: Mit gemütlicher Fließgeschwindigkeit, herrlicher Natur und zahlreichen kulturellen Sehenswürdigkeiten in den hübschen Orten entlang der Ufer bringt die Wörnitz alle Zutaten mit, die eine gelungene Kanutour braucht.

Der gemütliche, ganzjährig und mit allen Bootstypen problemlos als Zwei-Tages-Tour zu fahrende Flussabschnitt beginnt in Oettingen. Eine gute Einstiegsmöglichkeit für die Kanutour finden wir nach dem Rundgang durch die liebenswerte, ehemalige Residenzstadt mit ihren schmucken Barock- und Fachwerkfassaden rund um den Marktplatz am Wohnmobilstellplatz direkt am Wörnitzufer.

Nach rund zwei Kilometern ist das erste Hindernis erreicht und über die Wiese am linken Ufer schnell umtragen. Gleich hinter der folgenden Kurve wartet schon das nächste Wehr. Auf dem Nachbarhaus der Kirche von Munningen hat es sich eine Storchenfamilie gemütlich gemacht, und nachdem das Wehr an der Faulenmühle überwunden ist, erschwert im Sommer die starke Verkrautung das Vorankommen. Die Fischwelt dagegen erfreut sich an der guten Wasserqualität, und so sind die Petrijünger, die an den Ufern auf einen reichen Fang an Hecht, Zander, Waller, Karpfen, Schleie oder Aal hoffen, ein ständiger Begleiter auf der Wörnitz.

Wechingen, Holzkirchen und Fessenheim sind die Landmarken auf dem Weg zum Wehr an der Wennemühle (links umtragen, rechts Privatgelände!), und anschließend sucht sich der Fluss mit leichter Strömung seinen Weg durch einen schönen Wald nach Wörnitzostheim. Bei der Weiterfahrt nach Heroldingen versperrt dagegen hohes Schilf den Blick in die Landschaft.

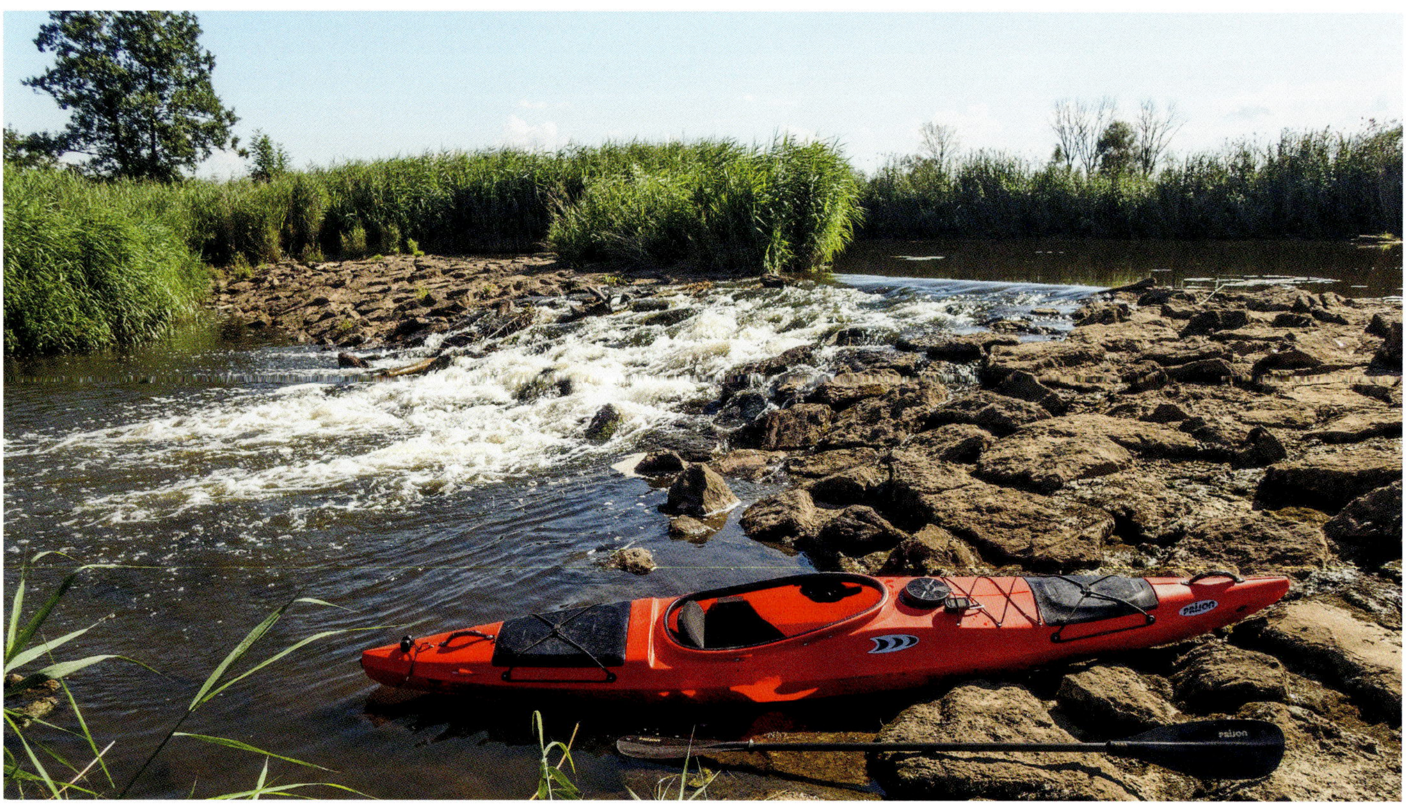

Die Portagen sind schnell erledigt.

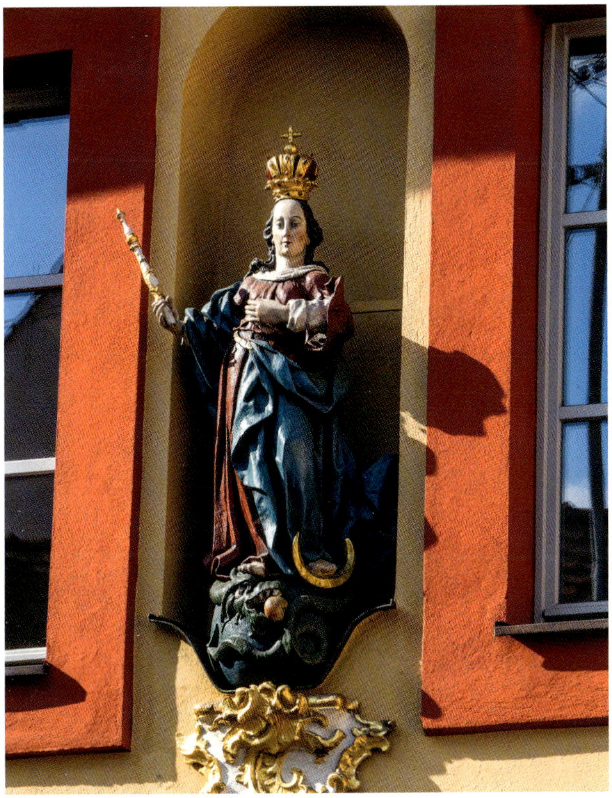

Hausfassade in Oettingen

47 km	2 Tage	ja	ja	leicht

Charakter: Nicht allzu breit, nicht allzu tief. Die Wörnitz bietet hervorragende Rahmenbedingungen für eine gemütliche, familientaugliche Paddeltour und schlängelt sich mit gemächlicher Strömung ohne paddeltechnische Schwierigkeiten durch das Ries. Am Ufer wird der Flusslauf von der Romantischen Straße begleitet; für die sehenswerten Städte und Städtchen entlang der Ufer, darunter die altehrwürdige Fürstenstadt Oettingen mit seinem Residenzschloss, Harburg mit seiner gut erhaltenen mittelalterlichen Burganlage oder die bayerisch-schwäbische Donauperle Donauwörth an der Mündung der Wörnitz in die Donau, sollte man in jedem Fall ausreichend Zeit mitbringen.

Befahrungsregeln: Keine Einschränkungen

Einstieg: Wohnmobilstellplatz/Festplatz Schießwasen in Oettingen (Schießwasen 16, 86732 Oettingen)

Ausstieg: Am Wörnitzwehr in Donauwörth bzw. 200 m weiter beim Kanu-Club Donauwörth (Am Wörnitzwehr 2, 86609 Donauwörth; in älteren Navis: An der Westspange)

Hindernisse: Auf der vorgestellten Strecke müssen insgesamt sechs (bzw. sieben bei der Fahrt bis zum Kanu-Club Donauwörth) Wehre umtragen werden. Die Portagen sind nicht übermäßig lang, ein Bootswagen ist aber dennoch zu empfehlen. Vorsicht ist geboten bei Hochwasser, denn dann ist das rechtzeitige Anlanden zum Umtragen kaum noch möglich.

Unterkunft: Harburg: Hotel Gasthof »Zum Goldenen Lamm«, Tel. 09080/14 22, www.lamm-harburg.de. Wörnitzstein: Landgasthof Schmidbaur, Tel. 0906/70 62 20, www.hotel-schmidbaur.de. Donauwörth: Kanuclub Donauwörth, Tel. 0906/226 05 (Bootshaus, ab 16 Uhr), www.kanuclub-donauwoerth.de; Wohnmobilstellplätze direkt am Wörnitzufer in Oettingen und Harburg

Einkehr: Ufernahe Gasthöfe in Ronheim, Harburg und Ebermergen

Kanuverleih: Es gibt keinen Kanuverleih direkt an der Wörnitz

Info: Ferienland Donau-Ries, Pflegstraße 2, 86609 Donauwörth, Tel. 0906/74 60 60, www.ferienland-donau-ries.de

Zurück zum Auto: Mit dem Regionalexpress Richtung Nürnberg Hbf. von Donauwörth nach Otting oder Nördlingen und weiter mit dem Bus nach Oettingen. Gesamtfahrtzeit etwa 1 Std. 10 Min.

Bei Hoppingen reicht ein mit Wacholder bewachsener Höhenzug fast bis ans rechte Wörnitzufer, und bald taucht hinter dem rechten Ufer die mittelalterliche Burganlage von Haburg auf. Etappenendpunkt ist die imposante Steinbrücke des romantischen Städtchens, die mit neun Bögen den Flusslauf überspannt. Das Bauwerk scheint für die im Sommer harmlos dahinfließende Wörnitz recht wuchtig, lässt aber erahnen, welche Kraft die regelmäßig auftretenden, gewaltigen Hochwasser entfalten können. Direkt vor der Brücke rauscht die Wörnitz über ein Wehr, und zum Umtragen hält man sich links.

Am nächsten Morgen schlängelt sich die Wörnitz einsam durch Wiesen und Wald bis zur nächsten alten Steinbrücke in Ebermergen. Der Fluss ist mittlerweile in die Breite gewachsen und strömt mit fröhlichen Schwüngen durch ein weit geöffnetes Tal. Am Horizont taucht schon die Kalvarienbergkapelle hoch über dem linken Ufer auf. Bis wir sie passieren, muss aber erst noch das Wehr in Wörnitzstein am rechten Ufer umtragen werden.

Die Ufer bleiben grün, und vor der Mündung in die Donau schlägt die Wörnitz noch einen beachtlichen Bogen. Hinter der Straßenbrücke am Ortsbeginn von Donauwörth bietet die rechtsufrige Eisentreppe vor dem Wehr einen guten Punkt, um die Tour zu beenden. Wer sich mehr Zeit für Donauwörth nehmen möchte, kann das Wehr auch umtragen und findet wenige Meter weiter am rechten Ufer das Vereinsgelände des gastfreundlichen Kanu-Clubs.

49

Iller: Von Sonthofen nach Kempten

Spritziger Kanuspaß im Allgäu

Die Iller entwässert zwar das gesamte Ostallgäu, entsteht aber erst durch das Zusammentreffen der Quellflüsse Breitach, Stillach und Trettach am Illerursprung bei Obersdorf, von wo aus sie ihren Weg nach Norden antritt, um nach knapp 150 Kilometern in Ulm in die Donau zu münden.

Erfahrene Kanuten können ihre Wildwasserkajaks schon in Fischen ins Wasser lassen. Auf dem ersten Abschnitt ist die Landschaft noch etwas spektakulärer, dafür warten mit einer Stufe samt Walze und zahlreichen schönen Spielstellen, an denen auch erfahrene Paddler ihren Spaß haben, auf den zusätzlichen acht Iller-Kilometern bis Sonthofen einige Herausforderungen, die eine ausgefeilte Paddeltechnik erfordern.

Der Standard-Einstieg für Wanderpaddler und Familien-Raftingtouren ist daher die Kiesbank hinter der Marienbrücke in Bihlerdorf, einem Ortsteil der Gemeinde Blaichach am nördlichen Rand von Sonthofen.

Mit den Oberstorfer Bergen im Rücken trägt uns die flotte Strömung erst an der Mündung der Ostrach rechts und kurze Zeit später an der auf der gegenüberliegenden Seite mündenden Gunzesrieder Ach vorbei nach Blaichach.

Das Wasser ist türkisblau (und selbst im Hochsommer eiskalt!), die Strömung ist mal schneller, mal langsamer. Kleine, spritzige Schwälle sorgen für Abwechslung, und hin und wieder ist ein beherzter Steuerschlag erforderlich, um einen großen Findling oder einen Baumstumpf zu umfahren.

Langweilig wird es also nicht, und auch die Kulisse stimmt. Auf dem ersten Abschnitt bis Immenstadt ist am rechten Ufer der 1738 Meter hohe Grünten unser stetiger Begleiter. Bei Immenstadt laden mehrere breite Kiesstrände dazu ein, das Kajak für eine ausgedehnte Pause an Land zu ziehen.

Die leichteste und breiteste Durchfahrt an der Sohlrampe, die nach der Einmündung der Konstanzer Ache erreicht ist,

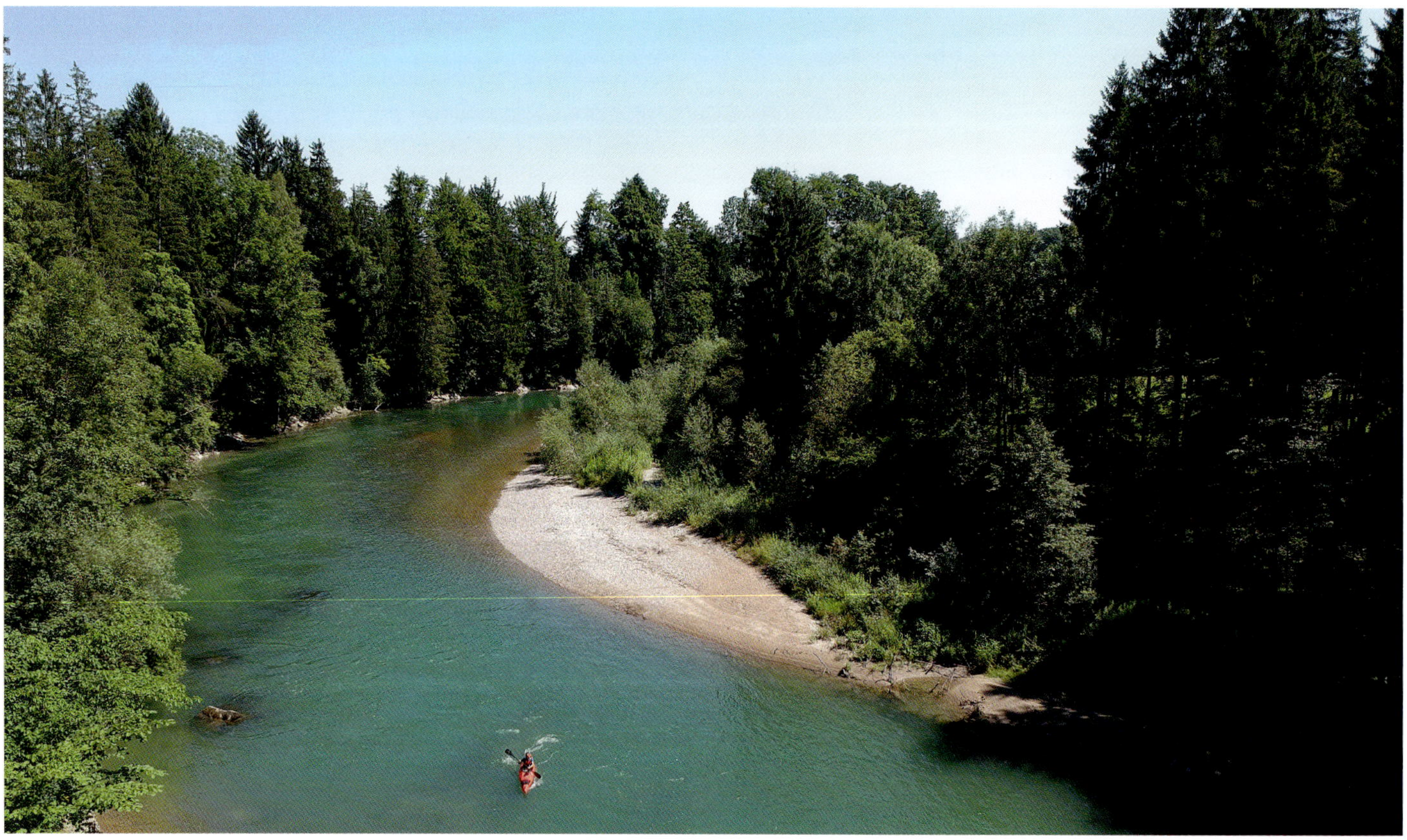

Illerschleife bei Häusern

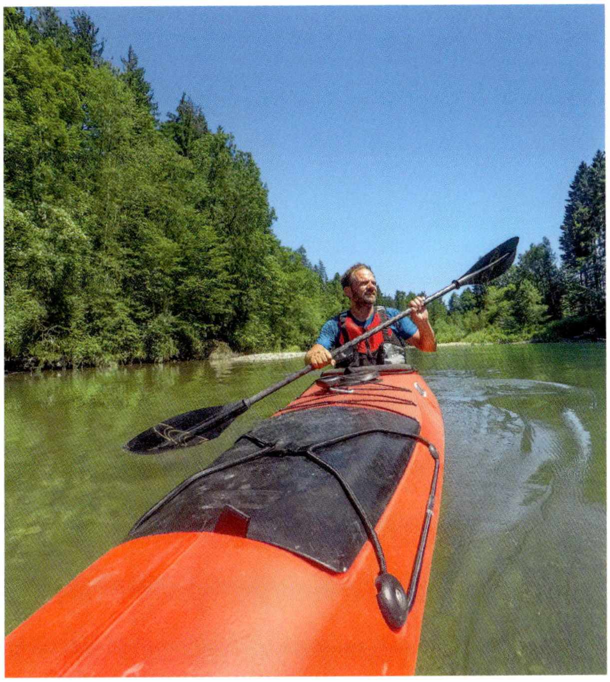

Die Iller ist ein sehr schöner und naturbelassener Fluss.

findet sich rechts (Umtragen ist am linken Ufer möglich). Weiter geht es auf einem breiten, renaturierten Flussabschnitt mit mehreren schönen Kiesbänken. Der schönste Abschnitt wartet hinter der Brücke der Bundesstraße 19: die ursprüngliche, s-förmige Illerschleife um die Ausläufer der Rottachberge bis Martinszell.

Am Ende der Illerschleife schläft die Strömung nahezu vollständig ein. Das bald folgende Wehr in Martinszell muss am rechten Ufer umtragen werden. Auch wenn der Flusslauf jetzt recht breit dahinfließt, bleibt die restliche Strecke landschaftlich recht reizvoll. Eine letzte spritzige Einlage wartet am Naturwehr etwa 1,5 Kilometer hinter Martinszell. Bei Bedarf kann es am linken Ufer auf dem Uferdamm durch den Wald auch ohne großen Aufwand einfach umtragen werden. Bald darauf, noch vor dem Wehr des ersten Elektrizitätswerks in Kempten, beenden wir unsere kurzweilige Tagestour am Ausstieg unter der Autobahnbrücke am rechten Ufer.

EXTRA: Weitere Etappen auf der Iller

Eine Stadtdurchfahrt mit dem Kajak durch Kempten, die mit rund 65 000 Einwohnern größte Stadt des Allgäus, ist aufgrund der starken Verbauung (acht unfahrbare Wehre auf den nächsten 8 km) nicht möglich. Eine schöne Strecke unterhalb Kemptens ist die Strecke bis Maria Steinach mit dem landschaftlich reizvollen Illerdurchbruch bei Kalden.

---

24 km	6 Std.	ja	ja	mittel

Charakter: Landschaftlich reizvoller Wanderfluss im Alpenvorland mit sauberem, grünlich-schimmerndem und eiskaltem Wasser in einem ursprünglichen Flussbett zwischen bewaldeten Hügeln vor majestätischer Alpenkulisse. Unterwegs spritzige Schwälle, flotte Strömung und immer wieder schöne Kiesbänke zum Rasten. Der Schwierigkeitsgrad hängt stark vom Wasserstand ab; bei Hochwasser im Frühjahr (sowie nach starken Regenfällen) bleibt eine Befahrung erfahrenen Wildwasserkanuten vorbehalten. Die beste Zeit für eine problemlose Befahrung ist von Mitte Juni bis zum Herbst (Mindestpegel Sonthofen: 75 cm). Schwimmweste nicht vergessen!

Befahrungsregeln: Im beschriebenen Abschnitt keine Einschränkung.

Einstieg: Marienbrücke in Bihlerdorf (Illerstraße, 87544 Blaichach)

Ausstieg: Unter der Straßenbrücke der A 980 (Ausfahrt 2/Durach und kurz weiter auf der Straße Richtung Durach, aber gleich ca. 300 m nördlich der Autobahn links auf den Feldweg abbiegen, der in einer Rechtskurve parallel zur Autobahn und unter der Autobahn hindurchführt; dann vor dem Zaun des Industriegeländes scharf rechts runter zum Ufer, der letzte Abschnitt ist stark zugewachsen und nicht für Busse/Wohnmobile geeignet), GPS N 47° 40.907′ E 10° 19.258′

Hindernisse: Unfahrbares Wehr in Martinszell; die beiden Sohlschwellen hinter Immenstadt und Häusern sind je nach Könnens- und Wasserstand befahrbar, können von Anfängern aber auch leicht umtragen werden.

Unterkunft: IllerCamping in Sonthofen, Tel. 08321/23 50, www.illercamping.de. Alpsee Camping in Immenstadt, Tel. 08323/77 26, www.alpsee-camping.de

Einkehr: Gasthof »Zum Schiff« unweit des Einstiegs, Café »Inselsee« in Blaichach

Kanuverleih: Blaichach: Outdoorzentrum Allgäu (WW-Kurse, Sit-on-Tops, Rafting), Tel. 08321/67 57 57, www.rafting-zentrum.de. Burgberg: Spirits of Nature (Schlauchcanadier und Rafts), Tel. 08321/61 94 65, www.spirits-of-nature.de. Immenstadt: SUP Center Allgäu (Kurse und Verleih), Tel. 08323/968 22 27

Info: Touristinfo Allgäu, Tel. 0831/575 37 30, www.allgaeu.de

Zurück zum Auto: Mit öffentlichen Verkehrsmitteln kaum möglich. Zum Zurückholen bietet sich der Illerradweg an, alternativ muss vor dem Start ein zweiter Pkw zum Ausstieg gebracht werden.

50 Loisach: Von Farchant nach Kochel am See

Expresspaddeln am Alpenrand

Die Loisach bringt die Augen von Wildwasserpaddlern zum Leuchten. Die verblockte Loisachschlucht zwischen Griesen und Garmisch zählt zu den schönsten, allerdings auch anspruchsvollsten Wildwasserstrecken, die Bayern zu bieten hat. Nördlich von Garmisch-Partenkirchen beruhigt sich die Loisach und wird zu einem interessanten Wildfluss, der vor allem sportliche Paddler reizt. Besonders für den ersten Abschnitt der vorgestellten Tour bis Eschenlohe ist eine sichere Bootsbeherrschung gefordert.

Nordöstlich von Garmisch, im Vorort Farchant, finden wir in der Loisachstraße an der Straßenbrücke über die Loisach eine gute Einstiegsstelle und Parkmöglichkeit für die Autos. Sofort nach dem Ablegen erfasst uns die rasante Strömung. Spritzdecke und Schwimmweste sind auf der Loisach mit ihrem eiskalten Wasser Pflicht. Es lohnt sich der Blick über die Schulter zurück, wo über dem Horizont der imposante Gebirgszug des Werdenfelser Landes thront.

Viel Zeit, um den Ausblick zu genießen, bleibt allerdings nicht, denn die Loisach trägt uns flott gen Nordosten. Grobe, zum teil bewachsene Kiesbänke bilden die Ufer, und es gibt leider kaum Anlandemöglichkeiten. Eine Möglichkeit zur Pause bietet der Rastplatz an der Einmündung eines Bachs am linken Ufer hinter Oberau. Doch Vorsicht, er ist erst im letzten Moment zu entdecken. Wer hier nicht aufpasst, rauscht am Kehrwasser vorbei.

Ein nächster Stopp ist in Eschenlohe möglich. Vor und hinter der Brücke bieten mehrere Gasthäuser die Möglichkeit zur Einkehr. Die beste Ausstiegsstelle liegt etwa 100 Meter hinter der Brücke am rechten Ufer, denn direkt vor und hinter der Brücke sind die Ufer steil und zum Hochwasserschutz mit

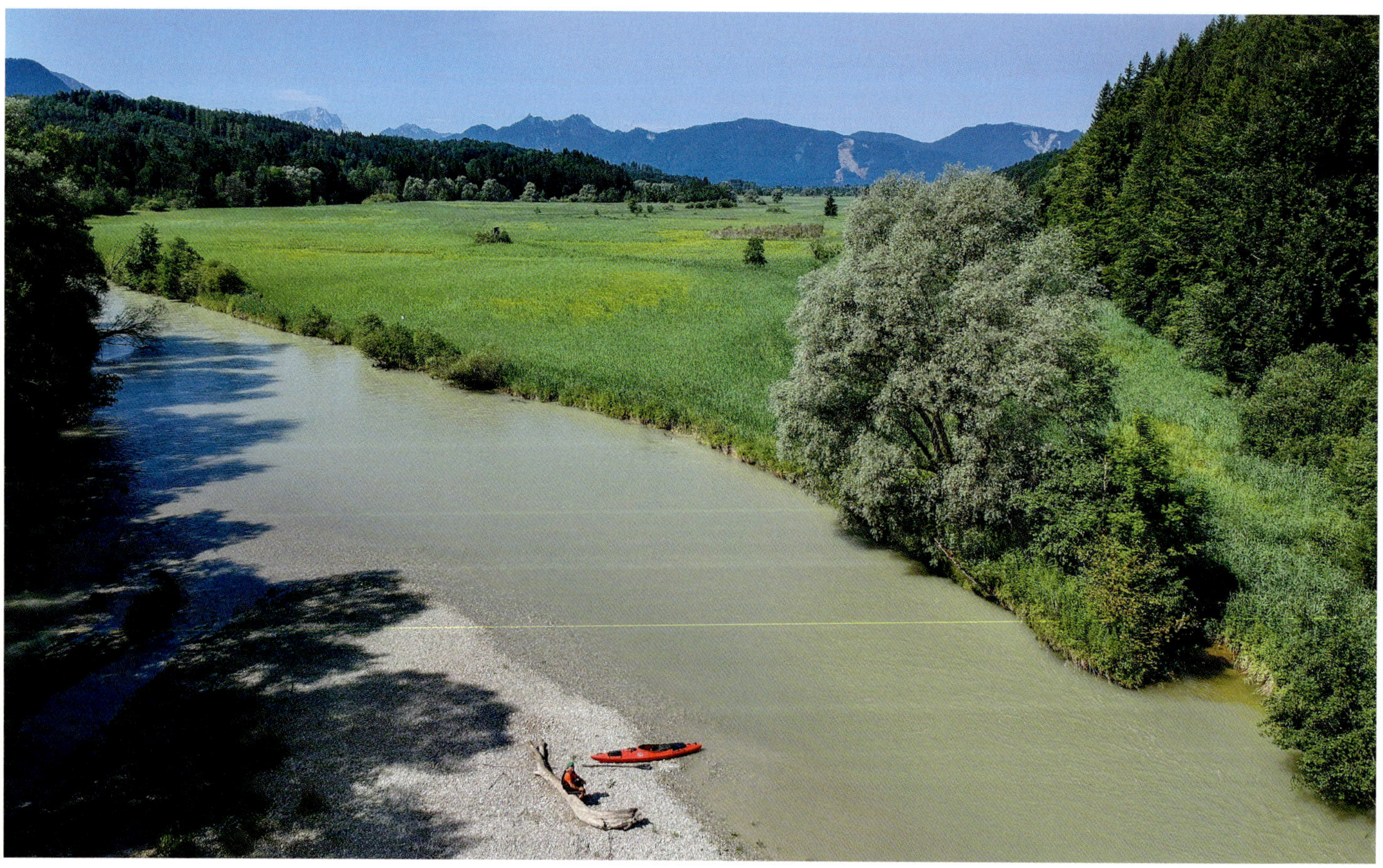

Im ersten Abschnitt bilden die Gipfel der Alpen eine grandiose Kulisse.

groben Findlingen befestigt. Hinter Eschenlohe beruhigt sich die Loisach, und ohne weitere Schwierigkeiten trägt sie uns auf einer idyllischen Strecke, an der sich Steilufer mit bewaldeten Ufern abwechseln, gen Norden.

Bei Kleinweil, dort, wo die Autobahn A 95 zum zweiten Mal die Loisach kreuzt, rauscht das Wasser über das erste, unfahrbare Wehr. Wir legen links davor am Steg an und sind froh, einen Bootswagen dabeizuhaben. So ist die gut 200 Meter lange Portage schnell bewältigt. Wir verstauen den Bootswagen gar nicht erst, denn bereits wenige Paddelschläge später versperrt uns ein zweites Wehr den Weg. Wir setzen gleich links hinter der Straßenbrücke zwischen Kleinweil und Großweil aus und umtragen auf der Straße am Deich, für knapp einen Kilometer auf dem Radweg, die beiden in kurzem Abstand aufeinanderfolgenden Sohlrampen.

Auf der verbleibenden Strecke bis zum Kochelsee wurde die Loisach begradigt. Am Ufer gibt es noch ein weiteres Warnschild vor einer Sohlschwelle, von der aber bei gutem Wasserstand kaum etwas zu spüren ist. Bei Schlehdorf markiert ein Kiesbagger, der den Kochelsee vor dem Geschiebe der Loisach

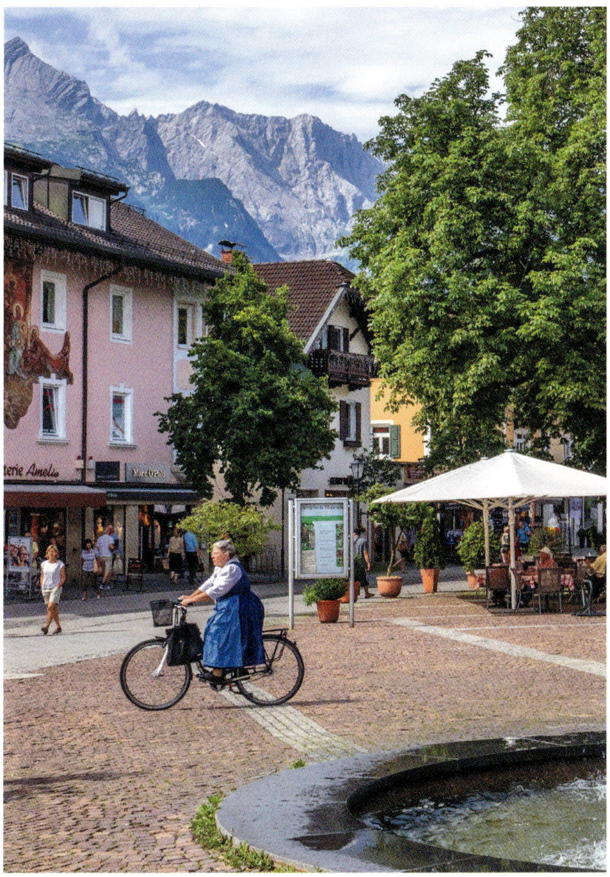

Garmisch-Partenkirchen

35 km	5 Std.	ja	nein	mittel

Charakter: Flotte Wanderfahrt am Alpenrand mit der imposanten Kulisse des Wettersteingebirges im Rücken. Im ersten Abschnitt sehr lebhafte Strömung, ab Eschenlohe ruhiger. Nur wenig Anlandemöglichkeiten, da steile Uferböschung. Aufgrund des eiskalten Wassers unbedingt Schwimmweste tragen!

Befahrungsregeln: Im beschriebenen Abschnitt keine Einschränkung

Einstieg: Am Parkplatz in der Loisachstraße hinter der Brücke über die Loisach in Farchant

Ausstieg: Am Trimini-Bad in Kochel am See

Hindernisse: Zwei unfahrbare Wehre bei Kleinweil

Unterkunft: Camping »Kesselberg«, Tel. 08851/464, www.campingplatz-kesselberg.de; Camping »Renken«, Tel. 08851/61 55 05, www.campingplatz-renken.de in Kochel am See

Einkehr: Gasthäuser an der Brücke in Eschenlohe

Kanuverleih: Farchant: Bavariaraft (9-Personen-Rafts), Tel. 08042/97 24 00. Kochel am See: Montevia Rafting (Rafts, Schlauchkanadier, SUP), Tel. 08042/97 24 00, www.montevia.de

Info: Touristinfo Garmisch-Partenkirchen, Tel. 08821/18 07 00, www.gapa.de; Touristinformation Farchant, Tel. 08821/96 16 96, www.farchant.de; Touristinfo Kochel am See, Tel. 08851/338, www.kochel.de

Zurück zum Auto: Von Kochel am See mit Buslinie 9608 nach Garmisch-Partenkirchen (Fahrpläne unter www.rvo-bus.de); weiter mit Stadtlinie 4 oder 5 nach Farchant

schützt, am rechten Ufer die Mündung in den Kochelsee. Wer zu einem der beiden Campingplätze möchte, nutzt die Rohrleitungen des Walchensee-Kraftwerks am gegenüberliegenden Ufer als Wegmarke. Wer die Tour ohne Übernachtung in Kochel beenden will, steuert die Bootsspitze weiter nach links Richtung Ortsmitte von Kochel. Eine gute Anlandestelle findet sich hinter dem Trimini-Bad (Parkplätze in der Trimini-Straße).

EXTRA: Auf der Loisach weiter bis Wolfratshausen

Hinter dem Kochelsee fließt die Loisach mit gemächlicher Strömung durch eine flache Moorlandschaft. Es gibt paddeltechnisch keine Schwierigkeiten, allerdings eine lange Umtragestelle am Wehr in Schönmühl. Die Entfernung von Kochel am See bis Wolfratshausen beträgt 40 km.

Register

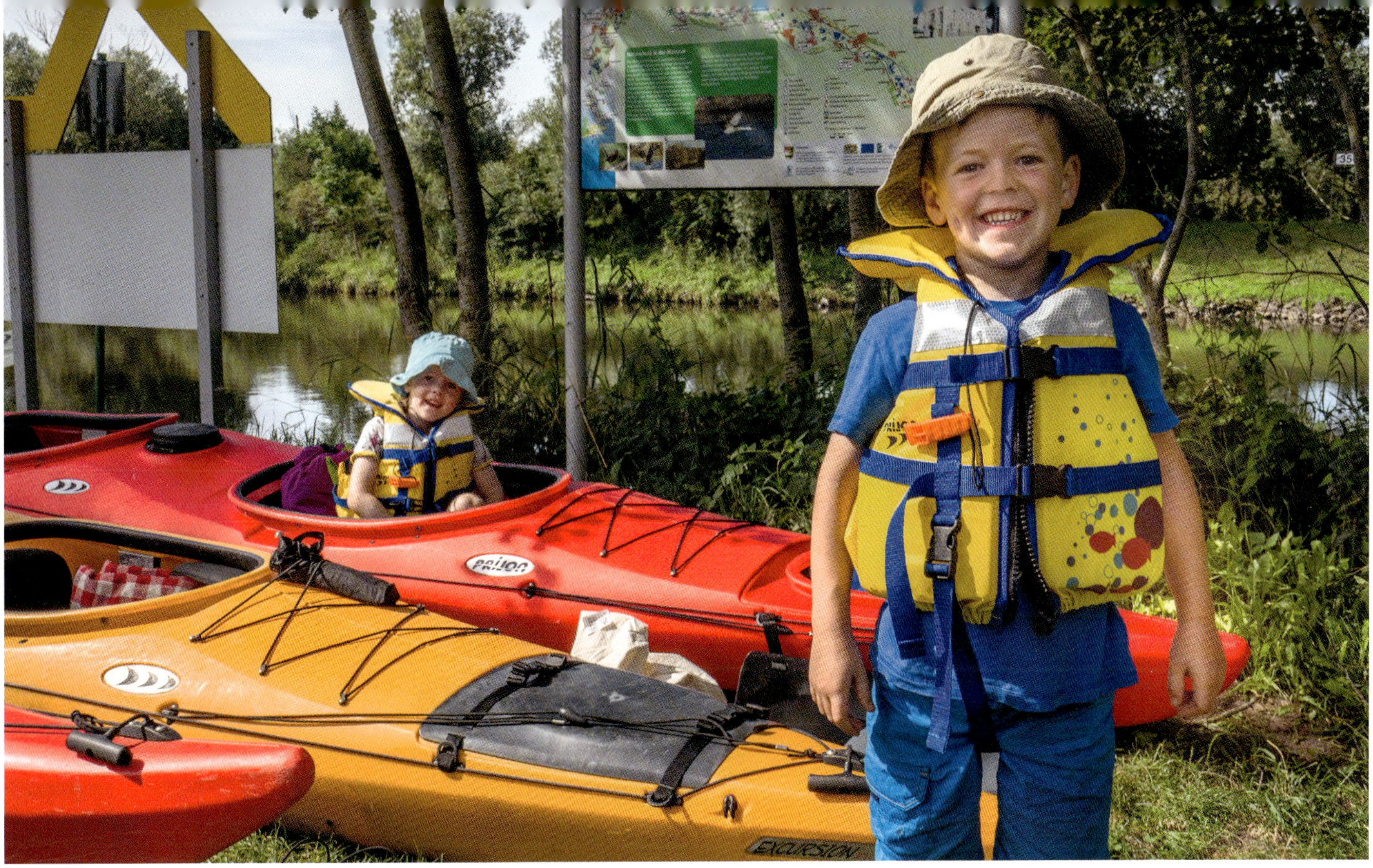

Paddeln ist ein Spaß für Groß und Klein.

Impressum

Verantwortlich: Kerstin Thiele
Redaktion: Rosemarie Elsner
Layout: Elke Mader
Repro: LUDWIG:media
Kartografie: Heidi Schmalfuß
Herstellung: Anna Katavic
Printed in Slovenia by Florjancic

★★★★★

Sind Sie mit diesem Titel zufrieden? Dann würden wir uns über Ihre Weiterempfehlung freuen.
Erzählen Sie es im Freundeskreis, berichten Sie Ihrem Buchhändler, oder bewerten Sie bei Onlinekauf. Und wenn Sie Kritik, Korrekturen oder Aktualisierungen haben, freuen wir uns über Ihre Nachricht an Bruckmann Verlag, Postfach 40 02 09, D-80702 München oder per E-Mail an lektorat@verlagshaus.de.

Unser komplettes Programm finden Sie unter www.bruckmann.de

Bildnachweis:
Alle Bilder von Michael Hennemann.
Motiv der Umschlagvorderseite: Auf der Weser bei Brevörde
Motiv der Umschlagrückseite: Wehr an der Neumühle auf der Fränkischen Saale

Die Deutsche Nationalbibliothek verzeichnet diese Publikation in der Deutschen Nationalbibliografie; detaillierte bibliografische Daten sind im Internet über http://dnb.d-nb.de abrufbar.

3. aktualisierte Nachauflage

Infanteriestraße 11a, 80797 München
ISBN 978-3-7343-1236-6